U0450172

张理峰 著

二程性道思想研究

中国社会科学出版社

图书在版编目(CIP)数据

二程性道思想研究/张理峰著. —北京:中国社会科学出版社,2021.6
ISBN 978 – 7 – 5203 – 8676 – 0

Ⅰ.①二… Ⅱ.①张… Ⅲ.①程颢(1032 – 1085)—哲学思想—研究 ②程颐(1033 – 1107)—哲学思想—研究 Ⅳ.①B244.65

中国版本图书馆 CIP 数据核字(2021)第 129517 号

出 版 人	赵剑英
责任编辑	郝玉明
责任校对	张爱华
责任印制	王 超

出　　版	中国社会科学出版社
社　　址	北京鼓楼西大街甲 158 号
邮　　编	100720
网　　址	http://www.csspw.cn
发 行 部	010 – 84083685
门 市 部	010 – 84029450
经　　销	新华书店及其他书店
印　　刷	北京君升印刷有限公司
装　　订	廊坊市广阳区广增装订厂
版　　次	2021 年 6 月第 1 版
印　　次	2021 年 6 月第 1 次印刷
开　　本	710×1000　1/16
印　　张	18.75
字　　数	312 千字
定　　价	99.00 元

凡购买中国社会科学出版社图书,如有质量问题请与本社营销中心联系调换
电话:010 – 84083683
版权所有　侵权必究

目　录

绪　言 ……………………………………………………………（1）
  一　关于"性道微言" …………………………………………（1）
  二　前贤研究 ……………………………………………………（4）
  三　研究目的与方法 ……………………………………………（12）
  四　二程的生平与著作 …………………………………………（17）

第一章　儒家性道思想的演变与佛道之学的影响 ………………（25）
  第一节　儒家性道思想的演变 …………………………………（27）
    一　孔子之言性与天道 ……………………………………（30）
    二　孟子与《中庸》的性道思想 …………………………（36）
    三　荀子与汉儒的性道思想 ………………………………（44）
  第二节　佛道之学的影响 ………………………………………（60）
    一　道家的影响 ……………………………………………（62）
    二　佛教的影响 ……………………………………………（70）

第二章　北宋诸儒与二程之学 ……………………………………（81）
  第一节　王安石与二程 …………………………………………（83）
    一　经学思想的交融与差异 ………………………………（86）
    二　博学与守约 ……………………………………………（93）
    三　性与天道 ………………………………………………（98）
  第二节　邵雍、周敦颐与二程 …………………………………（110）
    一　邵雍与二程 ……………………………………………（111）
    二　周敦颐与二程 …………………………………………（120）

第三节　张载与二程 (133)
　一　"太和所谓道"的天道观 (135)
　二　合虚与气之性 (145)
　三　"民胞物与"：性道合一之境界 (154)

第三章　程颢：仁视域下的性与天道之思 (164)
第一节　仁之生命视域的确立 (166)
　一　"生生之谓易"的生命意识之自觉 (167)
　二　"识仁为先"的生命视域之确立 (173)
第二节　天道之思：天理观念的体贴 (178)
　一　"天以生为道" (180)
　二　天理观念的体贴 (185)
第三节　性之思：仁视域下的性论 (194)
　一　"生之谓性"与"不容说"之性 (195)
　二　仁视域下的性与天道之贯通 (203)

第四章　程颐：理视域下的性与天道之思 (210)
第一节　理视域的形成 (211)
　一　形上形下的道器之辨 (212)
　二　天理人欲的道心人心之辨 (216)
第二节　天道之思：理视域下的天道 (220)
　一　"理便是天道" (221)
　二　"理一分殊"与"格物穷理" (227)
第三节　性之思："性即是理" (233)
　一　"性即是理"与"才禀于气" (234)
　二　性情与涵养 (240)

第五章　程颢、程颐性道思想的比较和评价 (247)
第一节　程颢、程颐性道思想的同与异 (248)
　一　程颢、程颐性道思想之同 (249)
　二　程颢、程颐性道思想之异 (255)

第二节　程颢、程颐性道思想的总体评价 …………………（261）
　　一　程颢、程颐性道思想的价值、意义及局限 ……………（261）
　　二　程颢、程颐性道思想的性质与定位 ……………………（269）

余　论 …………………………………………………………（277）

主要参考文献 …………………………………………………（287）

后　记 …………………………………………………………（295）

绪　　言

一　关于"性道微言"

黄百家在《宋元学案》中曾说:"孔、孟而后,汉儒止有传经之学,性道微言之绝久矣。元公崛起,二程嗣之,又复横渠诸大儒辈出,圣学大昌。"[①] 这里的"圣学"即孔孟儒学,其核心也正是他所谓的"性道微言"之学。儒家的"性道微言",追溯其源头,应当始自孔子之言性与天道。虽然孔子之言性与天道被子贡认为是"不可得而闻"[②],但是由孔子所开创的这一性道之学却被后儒们传承并发扬起来,性与天道问题也逐渐成为儒学的核心问题。从为学宗旨上来说,性与天道问题表达了儒家对宇宙人生的深切关怀和对天地万物存在本质与存在状态的根本反思。但正如黄百家所说,孔、孟之后,儒家的"性道微言"一度湮没不彰,直至北宋诸儒崛起才重新昌明起来。在北宋诸儒中,周敦颐、张载、程颢和程颐无疑是阐发儒家性道之学的主力,正是在他们的共同努力下,以性道之学为核心的儒学才真正复兴起来。而事实上,儒家性道之学的重振和儒学传统在北宋的复兴,是一个极其复杂的过程。其间固然有社会、政治、文化环境等诸多外在因素的影响,但北宋诸儒各自的理论探索和创造,以及他们之间的相互切磋与理论互动无疑具有更重要的决定作用。在这一时期的儒学复兴运动中,我们不能忽视北宋初期的胡瑗、孙复、石介三先生开风气之先的重要影响,也不能忽视身处政治变革中心的司马光、王安石等儒者的理论

[①] （清）黄宗羲原著,全祖望补修:《宋元学案》卷十一《濂溪学案上》,陈金生、梁运华点校,中华书局1986年版,第482页。

[②] 杨伯峻译注:《论语译注》,中华书局1980年版,第46页。

探索之功，而被后世誉为"北宋五子"的周敦颐、张载、邵雍和二程的理论贡献无疑更为突出，值得我们倍加关注。在这些儒者之中，程颢与程颐是言说性与天道问题之最为有力者，他们致力于阐发儒家的"性道微言"，力图重振性道之学的传统，因此其理论思考似乎尤其值得我们重视。从对后世的影响和儒学自身的发展历程来看，二程的性道思想也显得格外突出。从对后世的影响来说，二程的性道思想在一定程度上决定了后来儒学的发展方向，并经由朱熹的阐发而更加光大，最终成为整个社会的主导思想。从儒学自身的发展历程来看，他们的思想也无疑是北宋儒学复兴运动中最有生命力和创造力的因素，甚至可以说，正是在他们的努力下，儒家的性道之学发生了深刻的转型，并在真正意义上复兴起来。因此，重新探索程颢、程颐性道思想的形成、内涵及其理论特色，或许能够帮助我们更好地理解儒家"性道微言"在北宋时期所发生的微妙转型与复兴状况，也能使我们更好地把握他们的理论思考之于儒学发展的重要意义。

在宋儒及后世儒者看来，孔子的性与天道之学在孟子及《中庸》那里得到了真正的继承，而荀子则背离了孔孟之道，汉儒更是"止有传经之学"①，于"性道微言"处几无所得。但是客观地来说，包括程颢、程颐在内的北宋儒者，他们的性与天道之思是建立在对儒家性道传统的全部反思基础上的。因此，我们可以看到，程颢、程颐一方面复归孔孟传统，另一方面也没有忘记对荀子及汉儒之学进行批评与反思。思想的传统不可能被完全割断，新思想的产生必须以充分反思旧思想为前提，只有从之前的思想传统中发现问题，才能更好地对症下药。因此，虽然程颢、程颐对汉儒之学有诸多不满，但他们的理论思考不可避免地是以汉儒之学为参照的。我们知道，汉儒在将孔孟儒学进行了一番转换和诠释之后，从一种天人同构的视野出发，建构起了儒家性道之学的汉学形态，可以说取得了一定程度的成功，并且对当时的社会产生了巨大的影响，也建构了两汉时期大一统政治局面下的社会秩序。但是到了东汉末期，汉代儒学就出现了问题，对儒家基本精神的阐发日益乏力，它所倡导的名教也难以维系，至此儒学的生命力和地位都遭遇了严峻的挑战。对于性道之学来说，东汉末年

---

① （清）黄宗羲原著，全祖望补修：《宋元学案》卷十一《濂溪学案上》，陈金生、梁运华点校，第482页。

儒学衰微的原因或许在于，它在一些方面偏离了孔孟之学的主要方向，在诠释方式上选择了一条不是十分恰当的路径，但对于整体儒学来说，它所遇到的状况或许恰恰反映了儒学存的一些内在弊端，这些都值得后世儒者去认真反思。因此，对于二程来说，重振儒家的"性道微言"，既要充分挖掘孔孟之学的真精神，也要认真对待并解决好荀子之学和两汉儒学所遗存在的一些问题。只有真正接续上儒学发展的全部传统，他们才能在更高的起点上进行思考和创造。与儒家自身的性道传统相对而言的，是儒学之外的其他思想，尤其是佛道两家之学。对儒学来说，佛道之学无疑充当了他山之石的角色，从它们独特的理论立场出发琢磨砥砺着儒学这块璞玉。因此，如何对待佛道之学，也是摆在二程面前的一个重要问题。甚至可以说，佛道之学已经成为他们思考问题时不可逃避的一个理论背景，这一点我们从二程语录里大量有关佛道思想的讨论中即可感受到。思考儒家性道之学的发展与演变及其遇到的问题和有力应对来自佛道之学的挑战，构成了二程性道之思的前提。

想要关注程颢、程颐性道思想的具体形成状况，我们还必须重视北宋诸儒之学对二程思想的影响，特别是那些和二程关系较为密切的儒者，比如周敦颐、张载和邵雍，此外我们也不能忽视王安石。周敦颐、张载和邵雍作为年纪稍长于二程的同时代儒者，他们在儒家性道问题的思考上先行一步，并且已经建构起了各自的理论体系，这些都为二程进行自己的理论思考提供了宝贵的经验，无论他们是否赞成前者的观点和方法。至于王安石，情况则稍嫌复杂。我们知道，尽管二程之学在后世有很大影响，但在他们生活的年代，王安石及其新学却是独领风骚，昌盛一时，而二程之学则长期处于在野的地位。加之熙宁变法所引发的诸多复杂问题，二程实际上也不可能回避王安石，无论是他个人还是他的思想。其实，单方面地说北宋的这些儒者在思想上影响了二程是不确切的，准确一些的说法应当是，他们之间是思想互动和理论切磋的关系，甚至也发生过一些相互反驳和针锋相对的状况，但毫无疑问的是，他们的目标和宗旨是一致的，都是为了重新昌明儒家的"性道微言"。如果能够对二程与这些儒者之间的思想交流状况进行较为深入的分析，或许会有助于我们更为真切地了解二程性道思想的具体形成。

程颢、程颐的性道思想以兄弟之学的名义呈现于世，这就为我们的研究提供了多种角度和可能。我们可以将二程之学看作一个整体乃至一个学派来研究，从较为宏观的角度诠释他们性道思想的内涵和特点，并以此将他们与同时代的其他儒者和学派进行比较。但这样的研究必须建立在一个前提之下，那就是程颢与程颐的思想是一致或基本一致的，甚至作为一个学派而言，他们与其弟子的思想之间也要保持较高的同质性。无疑，这种视角下的研究对我们宏观把握二程及其学派的整体思想而言是颇为有益的。但我们也可以从另一个视角出发，分别考察程颢与程颐两人不同的思想世界。他们虽然近为兄弟，在思想的许多方面都保持了一致性，但由于各方面的原因，其思想依然呈现出了诸多不同，甚至在比较关键的问题上是不一致的，这似乎更值得我们关注。其实，历代学者也早已注意到了这个问题，比如与二程同时代的张载及后来的朱熹、陆九渊等人都已经觉察到了两人的思想在风格和义理上的差异。黄百家在《宋元学案》的《明道学案》中就曾说："大程德性宽宏，规模阔广，以光风霁月为怀；二程气质刚方，文理密察，以峭壁孤峰为体。其道虽同，而造德自各有殊也。"①当代学者对此也有更加明晰的认识，比如冯友兰先生、牟宗三先生等人都认为，程颢、程颐之学在义理和为学倾向上是有所不同的。仔细体贴和考察二程各自的理论创造和理论特点，似乎更有益于推进我们关于二程思想的研究。在认可了二程思想互有差异的前提下，我们又将面临这样的问题，那就是该如何看待他们思想之间的关系，他们思想之间的差异性意味着什么，以及应当如何来分析和评判这种差异，等等。这些问题似乎都能构成进一步研究二程思想的动因，都能吸引我们继续努力去接近二程思想的真实情形，探索他们各具特色的思维世界。

二 前贤研究

程颢与程颐作为儒学史上的大家，其思想受到了北宋之后的历代儒者的关注，也引起了当代学者的诸多兴趣。因此，在研究二程思想方面而言我们是幸运的，诸多的前辈学者已经积累了宝贵的研究经验，留下了丰富

---

① （清）黄宗羲原著，全祖望补修：《宋元学案》卷十三《明道学案上》，陈金生、梁运华点校，第540页。

的研究成果。需要指出的是，二程思想自身的丰富性为人们从多种角度研究其思想提供了可能，因此前辈学者的研究成果也呈现出了多样化的维度，其中也包括了对二程性道思想的研究。为了更好地展现关于二程思想的研究状况，同时也为了对他们的思想能有一个全貌式的了解，我们将在较为宽泛的意义上来介绍有关二程思想的前贤研究，其中当然也包含了对二程性道思想的相关研究。

二程的思想是在北宋诸儒共同复兴儒学的过程中诞生的。在那样一个理论多元化的时代，他们的思想在形成过程中就已经渗透着其他儒者的评价和讨论，比如张载、邵雍、王安石等人都对其思想有所评论。他们基于不同的学术视野来理解和评价二程的学术，虽然只是对一些问题的不同看法，但也可较为宽泛地被看作最初的"研究"了。与此同时或者稍后于此的，便是众多程门弟子对其师说的初步探讨和不同理解了。最为著名的如谢良佐、杨时、游酢、尹焞、吕大临等人，他们不仅参与了二程思想中相关问题的讨论，在师生间的对答之中直接促进了二程思想的形成与明晰化，而且也已经开始从不同角度深化二程的思想。对二程来说，杨时等人不仅是其思想的研究者，更是传播者，正是他们将师说传承下去，历北宋而至南宋，从此绵延不绝。南宋时期，胡宏、张栻、朱熹、陆九渊等儒者都在一定程度上继承并发展了二程的思想，其中朱熹是最为突出的代表。朱熹搜集整理了二程的著作，并对他们的思想进行了仔细的辨析和深入的诠释，最终将他们的思想融入自己的理论思考中去。可以说，朱熹是中国古代研究二程思想的最主要代表，并且是个极其成功的研究者，因为他镕旧铸新，在传承和发扬二程思想的同时建构起了自己的理论体系。后来盛传于世的"程朱理学"之名，便是一明证。朱熹对二程思想的研究，自有其深刻与贴切之处，也或有不足，但无论如何，他的研究对后世儒者及今天的我们而言都具有非常重要的参考价值和借鉴意义。宋朝之后，关于二程思想的研究不断延续，历经元、明、清各个朝代，其中较有代表性的著作如《宋元学案》。《宋元学案》为程颢和程颐各立学案，分别名为"明道学案"和"伊川学案"。这两个学案选录了二程较为知名而重要的著作，并对兄弟二人的著作进行了初步的拣别。与此同时，《学案》中也发表了一些作者自己的见解，虽然或有较为鲜明的个人理论倾向存续其中，但总的来说仍是比较平实的。正是由于历代儒者不绝如缕地传承和研究，二程思想才以更加丰厚的面貌呈现于世，为现当代学者的研究提供了宝贵的资源和重要参考。

二程思想作为儒学和宋明理学的重要组成部分，也引起了当代众多学者的重视，因此有关二程思想的当代研究成果也非常丰硕。从研究成果的类型上看，既有关于二程思想的研究专著，也有以专门章节的形式出现在一些学者的中国哲学史和宋明理学断代史的研究著作之中，还有一些以论述其他问题为主但涉及二程思想的重要专著，此外还有一些重要的研究二程思想的论文。下面就从这几个方面简单介绍一下学界前贤们相关的研究情况。

其一，二程思想的专著研究。基于对二程的特别关注，一些学者倾其心血于二程思想的个案研究，因此涌现出了一批颇具价值的二程思想研究专著。其中比较值得关注的著作有：姚名达的《程伊川年谱》（知识产权出版社2013年版），管道中的《二程研究》（中华书局1937年版），邓玉祥的《二程教育思想》（台北：台湾广文书局1937年版），张德麟的《程明道思想研究》（台北：台湾学生书局1986年版），刘象彬的《二程理学基本范畴研究》（河南大学出版社1987年版），徐远和的《洛学源流》（齐鲁书社1987年版），潘富恩、徐余庆的《程颢程颐理学思想研究》（复旦大学出版社1988年版）及潘富恩的《程颢程颐评传》（广西教育出版社1996年版），卢连章的《二程学谱》（中州古籍出版社1988年版）、《程颢程颐评传》（南京大学出版社2001年版）及其与卢广森合著的《洛学及其中州后学》（河南大学出版社1999年版），庞万里的《二程哲学体系》（北京航空航天大学出版社1992年版），程鹰的《伊洛学派及其教育思想》（教育科学出版社1993年版），蔡方鹿的《程颢程颐与中国文化》（贵州人民出版社1996年版），徐洪兴的《旷世大儒——二程》（河北人民出版社2000年版），温伟耀的《成圣之道：北宋二程修养工夫论之研究》（河南大学出版社2004年版），黄锦君的《二程语录语法研究》（四川大学出版社2005年版），郭晓东的《识仁与定性——工夫论视域下的程明道哲学研究》（复旦大学出版社2006年版），等等。此外，还有一些国外学者的著作值得重视。比如，英国学者葛瑞汉（Angus Charles Graham）的《中国的两位哲学家：二程兄弟的新儒学》（大象出版社2000年版），日本学者市川安司的《程伊川哲学の研究》（东京大学出版会1964年版），等等。这些专著构成了二程思想研究的重要阵地，它们以较为具体而细致的方式从多个角度阐述了对二程思想的理解，既包括了对二程及其学派的总体研究和对程颢、程颐的分别研究，也包括了对二程思想的整体和其思想某方面的专门研究。这些研究的出发点和侧重点各有不同，视角也比较丰富，为我们理解二程的思想提供了较为全面的资料。

其二，中国哲学史、思想史和宋明理学史中的二程研究。二程思想是中国哲学史、思想史和宋明理学史的重要组成部分，因此在当前的这些相关史论著作中也都占据了一席之地。在这些著作中，当代新儒家的一些相关研究和论述尤其值得我们关注。比如熊十力、牟宗三、唐君毅、冯友兰、张君劢、徐复观等人，在他们的相关哲学思想论著中，大都有涉及二程思想的研究。他们在融贯中西文化的基础上，以现代学术视野重新诠释中国古代哲学，在对二程思想的阐发方面也都颇有创见。其中较有代表性的著作有牟宗三先生的《心体与性体》（上海古籍出版社1999年版），冯友兰先生的《中国哲学史》（华东师范大学出版社2000年版）等。与此同时，在思想史和宋史领域，钱穆、余英时、漆侠等人也有较多新见，他们从思想史的视角出发来观照二程思想，自有一番独特的意蕴。这一方面较有代表性的著作有钱穆先生的《宋明理学概述》（九州出版社2010年版），余英时先生的《朱熹的历史世界：宋代士大夫政治文化研究》（生活·读书·新知三联书店2004年版），漆侠先生的《宋学的发展和演变》（河北人民出版社2002年版）等。此外，张岱年、任继愈、侯外庐、张立文、蒙培元、劳思光、郭齐勇、陈来等人也在这一方面有相当贡献，代表性著作有侯外庐等人主编的《宋明理学史》（人民出版社1997年版），张立文先生的《宋明理学研究》（人民出版社2002年版），陈来先生的《宋明理学》（华东师范大学出版社2004年版）等。总的来看，哲学史、思想史和宋明理学史中的二程研究，大多是作为哲学史众多学派研究和系列个案研究的组成部分出现的，这种研究方式在对学派的总体把握、源流研究及哲学史定位等方面颇具优势，但在具体问题的论述上稍显简略。由于学者们在时代、观念、理论立场及风格等方面存在着较大的差异，因此这方面的二程研究也呈现出了更多的特点，对二程思想的理解和定位也更加多样化，可谓是仁者见仁、智者见智，这些都为我们从不同观念出发和在宏观视野下理解二程的思想提供了重要参考。

其三，其他相关论著中的二程研究。二程思想博大精深，涉及了众多重要的哲学问题，因此在一些以问题为核心的研究论著中，也有许多关于二程思想的重要论述。这类著作种类更多，在此仅就笔者所见列举其中一二。比如：余敦康先生的《内圣外王的贯通——北宋易学的现代阐释》（学林出版社1997年版），以北宋易学为中心，深入阐述了程颐的易学思想；蔡方鹿先生的《宋明理学心性论》（巴蜀书社1997年版），从心性论的角度详细阐释了二程的心性思想；美国包弼德（Peter K. Bd）先生的《斯文：唐宋思想的转型》（江苏人民出版社2001年版），从思想转型的角度，阐发了程颐的道学思想在唐宋思想转型过程中的意义；卢国龙先生的《宋儒微言——多元政治哲学的批判与重建》（华夏出版社2001年版），从政治哲学的角度，分析了二程思想的政治哲学因素；等等。可以说，在论述有关中国哲学或宋明理学的相关重要问题时，二程的思想是学者难以回避的一项重要内容，因此在诸如此类的问题研究专著中，往往也可以看到涉及二程思想的相关研究。这类著作中的二程研究，大多将二程思想的某一方面纳入作者的整个研究体系中加以考察，加深了我们对二程思想某一方面的认识和把握，对从多个层面理解二程思想颇有帮助。

其四，论文研究中的二程思想。近些年来，随着对中国哲学研究的不断深入，关于二程思想的研究论文也大量涌现，极大地丰富了二程思想研究。这类研究主要以博士、硕士学位论文、会议论文和期刊论文等形式出现。其中，学位论文以专项研究的形式对二程思想进行较为深入的诠释，其意义与价值近于专著研究。更多的论文研究则出现在各类刊物上，数量繁多且内容多样。期刊论文以其短小、精湛的风格，从多个角度和不同问题意识出发切入二程思想，关注到了二程思想的方方面面。论文研究虽然不如专著研究那样全面和系统，但总能以其新颖的视野和敏锐的洞察力，反映出当前二程研究所呈现出的特点和趋势，在这方面自有专著研究所不能及的优势。有关二程思想的众多论文研究正是在这些方面，给予了我们较大的启发，引导了我们思考的方向，激发了我们的想象力和洞察力，为进一步从事二程研究提供了更为多样化的资源。

以上所阐述的前贤们关于二程思想的研究，主要是从传统与现代、成果的类型等方面展开的，对具体的研究内容关涉不多，而后者实际上更为重要。下面就从内容上分析一下有关二程思想的研究状况。

关于二程思想研究状况的具体内容，可以从四个方面来分析。首先，关于二程思想基本范畴的研究。学者们对二程的天理观、人性论、修养工夫论、知行观、境界论等方面的基本范畴大多做了比较详细的诠释。需要指出的是，虽然二程思想的基本范畴是学界所共知的，但由于每个人的理解和问题意识都有不同，所以在这些基本范畴的诠释方面也呈现出了一定的差异。当然，二程思想自身的复杂性与丰富性是引发这种差异的重要原因。从诠释学的角度讲，每个人都可以在自己的问题视域下重新诠释经典，从而赋予经典以全新的面貌和内涵。其次，关于二程及其洛学学派的研究，这一问题也是学者们比较关注的。从已有的研究成果来看，客观性的介绍居多，这为我们了解和把握洛学发展的基本情况提供了便利，也为进一步深入而细致的研究留有较大空间。二程思想在其不同弟子那里有着不同的传承和演变，深入考察这种演变的原因和过程，无疑将有助于我们更真切地了解二程思想的原初状态与流变状态，以及它们之间的渐变过程与内涵差异，从而增进对洛学学派的整体把握。学界在这方面的研究尚待深入。最后，关于二程与同时代其他儒者及学派之间的关系研究。在二程思想的专著研究中，一些学者涉及了这一问题，也做出了初步的考察。这些研究已经初步涉及了二程与周敦颐、张载、邵雍、王安石等人及其学派的关系，大多简明扼要，为我们了解该问题提供了方便，但具体而深入的考察尚留有较大余地。还需要注意的是，关于二程的关系及其异同的研究。不少学者认为二程思想是基本一致的，因此未对他们的异同做出进一步的考察。但也有许多学者认为二程思想存在着较为显著的差异，并做出了专门的研究。由于二程的著作尤其语录部分是合编在一起的，这使得辨析二程思想的异同出现了较多困难，所以这一问题的解决仍需进一步完善。除了上述几个方面之外，还有一些关于二程思想其他方面的研究值得注意。比如思想史和宋学视野下的二程研究，将二程思想放在北宋的文化变迁和政治变革中加以考察，为我们理解二程的思想提供了更为宏大的社会历史背景。最后，对二程的政治变革思想、经济思想、教育思想、文学思想等方面的专项研究，也为更全面地了解二程的思想提供了可能。还有一些独特视野下的二程研究，比如工夫论的视野、境界论的视野、实践论的视野及语录语法的视野，等等，这些不同视野下的研究赋予了二程思想别样的生命力，让人有耳目一新之感。可以看出，由于二程思想自身的丰富性,对其思想的研究也呈现出了多层次、多维度等多样化特点。这些对于进一步的研究来说,既提供了丰富的研究资源,也给予了我们很多启发。

具体到二程的性道思想,前贤们也探索出了一些研究路径,值得我们借鉴和参考。由于性道问题从一定程度上来说是儒学的核心问题,因此任何有关二程思想的研究都或多或少地涉及了这一层面。尤其在传统儒者那里,虽然他们也关注到了儒学的政治层面、社会层面等其他领域,但其思想的核心却是围绕着儒家的"性道微言"展开的。因此,后儒们对二程思想的一些传承与探讨有很多是在性道之学的意义上展开的,比如胡宏、朱熹、陆九渊、王阳明等。需要指出的是,由于这些儒者自身具有较强的理论创造性,因此他们在传承与发扬二程性道思想的同时,往往也突显了他们自己的思想特征,建构起了属于他们自己的性道思想体系。因此,与其说他们是忠实的二程性道思想的传承者,不如说他们是更加杰出的研究者与创造者,因为他们在二程性道思想的基础上开拓出了儒家"性道微言"的更多层面。对我们来说,他们对二程性道思想的"研究成果"是永远值得关注和研究的。与传统儒者相比,当代学者对二程性道思想的研究或许对我们具有更多的借鉴意义。性道问题既是儒学的核心,也是二程理论思考的核心,因此当代学者在研究二程思想时都会有意无意地关注到此。比如,在对二程思想基本范畴的研究中,对二程的天道、天理、人性等范畴的研究实际上已经关涉了二程的性道思想。学者们对这些范畴大多都进行了具体的阐释,这为我们理解二程的性道思想提供了莫大的方便。但如前所言,这一层面的研究往往是仁者见仁、智者见智,所以这也为进一步的研究提供了可能。与此同时,基本范畴的研究大多呈现出了范畴之间相对独立的研究倾向,在总体把握和不同范畴相互贯通方面的研究尚有欠缺,这也为进一步的研究留下了空间。除了基本范畴的研究,对二程思想的定位及宋明理学分系问题的研究,也在一定程度上反映了学者们对于二程性道思想的理解。不过学者们在这一问题上也表现出了较大的分歧,比如冯友兰先生和牟宗三先生在这一问题上就表现出了较大的差异。冯友兰先生认为,宋明新儒学的两个派别——理学和心学正是由二程兄弟分别开创的,即程颐开创了理学一派,而程颢开创了心学一派,并感叹说这是一种

"喜人的巧合"①。冯先生之所以有这样的见解,正是因为他对二程的性道思想分别有着不同的理解和定位。虽然冯先生关于二程哲学基本范畴的具体诠释,学界有着不同的看法,但他关于二程兄弟分别开创了理学和心学两个学派的观点却影响甚广。许多学者正是在这一观点的影响下展开了对程颢、程颐思想的分别研究。牟宗三先生也认为程颢与程颐的思想有显著差异,但他却并不认为程颢开创了心学,程颐开创了理学,而是提出了宋明理学三系说。他指出,宋明儒学发展实为三系,即周濂溪、张横渠、程明道、胡五峰和刘蕺山为一系,陆象山和王阳明为一系,程伊川和朱子为一系。②牟先生的这种三分法,实际上也基于他对二程性道思想内在差异的理解。他的这一看法在当前也有较大影响,学界既有赞同的,也有批评或存疑的。尤其值得一提的是,牟先生对二程的性道思想做出了非常详细而深入的阐释,提出了许多发人深省的观点,这些都为我们进一步的研究提供了宝贵的经验。可以看出,对二程性道思想的不同理解,会直接导致对二程思想的不同定位,甚至牵涉了对整个宋明儒学的总体判断。而学者们的不同看法也提醒我们,或许二程的性道思想还有许多潜藏的问题,值得我们进一步去思考和探索。

从上述梳理出来的前贤们的研究成果来看,我们越发能够感受到二程思想的博大精深和独特魅力,它吸引了众多的学者去理解和诠释其中所蕴藏着的丰富内涵。学界前辈们的研究成果分量颇重,展现了二程思想在当前时代的生命力。通过梳理我们也发现,由于二程思想自身的复杂性,使得二程思想研究在许多方面仍然留有较大空间,值得后来者进一步去研究和发掘。性道之学作为儒学的主要内容,在二程的思想体系中占据着十分重要的地位,尤其值得我们去探索。如果说二程思想本身是一个丰富而活跃的水之源头,那么后来人的研究就是其绵延不绝的支流,在每一条支流中,都流淌着源头之水,但同时也会因沿途风光的变迁而呈现出多样的风情。毫无疑问,这一源头活水还要继续流淌下去,由此,我们的研究也将乘此动力绵延开来。

---

① 冯友兰:《中国哲学简史》,北京大学出版社1996年版,第240页。
② 参见牟宗三《心体与性体》(上),上海古籍出版社1999年版。

三　研究目的与方法

本书意欲在学界前贤研究成果的基础上，继续推进二程性道思想的研究，通过对二程著作的深入解读，努力表达出对其思想的体会、认识和判断。下面，将简要说明一下我们的主要研究目的和相关的研究方法。

从已有的研究成果来看，学界目前对二程性道思想的研究，以独立分析和静态分析居多，而对其思想的渊源追溯、问题意识的形成及思想的动态考察尚有不足，因此本书想要突出的重点之一，就是要加强这些方面的研究。需要说明的是，二程思想的形成必然有许多外在因素的影响，比如时代环境、社会氛围、政治变革、文化转型等诸多方面，但鉴于相关方面的介绍与研究已经较为充分，因此我们在这一方面将不做过多赘述。与此相应，促成二程思想形成与发展的内在因素将成为我们主要关注的对象。所谓内在因素，主要是指思想产生与发展的理论前提是什么、其问题意识是如何形成的、其理论思考是在怎样的视域下展开的等内容。具体而言就是指，儒学发展至北宋，留给二程的是一个什么样的局面，其衰落的原因何在，需要二程接续着怎样的问题继续思考；佛道两家的教义与宗旨，在哪些方面刺激并启发了二程的问题意识，又如何成为其思想形成的一道重要背景；北宋诸儒的理论思考与创造所形成的多元化学术态势，给予了二程怎样的启发，以及与他们之间的学术往来和相互切磋又如何推动了二程思想的形成与变化；作为兄弟，程颢与程颐思想上相互影响的因素有多少，他们各自理论观点的形成又是在怎样的理论视域中展开的，等等。如果能对上述内容做一番深入而细致的考察，或许会有助于我们更加接近二程思想的真实情境。

关于二程性道思想的基本范畴，学者们已经做出了许多的阐释。但细细考察起来，这些阐释具有一种平面化、离散化的特点，即对其主要范畴之间内在关联的挖掘尚嫌不足。由此就引发了另一个问题，那就是对二程思想总体风貌的考察与断定有所欠缺或有失真切。因此，我们意欲在这一方面有所推进，重视体贴与探索二程性道思想所呈现出来的总体风貌，以及在此总体风貌统摄之下的各理论范畴之间的内在关联。在此基础上，也将对二程思想之间所存在的总体一致性与具体差异做出自己的理解与诠释。这样一来，对二程思想的理解，或许就不会局限于几个概念、范畴和理论观点上，而更能把握其思想本身所具有的有机一体性。

同时，我们将对程颢和程颐的性道思想进行分别研究，力图呈现其不同的学术追求和理论风格，并努力挖掘他们各自思想的独特内涵，以及他们思想之间的复杂关系。传统上，大多数学者将二程思想视为一个整体，而比较忽略他们各自学术的独立性与差异性。近年来，学者们在这一方面有不少的突破，已开始对程颢与程颐的思想展开分别的研究，这为我们进一步的研究奠定了较好的基础，但同时这种研究又在考察二程思想的复杂关系方面稍有欠缺。因此，我们将在分别考察程颢和程颐思想的基础上，对二者之间的关系做出进一步的分析，以便能够更好地判断他们各自的学术性质，并做出合理的学术定位。对二程性道思想的分别考察以及对其关系的恰当判断，或许能让我们更为深入地把握宋明理学的许多具体问题。

以上就是我们的主要研究目的，希望它们能够在我们展开论述的过程中逐步实现。工欲善其事，必先利其器。对于一本研究性论著而言，研究方法是仅次于研究目的的又一重要因素。因此，对研究方法如果有较多的自觉，将会有效地促进研究的展开。然而，由于研究问题的不同，学科性质的差异等诸多因素的影响，学术论著的研究方法既有其共性，也会因具体问题的差异而有所不同与侧重。具体到本书的研究来说，除了研究性论著的通用方法之外，需要强调指出的是以下几种研究方法，即传统文本的现代诠释法、比较研究的方法、哲学分析的方法等。下面就针对本书的具体情况，对这几种研究方法做一些简单的说明。

传统文本的现代诠释法。由于时代的原因，古人与今人在语言的使用和表达方式上存在着相当大的差异。因此，我们在研究传统经典时，就必须面临重新解读古代文本这一诠释学问题。通常情况下，在积累了基本的文字释义能力，又经历了一番较大数量的文本阅读活动之后，我们就能大致理解古人的意思了。但这只是诠释古典文献的初步能力而已。如果想更进一步地把握古代文本的准确涵义，就需要我们尽可能地去熟悉文本所产生的时代，了解其宏观的文化历史背景和具体的语用习惯。在此基础上，最好能再培养出一种解读字里行间所蕴含着的微言大义的能力，这一方面是因为古代学人惯于用较为含蓄的表达方式，另一方面则因为我们的语言表达能力终究有限，正所谓"书不尽言，言不尽意"①。具体到二程的著作，则又有一种情况，那就是对语录体文献的解读。除了其经学著作和文集之外，二程留给后世最重要的学术资料就是由朱熹整理编排的《程氏遗书》与《程氏外书》了，而这两部分内容都是以语录的形式呈现出来的。语录的形式，就是一种日常的师生对话形式。我们只能从他们师生之间的问答、探讨与辩论等具体而琐碎的内容中，去理解和把握二程的思想。除了从零碎的语录中分类并总结出其内在一贯而较成体系的思想脉络之外，我们还要考虑到语录自身的记录风格乃至真伪等问题。朱熹已经大致标出了各卷语录的具体记录人，这是一件很重要的工作，因为从中会发现对二程同一个观点乃至同一件事情的记录都会因人而异。朱熹就曾指出："伊川语，各随学者意所录。不应一人之说其不同如此：游录语慢，上蔡语险，刘质夫语简，永嘉诸公语絮。"② 这里他指出了二程不同弟子所记语录的不同风格，在此基础上，他又对这些不同记录者的记录做出了评价："今观上蔡所记，则十分中自有三分以上是上蔡意思了，故其所记多有激扬发越之意；游氏所说则有温纯不决之意；李端伯所记则平正；质夫所记虽简约，然甚明切。"③ 由此可见，二程的思想在其及弟子那里就已经有了如此区别，后世学者在解读上存在差异就更是在所难免了。不过语录体也有其优点，那就是能够较为丰富地呈现思想的不同侧面，让我们通过多次反复地遭遇同一个观点的不同描述，从而最终达到对同一个观点的全面把握。《论语》中对孔子论仁的不同记录与描述，就是一个比较典型的例证。对理解二程的性道思想而言，也是如此。解读二程的著作，除了文本形式的问题之外，还有一个时代的问题。无疑，我们无法完全褪去自身的时代印记，只能站在今天的立场上去解读古代文本。然而，我们依然可以尽可能地秉持一种尊重先贤的客观的原则，去诠释著作的本义与真义，至少应当努力这样去做。同时，我们还要努力突破"书不尽言，言不尽意"的语言局限，尽可能地去体贴作者蕴藏在文字背后和字里行间的微言大义，甚至去呈现一些作者心中所有而笔下尚无的思想内涵。我们能够这样做的原因或许在于，

---

① 唐明邦主编：《周易评注》，中华书局1995年版，第222页。
② （宋）黎靖德编：《朱子语类》，王星贤点校，中华书局1986年版，第2480页。
③ （宋）黎靖德编：《朱子语类》，王星贤点校，第2480页。

站在文字两端的不是文字或机器,而是有着相互理解之可能的人。关于传统文本的现代诠释方法,是一个已经开始但尚未完成的课题,对每一个研究传统文化的人而言,都会或多或少地参与其中。我们这里仅仅是在涉及研究方法时提到了它,以达到一种研究方法上的自觉而已。

比较研究的方法。在一些以比较研究为主的著作中,该方法是其最主要的研究方法,本书虽然不以比较研究为主,但也将要涉及许多内容方面的比较,因此有必要对这一方法给予关注。书中可能涉及比较的内容主要包括,儒学与佛道之学的比较,二程与北宋诸儒思想的比较,程颢与程颐思想之间的比较,等等。这里暂不对比较的研究方法做面面俱到的系统介绍,而只是谈一点个人的看法。中国传统思想中有两种观念,一种是"道并行而不悖",一种是"道一而已,此是则彼非"。这两种观念落实到比较的研究方法中时,前者就展现为一种较为宽容的、客观的比较态度,而后者则表现为一种态度明确的有所取舍的立场;前者似乎对各种观念采取一种和而不同的处理方式,后者则类似于一种判教活动。对每一个研究者而言,似乎在具体的理论实践中都逃脱不了以上两种观念的影响。在研究过程中,我们只有在"道并行而不悖"的观念支配下,不先入为主地对各种思想进行褒贬,才有可能以尊重的心态去同情地理解每一种思想的真义,这理应是在比较不同思想时所坚持的基本原则。然而,自始至终都坚守这一原则似乎是不容易做到的,因为任何研究都必然地具有主观色彩。所谓主观色彩,就是说研究者个体会不自觉地将其理论倾向、个人判断甚至感情好恶等因素融入研究之中。这样就会有不同程度的判教行为产生。可以看出,此种判教行为的产生,有时会因其主观色彩过于浓重而产生对比较对象有失公平的现象,从而造成重大偏失,使人难以信服,甚至觉得荒诞,这就提醒每一位研究者在进行比较研究时对此要有所自觉。同时也应该看到,此种不自觉的判教行为的产生,也是研究者逐渐确立自己的理论立场,开始形成个人理论观点的过程。换句话说,研究者个人的理论创造基于其基本的理论立场,而其理论立场的形成则是从其判教意识开始的。在一些以比较为主的著作研究中,我们会看到,有些学者的研究风格会倾向于客观而宽容,而另一些学者则会具有较强烈的判教色彩。这两种风格的比较方式我们将兼而采之,并尽可能地用其所长、避其所短。因为,研究方法毕竟只是达到研究目的的工具,而不是研究目的本身,我们有理由采用更完善的方法来实现我们的最终目的。更何况比较研究的成功,更多地取决于对每一种比较对象深入而细致的考察,以及结论的合理性与启发性,而不是更依赖于对比较方法的选取。因此,我们将同时重视两种比较方法的运用,尽可能较为客观地同情地对待不同学派、不同学者的思想,同时也会在此基础上努力做出自己的理解和判断,以最终达到研究目的。

哲学分析的方法。我们以程颢、程颐的性道思想为主要研究对象,所以将主要采用哲学分析的方法展开论证。以哲学分析的方法为主,并不意味着完全排除其他方法,比如历史的、思想史的研究方法等。需要说明的是,虽然思想史的研究方法也颇让人向往,但由于学识有限,我们也只能是间或使用和汲取而已。之所以选取哲学分析的方法,是由我们的研究目的决定的。如前所述,本书想要探讨的核心内容是二程的性道思想,以及与其思想形成有密切关系的思想因素,即想要探讨的是思想观念自身的内在演变过程、观念对观念的影响力,以及观念之间的切磋与较量等内容。而对思想之外的一些重要因素,如时代、社会、政治、文化等诸多其他方面,则因文有所限、力有不及而不能够一一彰显了。需要强调的是,这里所谓的哲学分析的方法,将不仅仅止步于对二程性道思想基本范畴的静态分析和个别诠释,而是重在运用哲学的方法考察其基本范畴的生成过程与内在关联,这也是由本书的主要创作目的决定的。哲学分析的方法,与其他的方法比较而言,是一种较为纯粹的对思想自身的思考和研究的方法,也可以说是一种反思的研究方式,正如冯友兰先生所说的"反思地思想"[①]。这种研究方法自然有其不足之处,因为它将思想自身与其相关的众多丰富因素隔离开来,极有可能陷入一种枯燥无味的境地。但它也自有其长,那就是可以剥离掉附着在思想之上的一切其他因素,深入地探讨思想本身,从而达到对某种思想更为纯粹的理解。这样的话,我们就能够更好地看清思想发展的趋势,从而推动思想自身的继续生长。因此,我们采用以哲学分析为主的研究方法,是为了更好地实现对二程性道思想的真切把握。

以上就是对本书的主要研究目的和相关研究方法的说明。研究目的是推动学术研究不断展开的内在动力,而研究方法则是实现该目的不可或缺

---

① 冯友兰:《中国哲学简史》,第2页。

的工具，它们二者共同构成了学术研究的两翼。有此两翼，我们就可以更加顺利地往下进行了。

四 二程的生平与著作

在正式开始论述之前，先来简单介绍一下二程的生平与著作。当然，我们不准备在许多大家共知的信息方面花费太多的笔墨，这里只是挑选一些与论述相关的或值得注意的内容做一点简单的介绍。所谓读其书，要先识其人，下面就先来了解一下二程其人。

程颢，字伯淳，世称明道先生[1]，生于北宋仁宗明道元年，即公元1032年，卒于北宋神宗元丰八年，即公元1085年。程颐，字正叔，世称伊川先生，生于北宋仁宗明道二年，即公元1033年，卒于北宋徽宗大观元年，即公元1107年。程颢、程颐是同胞兄弟，年龄上仅相差一岁，而他们生活的年代距今恰恰将近一千年了。这就意味着，我们今天对他们的研究要穿越千年的时间距离。反观他们所处的时代，如果抛开复杂的社会政治因素，纯粹从思想界所呈现出来的繁荣状况来考虑的话，或许会很让人羡慕，因为那无疑是一个群贤毕至而又热闹非凡的时代。如果我们注意的话，几乎北宋所有的知名人士都与他们生当同时，这一时期可称得上是群星璀璨。比如欧阳修（1007—1072年）、司马光（1019—1086年）、王安石（1021—1086年）、邵雍（1011—1077年）、周敦颐（1017—1073年）、张载（1020—1077年）、苏轼（1036—1101年），等等。他们与程颢、程颐一样，都活跃在中国11世纪的思想舞台上，而且彼此之间还都有着千丝万缕的联系。程颢、程颐就是在那样一个时代，和那些最优秀的士人一起，积极参与了当时的政治变革和思想文化变革，促成了学术思想的又一次大发展。

从政治活动来看，程颢、程颐的政治参与始终不处于当时的核心领域，但无疑他们的所有活动乃至命运变迁又都受制于当时的政治变革。程颢的仕途生涯大多是在地方官上[2]度过的，虽然在任期间也表现出了

---

[1] 为了统一称谓和现代著作行文的方便，本书对二程采用"程颢""程颐"的称呼，暂不使用"明道""伊川"等世称。

[2] 程颢在地方上的任职依次是京兆府鄠县主簿、江宁府上元县主簿（后代任县令）、泽州晋城县令，后来又担任过签书镇宁军节度判官、西京洛河竹木务、监汝州酒税、知扶沟县事等地方官吏。

非凡的才干，但与儒家所追求的盛大的外王事功相比，仍然是杯水车薪，难解当时社会的燃眉之急。他唯一的一次中央任职经历是在王安石变法期间，担任了太子中允权监察御史里行，这是一个言官，实际权限很小，唯一的好处是可以直接和神宗对话。在以王安石为首的新党下台、以司马光为首的旧党人士重新掌权之际，程颢获得了宗正寺丞的朝廷任命，但雄图未展，即与世长辞，不禁令人扼腕。与其兄相比，程颐更加没有所谓的仕途生涯可言，只是在程颢去世之后，在司马光、吕公著等人的推荐下，担任过哲宗的老师，官职为崇政殿说书，虽然他竭尽忠诚，但依然不受哲宗的喜欢，最终离去。尽管有着热诚的政治理想，但程颐一生极少从政，虽然如此，他依然没有避免政治风波带给他的巨大影响，曾一度被编管四川涪州，后又遭党禁之害，直至生命结束。从他们的这些经历，以及当时司马光、王安石等人的政治变革活动中，我们似乎越来越感受到，儒家所追求的外王事业越来越难以实现，似乎仅仅成了一种难以在现实生活中实现的纯粹的政治理想。程颢、程颐是宋儒命运的一个缩影和典型，他们的政治追求如果注定不能实现，那么他们就要为儒家之道的实现寻求另一个出口。由此，他们并不以其政治事功著称于世，而以其学术上的造诣为后世所尊崇。

从为学角度而言，程颢、程颐的一生倒有许多可圈可点之处。程颢自幼就展现出了一种为学的聪颖天资："生而神气秀爽，异于常儿。……数岁，诵诗书，强记过人。十岁能为诗赋。"[①] 与其兄相比，程颐自幼则较多地展现出一种可贵的修养持守的天性："幼有高识，非礼不动。"[②] 他们闻道甚早，十四五岁时，便通过其父程珦的介绍，从学于周敦颐，始寻"孔颜乐处"。从此，程颢就"遂厌科举之业，慨然有求道之志"[③]，程颐亦开始倾心于孔孟之道，曾说"某自十七八读《论语》，当时已晓文义，读之

---

① （宋）程颢、程颐：《二程集》，《河南程氏文集》卷第十一《明道先生行状》，王孝鱼点校，中华书局2004年版，第630页。
② （宋）程颢、程颐：《二程集》，《河南程氏遗书》附录《伊川先生年谱》，王孝鱼点校，第338页。
③ （宋）程颢、程颐：《二程集》，《河南程氏文集》卷第十一《明道先生行状》，王孝鱼点校，第638页。

愈久，但觉意味深长"①。在经历了短暂的泛滥佛老之学的为学困惑之后，他们返求《六经》，立志复兴孔孟之学。他们杰出的为学造诣，首先是他们独立思考和"自家体贴"的结果，其次也得益于他们与同时代学者之间的相互切磋，而其思想之所以能够流传开来，则离不开他们终生从事的授徒讲学活动。程颢和程颐授徒甚众，讲学日广，逐渐形成了洛学学派。程颢一生著述很少，我们只能通过《河南程氏遗书》中的大量语录来了解他的思想，这也足见讲学活动对于程颢学术生命的重要意义。程颐许多思想的形成，也得力于他与学生之间的问答和辩难。对于他们的为学活动，程颐有着自己的理解和评价。他曾经用一种非常谦虚的说法来评价自己的著述活动，他说："今农夫祁寒暑雨，深耕易耨，播种五谷，吾得而食之。今百工技艺作为器用，吾得而用之。甲胄之士披坚执锐以守土宇，吾得而安之。却如此闲过了日月，即是天地间一蠹也。功泽又不及民，别事又做不得，惟有补缉圣人遗书，庶几有补尔。"② 可以看出，他认为身为一名儒者，就要补缉圣人之书和求道讲学，这与农夫、百工、士兵等其他人各任其职一样，实是自己的分内之事。但与此相对，他又认为他们的工作有着非同一般的崇高意义和价值，他这样说："窃以圣人之学，不传久矣。臣幸得之于遗经，不自度量，以身任道。"③ 也曾这样说过："圣学不传久矣。吾生百世之后，志将明斯道，兴斯文于既绝。"④ 对于其兄程颢，他有着类似的但更高的评价，他说："周公没，圣人之道不行；孟轲死，圣人之学不传。道不行，百世无善治；学不传，千载无真儒。无善治，士犹得以明夫善治之道，以淑诸人，以传诸后；无真儒，天下贸贸焉莫知所之，人欲肆而天理灭矣。先生生千四百年之后，得不传之学于遗经，志将以斯道觉斯民。……先生出，倡圣学以示人，辨异端，辟邪说，开历古之沉迷，圣人之道得先生而后明，为功大矣。"⑤ 程

---

① （宋）程颢、程颐：《二程集》，《河南程氏遗书》卷第十九，王孝鱼点校，第261页。
② （宋）程颢、程颐：《二程集》，《河南程氏遗书》卷第十七，王孝鱼点校，第175页。
③ （宋）程颢、程颐：《二程集》，《河南程氏文集》卷第六《上太皇太后书》，王孝鱼点校，第546页。
④ （宋）程颢、程颐：《二程集》，《河南程氏文集》卷第十一《祭刘质夫文》，王孝鱼点校，第643页。
⑤ （宋）程颢、程颐：《二程集》，《河南程氏文集》卷第十一《明道先生墓表》，王孝鱼点校，第640页。

颐对他们为学活动的这种高度自觉和评价，实际上基于一种强烈的复兴儒学的使命感，正是这种使命感使他们能够无比热忱地投身于重振儒学的活动之中，并且立场坚定地"辨异端""辟邪说"，同时也就有着较高的自我期许与理论自信。

程颢、程颐的一生，大多在政治活动与为学生涯中度过，虽然他们政绩平淡，但为学颇有所获，其独到的理论创造极有功于北宋儒学的发展。抛却这些因素，程颢、程颐仅仅作为两个普通人而言，也有着相当的人格魅力。虽然是同胞兄弟，二人的性情却有着很大的不同，细细品味的话，他们可谓是各有气象，又相映成趣。程颢的性格温润如玉，与人相接之际，让人有阳春时雨般的舒适感；程颐则严毅有加，与弟子相处之时，颇能树立师道尊严。与此性格相应，他们各有两个小故事流传后世。一个是朱光庭从学程颢的故事，有这样一段记载："朱公掞见明道于汝州，逾月而归，语人曰：'光庭在春风中坐了一月。'"① 另一个是游酢和杨时从学程颐的故事："游定夫、杨中立来见伊川。一日先生坐而瞑目，二子立侍，不敢去。久之，先生乃顾曰：'二子犹在此乎？日暮矣，姑就舍。'二子者退，则门外雪深尺余矣。"② 程颢教人，让人有"如沐春风"之感；程颐教人，则有"程门立雪"的严厉。他们对彼此性情的差异也是有所自觉的，程颢就曾对程颐讲："异日能使人尊严师道者，吾弟也。若接引后学，随人材而成就之，则予不得让焉。"③ 后世儒者对他们二人的气象差异也多有品评，且多由其性情之异延伸至其思想造诣之别。程颢的温裕气象曾引得后世儒者追慕不已，全祖望就赞叹其为"天生之完器"④。然程颢仅活了五十四岁，中寿而卒，不免令世人惋惜。幸而程颐邀得七十五岁之耆寿，这才使他们兄弟二人的思想得以绵延和传承，诚如全祖望之言："大程子早卒，向微小程子，则洛学之

---

① （宋）程颢、程颐：《二程集》，《河南程氏遗书》附录《伊川先生年谱》，王孝鱼点校，第346页。
② （宋）程颢、程颐：《二程集》，《河南程氏遗书》附录《伊川先生年谱》，王孝鱼点校，第346页。
③ （宋）程颢、程颐：《二程集》，《河南程氏遗书》附录《伊川先生年谱》，王孝鱼点校，第346页。
④ （清）黄宗羲原著，全祖望补修：《宋元学案》卷十三《明道学案上》，陈金生、梁运华点校，第537页。

统且中衰矣！"① 可以看出，程颢与程颐作为兄弟，给世人呈现了一幅独特的兄弟之学的绝妙画卷，他们不仅在自然生命上血脉相连，而且在学术生命上也休戚与共。

时隔千年之遥，我们已无法亲自领略程颢、程颐的儒者风姿，幸而有语录和著作流传于世，尚可赖其文字而知其人，进而了解他们的思想。对于流传至今的二程著作，我们首先要归功于二程弟子们的重要贡献，他们不仅提供了大量的语录记载，而且极尽忠诚地传承了二程的文字著作。其次要得益于朱熹辛勤而仔细的编纂工作，正是通过他的编纂，二程的语录得以整理和考辨，从而较为可靠地流传下来。二程的著作由《河南程氏遗书》《河南程氏外书》《河南程氏文集》《周易程氏传》《河南程氏经说》和《河南程氏粹言》六部分组成，通常简称为《遗书》《外书》《文集》《易传》（通常也称为《程氏易传》或《伊川易传》）、《经说》和《粹言》。在这六部分中，《粹言》是杨时"变语录而文之者也"②，即是杨时将二程语录再行加工的著作。《粹言》将二程的思想以分类的形式呈现了出来，可以算是对二程著作的分类与改写。因此严格说来，《粹言》不是二程的著作，但通过它可以对二程的主要思想范畴有较清晰而简洁的把握，故而依然具有重要价值。关于二程著作的具体考辨，一些学者已经做出了宝贵的探索，尤其对有疑问的篇章，比如《程氏易传》中《易序》的作者问题，《经说》中《中庸解》的作者问题等，学界都已形成了基本的共识。③ 这些都为我们的研究提供了莫大的方便。这里不准备对二程的所有著作做详细的考证和介绍，仅从本书的研究需要出发，做一些简单的考释工作。

程颢和程颐的许多思想，都是在其讲学过程中逐渐形成的。他们讲学期间的许多言论都被弟子们分别记录了下来，保存在流传至今的《遗书》与《外书》之中。相较而言，《遗书》比《外书》更为可靠，这一点也是朱熹将其语录分为《遗书》与《外书》的重要原因之一。从这些语录中，

---

① （清）黄宗羲原著，全祖望补修：《宋元学案》卷十五《伊川学案上》，陈金生、梁运华点校，第588页。
② （宋）程颢、程颐：《二程集》，《河南程氏粹言序》，王孝鱼点校，第1167页。
③ 参见庞万里《二程哲学体系》，北京航空航天大学出版社1992年版；卢连章《程颢程颐评传》，南京大学出版社2001年版。

我们可以看到有重复之处。有些重复是因为不同弟子对同一件事情的共同记录，还有些重复是二程讲学期间对他们某些思想的重复阐释。这些重复性的语录，有时能帮助我们更全面地了解某件事情或某一观点，有时也能加深我们对二程某个思想观点的把握。更重要的是，由于有些语录没有注明是程颢、程颐何人所说，而这些重复性的语录记载有时会为我们的判断提供方便，即可以根据已注明作者的语录判断那些未曾注明作者的语录归属。

程颢去世之后，程颐又授徒讲学了二十多年，因此他的讲学语录被更多地记录了下来。于是我们看到，《遗书》与《外书》中，关于程颐的语录记载比程颢要多很多。这种情况带来的结果就是，我们能够较为容易和全面地了解程颐的思想，但是对了解程颢的思想而言就有着相对的困难。这是文献本身遗留的困难，我们只能在有限的且归属较为明确的语录记载中去理解和诠释程颢的思想。不过，似乎也不用太过悲观。一则因为虽然语录数量较少，但程颢遗留下来的文集内容比较丰富，《文集》中保留了他的许多诗文和书信，这些都有助于加深对程颢本人及其思想的了解。二则程颢在世之时，与同时代的儒者及与弟子之间的相与往还活动比较多，我们可以从其他人的著作中寻觅一些相关内容，比如一些交往活动的记录、某些问题的讨论及一些相互品评的文字等。三则虽然我们今天看到的语录内容较少，但对程颢的主要思想都有所记录，根据这些有限的资料也基本可以管窥他的思想全貌了。

相较而言，有关程颐思想的文献是比较丰富的。首先，关于其讲学期间的语录，《遗书》与《外书》中都有较多的记载。可以看到，程颐的许多主要观点，在《遗书》与《外书》中都有多次的反复的记录，这使我们可以充分确认其思想的准确内涵。其次，程颐有正式的著作存留，其中最主要的就是《程氏易传》。他一生参与的政治活动较少，专注于学术的时间更为长久，这些都有利于他著书立说，而正式的完整的著作较之语录，往往更有利于我们了解一个人的思想。再次，程颐一生授徒众多，他与学生之间的理论探讨也大多被记录了下来，因此也可以参照其学生的著作来丰富对他自身思想的理解。最后，由于朱熹对程颐思想的继承与发挥较之程颢更多，因此可以通过考察朱熹的言论和思想，来增进对程颐思想的把握。不过需要注意的是，朱熹和程颐毕竟不同，因此我们更重要的工作是通过解读程颐自己的言论和著作，来把握和突显程颐自身的学术风格和思想特质。

如何拣别程颢和程颐的语录归属问题，一直以来是二程思想研究的难题之一。因此，有必要对这个问题做一个专门的说明。首先，我们以探讨二程的性道思想为主要目的，而不以文献考证为第一要务，因此对于较难辨别的语录将暂且搁置存疑，而不强加揣测和妄自判断。同时，本书也尽量不以此类文献作为论证的依据。其次，如前所言，我们将会有效地利用语录中存在重复性记载这一特点，根据已经明确归属的语录判别未曾明确的语录。再次，我们将以历史上著名学者的相关考释为重要参考，其中主要包括二程主要弟子的相关讨论，朱熹的拣别工作，以及《宋元学案》中的一些判断，等等。最后，我们也将非常重视当代学人的相关研究成果，比如牟宗三先生所做出的一些重要判断，以及庞万里先生所做出的相关考辨工作，等等。前贤们在这些方面已经做出的许多宝贵探索，为我们今天的研究提供了莫大的方便，因此乐观一点地讲，这个一直以来的难题似乎就变得不那么困难了。

其实上面的探讨已经超出了二程自身著作的范围，已然涉及了其他学者的著作，而这些也只是为了能更好地理解二程思想本身。因此，我们虽然以二程著作为主要文献，但也绝不忽视其他相关著作的重要价值，只是行文所限，这里就不对它们做进一步的详细介绍了。

最后，简单说明一下本书所主要依据的二程著作文本——《二程集》。二程著作自问世以来，就不断以单行本的形式流行于世。至元代开始，就有了以《二程全书》形式出现的二程著作全集，之后明、清两代也分别有善本出现。现在，我们主要依据的版本是由中华书局出版发行的理学丛书中的《二程集》，其第一版的发行时间是1981年7月，现在又有了2004年2月的第二版。这是由王孝鱼先生点校、张岱年先生覆阅的标点本二程著作集，它主要以清同治十年（1871年）涂宗瀛的《二程全书》为底本，同时参校以清康熙吕留良刻本和明万历徐必达刻本而成。[①] 这本《二程集》对今天研究二程思想的人而言，无疑提供了较大的方便，因此作为我们的首要选择。

---

① 参见（宋）程颢、程颐《二程集》，《出版说明》，王孝鱼点校，中华书局2004年版。

以上就是对二程生平及其著作进行的一些简单介绍。作为绪言，我们已经说得不少了，接下来就进入本书的主体部分，展开全面而正式的论述。

第一章　儒家性道思想的演变与佛道之学的影响

　　中国哲学发展至北宋，呈现给人们的是一种纷繁复杂的局面，对儒者而言问题尤其严峻。先秦孔孟儒学的源头已经相隔遥远，而汉唐儒学的发展路径也已渐行渐塞，儒学似乎已经不能以此为继了。以至于从中唐的韩愈到北宋诸儒，对儒学的渐次衰落都不约而同地发出了同一种感叹，都有一种道丧千载的儒学命运之忧。对于以复兴儒学为己任的程颢、程颐而言，这种忧患意识也显得尤为深切。他们需要找出问题所在，以更好地应对儒学复兴所面临的艰难局面。

　　儒学发展到这样的局面，其原因是复杂的。包括二程在内的北宋儒者都一致认同孔孟儒学最初所开创的儒家之道，但对相继而起的汉唐儒学却颇有微词，认为正是后者使孔孟儒学的真义湮没不彰，甚至使其误入了一味追求名物训诂、大讲阴阳灾异的歧途之中。由此，他们都主张超越汉唐，直承孔孟。对孔孟儒学的复归，实际上是对由孔孟所开创的儒家之道的再探索与再定位，而对儒家之道的重新理解与定位则直接决定了北宋儒学的发展方向。直承孔孟，对于任何时代的儒者而言都是一种正当的宣言和必然的使命，然而，即使抛却了时间和空间的距离因素，仅仅是由于儒者自身情况的不同，也可以使我们预见到即将到来的又一次诸家争鸣的繁荣局面。从实际发展的情况来看，儒者们对这一问题的看法也的确不尽一致，他们对何为孔孟之道、儒家的"性道微言"之真义是什么等这些问题都有着诸多不同的见解和分歧。但是，这种不同和分歧并不妨碍他们一起秉持复兴儒学这一共同目标，相反他们还能在这一共同的目标和旗帜下，更加充分地进行理论上的自由创造。如果说直承孔孟是对儒学自身内涵的正向解读，那么超越汉唐就是对儒学发展过程的反向省察。尽管北宋儒者对汉唐儒学多有不屑，但他们不能不直面汉唐儒学的存在与问题，因为历史不可能割断，他们必须沿着先儒的问题继续前行。遗憾的是，北宋儒者对汉唐儒学由于一种态度上的轻视，而没有投入较多的精力与时间，对其进行一番仔细而深入的考察。从我们所能看到的文本来看，他们大多对其约略谈之，或者一带而过，没有较为完整而严肃的著述存留下来。或许是因为他们要面对和解决的其他重要问题太多了，也或许是因为他们开创新理论的热情超过了对旧学说的认真研究和批判。但这些都只是表面呈现出来的现象罢了，我们不能因此而忽视了许多潜在的学理上的蛛丝马迹。也就是说，虽然他们表面上没有对这一问题进行较为充分的讨论，但并不表明他们在创建新理论的过程中不清楚汉唐儒学的症结所在，尤其是在性与天道这一核心问题上所出现的问题。因此，在这一方面我们需要做的恐怕就要更多一些，要将汉唐儒学的问题好好整理一番，以便能够更好地理解北宋儒学所承续的问题，何以要超越汉唐，超越的又是什么，等等。

造成儒学衰落的另一个重要原因，就是佛教与道家之学的发展与兴盛。对儒学发展的命运而言，佛道之学的广泛传播和深入影响无疑是一种严峻的威胁和致命的挑战，不能不引起儒者们的一致反对与攻击，甚至冠之以"异端"之名。但佛道之学别样而独特的人生追求与精致入微的理论论证，又在不断刺激着北宋诸儒的理论思考。程颢、程颐兄弟二人面对的同样是这种局面。儒学的地位已经十分衰落，而许多才智"高明"之士又被佛道之学吸引，甚至包括二程自己都曾经有过泛滥其中的经历，更何况其他普通儒生。这种情境使他们几乎共同想到了孟子所处的时代及其作为，孟子对杨、墨异端之学的强力驳斥，成了他们效仿的榜样。要复兴儒学，就不能不排佛道二教，这是摆在他们面前的又一项使命。然而，坚持一种排斥的态度是容易的，冷静地分析佛道之学的特点，指出它们不同于圣门儒学的乖谬之处，还之以一种理论上的有力反击又是困难的。需要注意的是，儒者之所以排斥佛道二教，固然有其立场上的重要原因，但又不纯是一种完全基于立场的意气之争，这里就需要我们体会其中所蕴含着的儒家式的判教行为。佛道二家对宇宙人生所秉持的态度和看法，无疑是自成一格的，但它们与儒家又有着相当的差别，这种差别既成就了它们自身，也同时成为衡量和判断其高下优劣的重要依据。当然，儒家用来衡量和判断的标准，是来自于儒学自身的资源。与此同时，儒者们也开始针对佛道之学的各个组成部分展开批判，这种批判最后以儒学重新确立起自己的理论范式和独尊地位而宣告结束。佛道之学在作为被儒学批判和超越对象的同时，也给予了儒学重建以重要的影响和启示。一方面，在佛道之学对宇宙人生理解方式的映衬之下，儒者们更加清晰地认识到了儒学自身的内涵与追求是什么，同时也逐渐明确了儒学进一步的发展方向。另一方面，佛道之学在理论论证过程中所发展起来的丰富资源，也为儒学的发展提供了重要的思维方式上的借鉴。因此，如何有力地排斥佛道之学，是北宋儒者的重要使命，而如何较好地消化和超越佛道之学的理论资源，也是他们不可回避的任务。

超越汉唐、直承孔孟，是包括程颢、程颐在内的北宋儒者复兴儒学的必然选择，只有这样，他们才能够揭示儒学发展的问题，追溯儒家之道的真义，从而培育出儒学发展的新生命。与此同时，对佛道之学的批判与反击，不仅使儒学的自身追求更加明了，也一定程度上消除了儒学发展所面临的外在阻力。而对佛道之学丰富资源的合理利用，则为儒学新一期的发展在理论方法上提供了更多的选择。对程颢、程颐来说，他们自身的理论创建也正建立在这一系列的理论活动基础之上。下面，我们就对这些问题进行详细探讨。

第一节　儒家性道思想的演变

儒学作为中国传统思想中最为重要的组成部分，其所涉及的领域和问题无疑是多样的，哲学、政治、历史、社会、教育、文化、艺术等领域都在其中有所呈现。仅仅作为哲学而言，儒学也关注和涉及了许多重要问题。那么，从儒学发展史的视野来看，什么问题又占据着核心地位呢？其实这也是个容易引起争论的话题，由于对儒学内涵和定位的不同判断，不同的人会有不同的理解。既然我们这里以探讨程颢、程颐的思想为中心，以探讨北宋儒学的发展为基本背景，那么我们或许应当参照一下他们的立场和看法，进而对这一问题做出判断会比较合适。换句话说，在二程那里，在北宋儒者的视野中，儒学的核心问题是什么。当然，这并不意味着我们完全失去自己的判断，只是认为重视他们的立场，可能会有助于我们去理解他们的思想。从二程对先秦孔孟儒学的追溯及对汉唐儒学的评判中，我们大致可以这样认为，在他们的理解中，性与天道的问题是儒学的核心问题之所在。性与天道的问题可以说正是后儒们非常重视的所谓儒家的"性道微言"，也就是我们这里所谈论的性道问题。

我们知道，《论语》中记载了子贡关于孔子之言性与天道的著名论断，他说："夫子之文章，可得而闻也；夫子之言性与天道，不可得而闻也。"① 由于子贡的这一论断，后世遂对孔子之言性与天道的问题有些搁置不谈了，原因自然有很多，最主要的或许就是认为性与天道的问题太过高深莫测，连子贡这样的圣门高才都"不可得而闻"，何况其他。然而宋儒似乎对这一问题又有了特别的兴趣，对子贡关于孔子之言性与天道的论断做出了他们自己的理解。张载就曾指出："子贡曾闻夫子言性与天道，但子贡自不晓，故曰'不可得而闻也'。"② 又说："子贡谓夫子所言性与天道不可得而闻，既云夫子之言，则是居常语之矣。"③ 可以看出，张载认为性与天道的问题是孔子思想中的应有之义，且是孔子居常之语，只是因为子贡的不晓方才显得"不可得而闻"了。程颢对此也表达过自己的看法："至于性与天道，则子贡亦不可得而闻，盖要在默而识之也。"④ 又有："以子贡之才，从夫子如此之久，方叹'不可得而闻'，亦可谓之钝矣。"⑤ 在程颢看来，孔子之言性与天道，确是一个不可轻易把握的问题，需要通过"默而识之"的方式才可理解，否则以子贡之高才，再加之从夫子时日如此之久亦"不可得而闻"。从他们对这一问题的判断中，我们可以看出，张载、程颢等北宋儒者对性与天道问题的关注，虽然有子贡"不可得而闻"的明确判断在先，但似乎也阻挡不了他们对这一问题进行尝试和探索的兴趣。之所以对这一问题抱有较多的兴趣，是因为在他们看来，这个问题是儒家之道的根基，并且关乎儒学的继续发展。这或许正应了黄百家的判断，即"性道微言之绝久矣"，而程颢、程颐等北宋儒者正是要在儒家的"性道微言"处有所创造。所谓"性道微言"，具体所指似乎正是孔子所言的性与天道之学。由此可见，在北宋及后来的儒者那里，性道之学是

---

① 杨伯峻译注：《论语译注》，第46页。
② （宋）张载：《张载集》，《张子语录》，章锡琛点校，中华书局1978年版，第307页。
③ （宋）张载：《张载集》，《张子语录》，章锡琛点校，第307页。
④ （宋）程颢、程颐：《二程集》，《河南程氏遗书》卷第十一，王孝鱼点校，第132页。
⑤ （宋）程颢、程颐：《二程集》，《河南程氏遗书》卷第十二，王孝鱼点校，第136页。

儒学发展的重中之重，因此它也就了展现儒家之道的核心问题。

如果说性道问题是儒学的核心问题，那么这一问题的实质旨向与真正内涵又是什么呢？我们知道，中国哲学的生发源自古代哲人对整个宇宙人生的感悟。宇宙是人类生存的场所，而人生则是生存本身，这是人的反思能力自产生之日起就必然要关注的两个重要问题，因此对宇宙人生的思考也就自然而然地成为中国哲学的应有之义。在中国哲学的众多学派中，儒家似乎对现世的人生倾注了更多的热情，它积极地面对现世的事务，肯定人生的价值，重视对人自身的认识和反思。在这样的视野下，儒家形成了自己关于宇宙人生的理解，具体展现为对性与天道问题的思考。性，首先是指人之性，同时也包括万物之性，其根本的旨向实际上是生命及其存在。天道，既是指宇宙万有的存在根基，也包括了宇宙大化流行的状态，天道构成了人的生命之源与生存背景。在儒家那里，性与天道的问题，是围绕着人的生命这一中心问题展开的，它关注作为生命之源的天道的内涵、关注人的生命本质、关注人的生存状况、关注人与其他生命之间的关系，等等。正如牟宗三先生所说："中国哲学，从它那个通孔所发展出来的主要课题是生命，就是我们所说的生命的学问。它是以生命为它的对象，主要的用心在于如何来调节我们的生命，来运转我们的生命、安顿我们的生命。"[①] 性与天道的问题，说到根本处也是关于人的生命的问题。正是这一问题与人的生命及其存在之间的这种根本联系，使它成为儒学的核心问题，构成了儒家之道的重要内涵，并成为儒家构建其整个理论体系的基石。

要想了解北宋儒学所要承续的问题是什么，就有必要对性与天道这一核心问题在儒学史上的演变做一番具体的考察。同时，我们也要看到，程颢与程颐的性道思想正是以准确把握儒家性道思想的演变为理论基础的。北宋之前的儒学，从时间上来说主要经历了两个大的发展阶段，一是先秦儒学，主要包括孔子之学，孟子与《中庸》之学，以及荀子之学；二是两汉儒学，也就是儒学发展的经学阶段。但从内容上来说，我们又可以这样来理解，即孔子、孟子与《中庸》之学是一脉相承的，而荀子与两汉儒学则代表了性道之学的另一种发展模式。我们这里暂且突破时间的局限，而

[①] 牟宗三：《中国哲学十九讲》，上海古籍出版社1997年版，第14页。

以内容为主要的论述根据,来探索儒家性道之学的产生、发展与演变。因此,我们将主要从孔子之学、孟子与《中庸》之学、荀子与两汉儒学这三个方面出发展开论述。

一 孔子之言性与天道

孔子作为儒学的开创者,其思想的产生源自对夏商周三代文化的反思。正是在夏商周三代漫长的文化积淀基础上,孔子才有可能"以述为作"①,开创出一个新的文化时代。三代文化自然有其一脉相承之处,但周文化无疑具有更重要的作用,以至于孔子发出了"郁郁乎文哉!吾从周"②的感叹。周代繁荣的礼乐制度,本应是顺乎人情、合乎人意的,但到了孔子的时代,礼崩乐坏,礼乐渐渐地流于玉帛钟鼓等外在形式,与人的真实生命严重脱节,以至于墨子学派提出了非乐、节葬等限制和否定礼乐形式的口号。孔子正是在这种情况下,开始了对周文化的反思和改造,而改造的问题核心就是如何使原有的礼乐文化具有新生命,如何使生命的内涵成为礼乐的内在灵魂。在这一反思和改造过程中,性与天道的问题就逐渐浮出水面,并成为孔子哲学的内在核心。

性与天道,首出的是性的问题,这也暗示了儒学在开创之初就表现出的对人的生命主体性的重视。但实际上,孔子关于性的问题论述甚少,他只说了这么一句:"性相近也,习相远也。"③孔子对性的此种界定可以说是比较含混的。他没有对性做善恶的规定,仅仅说每个人的性都是相近的,只是因个人习养不同才产生了区别。需要注意的是,孔子只说了性相近,并没有说性相同,也就是说对于人而言,每个人的性是相近的,却也不必是完全相同的,这里或许暗示了人性的多样性和丰富性。但如果仅是这样,孔子论性似乎也平常易懂,何以子贡会有"不可得而闻"之感呢?这就提醒我们,有必要对孔子此处所说的性进行一种定位,即他是在何种意义上言性的。其实后世儒者在这一问题上也是争论不休,各持己见。比如张载这样认为:"'孔子曰:'性相近也,习相远也',性则宽褊昏明名

---

① 冯友兰:《中国哲学简史》,第 36 页。
② 杨伯峻译注:《论语译注》,第 28 页。
③ 杨伯峻译注:《论语译注》,第 181 页。

不得，是性莫不同也，至于习之异斯远矣。"① 他似乎将"性相近"理解成了"性相同"，即"是性莫不同也"，而此性不是指宽褊昏明之性。而程颐是这样理解的："孟子言性之善，是性之本；孔子言性相近，谓其禀受处不相远也。"② 又说："'性相近也'，此言所禀之性，不是言性之本。"③ 他认为孔子这里所说的性是指禀受之性，而非性之本。可以看出，他们两人对孔子"性相近"一语的理解是存在着差异的。事实上，与他们的理解有更大差异的儒者也大有人在。针对这种状况，我们又当如何来理解孔子所言的性呢？或许我们不应该只局限于"性相近"这一句话，而应该换一种方式来理解孔子对人性的界定。如果说性是对人的本质属性的一种规定，是对人之所以为人的一种理解，那么我们似乎应当更加注意孔子的另一个重要概念，那就是他所强调的仁。我们知道，孔子学说中最富创造性的概念就是仁，仁概念的提出正是基于对周文疲敝的反思，仁也是他用来改造周礼的重要范畴。而仁的核心内涵和旨向，则是对人的存在本质和存在状态的思考，是对人的生命主体性的一种觉醒。在这种生命主体性中，德性的因素又占据了重要地位。对德性因素的强调实际上反映了孔子对人性规定的一种趋向，即人性是具有德性内涵的，而德性因素的重要内涵之一就是善。因此，虽然孔子对人性的直接谈论比较少而且比较模糊，但是他的仁观念让我们看到他对人性问题有着自己独特的思考，并且这种思考是颇具启发性的。我们有理由相信，程颢对人性的理解及其对仁的重新诠释，正是受到了孔子仁说的启发。需要注意的是，孔子对仁这一概念没有下一个明确的定义，而是在不同的场合对不同的人进行了不同的描述和解释，这也反映出仁之内涵的丰富性。如果我们可以将仁视为孔子对人性内涵的一种思考的话，那么从仁内涵的丰富性中，我们似乎也可以看出在孔子那里，人性的内涵实际上也是丰富的，不是单一概念可以完全界定的。不管怎样，孔子对人性的理解开创了儒家人性论的总体旨向，即人性具有重要的德性内涵，初步突显了儒家德性优先的学派特色。不过，总的来说，孔子对人性的界定具有一种原始性和根源性的特点。原始性意味着

---

① （宋）张载：《张载集》，《张子语录》，章锡琛点校，第330页。
② （宋）程颢、程颐：《二程集》，《河南程氏遗书》卷第二十二上，王孝鱼点校，第291页。
③ （宋）程颢、程颐：《二程集》，《河南程氏遗书》卷第二十二上，王孝鱼点校，第252页。

他没有对人性做出较为明确的界定，因此后人有进一步具体定义的必要。根源性则意味着他对人性的理解奠定了儒家人性论的根基，后世儒者对人性的理解正是在这一根基之上不断生成的。或许正是由于孔子人性论的这种复杂性，才让子贡有了"不可得而闻"的感叹，也让人们对孔子的人性论有着较多不同的看法。而程颢、程颐对人性的重新理解，很大程度上也是以孔子的人性论为基础的。

接下来，我们将考察一下性与天道问题中孔子关于天道的看法。在性与天道的关系中，性居于天道之前，这也许暗示了在孔子那里以性来统摄天道的最初愿望。换句话说，在孔子的思想追求中，人的地位和力量是受到重视的，尽管有强大的天道在前，但人的主体性地位依然到了初步觉醒和努力突破的时刻。因此，我们对孔子天道观念的理解不能忽视这样一个前提，即虽然天道在孔子学说中依然占有极其重要的位置，但是它已经不可避免地被笼罩上了一层人性觉醒的轻纱。我们从孔子天道观念的具体内涵中也将感受到这种转变。我们知道，在孔子之前，天是全民的信仰之神，具有崇高的宗教地位和神秘色彩，天主宰着整个宇宙的运转、决定着人类的命运，在人的心目中它是一种神圣而不可抗拒的力量，是至高无上的人格神。但到了孔子的时代，天的这种神秘色彩有所淡化，它对人世的主宰力量也一定程度上开始招致怀疑。天在人心目中的地位和性质的这种微妙转变，也反映在了孔子的思想之中，并促成了孔子对天观念的重新理解和诠释。在孔子的学说中，天依然具有崇高的地位，依然是人之外的一种神圣力量，比如孔子讲的"唯天为大""获罪于天""富贵在天""天生德于予""天之将丧斯文也"①，等等。在孔子那里，天的权威地位是得到承认的，天是让人敬畏的外在于人的一种神圣力量。但是从宗教祭祀的角度来讲，天的人格神色彩已经大为削弱，它在祭祀意义上更多地表现为一种敬畏的对象，而非人格之神。我们从孔子关于祭祀和鬼神的看法中可以体会到这一点。比如孔子说："祭如在，祭神如神在。"② 又说："敬鬼神而远之。"③ 可以看出，孔子对祭祀和鬼神的态度，更多地基于一种对祭祀

---

① 杨伯峻译注：《论语译注》，第83、27、125、72、88页。
② 杨伯峻译注：《论语译注》，第27页。
③ 杨伯峻译注：《论语译注》，第61页。

礼仪的遵循和传承，以及对不可知力量的敬畏感，而不是真的认为有一个人格形象的祭祀对象存在，这可以说是一种人文理性的祭祀态度。由此我们也可以推知，天在孔子那里已经不是传统祭祀意义上的至高神，而是值得人去敬畏的一种神圣力量，有时也可以说是命或者天命。而孔子对天命的态度，一是要"畏天命"①，二是要"知天命"②，畏表示敬畏，知则意味着要理解和顺受天命，这两者实际上代表了孔子对天及天命的理解和态度。

与天紧密相连的另一个观念就是道，所谓性与天道中的道。道在孔子的思想中是有着重要的地位，它可与天相提并论，合称天道，甚至从某种趋势上来说，道已经超越了天，占据着更为核心的地位。我们从《论语》关于道的众多论述中或许可以更明确地看出这一点。比如孔子认为"何莫由斯道也"③，即道是万事万物所由所出的本原和根据。在此基础上，他又将道的内涵进行了深化，并将其延伸至人生领域。他说，"士志于道"，"朝闻道，夕死可矣"④。在他看来，道是值得人们去追求的一种应然的生存方式，人生的目的就在于闻道而达于道，过一种合乎道的生活。从另一个角度来讲，孔子认为自己的所有思考正是要探寻道的真义，而他的所有实践又都是为了能使道在现实世界中得以实现。比如他说，"吾道一以贯之"，"行义以达其道"⑤。然而，虽然孔子一生志于道，但道之畅行于世却注定是一个非常艰难的历程，因为孔子面临的是一个邦国无道、天下无道的局面，所以他只能得到一种"道之不行"的结果。对于这样的结果，孔子持一种知天命的态度，他说，"道之不行，已知之矣"，"道之将行也与，命也；道之将废也与，命也"⑥，甚至也说过"道不行，乘桴浮于海"⑦的话，在此我们可以看到孔子所追求的道与天或曰天命之间的关系。尽管道之不行可以以天命来理解，人的有限性也尽显于此，但对道的追求

---

① 杨伯峻译注：《论语译注》，第177页。
② 杨伯峻译注：《论语译注》，第12页。
③ 杨伯峻译注：《论语译注》，第61页。
④ 杨伯峻译注：《论语译注》，第37页。
⑤ 杨伯峻译注：《论语译注》，第39、177页。
⑥ 杨伯峻译注：《论语译注》，第196、157页。
⑦ 杨伯峻译注：《论语译注》，第43页。

却是天命也阻挡不了的，这正突显了人以自己的主体意志来重新理解世界的可贵之处。因此，孔子的道，既有与天的神秘性相对而言的客观明确性，也有与人的主体意志密切相关的人文内涵，因为道毕竟是由人体认出来的。

从我们的分析中可以看出，孔子对天和道的理解是比较复杂的。若将天与道分而言之，则孔子对天观念的诠释，应该说是在继承传统的过程中努力表达了一种自己的见解；而他对道观念的诠释，则在很大程度上发挥了他较为自由的理论创造。值得注意的是，天与道之间的联系是微妙的，在表达人对整个世界的理解与对人生的追求时，天的内涵可被含摄在道之中；但在道的具体实行方面，天的力量又不能被忽视，又需要我们去知、去敬畏。或许正是天与道之间的这种微妙关系，最终使得合而言之的天道观念变得更加复杂，也更加"不可得而闻"了。天与道作为中国传统思想中共用的范畴，各学派都赋予了它们不同的内涵和价值取向，而孔子作为儒家学派的创始人，其关于天道的理解也正处于一种创发阶段，因此具有更加难以把握的丰富性与复杂性。

分析了孔子学说中性与天道的具体内容之后，接下来我们要追问的是，孔子之言性与天道，其根本旨向是什么，表达了一种怎样的宇宙人生之关切。性与天道，作为人的存在本质和存在背景，本是一种实然而然的存在，并无丝毫的人意掺杂其间，但是如何理解和诠释性与天道的内涵、性与天道的关系，却反映了人们对于自身存在的一种关怀和反思。换句话说，性与天道实然而无为地存在着，无论人们是否意识到它，但是人们却可以通过思考它来表达自己对于宇宙人生的理解。具体到孔子来说，其言性与天道也正表达了他对宇宙人生的理解。孔子对于性的关注，表达了他对人的存在本质和存在价值的思考，他对天道的关注则表达了他对整个世界之存在的终极根据的探索。在他的理解中，性与天道在根本上是一致而贯通的，这也意味着人的存在与整个世界的存在实际上是本然一体的。在孔子看来，虽然性与天道是本然一体的，但并不是每一个人都能意识到这一点，因为没有意识到，就会人为地将性与天道割裂开来，从而认为我们的生命是一种孤立的悬空的存在，而不能与天道打成一片、浑然一体。因此，在人这里，需要重新做一番贯通性与天道的工夫。孔子认为，性与天道贯通的方式在于，人首先要尽己所能地去求仁、行道，然后在此基础上又要畏天命、知天命，这样性与天道就在人这里得到了一种连接。性与天道能够连接的客观依据在于，它们表达的都是人与世界的存在本质和应然的存在方式，其主观依据则在于人是一种仁的存在。仁意味着能够"推己"，不仅可以推己及人，而且可以推己之性远及于天道。可以说，对性与天道问题的思考，就是为了要对人及人生存于其中的整个世界做出一种合理而恰当的解释。因此，孔子之言性与天道，体现出了他作为儒家创始人对整个宇宙人生的一种哲学反思，虽然这种反思只能说是初具规模，但其中所涉及的问题和根本旨向却颇具启发意义，因为这种反思首次以人为核心来观照整个世界。从孔子关于性与天道的表述中，我们也可以看出，儒家的性道之思表达了一种对宇宙人生的正面肯定和真诚关注，这是以一种积极的态度去关注人性和天道，并且鼓励人要去主动地实践仁、追求道。人或许有不仁，但只要追求就可得到，所谓"我欲仁，斯仁至矣"[①]；邦国、天下或许暂时是无道的状态，但天下有道的局面还是值得去期待的。孔子一生的行为正是对他这种理念的切身实践。孔子之言性与天道，开启了儒家对性道问题的哲学思考，也奠定了儒家对整个宇宙人生所秉持的基本态度。对性与天道的思考本身是一项极高明的理论活动，但积极入世的基本态度又决定了这种思考必须融入人们的人伦日用之中，这或许正是儒学之所以为儒学的最大特点。

如上所述，孔子之言性与天道，确实有比较难以把握的复杂性，所以子贡有"不可得而闻"的感叹。反过来，如果我们把"不可得而闻"作为孔子之言性与天道的特点的话，我们或许也可以得到另外一些启发。我们知道，"形而上者谓之道"[②]，而性与天道在中国哲学的传统中正属于形而上的问题，超出了日常经验的范围。把握性与天道与把握日常物象有很大的不同，因此对普通人而言，性与天道是不容易理解和把握的。与此同时，这也启发我们要以一种哲学反思的方式来理解性与天道，不可局限于日常思维的理解方式。子贡认为"夫子之言性与天道，不可得而闻也"，而孔子事实上也曾暗示过子贡，不可仅以语言来把握思想。《论语》中有这样的记载："子曰：'予欲无言。'子贡曰：'子如不言，则小子何述

---

① 杨伯峻译注：《论语译注》，第74页。
② 唐明邦主编：《周易评注》，第222页。

焉?'子曰:'天何言哉?四时行焉,百物生焉,天何言哉?'"① 事实上,对性与天道的把握也是这样的,要善于在圣人无言、天道不言的情况下默而识之。程颢正是明白了这一点,所以他说:"至于性与天道,则子贡亦不可得而闻,盖要在默而识之也。"② 在孔门弟子中,似乎只有颜渊具备这一特点,所以二程比较推崇颜子,认为:"'默而识之',乃所谓学也,惟颜子能之。"③ 并且认为颜子比子贡要高明:"如颜子,则便默识,其他未免疑问,故曰'小子何述'。"④ 从二程对子贡与颜渊的评论中,我们也可看出,二程对孔子之言性与天道已经有了自己的认识和理解,认为只有"默而识之"才是正确把握性与天道的方式,而他们也将在这一问题上走得更远。

孔子开启了儒家之言性与天道的哲学反思传统,虽然还处于草创阶段,但也初步奠定了这一问题的基本理论倾向。对于程颢和程颐来说,他们直承孔孟的首要任务也正在于要准确理解孔子所言性与天道的内涵,把握儒家"性道微言"的真义。孔子对人性内容的初步界定,对天道内涵的理解倾向,都在一定程度上影响了二程对于宇宙人生的基本看法。他们正是在孔子性道思想的基础上展开了进一步的思考,并以其独特的理论创造将这一问题引到了一个更为高深的层次上去。如果说孔子之言性与天道确有其"不可得而闻"之处,那么二程正是要在这一儒学难题上有所作为,不仅要对性道问题有所得闻,而且还要有所开拓与创新。事实上,孔子之后的历代儒者们也都在这一问题上做出过不同的尝试和探索,儒家性道思想的演变也正由此而展开。

二 孟子与《中庸》的性道思想

孔子之后,据说"儒分为八"⑤,孔子的学说也被各有侧重地传承了下来。至于儒家之言性与天道,则一直到了孟子才有了较为长足的发展,其著名的性善论大大推进了儒家对人性问题的认识,程颐在这一点上就非常

---

① 杨伯峻译注:《论语译注》,第187—188页。
② (宋)程颢、程颐:《二程集》,《河南程氏遗书》卷第十一,王孝鱼点校,第132页。
③ (宋)程颢、程颐:《二程集》,《河南程氏遗书》卷第九,王孝鱼点校,第106页。
④ (宋)程颢、程颐:《二程集》,《河南程氏遗书》卷第一,王孝鱼点校,第1页。
⑤ (清)王先慎:《韩非子集解》,钟哲点校,中华书局2013年版,第499页。

肯定孟子："孟子所以独出诸儒者，以能明性也。"① 孟子之外，在儒家其他学说中，《中庸》对性与天道的问题也有所阐发，值得我们注意。二程对《中庸》也颇为推崇，程颢曾讲："《中庸》之言，放之则弥六合，卷之则退藏于密。"② 程颐也认为"《中庸》乃孔门传授心法"③。在性与天道的问题上，孟子与《中庸》都有所建树，并且呈现出了不同的特点。程颢与程颐也在许多方面汲取了孟子与《中庸》关于性与天道的思想，可以说他们正是沿着孟子与《中庸》所开拓的路径继续深化这一问题的。下面我们就简单分析一下孟子与《中庸》对性与天道问题的不同阐发，以帮助我们更好地把握这一问题在先秦儒学中的演变。

首先，我们探讨一下孟子在性与天道问题上的见解与贡献。我们知道，孔子直接关于人性的论述很少，只提出了"性相近也，习相远也"，没有对人性的善恶做出明确的规定，但他却提出了一个重要的概念仁，向我们展示了人性的丰富内涵。孟子的人性论正是在孔子论仁的基础上发展而成的。孟子对仁进行了更为深入的探索，他说，"仁也者，人也"，"仁，人心也"，"人皆有所不忍，达之于其所忍，仁也"。④ 孟子将仁作为人之所以为人的重要内涵，并将其主要落实在了人心之上，集中表现为人的不忍人之心，即恻隐之心。孟子认为："人皆有不忍人之心。……所以谓人皆有不忍人之心者，今人乍见孺子将入于井，皆有怵惕恻隐之心。"⑤ 正是这种不忍人之心、怵惕恻隐之心，构成了仁的萌芽，所谓"恻隐之心，仁之端也"⑥。孟子同时又在此基础上推展出了"羞恶之心，义之端也；辞让之心，礼之端也；是非之心，智之端也"⑦。他从恻隐之心的仁推而言之到人的义、礼、智，而仁、义、礼、智正是人性的核心内涵，他说："恻隐之心，人皆有之；羞恶之心，人皆有之；恭敬之心，人皆有之；是非之心，人皆有之。……仁义礼智，非由外铄我也，我固有之也，弗思耳

---

① （宋）程颢、程颐：《二程集》，《河南程氏遗书》卷第十八，王孝鱼点校，第204页。
② （宋）程颢、程颐：《二程集》，《河南程氏遗书》卷第十一，王孝鱼点校，第130页。
③ （宋）程颢、程颐：《二程集》，《河南程氏外书》卷第十一，王孝鱼点校，第411页。
④ 杨伯峻译注：《孟子译注》，中华书局1960年版，第329、267、337页。
⑤ 杨伯峻译注：《孟子译注》，第79页。
⑥ 杨伯峻译注：《孟子译注》，第80页。
⑦ 杨伯峻译注：《孟子译注》，第80页。

矣。"① 孟子认为人人皆有仁义礼智，而这些正是人的固有本性，并且它们是天生内在的，不是外加于人的，这就是人的本然之善性。孟子由论证人皆有恻隐、羞恶、恭敬、是非的仁义礼智之心出发，提出了他的性善论，他以人心之善论证了人性之善。仁义礼智作为人的固有之性，此四者皆是善的，所以人性是善的。可以看出，孟子以心来论性，对心与性没有做进一步的区分，这也是孟子性善论的特点之一。在反驳告子的人性学说时，孟子进一步用比喻的方式论证了人性之善，他说："人性之善也，犹水之就下也。人无有不善，水无有不下。"② 针对现实生活中存在的人性之恶，他是这样解释的："乃若其情，则可以为善矣，乃所谓善也。若夫为不善，非才之罪也。"③ 也就是说，从天生本性来说，人人皆可是善的，而不善的出现并不是本性的原因。他进一步认为恶的出现是人丢失了本性的结果，所谓"放其良心"的结果，就像原本茂盛的山林被过分砍伐了一样："其所以放其良心者，亦犹斧斤之于木也，旦旦而伐之，可以为美乎？"④ 山林被过度砍伐之后变成了光秃秃的样子，但这并不意味着它原本是不美的；人由于外在的原因丢失了善性、良心，出现了恶的状况，但这不能否定人的本性是善的。这就是孟子人性善的具体内容。

孟子以雄辩著称，但我们若细细考察，就可以发现他的论证并不是毫无瑕疵的，不过这并不是我们关注孟子性善论的重点。我们更关心的是，孟子是在何种意义上言性善，以及性善论的价值何在。诚如张岱年先生所指出的："孟子所谓性者，实有其特殊意谓。孟子所谓性者，正指人之所以异于禽兽之特殊性徵。人之所同于禽兽者，不可谓为人之性；所谓人之性，乃专指人之所以为人者，实即是人之'特性'。"⑤ 也就是说，孟子之言性善，是在人之所以为人的"特性"之处立言，是在人禽之辨的"几希"⑥之处立言，这就与告子的"生之谓性"和荀子的"天就之性""化性起伪"区别开来。明白了这一点，我们就能更好地理解孟子主张性善论

---

① 杨伯峻译注：《孟子译注》，第259页。
② 杨伯峻译注：《孟子译注》，第254页。
③ 杨伯峻译注：《孟子译注》，第259页。
④ 杨伯峻译注：《孟子译注》，第263页。
⑤ 张岱年：《中国哲学大纲》，中国社会科学出版社1982年版，第185页。
⑥ 杨伯峻译注：《孟子译注》，第191页。

的原由和立场了。孟子从人之所以为人处言性，而不是对性做一种宽泛的外在的不关任何价值倾向的描述，这表明他是以一种价值反思的立场来界定人性的。孟子性善论的目的在于为人的生命存在和本质做出一种应然的规定，因为理想的人应该是善的。而如果以善来规定人的生命本质，它就可以对现实的人性产生一种颇有强度的规范和警策作用，同时也使恶淡出了人的生命规定，从而在根本处对人的生命及存在进行了一番澄清。性善论的价值在于积极地、正面地塑造人性和人心，同时还赋予了人以强大的内在自主的主体力量，使人成为一种在德性上可以自我决定的存在。可以说，孟子的性善论源自对生命的最为真切的关怀，是对人自身生命的最为深刻的反省和最为积极的塑造。从儒学发展史的角度来看，性善论之所以成为儒家人性论的主流，或许正是因为它与孔子所开创的儒家的基本精神相契合，即始终秉持一种正面的、积极的肯定态度来对待万有存在，同时又以极大的热诚去促成整个宇宙人生的至善与和谐。

如果说在孔子那里，性与天道还呈现出一种两极并重的态势的话，那么在孟子那里，性无疑占据了上风，天道则退居其次了。首先，天的宗教神秘色彩在孟子那里更加淡化了。天更多地被视为自然之天，有时也带有命运主宰的意味，但是祭祀意义上的天的宗教神秘色彩已经非常淡化。将天理解为自然之天，本是一种日常经验层面上的认知。比如孟子讲，"天油然作云，沛然下雨"，"天之高也，星辰之远也，苟求其故，千岁之日至，可坐而致也"。① 这是人们日常生活中对自然之天的经验理解。将天理解为命运主宰之天，可以看作孟子对传统天论的一种继承，比如他说，"若夫成功，则天也"，"吾之不遇鲁侯，天也"，"天将降大任于斯人也"②，等等。事实上，命运主宰之天，在孟子那里更近于命，即外在于人之意志的一种客观力量，是"求在外者也"③，不是人可以自我决定的。其次，道在孟子那里更多地表示一种应然之义，是值得人去追求的一种价值理想。比如孟子说："天下有道，以道殉身；天下无道，以身殉道。"又说："得道者多助，失道者寡助。"④ 道是一种应然之义，是求之可得的，

---

① 杨伯峻译注：《孟子译注》，第13、196页。
② 杨伯峻译注：《孟子译注》，第49—50、53、298页。
③ 杨伯峻译注：《孟子译注》，第302页。
④ 杨伯峻译注：《孟子译注》，第321、86页。

不需向外寻求，所以"道在迩而求诸远"①是常人对道的误解。同时，道也与人的存在密切相关，孟子言："仁也者，人也。合而言之，道也。"②仁是人的内在本性，如果人而能仁，那就是道了。可以看出，道在孟子那里已经具有了显著的人文色彩，因为道的内涵更多的是人所赋予的。最后，我们来看孟子学说中的天道。事实上，孟子直接论述天道的内容很少，仅有两条。其一是："诚者，天之道也；思诚者，人之道也。"③这里的天道，一方面以诚来描述和界定，以表现其至诚无妄的品性，另一方面又与人道相提并论，足见天道与人道关系之密切。因为诚作为天道的品性，本就是人对天的一种理解，即所谓的"思诚"，而只有人去"思诚"，天道之诚才可彰显。其二是："圣人之于天道也，命也，有性焉，君子不谓命也。"④圣人追求天道在现实生活中的实现，其实现情况本有命的成分蕴含其中，但是追求与否却是性所决定的，所以君子不认为是命，只是遵从性的要求。可以看出，性与天道在这里相遇并贯通起来，它们排除了命的阻碍实现了贯通。

　　人性之善与天道之应然在本质上是一致而贯通的，因为只有这样才能保证人的生命在德性上的自我实现。事实上，孟子有另外一个著名的论断可以更加明确地说明性与天道的关系，那就是"尽其心者，知其性也。知其性，则知天矣"⑤。尽心知性知天，孟子将心、性、天三者在这一命题中统一起来。前面我们提到，孟子以心来论性，以心之善端来论证性之善，这里心、性又与天相与一体而得以统一，其统一的方式是由心性来统天，而非以天来统心性。一个人充分地扩充了其本心所具有的仁义礼智之"四端"，就是真正懂得了人的本性，懂得了人的本性，就是与天为一，真正理解了天的意义。孟子还曾说过："万物皆备于我矣。反身而诚，乐莫大焉。"⑥万物皆备于我，天也是这样，人只需反身求之即可实得，这就是最大的快乐，而这也正是尽心知性知天的快乐和境界。如何反身求之？孟子

---

① 杨伯峻译注：《孟子译注》，第173页。
② 杨伯峻译注：《孟子译注》，第329页。
③ 杨伯峻译注：《孟子译注》，第173页。
④ 杨伯峻译注：《孟子译注》，第333页。
⑤ 杨伯峻译注：《孟子译注》，第301页。
⑥ 杨伯峻译注：《孟子译注》，第302页。

说："存其心，养其性，所以事天也。"① 也就是说，并没有一个外在于人的天需要我们去把握，所谓事天就是反求诸己，存其本心、养其本性而已。可以说，在孟子那里，性与天道实现了内在的贯通，并且贯通在人的本心本性上。以心性来统天道是孟子之言性与天道的最大特点，这也同时体现了孟子对人之本质的深刻理解，以及他对人的生命主体性的高度重视。

孔子之后，可以与孟子之言性与天道相提并论的还有《中庸》。与孔子和孟子相比，《中庸》对性与天道的内容有着更为系统的表达。《中庸》开篇即言："天命之谓性，率性之谓道。"② 这可谓是《中庸》对性与天道内容的核心论述。首先，性源自天，是天所命于人和万物的并使其能够成为自身的内在根据。这里虽然没有明确讲性的善恶属性，实际上却暗含了性是至善的这层寓意，因为性是天之所命，既然是天之所命，则岂有不善？同时，天命之谓性，性源自天，性与天的关系也由此紧密联系起来。其次，率性之谓道，即遵循天命之性而行就是道之所在。道的本义之一就是所行之路，引而申之，就是天地化育万物的大化流行之过程和社会人生发展所要遵循的法则与规范。率性之谓道，则意味着宇宙万物和社会人生的发展实际上是本性的自然流行，是率性而为的结果，不是一种外在的勉强。这样，性与道也就合而为一了，内在于人和万物的就是性，遵循此性所行所为的就是道。最后，总体来看"天命之谓性，率性之谓道"的话，就可以看出，《中庸》将天、性、道三者既进行了分别的定位，又将三者贯通为一体，由天而得性，率性而为道。性与天道的内容在《中庸》中得到了较为明确的界定。

虽然说天、性、道相贯而为一，但是占据这三者之核心的却是性。《中庸》讲："性之德也，合外内之道也。"③ 人所禀之性，既可内而成己，又可推而成物，并能够参赞天地之化育，与天为一。性之所以有此妙用，在于天地万物都是诚的存在。诚是《中庸》的核心概念之一，其基本内涵是真实无妄，它是天地万物最基本的存在方式，也是万物之性的重要内

---

① 杨伯峻译注：《孟子译注》，第 301 页。
② （宋）朱熹：《四书章句集注》，《中庸章句》，中华书局 1983 年版，第 17 页。
③ （宋）朱熹：《四书章句集注》，《中庸章句》，第 34 页。

涵。也就是说，天地万物都是真实无妄地存在着，如若不诚，则万物的存在都将成为虚幻，而不能称之为存在了，这就是所谓的"不诚无物"①。《中庸》认为："诚者自成也，而道自道也。诚者物之终始，不诚无物。"②诚是万物的存在方式，使万物成为自身，并且贯穿在万物存在的整个过程之中，如果不是以这样真实无妄的方式呈现自身，则万物不能称之为存在。可见在《中庸》这里，真实无妄是万物存在的根本特征。对于人而言，人自身也应是以诚的方式存在着，但除此之外，人还有一种自觉的意识，可以明觉此诚并推而广之。《中庸》有言，"诚者，天之道也；诚之者，人之道也"，"自诚明，谓之性；自明诚，谓之教。诚则明矣，明则诚矣"。③ 也就是说，诚是天赋予人与万物的存在本性，此可以称之为诚；而人能明觉这种本性，此则可以称之为明。如果人能充分呈现这种诚，则自然就会有此明觉；反之，如果人能全然明觉这一存在本性，那么也就是达到了诚。这种诚而明、明而诚的境界被称为"至诚"，如果达到了至诚，那么就可以尽己尽物、参赞天地了："唯天下至诚，为能尽其性；能尽其性，则能尽人之性；能尽人之性，则能尽物之性；能尽物之性，则可以赞天地之化育；可以赞天地之化育，则可以与天地参矣。"④ 至诚之人，首先能够充分呈现天所赋予其自身的至善之性，其次能够推而及于他人及万物之性，最终能够参赞天地之化育，与天为一。可以看出，通过诚这一枢纽，人可以尽己之性、尽物之性，并最终达到与天为一的境界。性也由此在与天道的关系中变得至关重要，虽然性是天所赋予，但尽了性就能够参赞天地化育，因此性是贯通天人的核心。

性与天道在《中庸》里的阐释，使我们看到儒家对这一问题的思考已经日趋成熟。一方面，性与天道的内涵在不断深化，日益突显了生命存在的特性，由孔子的仁说，到孟子的"四端"说和性善理论，再到《中庸》提出的诚，这些无一不是对人的生命及其存在的深入思考。另一方面，性与天道的关系也被阐释得更加圆融和顺畅，由孔子之言性与天道的"不可得而闻"，到孟子的"尽心知性知天"，又到《中庸》的"尽己之性则能

---

① （宋）朱熹：《四书章句集注》，《中庸章句》，第34页。
② （宋）朱熹：《四书章句集注》，《中庸章句》，第33—34页。
③ （宋）朱熹：《四书章句集注》，《中庸章句》，第31—32页。
④ （宋）朱熹：《四书章句集注》，《中庸章句》，第32页。

尽人物之性",并最终能参赞天地之化育,等等。这些都表明了儒家性道之学的不断深化。

《中庸》对性与天道的阐释有其自成之风格,也因此有其独有的意义。与孔子相比,《中庸》对性与天道有着更为明确的表达,不再浑沦莫测,让人难以得闻。与孟子偏重言主观心性相比,《中庸》在突显内在之性的同时,也充分重视了性源自天、天命谓之性的一面,使性与天道有了更加明确的各自定位。在后一方面,实际上还有一部儒家经典可与《中庸》相提并论,那就是《易传》。《易传》的《系辞传》提出:"一阴一阳之谓道。继之者善也,成之者性也。"① 《易传》以其独特的视野来理解天地万物的化育和流行,认为天地万物的生成都源自阴阳二气的动静交感和复杂变化,这种阴阳交感的大化流行正是道的体现。道在此展现为天地生物之大德,是一种纯然至善,人与万物承继了这种纯然至善之天德,从而形成了内在于己的人与万物之性。可以看出,《易传》同《中庸》一样,认为性源自天道,是天赋予人和万物的。《易传》也更为明确地强调了性的至善性,也就是说《易传》认为性源自天道,并且性是善的。需要注意的是,《易传》对道做出了更为深入的诠释,它提出了"形而上者谓之道,形而下者谓之器"② 的命题,对道做出了一种本体式的定位,认为道超出形象之上,与日常形象之器物有所不同。一定程度上可以说,在对性与天道的诠释方面,《易传》比《中庸》走得更远,尤其是对道的诠释,已经进入一种形而上的思考模式,也初步揭示了道之所以"不可得而闻"的原由所在。不过也要看到,与孟子和《中庸》相比,《易传》的主观色彩较为淡化,有一种性与天道并举的理论趋势。

上面我们主要对孟子和《中庸》的性道思想做了分析,也涉及了《易传》的部分内容。从分析中可以看出,孔子之后,性与天道的问题被后世儒家继续讨论,从而得到了继承与发展。比如在性的问题上,孟子做了更深入的性善论的探索,大大推进了儒家对性的理解。在性与天道的关系方面,孟子、《中庸》及《易传》都有了进一步的发展,使性与天道的贯通

---

① 唐明邦主编:《周易评注》,第201页。
② 唐明邦主编:《周易评注》,第222页。

显得更为圆融和顺畅。同时也可以看到，性与天道的问题在后世儒家那里的发展也不是完全同一的，而是呈现了不同的侧重和发展趋向。比如孟子更加重视对性善的探索，突出了以心性统天道的特点，而《中庸》与《易传》则更加突显了性源自天的观点，同时《易传》又对道做出了形上学的诠释。这些各自的侧重与不同的发展趋势，既丰富了性与天道问题的内涵，也向我们呈现了这一问题在儒学发展过程中的微妙演变。不过这些侧重与不同都表达着同一种理论追求，即都在为人性之善寻求论证，为性与天道的一致与贯通做出理论探索，其最终目的也都是为了为人的生命寻求一种合理化的理解和安顿。可以说，程颢与程颐正是接续着孔子、孟子、《中庸》和《易传》的这种精神追求，开始其性道之思的，并且从孔子、孟子、《中庸》和《易传》的性道思想中汲取了大量的思想资源，来增进和深化他们对于性道问题的理解。然而，除了孟子、《中庸》和《易传》关于性道问题的诠释模式之外，孔子所开创的性道之学还有另外一种发展路径，这种路径使得儒家性道之学的发展由理论内部的微妙演变演绎成了一种剧烈的歧变。我们知道，孔子之言性与天道带有较多的模糊色彩，这为后世儒者的不同诠释提供了方便，也为性道之学的各种演变埋下了伏笔。因此，在探讨了孟子、《中庸》及《易传》关于性道问题的看法之后，我们还要关注荀子和汉儒在这一问题上的见解，分析一下性与天道问题在他们那里发生了怎样的变化，以及对程颢和程颐所可能产生的影响。

三　荀子与汉儒的性道思想

虽然荀子之学与两汉儒学不被宋儒看重，但对于儒家的性道之学而言，它们却是不容忽视的重要阶段。毋庸置疑的是，儒家之言性与天道，在荀子和两汉儒者那里，确实呈现出了不同于孔子、孟子、《中庸》的特点。探索儒家性道之学在他们那里所发生的演变，对于我们把握这一思想传统来说，或许具有另外一种重要的价值。对于二程来说，只有认识到了荀子之学与两汉儒学的歧出，才能更真切地复归到孔孟的"性道微言"传统中去。遗憾的是，包括二程在内的宋儒对这一方面的思考是有所欠缺的，因此我们更有进一步具体梳理这一问题的必要。

首先，我们来看一下荀子关于性与天道问题的论述。二程对荀子的思想多有评论,但基本都认为荀子才高学陋而不识道。《程氏外书》中记载有这样一段二程关于荀子的总体评价:"荀卿才高学陋,以礼为伪,以性为恶,不见圣贤,虽曰尊子弓,然而时相去甚远。圣人之道,至卿不传。"① 在二程看来,虽然荀子自认为继承了孔子、子弓之学,但事实上其主要理论已经严重偏离了孔子儒学,并最终导致了圣人之道至荀子而断绝的严重后果。之所以有这样的评价,主要原因在于二程认为荀子在儒学的核心问题上见识不明,即在人性问题的看法上偏离了孔子儒学,从而造成了对儒家之道的严重背离。程颐就曾明确指出:"荀子极偏驳,只一句'性恶',大本已失。"② 在程颐看来,以恶来定义性,就是对孔孟人性论之基本精神的最大背离,所谓"大本已失"。在性问题上的失却大本,又直接导致了荀子对于道的理解之偏驳。程颐这样说:"荀、杨性已不识,更说甚道?"③ 性与道的问题直接相关,因为性是儒学的核心问题之一,也是性与天道问题的关键所在。我们知道,孔子开启了性与天道的问题,以孟子为主要代表的儒者又对这一问题做了更为深入的探讨,其间虽有演变,但基本方向与主要理论追求是一致的。但到了荀子,这一问题就发生了变化:首先,荀子对天做出了一种迥别于孔孟的理解,这种理解引发了他对天人关系的重新定位;其次,荀子在他全新的天论基础上,提出了其人性学说,即人性本恶的性恶理论,从而区别于孟子的性善论;最后,荀子在对天和性做了重新诠释的基础上,提出了他所设定的实现儒家理想人格的方法和途径,主张用礼法制度来重塑和改造本恶的人性。可以看出,荀子思想的特质之处,正在于从一种新的视角出发,对性与天道问题提出一番不同于前人的见解。那么这是一种怎样的视角,又如何导致了荀子之学与孔孟儒学的迥然差异呢?程颐有句话或许能给予我们启发,他说,荀子"大抵以尧所行者欲力行之,以多闻多见取之,其所学者皆外也"④。或许,荀子之学正源自于他的多闻多见,并最终呈现出了一种"所学皆外"的理论特点。所学皆"外",是不是荀子之学的特点所在,又是不是荀子之学有别于孔孟之学的原因呢?我们只有通过分析他的具体思想才能得出

---

① (宋)程颢、程颐:《二程集》,《河南程氏外书》卷第十,王孝鱼点校,第403页。
② (宋)程颢、程颐:《二程集》,《河南程氏遗书》卷第十九,王孝鱼点校,第262页。
③ (宋)程颢、程颐:《二程集》,《河南程氏遗书》卷第十九,王孝鱼点校,第255页。
④ (宋)程颢、程颐:《二程集》,《河南程氏遗书》卷第十八,王孝鱼点校,第191页。

恰当的结论,也才能更好地把握荀子之言性与天道的独特之处,以更好地理解二程对荀子之学所做出的评价。

荀子对天的理解有其独到之处,与孔孟有很大的不同。我们先来看一下他关于天的一些论述。荀子在《天论》中讲:"天行有常,不为尧存,不为桀亡。"① 又有:"天不为人之恶寒也辍冬,地不为人之恶辽远也辍广。"② 荀子在这里呈现给我们的天,是一种与人的德行、好恶无关的存在,可以说是一种独立于人之外的客观存在,它自行自足,不受人的任何影响。虽然天与人无关,但天与各种自然现象以及万物的生成化育是有密切关系的。荀子指出:"列星随旋,日月递炤,四时代御,阴阳大化,风雨博施,万物各得其和以生,各得其养以成,不见其事而见其功,夫是之谓神。皆知其所以成,莫知其无形,夫是之谓天。唯圣人为不求知天。"③ 日月星辰的运转、春夏秋冬的交替、阴阳大化的流行、风雨博施的作为、宇宙万物的生成,这些都是天之功用的自然呈现,其间并不夹杂任何的主观意志,因为天虽然成就了这一切,但在本质上它却是无形无意的。荀子对天的这种理解,与孔子的"天何言哉?四时行焉,百物生焉"④ 有所相似,即在突破天的神秘性、突显天的自然性方面,荀子对孔子有所继承。但是,在更重要的方面,荀子与孔子及孟子又有着显著的差异。我们知道,在孔孟那里,天对于人而言,依然具有一种至上的崇高地位,是要人去敬畏的一种存在,在这种敬畏的意义上而言,人是可以知天或知天命的。但在荀子那里,天是完全外在于人的,它是一种纯自然的客观存在,其崇高性、神秘性与至上性都没有了,因此人无须去敬畏,也就无从去体知此种崇高、至上意义上的天,以至于他提出了"唯圣人为不求知天"⑤。由此可知,与孔孟强调天人的一致性相比,荀子视域中的天人关系是另外一种格局。具体而言,在天人关系上,荀子认为首先要"明于天人之分"⑥,然后在此基础上

---

① (清)王先谦:《荀子集解》,沈啸寰、王星贤点校,第362页。
② (清)王先谦:《荀子集解》,沈啸寰、王星贤点校,第368页。
③ (清)王先谦:《荀子集解》,沈啸寰、王星贤点校,第365页。
④ 杨伯峻译注:《论语译注》,第188页。
⑤ (清)王先谦:《荀子集解》,沈啸寰、王星贤点校,第365页。
⑥ (清)王先谦:《荀子集解》,沈啸寰、王星贤点校,第364页。

要"制天命而用之"①。他明确指出:"大天而思之,孰与物畜而制之?从天而颂之,孰与制天命而用之?望时而待之,孰与应时而使之?因物而多之,孰与骋能而化之?思物而物之,孰与理物而勿失之也?愿于物之所以生,孰与有物之所以成?故错人而思天,则失万物之情。"② 可以看出,荀子主张人要积极主动地去把握天、利用天,从而使天为人所用。也只是在这个意义上,荀子才认为人是可以"知天"③ 的。一方面,天与人的德行、好恶无关,另一方面,天又是可以被认识和利用的,这些都表明天外在于人,是人的一种认识对象,而与人的内在心性没有直接关联。由此可知,荀子是在人之"外"的意义上来理解天的。与此相应,荀子对道的理解也带有显著的客观的特点。他认为:"夫道者,体常而尽变。一隅不足以举之。"④ 也就是说,道意味着既能体现万事万物不变之常态,也能尽显万事万物复杂多变的不同之情状,因此道是普遍常态与具体差异之间的统一,任何蔽于一隅的识见都不能够完全正确地把握道体。正是在这个意义上,荀子对先秦诸子的道论一一做了批判,他称之为"解蔽"。荀子的道论以其普遍而客观的特点著称,但是也依然保留了孔子儒学的某些特征,比如他说:"道也者何也?曰:礼让忠信是也。"⑤ 也就是说,在社会人生领域,道的具体内涵包括了礼义、辞让、忠信等道德的内容,这与孔子儒学的基本宗旨是一致的。然而,这种一致性仅仅是表面的,因为在荀子的理论体系中,道德的生成机制是外在的,也就是说道德源自礼乐制度的外在塑造与约束,而不是发自内在的人之心性。在这一点上,荀子与孔子以及孟子又是有明显差异的。

如果说荀子的天论消解了天的神秘性、崇高性与至上性,并且与人的道德生命完全无关,成为一种纯粹自然和客观存在的话,那么荀子的性论也正是在这一基础上发展而来的,并且呈现出了类似的特征。荀子在《正名》篇中这样界定性,"生之所以然者谓之性。性之和所生,精合感应,

---

① (清) 王先谦:《荀子集解》,沈啸寰、王星贤点校,第375页。
② (清) 王先谦:《荀子集解》,沈啸寰、王星贤点校,第374—375页。
③ (清) 王先谦:《荀子集解》,沈啸寰、王星贤点校,第366页。
④ (清) 王先谦:《荀子集解》,沈啸寰、王星贤点校,第464页。
⑤ (清) 王先谦:《荀子集解》,沈啸寰、王星贤点校,第352页。

不事而自然谓之性","性者,天之就也"。① 在荀子那里,性是由阴阳和气所生、精合感应而成的,是一种不假人为、天就而成的自然之性。性的这种天就自然的特点意味着它不是后天所得,也不能通过学习和修为而成,正所谓"凡性者,天之就也,不可学,不可事"②。那么,这种天就之性的具体内容又是什么呢?荀子进一步指出:"今人之性,饥而欲饱,寒而欲暖,劳而欲休,此人之情性也。"③ 性是人天生所有,呈现出来就表现为本能的情感和欲望,尤其是与人的基本生存密切相关的欲望。可以看出,荀子对人最基本的物质层面的需求是有所关注的,至少他涉及了这方面的内容。但是荀子并没有对人的这种生存欲望做出合理化的论证,而是指出了一味顺应此种欲望所可能带来的严重后果:"今人之性,生而有好利焉,顺是,故争夺生而辞让亡焉;生而有疾恶焉,顺是,故残贼生而忠信亡焉;生而有耳目之欲,有好声色焉,顺是,故淫乱生而礼义文理亡焉。然则从人之性,顺人之情,必出于争夺,合于犯分乱理而归于暴。"④ 如果一味地顺应人的自然之性,就会产生争夺、残贼、淫乱等严重的社会后果,正是看到了这一点,荀子认为"人之性恶,其善者伪也"⑤。可以看出,荀子对性的理解偏重于天就与自然,而在具体阐释这种自然之性时又突出了人的生存本能与欲望,最终导致了性恶的结论。在这种天就自然之性中,没有任何德性的成分存在,这一点与孔子以仁来规定人和孟子以"四端"来诠释人性是有显著差异的。在荀子的理论体系中,人的德行的产生是"化性起伪"的结果,是人性之外的力量对性本身进行改造的结果,因此善是外在于人性的。荀子说:"凡礼义者,是生于圣人之伪,非故生于人之性也。"⑥ 伪,即人为,是一种后天的教化与习养,与人的自然之性相对,它熏陶塑造着自然之性,其目的在于使人的行为合乎社会的规范与秩序,其具体内容则展现为礼义和法度。荀子关于礼义法度的主张也

---

① (清)王先谦:《荀子集解》,沈啸寰、王星贤点校,第487、515页。
② (清)王先谦:《荀子集解》,沈啸寰、王星贤点校,第515页。
③ (清)王先谦:《荀子集解》,沈啸寰、王星贤点校,第516页。
④ (清)王先谦:《荀子集解》,沈啸寰、王星贤点校,第513—514页。
⑤ (清)王先谦:《荀子集解》,沈啸寰、王星贤点校,第513页。
⑥ (清)王先谦:《荀子集解》,沈啸寰、王星贤点校,第516—517页。

由此而成："圣人化性而起伪，伪起而生礼义，礼义生而制法度。"① 礼义法度是外在于人的一种教化和约束力量。荀子说："礼者，养也。"② 即礼是养性的，使本恶的人性得以习养和改造，从而避免因欲望纷争而引起的严重后果。因此，在荀子的理论中，礼义法度的后天之伪并不是无足轻重的，相反，伪与性是要相提并论、互相成就的："性者，本始材朴也；伪者，文理隆盛也。无性则伪之无所加，无伪则性不能自美。性伪合，然后圣人之名一，天下之功于是就也。"③

从上面的分析可知，荀子由天就自然来界定性，以人的本能欲望来描述性，由顺应欲望所带来的严重后果得出了性恶的结论，再以礼义法度之伪来改造性，最终达到性伪合而成圣人之名的人生目标。荀子从天就自然的层面来论性，强调了性的先天、自然、不事人为的特点，突显了人的本能与欲望等自然生命的层面，但同时也彻底消解了性的德性内涵，掩盖了人的道德生命的层面，这一点与孟子迥然有异。虽然荀子也说："水火有气而无生，草木有生而无知，禽兽有知而无义，人有气、有生、有知，亦且有义，故最为天下贵也。"④ 但是人与水火、草木、禽兽之别的"义"却不是人性内在自有的，而是外在教化的结果。因此这虽然与孟子所谓"人之异于禽兽"的"几希"之处有所相似，但实质所指却又有不同。还有一点需要注意，后世常谓荀子重礼，继承了孔子的礼的思想，但是我们更要看到，荀子之礼与孔子之礼的差异之处。我们知道，孔子的礼是与仁密切相关的，礼以仁为内在灵魂，正所谓："人而不仁，如礼何？人而不仁，如乐何？"⑤ 仁是人内在自足的一种德性资源，成就了人的道德生命，而礼是仁自然流露所形成的行为条理与规范。可以说，经过孔子改造的礼，是仁由内而外的一种自然结果。与此不同，荀子的礼起于人性之伪，其所教化出来的德性行为亦是一种道德他律的结果，是一种由外而内的善。离开了仁的礼，已经与孔子的礼相去甚远，更何况荀子的礼建立在人性本恶的基础之上，并且又将礼义与法度并举，成为一种完全外在于人之

---

① （清）王先谦：《荀子集解》，沈啸寰、王星贤点校，第517—518页。
② （清）王先谦：《荀子集解》，沈啸寰、王星贤点校，第409页。
③ （清）王先谦：《荀子集解》，沈啸寰、王星贤点校，第432—433页。
④ （清）王先谦：《荀子集解》，沈啸寰、王星贤点校，第194页。
⑤ 杨伯峻译注：《论语译注》，第24页。

生命的一种规范与约束力量呢？所以程颐才会这样评价荀子："荀子极偏驳，只一句'性恶'，大本已失。"① 这也表明二程在性的问题上将与荀子的性恶路径彻底区别开来。

通过分析可以看出，荀子之论性与天道，与孔子、孟子、《中庸》及《易传》都有明显的差异，可以说由孔子开创的性道之学在荀子这里发生了歧变。首先，天或曰天命、天道，不再作为宇宙万有的终极价值根基被定位，天被还原成一种纯粹客观、自然的无形无意的存在，其形而上的哲学色彩被极大地削弱。其次，性也不再被定义为生命内在自足的德性资源，只是以一种客观的自然描述的方式被呈现出来，并且这种自然的描述较多地偏向了人性的负面，并最终导致了性恶结论的产生。最后，在性与天道的关系方面，二者不再因具有共同的价值根基而呈现出一致和贯通，只是在表现为自然意义上的天与自然描述中的性时，在自然这个层面上有所相似。当然，荀子这种客观自然的视角并没有导致道家老子所主张的人要"无为"的结论，而是将天作为一种外在于人的可以认识和利用的对象，并且主张人要积极主动地"制天命而用之"。也只是在认识和利用天的这个意义上而言，性与天道之间有了某种联系，但这并不能称之为实现了性与天道的"贯通"。

从以上这些方面我们可以判断出，荀子之论性与天道确已与孔孟有了实质性的差异，无论是在哲学气质上，还是在理论的内在核心方面都是如此。从荀子论天、论性、论礼，我们都可以感受到，他不是向人的生命内部去求索对宇宙人生的理解，而是以一种客观的、冷静的超离于人之性命本身的视角去诠释宇宙人生，并且最终采取礼乐法度的方式来塑造人性、创立秩序、达成和谐。在这一点上，程颐对荀子"所学皆外"的评论还是贴切的。站在孔孟儒学的立场看待荀子，二程当然可以说荀子"不识道"，但是荀子这种自外而内的理论视角对儒学发展乃至社会人生的建构而言并非全无意义。首先，相较于孔孟之言性与天道的理想主义而言，荀子走出了一条现实主义的理论之路。也就是说，在现实操作的层面上，荀子的理论有着更强的适应性与生命力。其次，荀子自然主义的天论，在消解了天的至上性的同时，也进一步削弱了天的神秘色彩和权威地位。再次，荀子

---

① （宋）程颢、程颐：《二程集》，《河南程氏遗书》卷第十九，王孝鱼点校，第262页。

以客观描述的方式呈现人性，使人们对人性有了更加全面的认识，尤其是对人性负面的认识。与此同时，荀子以人的本能欲望和情感来诠释人性，关注了人的情和欲这两个方面，这也有助于增进对人生命自身的理解。最后，荀子提出以礼乐法度来塑造和改进人性，重建社会人生的目标与秩序，这一观点对后世中国的制度建设而言有着重要影响。同时，在对人性的现实塑造方面，礼乐文化自外而内的熏陶作用也是不可小视的，这也是荀子学说的又一价值所在。尽管如此，荀子儒学并没有在后世儒者那里发扬光大，并且远不是儒学发展的主流所在。究其原因必然是多方面的，这里只想指出的是，荀子较强烈的现实主义理论风格和外在求索的理论模式，使其忽略了对万有存在之终极本体的哲学追问，忽略了对人性进行更加深入的价值层面的考察，最终导致了对人的生命存在做了一种较为简单化的理解，而未能更进一步地去提升生命存在的境界。这或许就决定了荀子儒学的哲学命运。荀子之言性与天道，也正是在这些方面偏离了孔孟之学所引导的主要方向，从而走上了另一条理论之路。

荀子之言性与天道，可以说是在一种歧变的意义上刺激和提醒了程颢与程颐，使他们更加清晰地认识到孔孟之言性道的真义所在，也使他们更加明确了自己的努力方向。如果说孔孟、《中庸》的性道思想对二程来说是一种正向的引导和启发，那么荀子的性道之学就是从反向出发给了他们提醒和刺激。因此我们说，程颐对荀子所做出的"大本已失"和"所学皆外"的评价，实际上反映了他们对儒家性道之学在荀子那里发生了歧变的一种自觉，这也警醒他们不能沿着荀子的道路前进，而只能从孔孟那里寻求正确的方向。所以，当二程认识到"圣人之道，至卿不传"① 之时，也正是他们越过荀子重新寻求性道真义之时。

接下来，让我们考察一下儒家性道之学在两汉儒者那里发生的演变。先秦之后，儒学就进入了两汉阶段。两汉儒学不仅在形式上与先秦儒学有所差异，在总体思想气质上也与先秦儒学旨趣不同。两汉儒学最为常见的表现形式是经学，因此以章句训诂见长。同时，与先秦儒学生存于周文化衰微、百家争鸣的氛围之下有所不同，两汉儒学成长在汉代大一统的社会环境之中，继承的是先秦各家各派的学说，因此呈现出一种体系上的宏大

---

① （宋）程颢、程颐：《二程集》，《河南程氏外书》卷第十，王孝鱼点校，第403页。

和理论上的包容性,尤其是吸收了阴阳五行学派及道家学派的某些因素。汉代儒者尤重"天人之际",并且在这一方面付诸了较多的理论热情,建构起了一套以天人同构为特色的本天道以立人道的新儒学体系。尽管后世儒者对两汉儒学颇有不屑,但是不可否认,两汉儒学为那个时代的社会生活提供了最为有力和有效的理论支持,成就了汉代辉煌的礼乐文化。后儒对两汉儒学的鄙薄,一方面可能是由于对儒学核心精神的理解有所不同;另一方面或许也源自不能同情地去体会汉代儒学所特有的追求及其呈现出来的独有的精神风貌。二程基于自己的理论立场,对两汉儒学有褒有贬。首先,对于后汉士人崇尚名节这一风气,二程是既褒其行为,又认为其行为不明理、非自得,如:"后汉人之名节,成于风俗,未必自得也。然一变可以至道。"① 又如:"东汉士人尚名节,只为不明理。若使明理,却皆是大贤也。"② 其次,对于汉代的经学,二程既认为经学有助于士人宗经师古、识得义理,又认为两汉经学拘泥于章句训诂、不知其要,如:"秦以暴虐、焚《诗》《书》而亡。汉兴,鉴其弊,必尚宽德崇经术之士,故儒者多。儒者多,虽未知圣人之学,然宗经师古,识义理者众,故王莽之乱,多守节之士。"③ 又如:"汉之经术安用?只是以章句训诂为事。且如解《尧典》二字,至三万余言,是不知要也。"④ 最后,二程对于汉儒讲求天人之际予以肯定,但又反对其过分推演大讲灾异,如:"又问:'汉儒谈《春秋》灾异,如何?'曰:'自汉以来,无人知此。董仲舒说天人相与之际,亦略见些模样,只被汉儒推得太过。亦何必说某事有某应?'"⑤ 二程对两汉儒学的评价基本就是如此。虽然对两汉儒学的态度有褒有贬,但他们对汉代的某些大儒还是非常尊崇的,比如他们常说:"自汉以来,惟有三人近儒者气象:大毛公、董仲舒、杨雄。"⑥ 事实上,我们有必要在二程肯定两汉儒学的基础之上更进一步,去分析一下两汉儒学的精神所在,这样才能真正把握儒家性道之学的演进历程和儒学发展所遇到的问题。

---

① (宋)程颢、程颐:《二程集》,《河南程氏遗书》卷第一,王孝鱼点校,第4页。
② (宋)程颢、程颐:《二程集》,《河南程氏遗书》卷第十八,王孝鱼点校,第232页。
③ (宋)程颢、程颐:《二程集》,《河南程氏遗书》卷第十八,王孝鱼点校,第236页。
④ (宋)程颢、程颐:《二程集》,《河南程氏遗书》卷第十八,王孝鱼点校,第232页。
⑤ (宋)程颢、程颐:《二程集》,《河南程氏遗书》卷第二十二下,王孝鱼点校,第304页。
⑥ (宋)程颢、程颐:《二程集》,《河南程氏遗书》卷第十八,王孝鱼点校,第232页。

两汉儒学首先关注的是对天和天道的理解，在特定的天道观基础之上才发展起了其他学说，因此对这一时期性与天道问题的讨论以天道问题为首出会比较合适。我们知道，先秦儒学对天的认识，是一个逐步突破天的宗教性、神秘性和崇高至上性的过程，天在儒者的心目中，日渐褪去了人格神的宗教色彩，越来越成为一种可被理解的客观存在。然而到了汉代，对天的理解似乎来了一个逆转，天的宗教色彩又一次浓重起来。这或许是因为先秦百家争鸣的理论氛围更有助于产生比较多元也更为理性的认识，从而也更加敢于怀疑和突破各种传统观念，而相对稳定和统一的社会政治环境却更易于形成具有某种固定倾向性和便于教化的理论学说。更为重要的是，汉代人有一种独特的对整体宇宙人生的理解模式，这种模式受了较多的阴阳五行观念和《周易》八卦观念的影响，正如崔大华先生指出的，汉代人的自然观"包括两个分别以阴阳五行和八卦为框架而建构的、既有联系亦有区别的宇宙系统"①。在这样的整体宇宙图景中，天地万物各有其位，而天在其中无疑占据着最高的地位，甚至被视为统治一切的至高神。比如董仲舒就曾这样讲："天者，百神之君也，王者之所最尊也。"② 天不仅是百神之君，而且还控制着人类社会的各种事项，统治天下的天子就是受天所命，如："受命之君，天意之所予也。"③ 又如："唯天子受命于天，天下受命于天子。"④ 天还会以灾异、祥瑞的形式来惩治或者奖赏君主，如："灾者，天之谴也；异者，天之威也。"⑤ 又如："帝王之将兴也，其美祥亦先见；其将亡也，妖孽亦先见。"⑥ 天的至高无上的宗教地位及它对人世间诸多事务的干预作用，都使得汉儒心目中的天充满了神秘的色彩。

两汉儒学对天的这种理解和定位，还表现在天人关系上。首先，在汉代人看来，天与人是彼此相类的⑦，虽然形质有异但却有着相似的结构，也就是所谓的天人异质而同构。⑧ 董仲舒在这方面有比较详细的论述，比

---

① 崔大华：《儒学引论》，人民出版社2001年版，第262—263页。
② （清）苏舆：《春秋繁露义证》，钟哲点校，中华书局2015年版，第396页。
③ （清）苏舆：《春秋繁露义证》，钟哲点校，第279页。
④ （清）苏舆：《春秋繁露义证》，钟哲点校，第311页。
⑤ （清）苏舆：《春秋繁露义证》，钟哲点校，第253页。
⑥ （清）苏舆：《春秋繁露义证》，钟哲点校，第352页。
⑦ 参见张岱年《中国哲学大纲》，中国社会科学出版社1982年版。
⑧ 参见袁济喜《两汉精神世界》，中国人民大学出版社1994年版。

如他在《春秋繁露》的《人副天数》篇中讲到，"人有三百六十节，偶天之数也；形体骨肉，偶地之厚也。上有耳目聪明，日月之象也；体有空窍理脉，川谷之象也；心有哀乐喜怒，神气之类也。观人之体一，何高物之甚，而类于天也"①。将人的形体的各个组成部分以及人的各种情绪都与天的自然现象相类比，将人视为副天而成的一种存在。用"类比推理"②这种并不具有多少论证力量的方式来说明人与天的相似，我们从中既要看到汉儒在论证方式上的局限性，同时也应体会到他们追求天人一致之理想的迫切，以及他们为此而付出的努力。其次，在天人异质而同构的理论基础上，汉儒普遍相信天人之间是可以互相感应的，这也构成了两汉儒学最为显著的特色，即天人感应论。天人感应的观念古已有之，在远古的祭祀和卜筮活动中，所依据的就是天人之间可以相互感应的观念，由此人才可以与神灵感通，并能通过卜筮来感知未来。但是远古的天人感应只是被人们普遍而简单地相信，并没有具体的论证，汉儒却对这一观念进行了非常细致的论证。在汉代人的心目中，同类的事物就可以互相感应，既然天与人如此相类，自然也就能够互相感应了。一方面，天的阴阳变化可以引起人的感应："天将阴雨，人之病故为之先动，是阴相应而起也。天将欲阴雨，又使人欲睡卧者，阴气也。"③另一方面，人的行为也能引起天的感应和变化："王者，人之始也。王正则元气和顺、风雨时、景星见、黄龙下。王不正则上变天，贼气并见。"④天与人之间的这种相互感应使得天人关系变得异常密切，正因为密切，天人之间的相互影响也变得频繁而复杂。天的阴阳五行之变可以时刻影响到人，而人也可以通过积极主动的行为去改变天。因此，在看似十分强大的天道面前，汉儒的天人感应观念实际上还是为人的作为留下了余地。在民众的日常生活中，天人感应观念既是汉代人理解天人关系的方式，也是他们的信仰。也就是说，他们确实是从这样的视野出发来理解和信仰天人之间的感应关系的。最后，对天人同构、天人感应观念的论证，反映出的是汉儒本天道以立人道的价值追求。在汉儒的理解中，天具有浓重的宗教和神秘色彩，并且具有至高的统治地位，这就

---

① （清）苏舆：《春秋繁露义证》，钟哲点校，第347—348页。
② 崔大华：《儒学引论》，第286页。
③ （清）苏舆：《春秋繁露义证》，钟哲点校，第352页。
④ （清）苏舆：《春秋繁露义证》，钟哲点校，第97页。

确立起了天对于人而言的绝对权威性。正是由于此种权威性，天所蕴含的价值才能够被人以敬畏的态度去遵从和信仰。而天所蕴含的价值正是天道，天道的内涵却是由人去赋予和塑造的，当然这种赋予和塑造融入了较多的阴阳五行及《周易》八卦等其他元素，并且掺杂着汉代人丰富的想象力和推论能力。基于天人同构、天人感应的理解和信仰，有怎样的天道，就会有相应的人道出现。天道固然更多地展现为阴阳四时、日月星辰等自然现象，但人道却要切切实实地反映社会人生的内容，并且为社会的制度建设和人的行为准则提供理论资源。由此，在汉儒确立起的完整而宏大的天道之上，人道也随之而立。比如："是故明阴阳、入出、实虚之处，所以观天之志。辨五行之本末顺逆、小大广狭，所以观天道也。天志仁，其道也义。为人主者，予夺生杀，各当其义，若四时；列官置吏，必以其能，若五行；好仁恶戾，任德远刑，若阴阳。此之谓能配天。"① 汉儒就是这样比天而立人，本天道而立人道，从而抒发了他们那个时代所追求的价值和理想。

　　天道是对人之生存背景的理解，天人关系是对人的具体生存方式和人的自身定位的理解，在这些理解的基础上，两汉儒者对人的存在本质也非常关注，由此产生了两汉儒学的人性论。先秦儒学的人性论讨论得可谓泾渭分明，孔子只言"性相近，习相远"，孟子和荀子则分别提出了性善论和性恶论。两汉儒者对人性的理解无疑是对先秦儒学人性论的继续，他们都或多或少地对孔、孟、荀的人性学说做出了评判，并在此基础上提出了自己的观点。相较于孟子性善论和荀子性恶论的思考方式，两汉儒者似乎都避开了非善即恶的单一思考模式，对性之善恶做了更为细致的考察。孔子曾言："唯上知与下愚不移。"② 在这一观点的启发下，两汉儒者对人性做了层次上的区分。比如董仲舒提出："圣人之性不可以名性，斗筲之性又不可以名性，名性者，中民之性。"③ 他的这一界定实际开启了性三品论的萌芽。王充实际上也做了这种区分："余固以孟轲言人性善者，中人以上者也；孙卿言人性恶者，中人以下者也；扬雄

---

① （清）苏舆：《春秋繁露义证》，钟哲点校，第461—462页。
② 杨伯峻译注：《论语译注》，第181页。
③ （清）苏舆：《春秋繁露义证》，钟哲点校，第303页。

言人性善恶混者，中人也。"① 可见，两汉儒者言性，既不像孟子那样，在人之所以为人的德性之处立言，也不像荀子那样在人的本能欲望处立言，而是根据现实生活中所呈现出来的善恶之复杂状况来立论。因此，不少汉代儒者主张性是善恶相混或者性是有善有恶的，比如扬雄就主张："人之性也，善恶混。修其善则为善人，修其恶则为恶人。"② 王充的观点是："人性有善有恶，犹人才有高有下也。"③ 汉儒对人性的这种理解模式，在一定程度上对后世儒者产生了影响，至少使他们不能回避现实人性所呈现出来的复杂状况。包括二程在内的北宋儒者也正是在此基础上进一步探讨性的善恶问题的。

与汉代其他儒者相比，董仲舒对人性有着更为细致的考察。他首先对性做出了明确的定义："性之名非生与？如其生之自然之资谓之性。性者质也。"④ 认为人天生所具备的自然之资质就是人性，这一点与荀子的人性定义有相通之处。但是接下来，在性的善恶内涵上，他与荀子又有很大不同。他做了一个很形象的比喻："善如米，性如禾。禾虽出米，而禾未可谓米也。性虽出善，而性未可谓善也。"⑤ 其结论为："性有善质，而未能为善也。"⑥ 这种人性论，有些学者称之为"善质"说⑦，也有学者称之为"性未善"论⑧，这两种理解分别从正反两面诠释了董仲舒的人性论，其实也都反映了其人性论的应有之义。事实上，我们若细细分析的话，董仲舒的人性论是有性善论倾向的。仅从禾与米的比喻来说，禾苗的本性就是要结出米，只要外界条件合适，禾苗能够顺利生长，就能结出米；只有在遇到了不好的外界条件时，禾苗才不会结出米或者会结出不好的米，但是也绝不会结出其他的东西。这就意味着善是顺性而为的结果，而恶是逆性而为、使性不能全然呈现的结果。也可以说，性虽然不能被直接称为善，但是却蕴藏着善的潜质，因此这是有着性善

---

① （汉）王充：《论衡》，上海人民出版社1974年版，第47页。
② 汪荣宝：《法言义疏》，陈仲夫点校，中华书局1987年版，第85页。
③ （汉）王充：《论衡》，第47页。
④ （清）苏舆：《春秋繁露义证》，钟哲点校，第284—285页。
⑤ （清）苏舆：《春秋繁露义证》，钟哲点校，第302页。
⑥ （清）苏舆：《春秋繁露义证》，钟哲点校，第302页。
⑦ 崔大华：《儒学引论》，第302—303页。
⑧ 周桂钿：《秦汉思想史》，河北人民出版社2000年版，第176—178页。

论倾向的。退一步讲，董仲舒毕竟明确提出了"性有善质"的命题，而不是提出了"性有恶质"，因此在董仲舒看似比较客观的人性学说中，实际上是蕴含着性善论倾向的。

值得注意的是，两汉儒者的人性论还受到了其天道观的影响。我们知道，汉儒讲求天人相类、天人感应，因此在其对人性的理解中，也浸染了许多与天有关的因素。比如，董仲舒说："天两有阴阳之施，身亦两有贪仁之性。天有阴阳禁，身有情欲栣，与天道一也。"① 又说："身之有性情也，若天之有阴阳也。言人之质而无其情，犹言天之阳而无其阴也。"② 可以看出，汉儒对人性的理解与其对天地阴阳的理解是有密切关系的。从天人同构的视野出发，天所具有的自然现象之因素，也必然要相应地反映在人性之中。这种比天而成的人性论，一方面使人性在内涵上有所丰富，所谓有贪有仁；另一方面，也使汉儒对人自身的理解有所深化，认识到人不仅有性，还有情有欲。可以说，在先秦儒家人性论的基础上，在两汉儒学天道观的影响下，汉儒对人性展开了深入而细致的探讨，加深了对人生命自身的理解。

通过对两汉儒学天道观与人性论内容的分析，我们可以看出，两汉儒学在整体上呈现出了独有的哲学气质，从这种哲学气质中我们又可以感受到汉代人对整个宇宙人生的理解。汉儒对天做了一种宗教性的诠释，天也因此获得了至高性与权威性，在这种至高的权威中，天道以一种包容万象的宏大形式呈现出来。阴阳五行及八卦因素的融入，使汉儒对整个自然现象的诠释更加完整化、秩序化和精确化，当然为了实现这种秩序与精确，也必然地借助了一些想象力与虚构能力。在取得了对整个自然界的完整认识之后，人道也随着天道的确立而确立起来，社会人生也就被安排得井井有条，和谐而有秩序。汉代人对天人关系的理解在今天看来是有些荒谬的，因为其中包含了太多的类比、虚构和想象的因素。但是正是这些构筑了汉代人对宇宙人生的完整而自信的认识，并且也并没有妨碍他们创建出伟大的制度，发展出灿烂的文明。两汉儒学就是以这样一种较强烈的宗教气质，将儒家性道之学引向了一条独特的发展轨道。在汉儒心目中，天道

---

① （清）苏舆：《春秋繁露义证》，钟哲点校，第288页。
② （清）苏舆：《春秋繁露义证》，钟哲点校，第291页。

的权威自不必言，但人的地位也同样受到重视，比天而成人，天有什么内容，人也相应地具有类似的内容，因为人与天是异质而同构的。因此，汉儒对人自身的理解，不是将人看得更渺小，而是将人视为可与天相类比的伟大存在。在人性的问题上，汉儒也并不含糊，而是认认真真地接续着先秦儒学对人性问题的讨论而继续讨论着，并且转换了思维模式，表达出了他们对于人性这一问题的认识。所以，在儒家关于性与天道的问题上，两汉儒学有其自身的特点，并且在丰富理论视角的层面上也是有其独特贡献的。尽管如此，我们依然要说，两汉儒者实际上是从另一个角度偏离了孔孟性道思想的传统，他们以一种宗教的视野来观照性与天道，这在根本精神上与孔孟有着显著的差别。因此，包括二程在内的北宋儒者是不可能赞同他们的。可以说，两汉儒学同荀子之学一样，都是孔孟性道之学的一种歧变，但它们至少在反向的意义上提醒了宋儒，促使他们更自觉也更清晰地寻找思考性与天道的正确道路。

随着时间的推移和理论内部的不断演化，两汉儒学最终还是不可避免地走向了衰落。在儒学的表现形式上，经学的章句训诂模式越来越趋于烦琐，为解经而解经，完全失去了解经的宗旨大义。在儒学的内容上，以天人感应为核心的思想潮流也日益走向歧途，发展出了谶纬之学，如果说纬书还包含有"少数科学内容"的话，那么"谶主要是迷信预言"了。[①] 汉儒原本具有宗教神圣意味的天道观和天人关系，至此已经彻底沦为了谶语迷信，不仅完全没有了哲学的理性，而且连宗教的神圣威严也不存在了。针对这种状况，一些儒者就开始进行批判和反思了，最有代表性的当属东汉的王充。王充不仅对各种虚妄怪异的现象进行了批判，而且对天及万有存在的性质也做出了反思。他认为天不是有意志的至高神，提出了"天乃玉石之类也"[②]的看法，认为天是一种物质性的存在，并且指出天道是自然无为的："夫天道，自然也，无为。"[③] 王充还提出了元气说，认为人和万物都是禀元气而生，比如他认为"人禀元气于天"[④]，同时"万物之生，

---

① 参见周桂钿《秦汉思想史》，河北人民出版社2000年版。
② （汉）王充：《论衡》，第165页。
③ （汉）王充：《论衡》，第224页。
④ （汉）王充：《论衡》，第21页。

皆禀元气"①。王充的这些观点对当时盛行的虚妄迷信而言，都是一种有力的驳斥。但是由于思维方式还没有实现彻底转型，新的理论系统的形成时机也尚未成熟，因此王充的理论也充满着许多自相矛盾之处。这些都表明，儒学发展到了东汉末期已经出现了问题，迫切需要新的理论模式的出现，来重新诠释儒家的性与天道这一重要问题。章句训诂的经学形式能否继续？应当从怎样的视野出发来突破天人同构、天人感应的理论框架？如何挽救儒学的颓势命运，赋予儒学以新的生命力？这些都是两汉儒学留给后世儒者的问题。

两汉儒学的重要成就之一，就是确立和强化了儒家名教在社会中的地位和影响，并且培育了大量的名节之士。二程对此也多有肯定。但是当儒学的性道之学发生了演变、出现了问题之后，它的这一社会功能也开始发生变化，两汉时期神道设教下的名教也日益变得虚伪不实了。正如程颐所指出的，由于过分追求名节而不知节之以礼，名节也就变成苦节了："知名节而不知节之以礼，遂至于苦节。"②儒学作为正向建构道德价值理想的理论，原本就较为缺乏理论内部的自我批判机制，因此较多地依赖于人在道德修为中的自律和真诚，而名教一旦走向虚伪，这对儒学的发展而言无疑是致命的一击。如何应对和解决这一问题，也是后世儒者必须要面对和承担的任务。遗憾的是，东汉而后，中国进入了长达数百年的分裂状态，儒学虽然也曾不绝如缕地若隐若现，但始终没有再兴盛起来。隋唐两代虽然实现了国家的统一，儒学的发展也受到了一定程度的重视，但由于儒学的颓势早已是积重难返，因此也未能真正复兴起来。从儒学自身的发展来说，这一时期固然不是其胜场所在，但对于中国的传统思想而言，这一时期却自有其精彩之处，那就是玄学与佛学的争相辉映。两汉儒学留下的问题实际上是要所有的中国学人共同面对的，首先接受这一挑战的就是以道家思想为其精神内涵的玄学及以道家的宗教化形式而出现的道教，其次则是颇具异域色彩的传入中国并日渐中国化的佛学。对于二程等北宋儒者而言，北宋儒学所接续的不仅包括儒家性道之学的演变历程和儒学发展所遗留下来的严重问题，而且也

---

① （汉）王充：《论衡》，第349页。
② （宋）程颢、程颐：《二程集》，《河南程氏遗书》卷第十八，王孝鱼点校，第236页。

包括了来自作为他山之石的道家思想和佛学思想的影响和启发。这也将是我们下一节所要讨论的问题。

第二节　佛道之学的影响

如果细细地品读二程的著作，尤其是他们的讲学语录，我们就会看到，在他们主要论述自己关于儒学新见解的同时，还有大量关于佛道之学的讨论。此种讨论可能会使我们产生这样一种感受，即似乎佛道之学已经成为他们重建儒学过程中不得不考虑的一个理论背景。这实际上反映了佛道之学在两汉之后的中国思想舞台上所具有的重要地位和影响，以至于成了北宋儒者在讨论问题时无法绕过的一道屏障。事实上，在二程兄弟的求学过程中，他们对佛道之学也都有着或多或少的涉猎与关注，比如程颢就曾经"出入于老、释者几十年"[1]。因此，二程对佛道二教的相关理论是有所了解的。也正因为此种了解，他们在谈论起二教之学时就有着更加明朗的舍弃态度，也有着更多的对于儒学的自信。在他们的理解中，佛道之学是所见为偏或者说是见道不明者。比如，程颢就曾这样指出："释氏说道，譬之以管窥天，只务直上去，惟见一偏，不见四旁，故皆不能处事。"[2] 又如："释氏，内外之道不备者也。"[3] 对于道家老子之言，程颢表达过这样的看法："老子之言，窃弄阖辟者也。"[4] 程颐对道家、道教学说也有相应的评论："《老子》言甚杂，如《阴符经》却不杂，然皆窥测天道之未尽者也。"[5] 二程基于自己对儒学重建的自信，自然能够较为自如地评判佛道二教，但当时更多的人却并非都有这般态度与见识，而是多被佛道之学吸引，尤其是被佛教的禅学吸引。这种状况大大削弱了儒学在士人心目中的地位和影响，二程对此颇感忧虑，更加视佛道之学为异端。比如，二程讲："佛、老之害，甚于杨、墨。……佛、老其言近理，又非杨、墨之比，

---

[1]（宋）程颢、程颐：《二程集》，《河南程氏文集》卷第十一《明道先生行状》，王孝鱼点校，第638页。

[2]（宋）程颢、程颐：《二程集》，《河南程氏遗书》卷第十三，王孝鱼点校，第138页。

[3]（宋）程颢、程颐：《二程集》，《河南程氏遗书》卷第十一，王孝鱼点校，第118页。

[4]（宋）程颢、程颐：《二程集》，《河南程氏遗书》卷第十一，王孝鱼点校，第121页。

[5]（宋）程颢、程颐：《二程集》，《河南程氏遗书》卷第十五，王孝鱼点校，第152页。

此所以害尤甚。"① 又如："今异教之害,道家之说则更没可辟,唯释氏之说衍蔓迷溺至深。"② 这些都表明,在他们所处的时代,佛道之学是有相当影响的。因此,儒学要想复兴,就必须跨过佛道之学这道理论之坎。同样,程颢、程颐想要实现自己在儒学方面的理论创建,也必须认真地对待和消化佛道之学的内容。诚如他们自己认识到的那样,佛道之学是"因其高明"而惑人,吸引的也往往是所谓的"高明之人"。③ 这就意味着,简单地坚持一种排斥佛道的态度是不能解决问题的。要想重新确立儒学的地位,就必须正视佛道之学的理论内涵和精神追求,这样才能够入得其室、识得其弊,从而消化之、超越之,甚至为我所用,使其助益于儒学自身的发展。这些也正是以二程为代表的儒者们所要做的工作。

我们知道,所谓的佛道之学,或曰释老之学,指的是两个学派,其中佛学或曰释氏之学,指的是源自古代印度的一种宗教哲学,而道学或曰老学则属于中国本土之学,是与儒学一起发展起来的思想学派。从与儒学的关系及历史发展的角度来考察的话,实际上应当是道家在先,而佛家在后,因为儒学从一开始就与道家的思想有着颇为密切的关系,它们几乎是相辅相成地构筑了中国古代思想的两翼,而佛学则是后来者。从这个角度来说,当我们并称儒家与这两家的思想时应当称之为"儒道释"之学,而不是我们现今习惯称呼的"儒释道"之学。之所以会有"儒释道"的称呼,实在是因为佛学后来者居上,以其对宇宙人生的独特的宗教化理解及其复杂细致的理论思辨方式吸引了更多的中国人,并且建立起了对中国文化的独有的影响力,因此其地位与影响也就日渐超过了道家及道教。在二程所处的北宋时代,道教也曾在真宗时期兴盛过,但就对当时儒学所构成的挑战及对当时士人的思想影响而言,依然是佛学的地位更加引人注目,以至于二程讲出"今异教之害,道家之说则更没可辟,唯释氏之说衍蔓迷溺至深"④ 的话来。因此,在他们的理解中,将这两家思想称为"佛道之学"而非"道佛之学"也是恰当的。在我们的相关论述中,我们也将遵循二程的用法称为佛道之学,但在论述的顺序上会以先道家而后佛家的方

---

① (宋) 程颢、程颐:《二程集》,《河南程氏遗书》卷第十三,王孝鱼点校,第138页。
② (宋) 程颢、程颐:《二程集》,《河南程氏遗书》卷第二上,王孝鱼点校,第38页。
③ (宋) 程颢、程颐:《二程集》,《河南程氏遗书》卷第十八,王孝鱼点校,第196页。
④ (宋) 程颢、程颐:《二程集》,《河南程氏遗书》卷第二上,王孝鱼点校,第38页。

式，依照历史发展的顺序来进行，这样可能会使我们的论述更加连贯也更加方便。

相对于儒学的为学宗旨与理想追求而言，道家之学与佛学都呈现了许多别样的特点。毫无疑问，与儒学一样，佛道之学也是基于对人的生命及其存在状态的关注而建立起来的，但他们看待问题的视角不同，因此也就有了对宇宙人生的不同理解和对问题的不同解决方式。一定意义上可以这样说，佛道两家也有他们关于性与天道的理解，而且他们对性道问题的理解在相当程度上也刺激并启发了后来的儒者。对于包括二程在内的北宋儒者来说，佛道之学的影响切切实实地展现在眼前，不由他们不去理会，这种理会也使他们对佛道之学有了一定的了解。在他们看来，佛道之学定然与儒学有着很大的不同，认识到这种不同客观上又会使他们更加清楚地认识到儒学之所以为儒学的根本特质之所在。认识到儒学的根本特质无疑是继续发展儒学的必要前提，因此这也是他们必须要做的功课。佛道之学在儒学之外一度展现出来的强大生命力与影响力，已经足可印证二家之学也是各有精深、不容忽视的。但我们行文所限，不可能面面俱到地陈述二家之学的全部内容，因此也只能基于二程等北宋儒者的立场，选取那些对他们而言具有启发意义的内容略加阐释，尤其在性道之学方面，我们将会有较多的关注。事实上，佛道两家在这一方面也有着相当的贡献，对儒学而言有着较大的借鉴价值。如前所言，在论述的顺序上我们将采取先道家后佛家的方式展开。接下来我们就简单考察一下佛道之学对于二程及北宋儒者来说，有着怎样的启发与影响。

一 道家的影响

如前所言，道家是与儒家一起成长起来的中国本土之学。作为一个不断发展的学派，其间自然有着许多复杂的状况，不是一个名称或术语可以概括得尽的，这里仅述其大概。传统认为老子开创了道家学派，因此有将其整个学派称之为老学的，比如二程等宋儒所讲的"释老之学"中的老学。但广义地讲，伴随着道家学派的不断演变，道家之学不仅包括了春秋时期的老子之学，还包括了战国时期的庄子之学，以及两汉黄老之学和魏晋玄学等。除此之外，道家学派甚至还包括了一个特殊的宗教形态，即道教。道教尊奉老子，而且将道家学派的一些著作奉为自己教派的经典，比如将《老子》尊为《道德真经》，将《庄子》尊为《南华真经》等。但事实上，道教与道家在思想追求上是有显著差异的，它是融合了远古宗教与民间巫术、神仙传说与方士方术及阴阳五行等众多因素的中国本土宗教。由于道教一直以道家思想为依托来表现其宗教理论，因此可以认为"道教是道家发展中出现的一个旁支"①。也同此，后世所谓的道家学派或曰老学也就往往将道教也涵盖其中。尤其是魏晋之后，纯粹意义上的道家学派已经不复存在，而道教却一直传承了下来，所以到了北宋时期，所谓的道家之学实际上既包括了老庄之学、黄老之学和玄学，也同时包含了道教。道家之学以谈道著称，自有其高深玄妙之处，但由于后世的演变与现实化等因素，有时会给人一种权谋狡诈的印象。比如程颐曾说："老子书，其言自不相入处，如冰炭。其初意欲谈道之极玄妙处，后来却入做权诈者上去。如'将欲取之必固与之'之类。"② 这是道家思想在人们心目中的印象之一，这似乎也提醒我们，一味追求高深莫测的理论往往有走向歧途的危险，最终反而掩盖了它本来的为学宗旨。但这并不是道家思想最重要的特点，对于道家思想的特质，荀子有个关于庄子之学的评论或许会给我们以启发，他说："庄子蔽于天而不知人。"③ 这里的天指自然、天然，也可以理解为天道所成，它与人、人为、人文等观念相对。事实上，道家确实长于对宇宙存在之自然和本真状态的追寻，这显著地体现在他们对道的论述和对自然观念的高度推崇上。如果用性与天道这个问题模式来界定的话，可以说道家对于天道问题有着更为深刻的探索。因此，道家在道论方面对儒学是有启发作用的，比如二程就曾这样指出："庄生形容道体之语，尽有好处。老氏'谷神不死'一章最佳。"④ 道家在展开其道论的过程中，呈现出了一种强烈的哲学反思的思想气质，并形成了一些独特的思维方式，这些对儒学而言都有很大的启发。还需要指出的是，道家学派以其独特的理论视野来关注社会人生，这种视野对于儒者们重新理解和把握儒学的本质也是很有帮助的。对于二程及北宋儒者来说，在受到汉末至隋唐时期儒释道三教交互影响之后，他们对于道家学派的理论宗旨及理论方法都

---

① 任继愈主编：《中国道教史》，中国社会科学出版社2001年版，第15页。
② （宋）程颢、程颐：《二程集》，《河南程氏遗书》卷第十八，王孝鱼点校，第235页。
③ （清）王先谦：《荀子集解》，沈啸寰、王星贤点校，第464页。
④ （宋）程颢、程颐：《二程集》，《河南程氏遗书》卷第三，王孝鱼点校，第64页。

会有或多或少的认识，如何有效地使这种认识以助益于儒学的新发展则是他们的重要任务之一。

道观念在中国古代的哲学思想中占据着重要的地位，它也是先秦时代诸子百家共同的理论追求，所以各家都有他们自己所谓的道，比如儒家有儒家之道，墨家有墨家之道，而对道这一观念有着最深入考察的无疑是道家学派。道的本意是所行之路，也可引申为事物发展所要遵循的应然之规则。或者可以这样理解，人要行走，就必然要走在路上，而事物之发展，也必须要依循于某种规则，因此就有了所谓的天道、地道、人道等。思考和探索这种所行之路、所依之道，是中国古代哲人的共同兴趣之所在，因为道关乎宇宙和人的存在，或者说道是天地万物应然的存在状态。我们知道，孔子对道就非常重视，他曾说："朝闻道，夕死可矣。"① 与儒家重视在现实的社会人生中探寻道之所在的特点相比，道家对道的理解有着超越日常生活、趋向存在本原的玄远化特征。首先，道家认为道是宇宙万有的生化根源，正如老子所讲："道生一，一生二，二生三，三生万物。"② 在这个意义上，道"可以为天下母"③。其次，道虽然是宇宙万有的生化根源，但却不能以一种纯粹的形象实体的方式来把握，因为道是有与无的统一，而无占据着更重要的地位。老子说："道可道，非常道；名可名，非常名。无名天地之始，有名万物之母。"④ 在老子看来，道是有与无的高度统一，在有的方面，可以说"惟恍惟惚"的道是"其中有象""其中有物""其中有精""其中有信"⑤；在无的方面，道又是无形无象、不可捉摸的，它"视之不见""听之不闻""搏之不得"⑥。庄子也有着类似的看法，他说："夫道，有情有信，无为无形；可传而不可受，可得而不可见。"⑦ 正是这种有与无的高度统一性，使得道家之道有了更多的不可言说、不可思议等高深玄远的特征。最后，道家所诠释的道，具有一种绝

---

① 杨伯峻译注：《论语译注》，第37页。
② （三国魏）王弼：《王弼集校释》，《老子道德经注》，楼宇烈校释，中华书局1980年版，第117页。
③ （三国魏）王弼：《王弼集校释》，《老子道德经注》，楼宇烈校释，第63页。
④ （三国魏）王弼：《王弼集校释》，《老子道德经注》，楼宇烈校释，第1页。
⑤ （三国魏）王弼：《王弼集校释》，《老子道德经注》，楼宇烈校释，第52—53页。
⑥ （三国魏）王弼：《王弼集校释》，《老子道德经注》，楼宇烈校释，第31页。
⑦ （清）郭庆藩：《庄子集释》，王孝鱼点校，中华书局2004年版，第246页。

性、无限性和超越性等本体化特征。虽然道可以用有和无这两个相对的状态来描述,但是道本身却是一绝对的存在,也就是说道是无对的,具有绝对性,是唯一的终极存在。相对于现实事物的有限性而言,道是无限的,它无始无终、无边无际,也就是庄子所说的"道未始有封"①,所以它是一直存在并且普遍存在的,即庄子所言的"周遍咸"②的存在。道的存在方式超出具体的现实事物之上,超出人们的日常经验之外,甚至超出了人的感性和理性认识,以至于人只能去描述而不能去界定它,这就使道成了一种超越性的存在。也就是说,对于人而言,道具有一种超越性,这种超越性使它获得了作为整个世界的终极本体的地位。这里将道称为世界的终极本体,既意味着道是生化宇宙万有的终极本原,也意味着道是宇宙万有存在的终极根据,还意味着道是整个世界存在的本然状态。所以我们说,道家之道,具有绝对性、无限性和超越性等本体化特征。

从上面的论述我们可以看出,道家对于道的内涵有着非常独到而深刻的认知和体悟,这种体悟蕴含着一种高度的哲学反思的方式,即对全部存在的最本质的追问和最根本的思考。这样的哲学反思,实际上是人类所可能具有的最高的把握世界的能力,这种能力潜藏在每个人和每个哲学学派那里,只是有突显和潜隐的不同,所以才会有着不同程度的呈现。我们前面提到的《易传》中对道与器的形上形下之区分,也是这种反思能力的一种呈现,它也因此成为后来儒家发展自己形上思维的一个重要源泉。而道家所阐发的关于道的种种内涵与特性,以及其所突显出来的哲学反思方式,对于儒学的重建而言也具有重要影响。因此对二程及北宋的儒者来说,道家在这方面实际上给了他们重要的启示,启发他们如何从儒学自身的理论命脉中去重新诠释道体,如何以一种本体化的哲学反思的方式去思考和追问,等等。只有较好地领会并消化了这种种启示,二程等儒者才能真正实现儒家性道之学在理论上的突破与创新。

自然观念是道家学说的又一重要内容,它与道观念一样,构成了道家最显著的理论特色,也是道家最有贡献的理论之一。同样,自然观念也给了儒学发展以重要的启示。如果说道是对宇宙本原、存在本体的一种最高

---

① （清）郭庆藩:《庄子集释》,王孝鱼点校,第83页。
② （清）郭庆藩:《庄子集释》,王孝鱼点校,第750页。

表达，道家对道的本体特征做了最充分的挖掘和阐发的话，那么道家之道也只是拥有了这些外在特征而已，而这些特征是其他学派通过理论探索也可以达到的。因此，道家之道的真正内涵和灵魂并不体现于此，而是更多地体现在它的另一个重要观念"自然"之中。老子就曾明确指出过这一点："道法自然。"① 也就是说，作为宇宙本原的道，实际上只是一个自然。所谓自然，就是自我成就、自己如此，也就是自然而然的，没有任何其他意志力量作用其中、施加其上的宇宙万有之本然状态。在道家所秉持的这一自然的视野中，作为人类生存背景和生活舞台的整个宇宙就是一个大自然。也就是说，天地万物的生化、阴阳二气的交感、日月星辰的运行、四时季节的更替、风霜雨露的降临等，都是一种自然而然的、自己如此的存在现象，其间既没有任何宗教意义上的神的力量施加其中，也没有任何人的意志作用其上，这或许就是我们今天所谓的大自然或曰自然界的原初涵义。也正是坚持了从自然这个角度去理解整个宇宙人生，所以道家对天、天道以及社会人生都有了一种颇为独特的看法。在他们看来，天不是宗教意义上的人格神，也不曾有意识地参与到万事万物的生成发展与人类社会的活动之中，而是任凭万物自由自然地存在和发展，因为天本身就是一个纯粹自然的存在。老子说："天地不仁，以万物为刍狗；圣人不仁，以百姓为刍狗。"② 既然天就是一个完全无意识、无道德情感的自然存在，那么圣人效法天，对百姓的生活也不应施以个人意志的干预，哪怕这种意志是出自纯粹的善意。因此，无论是自然界的存在，还是每一个生命及人类社会的存在，都应让其自由自然地自我存在和发展，任何神为或人为的参与都将是不应当的。道家之道的真正内涵也正体现于这一自然之中，因此也可以说，道家所讲的道是一种自然之道，而非道德之道、礼法之道，等等其他，也正是在这一点上与其他各家之道区别开来。

道家对自然的高度尊崇，有其独到的深刻之处。尊崇自然，就意味着对天地万物和一切生命的存在持一种尊重与信任的态度，尊重它们的存在，信任它们可以凭借自己的力量实现自身的发展，并且只有这样的存在与发展状态才是真正完美无憾的，任何其他力量或意志的参与都将是对这

---

① （三国魏）王弼：《王弼集校释》，《老子道德经注》，楼宇烈校释，第65页。
② （三国魏）王弼：《王弼集校释》，《老子道德经注》，楼宇烈校释，第13—14页。

种完美状态的破坏。尊崇自然所体现出的对生命本身的尊重与信任，充分揭示了生命自身的价值与自我实现的内在力量。也就是说，每一个生命的存在都有其天然合理的价值之所在，每一个生命自身也都天然地具有内在自足的力量使其实现自我的顺畅发展，在自然的视域中，生命的这种价值与内在力量都是天然具备、不证自明的。既然每一个生命体的价值与发展都已是自我完备的，因此我们唯一需要做的就是提供一个能够让生命完全自然地存在、充分自由地发展的广阔空间。这实际上也就意味着我们什么都不需要做，我们只需要"无为"就可以了。道家自然观念中所蕴含着的这种对待宇宙万有和生命自身的态度与方式，对于已经有了太多的人为因素的人类社会而言，无疑是一个颇有冲击力的警醒。老子与孔子一样，生活在周文化日益衰微的时代之中，他就是基于对这一问题的反省才提出了自然的观念。他认为问题的症结不在于礼乐的衰败、道德的丧失，相反，问题正在于人们制造了太多的礼仪制度与道德规范，所以才导致社会的发展出现了问题。老子明确讲道："夫礼者，忠信之薄而乱之首。"[1] 他认为礼仪、道德、智巧等都是人为的产物，都与道的自然内涵背道而驰，因此他主张"绝圣弃智""绝仁弃义""绝巧弃利"，希望人们能"见素抱朴""少私寡欲""绝学无忧"。[2] 可以看出，道家所主张的这种自然的观念，与儒家有很大的不同。儒家基于一种积极建构社会人生的价值与秩序的立场，提倡仁义道德、礼乐制度，认为只有这些才能帮助人类实现自身的更好发展。儒家还认为人不仅是一种自然的存在，更是一种德性的善的存在，因此人的自我实现，在很大程度上是不断修养、仁义呈现的过程。儒家对生命的尊重与信任，源自人是德性的存在这一基本前提，在这一前提下不断寻求人的道德意识的觉醒，寻求人的自我认识与自我提升。与此相反，在自然观念的支配下，道家认为人本身的自然存在就是一种合理的状态，不需要人再去做自我觉醒与自我提升的努力，所以道家主张"古之善为道者，非以明民，将以愚之"[3]。在这一点上，儒道两家是有明显分歧的。尽管如此，道家的自然观念中所包含着的某些因素对儒家而言，依然

---

[1] （三国魏）王弼：《王弼集校释》，《老子道德经注》，楼宇烈校释，第93页。
[2] （三国魏）王弼：《王弼集校释》，《老子道德经注》，楼宇烈校释，第45—46页。
[3] （三国魏）王弼：《王弼集校释》，《老子道德经注》，楼宇烈校释，第168页。

具有非常重要的启发意义。我们知道，儒学发展到了东汉后期就出现了一些较为严峻的问题，尤其是儒学所提倡的名教与人们的实际行为之间已经严重脱节，仁义道德也不再真实，变得日益虚伪起来。这一问题对儒学的冲击力量不可小视，它直接导致了儒学在人们心目中地位的衰落。但在当时，儒学自身已经没有了自我挽救的力量，出来应对这种状况的恰恰是以道家思想为主导的玄学。玄学正是借助自然这一观念，来重新塑造人性的真实。程颐就曾指出："东汉之末尚节行，尚节行太甚，须有东晋放旷，其势必然。"① 玄学家们先是以自然来对抗名教，提出了"越名教而任自然"②的口号，之后又融自然与名教为一体，认为"名教中自有乐地"③，这样才逐渐解决了名教流弊所带来的问题。对于二程及北宋儒者而言，儒家所正面倡导的仁义道德何以会发展到虚伪不实的地步，依然是需要认真对待的问题。一方面，他们要从儒学内部挖掘资源；另一方面，道家所提倡的自然观念以及魏晋时期处理这一问题的方式，也是值得借鉴的。事实上，自然与德性既是两种不同的价值取向，也是一对可以互相辅助彼此成全的搭档。儒家如何体会德性本身所可能包含着的自然因素，道家如何认识德性之于生命自身的价值，或许可能是儒道两家完善自身理论、避免学说流弊的一种可以参考的方法。因此我们说，道家自然观念对北宋儒学的重建所可能起到的作用和产生的影响，是值得我们关注的。如果我们说道家也有其性与天道之学的话，那么其性道之学的根本特点就在于，它是在一种自然的视域下来观照和思考性与天道的。这种自然的视域对于儒家的性道之学而言，应当具有某种启发意义。

　　道家对于道体与自然观念的论述，都在哲学反思的层面上给予儒学以启发，这也就是二程所谓的道家之"略见道体"④之处。在形而下的实践层面上，道教的一些修炼养生理论也引起了二程的关注。比如程颢的学生韩持国曾问："道家有三住，心住则气住，气住则神住，此所谓存三守一。"程颢说："此三者，人终食之顷未有不离者，其要只在收放心。"⑤

---

① （宋）程颢、程颐：《二程集》，《河南程氏遗书》第十八章，王孝鱼点校，第246页。
② （三国·魏）嵇康：《嵇康集校注》，戴明扬校注，中华书局2014年版，第402页。
③ 徐震堮：《世说新语校笺》，中华书局1984年版，第14页。
④ （宋）程颢、程颐：《二程集》，《河南程氏遗书》卷第十五，王孝鱼点校，第156页。
⑤ （宋）程颢、程颐：《二程集》，《河南程氏遗书》卷第一，王孝鱼点校，第10页。

二程还说："吕与叔以气不足而养之，此犹只是自养求无疾，如道家修养亦何伤，若须要存想飞升，此则不可。"① 又如："若说白日飞升之类则无，若言居山林间，保形炼气以延年益寿，则有之。譬如一炉火，置之风中则易过，置之密室则难过，有此理也。"② 可见，二程认为道教的修养工夫在保持身体健康、延年益寿方面还是有些作用的，但是如果期望修炼之后可以飞升成仙则是荒谬的。需要指出的是，如果仅从这个层面考察的话，道教的修养理论对于儒学发展的影响还是有限的，那样的话就会像孔令宏先生所说的："二程把复兴儒家道统看作是最重要的事，对于道教工夫，只是把它们看作一种养精蓄锐、保持身体健康的手段。"③ 而我们在这里之所以将道教的修养工夫提出来，是因为我们认为它或许会对儒家形成自己的修养理论产生启发。在北宋之前的儒学中，德性修养固然是人生命中最为重要的事情，但道德行为大多是在平素的日常行为中形成，还未发展出一套专门的较为成熟的修养理论。专门的修养工夫的理论最早应当是出现在道教与佛教的宗教教义中，当然在这方面道教与佛教之间也是互相渗透和影响的。对于儒家形成自己的修养理论来说，道佛二教的相关学说应当是起到了启发作用。二程曾经指出："只闭目静坐为可以养心。"④ 又如他们在评论一些道士、隐士等未卜先知的现象时也说："但久不与物接，心静而明也。"⑤ 正是在这些闭目、静坐等宗教的修养方式启发下，二程提出了关于儒学的一些修养方法，比如程颐的"主敬"说。虽然可能受了佛道二教宗教修养方式的启发，但程颐还是自觉地将他所谓的敬与宗教修养上的静区别开来。在弟子问"敬莫是静否"时，程颐说："不用静字，只用敬字。才说着静字，便是忘也。"⑥ 他不仅区别了敬和静，还认为敬有虚静之功，但静却不能包含敬，他说："敬则自虚静，不可把虚静唤做敬。"⑦ 就这样，程颐初步确立起了不同于道佛二教的儒家修养论，并对后来的儒家

---

① （宋）程颢、程颐：《二程集》，《河南程氏遗书》卷第二上，王孝鱼点校，第46页。
② （宋）程颢、程颐：《二程集》，《河南程氏遗书》卷第十八，王孝鱼点校，第195页。
③ 孔令宏：《宋代理学与道家、道教》，中华书局2006年版，第202页。
④ （宋）程颢、程颐：《二程集》，《河南程氏遗书》卷第二下，王孝鱼点校，第50页。
⑤ （宋）程颢、程颐：《二程集》，《河南程氏外书》卷第十二，王孝鱼点校，第436页。
⑥ （宋）程颢、程颐：《二程集》，《河南程氏遗书》卷第十八，王孝鱼点校，第189页。
⑦ （宋）程颢、程颐：《二程集》，《河南程氏遗书》卷第十五，王孝鱼点校，第157页。

修养工夫论产生了重要影响。儒家修养论的形成离不开道佛二教的启发与影响，但是形成具有自身特色的修养理论，就需要既能深入领会儒学精神的实质，又能对二教的相关理论做一番消化与扬弃的工作。

道家作为活跃在中国思想舞台上的重要学派，对程颢、程颐重建儒家的性道之学而言，其所能提供的理论资源与理论启发是丰富而复杂的，我们这里仅选取以上几个方面略加论述。需要指出的是，道家之学与儒学虽然有着显著差异，但它们毕竟都是中国本土之学，共同反映着中华民族的心灵结构，因此儒道思想之间的互相影响与渗透是较为容易的，但同时也往往会了无痕迹，不易被察觉。一种理论的再生与发展，避免不了吸收其他学说的合理资源，因此能够较好地领会来自其他学说的启发，从而成就自身理论的发展与突破，也能反映出该理论自身所具有的包容性与潜在的生命力。对于二程来说，正视、消化并超越来自道家之学的启示，也是他们实现儒学创新的必要阶段。

二　佛教的影响

对于北宋儒学的复兴而言，来自佛教的影响和启发是不容忽视的。作为一种来自印度的异域宗教和文化，佛教在两汉之际的传入，对于中国文化而言，无疑是一种丰富，但更是一种刺激。佛教在中国，经历了一个由初传时期的小心翼翼，到站稳脚跟后的逐步自信，直至最后"喧宾夺主"式地一度占据了中国思想舞台的主角地位这样一个发展过程。从佛教作为中国文化的重要组成部分，以及它在宗教、哲学、文学、艺术等方面的特殊影响来说，正如冯友兰先生所指出的："佛教传入中国，是中国历史中最重大的事件之一。"[①] 从文化发展的内在命脉来说，佛教曾在一个相当长的历史时期里构成了中国文化发展的主要生命力，这一点也正如牟宗三先生所讲："魏晋之后接着是南北朝隋唐，在这个长时期里，中国文化发展的着重点，或谓民族文化生命的主要流向，是在吸收佛教、消化佛教。"[②] 而从佛教所引发的中国人在思维和观念等方面的微妙变化来说，佛教无疑又具有着较为强烈的刺激和冲击力，"佛教使中国人认识'空'、无我、无

---

① 冯友兰：《中国哲学简史》，第206页。
② 牟宗三：《中国哲学十九讲》，第236页。

常、十二因缘、五蕴、如如、菩提等观念,即使没有其他理由,仅仅这些观念就对中国思想发生了很大的刺激力量,因为这些观念给予国人很多思想的材料"[1]。如果佛教已经进入了中国文化的生命命脉,佛教已经在思维和观念方面给了中国人以极大的刺激,那么作为北宋时期儒学复兴的主要担当者,二程没有理由不正视佛教,也不可能完全摒弃来自佛教的影响,因为毕竟"就哲学言,佛教的启发性最大,开发的新理境最多,所牵涉的层面也最广"[2]。事实上,二程自己也认为佛教有"大抵略见道体"[3]和"尽极乎高深"[4]及"穷深极微"[5]之处。但是面对佛教禅学的盛行,二程深感儒学发展处境之艰难,因此极力排佛,并提出要在儒学自家处确立起"自信"[6],从而"见得他小"[7],最终不被佛学吸引和迷惑。二程确实通过终身的不懈努力,对儒学进行了一番返本溯源、诠释创新的工作,开掘出了儒学发展的新理路,并最终确立起了儒学的自信。但是在佛学已经深刻融入了中国文化的命脉,并成为学术思想发展不可或缺的一道理论背景的情形之下,二程对儒学的思考和重建都避免不了来自佛教的熏染和启示。无论是主动了解还是被动接受,佛学对于他们来讲至少也是不陌生的,甚至是熟知的,这可以从他们大量的关于佛教的评论中体现出来。此种对于佛教的了解,虽然未必成为他们重建儒学的必要前提——重建儒学的前提更多的是基于对儒学自身特质的深度认知——但是,佛教至少也起了一个"他山之石"的琢磨和砥砺作用,刺激和启发着二程对儒家的"性道微言"进行新的理解和诠释。

佛教作为一种宗教,有其独特之处,即佛教中信仰的因素是有限的,而"智慧"的因素更为突出,这不同于一般宗教以信仰为首出的特征。正如赖永海先生指出的,佛教"不像别的宗教那样纯靠信仰,而更注重'智慧',强调'慧解脱',所谓'大彻大悟'者是"[8]。因此,在一定意

---

[1] 张君劢:《新儒家思想史》,中国人民大学出版社2006年版,第75—76页。
[2] 牟宗三:《中国哲学十九讲》,第237页。
[3] (宋)程颢、程颐:《二程集》,《河南程氏遗书》卷第十五,王孝鱼点校,第156页。
[4] (宋)程颢、程颐:《二程集》,《河南程氏遗书》卷第十五,王孝鱼点校,第152页。
[5] (宋)程颢、程颐:《二程集》,《河南程氏遗书》卷第二十四,王孝鱼点校,第314页。
[6] (宋)程颢、程颐:《二程集》,《河南程氏遗书》卷第二上,王孝鱼点校,第26页。
[7] (宋)程颢、程颐:《二程集》,《河南程氏遗书》卷第十九,王孝鱼点校,第261页。
[8] 赖永海:《中国佛教文化论》,中国人民大学出版社2007年版,第1页。

义上可以说，佛教的兴起更近于一种人文思潮而非一种宗教。事实上，佛教最初正是反宗教的一种思想学说，是反对婆罗门教的沙门思潮中的一支，因此具有否定创世主、反对人格神等特点①，而更加注重对宇宙人生和存在本身的反思。从这个意义上讲，佛教的兴起与儒学、道家学说一样，都是基于对当时社会的忧患意识及对人的生存状态的根本反思而生发出来的一种理论学说，因此它更近于一种哲学而非一种宗教。佛教之所以以宗教的形式展现于世，或许很大程度上应当归因于它处在一个宗教氛围相当浓郁的国度和环境之中，而在那样的环境中，任何学说只能以宗教的形式出现方能取得人们的认可，并最终获得在社会中生存与传承的适应能力。不管怎么说，由释迦牟尼开创的这一思潮最终成了宗教，释迦牟尼被视为佛教教主，是佛教信仰的对象。之后，佛教又发展和完善出了一套完整的宗教教义，拥有了众多信徒，也逐步制定出了一系列的宗教戒律，等等，这些都使其成为一个形式上"合格"的宗教。与之相比，儒学与道家学说则一直沿着人文理性的道路成长并发展起来，虽然儒学发展过程中也曾有过短暂的宗教化倾向，道家学说也斜枝旁出地孕育出了道教这一中国本土宗教，但这些都不足以掩盖它们更为显著、更为突出的哲学反思的本质特征。这一方面或许是因为中国有着不同于古代印度的文化传统和文化氛围；另一方面或许也可以归因于中国人自身的性格特征与思维倾向，尤其是中国古代士人阶层的性格特征与价值取向。不过从根本上说，这些外在的表现形式是次要的，思想文化之间的交流与对话质量更多地取决于思想本身的内容。因此，佛教传入中国之后，真正引起国内士人的关注并刺激起他们学习欲望的是佛教的思想内容，而非其外在的宗教形式，这一点我们可以从魏晋时期玄学与佛教般若思想的交流对话中看得出来。同样，佛教与儒学的关系也正是在思想内容的碰撞与冲击中真正展开的。虽然儒者们首先是付出了大量的笔墨与口舌从宗教形式上对佛教进行排斥和攻击，但是逐渐地他们就意识到了问题的重心不在这里。包括二程在内的北宋儒者对这一点看得更加清楚，因此他们大多付出时间出入佛教之学，直探佛教的思想底蕴，以便寻求出佛教在何种意义上真正对儒学构成了威胁。如前所言，佛教是

---

① 参见赖永海《中国佛教文化论》，中国人民大学出版社2007年版。

一个强调智慧解脱的宗教，因此它所蕴含着的人文反思因素使其获得了丰富而强大的理论力量，并最终使它能够在价值追求和核心理念上与儒学展开对话和交流。佛教也正是在这个层面上，以其独特的理论视角和理论内容不断刺激并启发着儒学的发展。

从思想内容上说，佛教对儒学的刺激首先表现在它所提出的"缘起性空"这一观念。这一观念实际上表达了佛教对于天地万物之存在的根本理解，用中国哲学的话来说，也可以称之为是对性与天道问题的理解。佛教"缘起性空"观念的产生，始于对人生诸多现象的思考。佛教认为，人的一生充满了烦恼和痛苦，生命降生时经历的种种痛楚，青春年华的日渐消逝，疾病伤痛的不时降临，生命消逝时的无可奈何，这些都是人生不可避免的折磨与不幸，佛教称之为生、老、病、死之苦。除此之外，人生还有许多不如意之事，比如相亲相爱的人要经受离别之痛，讨厌怨憎的事物却偏偏会聚眼前，许多热切希望、执着渴求的事情又往往难以随人心愿，不能轻松达成，这就是佛教所谓的爱别离、怨憎会、求不得之苦。这些痛苦皆源自人的色、受、想、行、识之"五取蕴"苦，因为正是这些构成了人的肉身与感觉、思想与意识等生命要素，从而产生了执着，生发了百般烦恼与痛苦。也就是说，在佛教的视野中，人生就是一连串的全方位的烦恼，真正的快乐与幸福是不存在的，人生实际上就是一个悲剧。基于这样的看法，佛教认为应当寻求一条解脱之路，帮助人们脱离这无穷无尽的人生苦海。由此，佛教就对人的生命构成和人生的种种现象进行深入的思考和分析，其结论是人的生命及人生诸多现象都是因缘和合的产物，是缘聚则生、缘灭则散的虚假存在。佛教进一步又把这种观念推衍到对整个世界的理解中去，认为整个世界都是一个因缘和合的虚假存在，万事万物都是靠各种因缘临时拼凑的无自性的假在。由此，佛教否定了人的生命、否定了人生、否定了万事万物的真实存在性，更否定了这些存在的积极价值与正面意义，认为整个世界只是以一种空的、假的方式存在着。佛教就是以这样一种"缘起性空"的方式，确立起了它对整个宇宙人生的理解，描绘出了佛教视域中的以空和假为其主要特色的整体宇宙图景。

从佛教以"人生皆苦"的理论前提出发，再一步步得出"缘起性空"的结论，这实际上是一个能够自圆其说、逻辑恰当的学说体系，本来也不失为一种关于人生的独特的理解，但是这种理解的流传与盛行必然会影响人们对于生活的态度，而且可能会介入并改变人们现有的生活秩序，因此，它必然会引起其他学派的质疑与攻击。佛教进入中国，面临的是一个深受儒家传统熏陶的理论环境和社会环境，而在儒家的视域中，整个宇宙人生显然是另外一种样子。在儒家乃至所有中国人的理解中，世界的真实存在几乎是不证自明的。在中国人看来，人生当然也有许多烦恼和痛苦，但这并不是人生的全部，因为人还可以有快乐和幸福，至少可以有快乐与幸福的理想去追求，除此之外人还有许多对于社会和他人的责任要去承担。如果仅仅因为人生的烦恼和痛苦就去否定人生，甚至否定整个世界的真实存在，这样的结论在中国人看来无疑是失之轻率了。中国人只会在界定宇宙人生之应然的存在性质上发生分歧，比如宇宙人生应是一种至善的德性之存在，还是一种自然的无意识之存在，等等，但是绝不会否定宇宙人生的存在。他们或许会认为现有的存在状态是不合理的，是必须加以改善的，但是绝不会认为它是空的、假的，是不值得追求而要摆脱和逃避的。佛教就是在这一根本之处，不同于儒家，也不同于道家。从主观态度上说，儒家当然要排斥佛教的这一观点，因为它对儒家肯定现实、肯定人生的总体观念是一个极大的挑战，甚至是一种颇有冲击力的威胁。但是反过来，我们也可以想象，儒家定然也在佛教的这一观念中获得了启发，至少激起了他们的思考，引发了他们对儒学自身特质的重新认知。对儒家而言，宇宙人生、天地万物的真实存在原本是不需要论证的，甚至他们认为所有的存在还都应当是一种至善的充满积极价值的。在道家自然观念的刺激下，他们或许已经开始思考存在是否真的具有一种自然之本性，应当在强调德性存在的同时考虑一下自然的因素。现在，佛教又提出了"缘起性空"，认为整个存在是空的、假的。在这种情形下，儒家当然也不会轻易放弃自己的一贯立场，但是他们必然要反思这样一个问题，即存在的真实性也是需要论证的吗？其实我们从二程的一些言论中就可以看出他们确实思考并应对着这一问题，比如他们首先说"释氏无实"[1]，然后就强调儒学皆"实学"[2]，并一再突出了宇宙人生之诚的品性，即其真实无妄性。这些

---

[1] （宋）程颢、程颐：《二程集》，《河南程氏遗书》卷第十三，王孝鱼点校，第138页。
[2] （宋）程颢、程颐：《二程集》，《河南程氏遗书》卷第一，王孝鱼点校，第2页。

都表明，在佛教"缘起性空"的观念刺激下，他们对存在的实在性、真实无妄性是进行了认真思考的。"缘起性空"的理论不止引发了儒家对存在真实性问题的思考，丰富并加深了他们对宇宙人生之存在状态的重新理解，而且也深化了他们对儒学自身特质的认识。儒学在创立之初，就有自己较为明确的理论宗旨和价值追求，但是对自身理论特质的深度认知和自觉则需要其他理论的对比和映衬，或者说，只有在同其他学说的对比交流中才能更加突显出自己的特点。佛教从"缘起性空"的理论视野出发，建构起了一整套完全不同于儒家的关于宇宙人生的解释体系，这样强烈的视角冲击让儒家更加自觉地意识到了自家所秉持的视角和坚持的立场。在这样的对比和映衬中，儒家会更加突出自己关于仁义礼智的德性视角和立场，更加努力地以这种立场去打通天道性命的内在关系，从而在更高远、更深刻的层面上建构自己关于宇宙人生的全新理解。正如张君劢先生指出的："佛教给中国人的最大刺激，是使中国学者回到儒家的基础上，并从儒家基础上创立他们的系统。"① 如此看来，佛教"缘起性空"的观念，确实起到了"他山之石"的琢磨和砥砺作用，使儒学朝着更加完善的方向去发展。

如果说"缘起性空"的观念对儒学的影响是在一个迥异的相反相成的理论层面上展现出来的话，那么另外一个对儒学有着重要刺激和启发作用的佛教观念则是在内容的相似与理论的相通之处呈现出来的，那就是佛教的佛性论。在佛教的发展过程中，尤其是在中国佛教的发展与理论构成中，佛性论是佛学的重要内容，甚至逐步成为其理论的核心。而事实上，在早期佛教的经典与文献中，佛性观念并没有得到格外的突显，它只是在"缘起性空"这一充满批判与反思色彩的佛教视域中若隐若现而已。甚至可以这样说，被大乘佛教逐渐发展起来的越来越具有正面价值和积极意义的佛性观念，在根本处是对"缘起性空"这一佛教根本理念的某种背离。如果说"缘起性空"观念是对一切存在现象和存在本体的理论解构，使万有存在丧失了真实性与贞定性，从而不能够自我确立和自我决定，那么佛性观念的逐步崛起与完善就是对存在本体的一种重新建构，它使万有存在重新获得了自我肯定的终极根据和自我决定的内在力量。之所以出现这样

---

① 张君劢：《新儒家思想史》，第85页。

的状况，或许是因为具有强烈的否定色彩的"缘起性空"观念，作为一种理论的思辨趣味和独特视野固然可以被人们欣赏和赞叹，但如果无限地推衍下去，就会让人们彻底失去立身之所和最终的归依之处，这显然有悖于人们对一种宗教的诉求和期待，而佛性观念的出现也正是为了挽回佛教作为一种宗教的价值与意义。因此，我们既可以说佛性观念是对"缘起性空"观念的一种理论反动，也可以说二者是佛教理论系统内部的一种自然发展与接续。佛学在中国的发展也大致经历了这样一个理论转变的过程，即在经历了般若学的一度兴盛之后，就逐渐出现了佛性论的发展与繁荣。但是，佛教在中国的这种理论重心的转移，除了佛教内在的义理原因之外，其间也渗透着一些儒学的因素。如前所言，性与天道问题是儒学的核心问题，其中儒家对人性、心性问题又有着格外的关注，因为人性、心性问题关涉对人的生命自身的理解和定位。佛教传入中国后，就在各个方面受到了儒学传统的影响，在佛性问题上也是如此。也就是说，佛教的佛性理论受到了传统儒家心性学说的深刻影响。① 但这里我们更为关注的是，佛教的佛性论在吸收了儒家心性学说的因素之后又有着怎样的创造性发展，以及佛性论在何种层面上又反过来给了儒学发展以重要的启示。

当佛教的理论重心由般若学转向了佛性论之后，佛性论就开始了它的发展历程。基于佛教独特的理论视角，佛性论最初是包含着丰富的般若学因素的，或者说，佛性观念是建立在"缘起性空"这一观念之上的。佛教认为，万法都是因缘而起，都是无自性的，可称为空，因此空就是万法之实相、如相或曰本来状态，而佛性也就是这种空的实相。这个意义上的佛性论，虽然以"佛性"这一颇具实体意味的称谓来命名，但其真正内涵却是空的，而这也正是佛教原初精神的一种体现，有着鲜明的佛教理论特色。但是很快，佛性论就发展出了另一种形态，即以如来藏自性清净心为代表的佛性理论。如来藏自性清净心是具有真实性、超越性、先验性与内在性的真常心，这一真常心被视为佛性，反映了佛性理论的一大转变。佛性由空之实相转变为自性清净心，这样就将成佛的根据和佛教的追求完全落实在了一个真实的不再空幻的基础之上。至此，佛教的佛性论距离儒家的人性论已经是一步之遥了，因为以自性清净心为内涵的佛性论，暗示着

---

① 参见赖永海《中国佛教文化论》，中国人民大学出版社2007年版。

佛教已经开始在终极的意义上肯定生命甚至非生命的真实存在了。在完成了这一转变之后，佛教对佛性论又进行了更为深入和具体的探讨，如果抛开佛、儒的学派差异，我们完全可以将之视为传统智慧对性问题的又一步推进。也正是在这个意义上，佛教关于佛性论的深化对后来的儒者而言具有重要的启发意义。比如，佛教以自性清净心来界定佛性，可以从侧面加强儒家以纯然至善来规定人性的论证力度。又如，佛教关于佛性是始有还是本有问题的讨论，可以启发儒家对人性应是先天具备还是后天形成问题的思考。再如，佛教界关于一阐提是否具有佛性问题的争论，也启发了儒家对至善人性的普遍性品格的再考察。事实上，在佛教极其强大而细致的理论论证传统影响下，佛性理论被不同的佛教教派分别做出了非常深入而又多样化的发展，其细致与深入的程度及其思辨的玄妙程度在中国哲学史上都是绝无仅有的。佛性论的这种深化与发展大大刺激了儒家学者，引发了他们对儒家人性、心性问题的进一步思考。与这种细致论证的方式相映成趣的是，在佛性的问题上，中国佛教的禅宗一系呈现出了另一种风格，即以更加简洁、直接和明了的方式来"明心见性"，使佛性具有了更加真实的实践力量，从而使佛性真正地与人的生命融为一体，这一点也对后来的儒家学者有莫大的影响。佛教在中国历史上从汉末至隋唐时期的长期活跃，使它的佛性理论得到了充分而全面的发展，取得了丰硕的理论成果，积累了较多的理论经验，这些都为儒学的进一步发展提供了可资借鉴的资源。值得注意的是，对儒者而言，如何成功地应对来自佛教佛性理论的挑战并不是件容易的事情。一方面，儒家学者需要以包容的心态去消化有关佛性理论的一些有益资源；另一方面，他们也需要有清醒的意识去坚守儒学的根本宗旨，这就意味着他们不能够沉迷其中从而丧失立场。由此可见，佛教的佛性理论凭借它与儒家人性论的相似和相通这一特点，也就是在一些可以"同质相融"①的地方，对儒学的发展产生了重要的影响，但这种影响是一把双刃剑，需要谨慎地处理方能够进退自如，从而确保儒学的主体地位。

如上所言，佛教"缘起性空"的观念从独特的理论视角出发激起了儒

---

① 李承贵：《儒士视域中的佛教——宋代儒士佛教观研究》，宗教文化出版社2007年版，第513页。

家对自身特质的反思,而佛性论又在理论内容上与儒家的人性论形成了直接的交融,这两个方面对儒学的刺激和影响都是至为关键的。进而言之,佛教以"缘起性空"的理念构筑了对宇宙人生的整体理解,以佛性论深化了对生命自身之存在依据的探索,实际上这二者恰恰契合了儒家关于性与天道问题的思考维度,因此对于儒家在这一问题上的进一步深化是有着启发作用的。除此之外,佛教对于儒学发展的刺激和影响还有许多方面的表现,比如:佛教禅宗的传法世系对儒家道统论的影响,佛教的理论表达方式对后来儒学话语风格的影响,佛教的修行方法对儒家修养工夫论的影响,等等。可以说,佛教作为一个博大精深的理论和实践体系,它对儒学乃至中国传统文化的影响是具体而深入的,我们不可能面面俱到地加以分析和陈述。这里想要特别关注的是,佛教在一些重要的思维方式和理论框架方面对儒学产生的影响,以及我们应当如何去看待这种影响。我们较为熟知的例子有,程朱理学中"理一分殊"命题与佛教著名的"月印万川"之喻的相似,程颐提出的"体用一源,显微无间"① 命题与华严宗"理事无碍"观念的相通,等等。在一些重要的思维方式和理论框架方面,宋明新儒学确实有许多地方和佛教有着较多的相似和相通之处,可以说在这一点上儒学受到了佛教的启发或影响,但这是否就可以得出宋明新儒学是"阳儒阴释"这一结论呢?这个问题若仔细探讨起来会比较复杂,不过牟宗三先生对此有着一个较为简洁的说法,或许能帮助我们理解这个问题。他说:"许多不同的宗教都有相同的地方,或者共通的地方,但不必是谁袭取谁的,更不必是某一教所专有的。思想方法与最高的境界不是财富,不能垄断与囤积居奇,你可应用,我亦可应用,你能达至,我也能达至,你能说出,我也能自动地契悟到而自行说出。在这里很难说是谁所专有,亦不能视他人一应用便为窃取。相同相通的思想方法与境界,如用佛教的名词来表达,可以说是'共法'。"② 既然是"共法",当然各家各派都可能会达到,并且也都可以应用,因此"我们要把这个忌讳解掉,我们认为这并不妨碍圣人之道"③。也就是说,在思维方式和理论框架的方法层面上,存在一些"共

---

① (宋)程颢、程颐:《二程集》,《周易程氏传》,《易传序》,王孝鱼点校,第689页。
② 牟宗三:《宋明儒学的问题与发展》,华东师范大学出版社2004年版,第19页。
③ 牟宗三:《中国哲学十九讲》,第145页。

法",这是各家各派都可以应用的,不该有过多的忌讳才对。否则的话,佛教可以认为儒家袭取了他的方法,反过来,儒家与道家也可以从许多方面来论证佛教袭取了他们的方法。大致说来,判断一个学派的性质如何不能以方法层面为标准,而只能从其根本的精神追求与理论内涵上来区分和判断。因此,尽管宋明新儒家在思维方式上受到了佛教的一些影响,但作为儒家这个学派的根本性质是没有变化的,因为他们所推崇和追求的依然是源自于先秦儒家的一贯宗旨。以上就是关于这一问题的简要说明。

面对来自佛道之学的种种刺激,尤其是来自佛教的一些颇具挑战性的理论启发,如何应对和消化它们,对于二程来说无疑是一项不容回避的任务。二程所处的时代,依然是佛教禅学盛行而儒学处在尚未振作之时,对此状况二程颇感忧虑。基于儒家的立场,他们对待佛教的态度自然是要排斥,但他们也认识到简单地坚持一种排斥的态度和外在批判的方式是不够的,排佛必须要深入佛教的根本精神和基本教义中去方能取得成效。由此,他们在排斥佛教的同时,也不断地接触和了解了佛教的相关义理。我们完全有理由相信,二程在理解和消化佛教义理的过程中是有所受益的,并且这种受益也有助于他们更好地完成对儒学的重建工作。不过,二程之于佛教,并不像当时的许多人那样,一接近佛教义理便深陷其中不能自拔,相反他们在接触了佛教之后更加坚定了对儒学的信心。不仅如此,他们还对佛教有着自己的评判,既不完全抹杀佛教的理论成就,也能够出得其外,看到佛教的不足和弊端。一方面,他们认为"佛说直有高妙处"[1],佛教"大抵略见道体"[2]。另一方面,他们也看到了佛教之道的偏颇处,认为佛教是"惟见一偏"[3],以及"内外之道不备者也"[4],并且还认为佛教之见道多为"乍见"而非惯见,所以有一种"才见得些,便惊天动地,言语走作,却是味短"[5]的特点。除了这种总体上的评判之外,二程对佛教提出的一些关键性问题也做出了相关的回应。比如前面提到过的,二程以儒学的实学特性和天地万物之诚的品性来回应佛教的"缘起性空"理论;又如,二程以生死始终为常的观

---

[1] (宋)程颢、程颐:《二程集》,《河南程氏外书》卷第十二,王孝鱼点校,第425页。
[2] (宋)程颢、程颐:《二程集》,《河南程氏遗书》卷第十五,王孝鱼点校,第156页。
[3] (宋)程颢、程颐:《二程集》,《河南程氏遗书》卷第十三,王孝鱼点校,第138页。
[4] (宋)程颢、程颐:《二程集》,《河南程氏遗书》卷第十一,王孝鱼点校,第118页。
[5] (宋)程颢、程颐:《二程集》,《河南程氏遗书》卷第十五,王孝鱼点校,第153—154页。

点,来批驳佛教以成坏为无常的观念:"有生者,必有死;有始者,必有终;此所以为常也。为释氏者,以成坏为无常,是独不知无常乃所以为常也。"① 这两点是对作为佛教理论基础的空、无常观念的回应。对于佛教的佛性理论,二程也指出了其不足之处,认为"佛毕竟不知性命"②,虽有所谓的"识心见性"之说,但却缺失了"存心养性"这一部分。③ 与此相类,他们认为佛教"可以'敬以直内'矣,然无'义以方外'"④。甚至进一步认为:"其直内者,要之其本亦不是。"⑤ 从这些论述中,我们可以看出,虽然二程毫不掩饰自己排斥佛教的立场,但他们仍然是以比较认真和理性的态度来对待佛教的,这也从侧面反映出他们在理论修为上的成熟及对儒学的自信。二程了解和应对佛教义理的过程,也是他们逐渐消化和超越佛教理论的过程。这个过程同时也增进了他们对儒学自身特质的认知,并引导他们去探索儒学进一步的发展方向。

从现有的文献资料中,我们看到二程对佛教的思想做出了自己的理解和评判,但这些仅"散见"于他们的讲学语录之中,并没有形成完整系统的论述,所以我们只能说是管窥到了他们关于佛教的一些认知和评判而已。二程对于佛教的认知和评判当然不能说已经完全恰当而无丝毫疏失,但不可否认的是他们确已大大推进了儒学与佛教之间的理论交流和对话,并且也在相当程度上消化和超越了来自佛教的理论挑战。

在应对了佛道之学的挑战,消化和超越了佛道之学后,二程及北宋儒者们所要进行的工作就是要返本溯源,从儒家的经典与传统中重新寻求儒学发展的新契机。历史是割不断的,文化的传承和理论的推进也是任何时代的学者所必须面对和不能选择的,因此只有以认真、包容和理性的态度去面对和消化已有的学术资源,方能做到所承者博、所开者大,从而收获更为丰厚更有生命力的理论成就。

---

① (宋)程颢、程颐:《二程集》,《河南程氏外书》卷第七,王孝鱼点校,第394页。
② (宋)程颢、程颐:《二程集》,《河南程氏外书》卷第十,王孝鱼点校,第408页。
③ (宋)程颢、程颐:《二程集》,《河南程氏遗书》卷第十三,王孝鱼点校,第139页。
④ (宋)程颢、程颐:《二程集》,《河南程氏遗书》卷第二上,王孝鱼点校,第24页。
⑤ (宋)程颢、程颐:《二程集》,《河南程氏遗书》卷第二上,王孝鱼点校,第24页。

第二章　北宋诸儒与二程之学

二程生活于北宋中期，他们所面临的是佛道之学依然盛行，而儒学尚未完全振兴的思想局面。在二程看来，他们面临着儒家之道久已不行、儒家之学也久失其传的道丧千载的严峻形势，正如程颐所言："周公没，圣人之道不行；孟轲死，圣人之学不传。"① 事实上，这是北宋儒者对儒学发展情势的共同感受，因此也激发起了二程和北宋儒者复兴儒学的强烈使命感，正所谓要"为往圣继绝学"②。早在中唐时期，以韩愈、李翱为代表的一些儒者就已经开始了复兴儒学的活动，并且初步萌发了儒家的道统意识，这也为北宋儒学的进一步发展奠定了基础。北宋时期的思想舞台上可谓群星灿烂，活跃着一大批杰出的儒家名士，比如我们较为熟知的范仲淹、欧阳修、司马光、王安石、三苏父子等才学之士，又如以研治儒家经学而见长的宋初三先生胡瑗、孙复和石介，再如被后世誉为"北宋五子"的周敦颐、邵雍、张载、程颢和程颐，等等。这些儒者几乎同时活跃在北宋的思想和政治舞台上，他们分别从不同的理论视角出发推动着儒学的重建工作，在政治生活领域实践着儒学的理念，在社会生活中引领并塑造着北宋的社会思潮与民俗民风，成为这一时期最有创造力的学者群体。正是在他们的共同努力下，儒学才呈现出了一种蔚为壮观的发展势头，并真正步入复兴之途。程颢、程颐兄弟正是在北宋诸儒的理论创造和思想熏陶中逐步成长起来的，他们目睹并参与了儒者们的学术交流和理论互动，也曾一度卷入当时的政治变革风潮之中。因此，我们可以推断，二程思想的形成必然受到了北宋其他儒者的思

---

① （宋）程颢、程颐：《二程集》，《河南程氏文集》卷第十一《明道先生墓表》，王孝鱼点校，第640页。

② （宋）张载：《张载集》，《张子语录》，章锡琛点校，第320页。

想熏陶和影响。事实上，二程也正是在与北宋一些儒者的交流、对话乃至相互批评之中逐步确立起了自己的理论路向，并逐渐在思想上达到成熟的。因此，深入考察二程和北宋诸儒之间的学术交流和理论互动活动，应当有助于我们更好地了解二程性道思想的形成过程。

在北宋众多儒者之中，与二程有较多的思想交流及对二程的思想形成有重要影响的儒者有许多，我们这里仅选取较有代表性的几位加以考察，他们是王安石、邵雍、周敦颐和张载，他们共同致力于儒学的复兴，王安石、邵雍、周敦颐和张载，同程颢、程颐一样，他们都在努力探索着儒学的新生之路，也都在不断追寻着儒家的根本精神和儒家"性道微言"的真义之所在。由于自身气质、思维方式及理论视角的不同，他们对儒家性道之学的重建工作呈现出了仁者见仁、智者见智的不同路向。他们分别从不同的角度和层面出发，对儒学展开了全方位的重新理解和建构。首先，他们对儒家经典的选取就有着不同的侧重。比如，在儒家"五经"之中，王安石更加重视《周礼》，而邵雍、周敦颐、张载和二程则更为重视《周易》。其次，他们的理论视角也多有不同。比如，王安石更加重视儒学在政治制度和社会建构层面上的作用，邵雍更加热衷于儒学在象数学层面的展现，而周敦颐、张载和二程则更加重视儒学在"性道微言"层面上的呈现。最后，他们都较为成功地建立起了各自的理论体系，彼此之间既有联系又有不同。即使是程颢、程颐兄弟二人，他们的理论体系固然有着十分密切的联系，但在许多关键的地方仍然呈现出了较大的差异。这几位儒者在儒学重建过程中所呈现出的种种差异，一方面让我们看到，儒学在北宋时期的发展和复兴呈现出的是一种多元并存、诸家争鸣的态势，充分体现了儒学内涵的丰富性及多维度发展的可能性；另一方面，这种情形也会让我们不自觉地去想象在这诸多不同的理论体系之间，必然产生过许多思想的交流与碰撞，甚至也会发生一些激烈的争论与相互之间的批评。而实际情况也正是如此。我们以程颢、程颐为中心来考察的话，另外几位儒者都与他们有着或多或少的学术往来，并且有着或远或近的同僚、师生、亲友等私人关系。比如：王安石与程颢曾同朝为官，并共同参与了熙宁变法，他们是有着一定了解和思想交流的官场同僚；邵雍与二程共同居住在洛阳，是多年的邻里和颇为熟识的朋友；周敦颐曾是二程少年时代的老师；张载则是二程的表叔。这种相互之间的私人关系为他们的学术往来和思想交流提供了可能和方便，而他们也确实利用这种关系增进了相互之间的了解，并在共同复兴儒学和构建思想体系的过程中有着许多的交流和对话，而且也并不忌讳指出彼此的不足和错误，这也正合了君子之学"如切如磋，如琢如磨"①之义。对于二程来说，这种思想上的切磋琢磨无疑是一笔宝贵的财富，极有可能对他们自己的性道思想之形成产生启发和影响。这也是我们专门考察北宋诸儒与二程之学关系的原由所在。下面我们就进入这种考察。

第一节　王安石与二程

在北宋之后的儒家学者心目中，王安石很多时候都是被排除在儒家道学群体之外的，他的思想学术也自然被排除在儒家道统之外。比如，《宋史》设有专门的《道学传》，但却没有将王安石包括在内。又如，在最有影响的宋明儒学断代史《宋元学案》中，除了程朱理学之外，还有许多的其他儒家学派都被详细地收录和介绍，但是王安石的新学一派却仅仅被排在倒数第三卷中，以极其简略的方式被提及，并且被命名为"荆公新学略"，足见其地位之轻下。然而，王安石的学术思想及其新学学派在北宋时期的地位与影响却是另外一种情形。二程就曾指出："然在今日，释氏却未消理会，大患者却是介甫之学。"②二程将王安石之学与佛教之学的"危害"相提并论，足见其影响之大。事实上，作为一名儒者，王安石不仅在北宋的政治舞台上发挥着重要的作用，在当时的学术舞台上也有着相当高的地位和影响，可谓盛极一时，其学说也成为当时科举取士的主导思想。这一方面当然要归功于王安石在熙宁变法时期较高的政治地位和社会影响，另一方面也说明王安石的新学思想中确实具有一些容易被人接受的因素。二程就曾指出过王安石之学流行于世的原因："如介甫之学，佗便只是去人主心术处加功，故今日靡然而同，无有异者，所谓一正君而国定也。此学极有害。以介甫才辩，遽施之学者，谁能出其右？始则且以利而从其说，久而遂安其学。今天下之新法

---

① 杨伯峻译注：《论语译注》，第9页。
② （宋）程颢、程颐：《二程集》，《河南程氏遗书》卷第二上，王孝鱼点校，第38页。

害事处，但只消一日除了便没事。其学化革了人心，为害最甚，其如何！"① 二程认为，王安石之学既能打动君主之心，又能"化革了人心"，这就是它能够流行开来的重要原因，并且认为这种"化革了人心"的学说较之新法的危害更大。这些都说明，王安石之学在北宋时期的地位与影响确实非同一般。甚至可以说，王安石新学的广泛流行，使二程与当时其他儒者的学说一度处于湮没不彰的状态。王安石之学虽然出入百家，显得颇为驳杂，但其理论宗旨却一直是与儒家思想保持一致的，但为什么后世儒者却要与他划清界限，并将他排除在儒家道学群体之外呢？很重要的一个原因当然是熙宁变法的失误和最终的失败，但更重要的原因或许还应当从王安石思想的内部去寻找。也就是说，王安石之学或许在一些较为根本的地方偏离了儒家的精神追求，至少也是与之后所呈现出来的儒学的总体发展趋势不相一致。这一点我们会在下面的论述中具体展开。这里想要说明的是，既然王安石之学在北宋时期有着那样重要的地位和影响，那么我们就不能忽视这样一位重要人物，更何况他还与二程之间有过一些学术上的交流。从另一个角度来说，虽然王安石之学与之后儒家性道思想的发展主流有所出入，但在北宋儒学那样一个多元发展的背景中，考察它与二程之学的关系也必将有着可以期待的价值和意义。这就是我们在北宋儒者中首先选取王安石与二程之学的关系作为考察对象的原因所在。

二程兄弟中，程颢与王安石有着更多的直接交流。熙宁变法之初，王安石创设了三司条例司，程颢就是其中的属官之一，参与了新法的讨论。但后来由于意见相左，程颢曾上疏批评王安石的新法，最终招致罢官外放。可以说，在变法与否的问题上，程颢与王安石是一致的，都认为朝廷需要变法，但在具体的变法方式上，二者有着不同的主张。其主要分歧表现在，程颢不认同王安石变法纯以功利为本的思想，他认为以功利为变法的主导思想会导致"兴利之臣日进，尚德之风浸衰"② 的不良后果，因此他觐见皇帝之时"必为神宗陈君道以至诚仁爱为本，未尝及

---

① （宋）程颢、程颐：《二程集》，《河南程氏遗书》卷第二下，王孝鱼点校，第50页。
② （宋）程颢、程颐：《二程集》，《河南程氏文集》卷第十一《明道先生行状》，王孝鱼点校，第634页。

功利"①。而王安石则认为程颢的这种看法是"未达王道之权"②的迂腐表现。程颐虽未和王安石有过直接的官场交流，但他对变法的意见与其兄程颢基本一致，在熙宁变法失败之后，他还对变法进行了反思和检讨。③ 除了政治变革方面的交往之外，二程与王安石在学术思想的层面上也有过交流，这也正是我们所主要关注的。程颢与王安石在变法见解上虽有较大分歧，但二人也有互相欣赏之处，因此在私下交流中也算是坦诚相待。他们对彼此的思想都有一定的了解，因此也发表过相互之间的一些评论。不过由于视角和理论追求的不同，他们都认为对方没有真正把握儒家之道。比如王安石评论程颢时说："此人虽未知道，亦忠信人也。"④ 而程颢也曾这样评价王安石："介甫只是说道，云我知有个道，如此如此。只佗说道时，已与道离。佗不知道，只说道时，便不是道也。"⑤ 程颐和王安石虽未有过直接的思想交流，但他对王安石其人其学还是有着相当了解的，曾发表过许多相关的评论。比如他对王安石的易学就既有赞扬，又有批评，既认为王安石是才学之士，又明确指出"介甫自不识道字"⑥。这些都表明，二程与王安石在学术思想层面上是有过

---

① （宋）程颢、程颐：《二程集》，《河南程氏文集》卷第十一《明道先生行状》，王孝鱼点校，第634页。
② 卢连章：《程颢程颐评传》，第402页。
③ "新政之改，亦是吾党争之有太过，成就今日之事，涂炭天下，亦须两分其罪可也。当时天下，岌岌乎殆哉！介父欲去数矣。其时介父直以数事上前卜去就，若青苗之议不行，则决其去。伯淳于上前，与孙莘老同得上意，要了当此事。大抵上意不欲抑介父，要得人担当了，而介父之意尚亦无必。伯淳尝言：'管仲犹能言"出令当如流水，以顺人心"。今参政须做不顺人心事，何故？'介父之意只恐始为人所沮，其后行不得。伯淳却道：'但做顺人心事，人谁不愿从也？'介父道：'此则感贤诚意。'却为天祺其日于中书大悖，缘是介父大怒，遂以死力争于上前，上为之一以听用，从此党分矣。莘老受约束而不肯行，遂坐贬。而伯淳遂待罪，既而除以京西提刑，伯淳复求对，遂见上。上言：'有甚文字？'伯淳云：'今咫尺天颜，尚不能少回天意，文字更复何用？'欲去，而上问者数四。伯淳每以陛下不宜轻用兵为言，朝廷群臣无能任陛下事者。以今日之患观之，犹是自家不善从容。至如青苗，且放过，又且何妨？伯淳当言职，苦不曾使文字，大纲只是于上前说了，其他些小文字，只是备礼而已。大抵自仁祖朝优容谏臣，当言职者，必以诋评而去为贤，习以成风，惟恐人言不称职以去，为落便宜。昨来诸君，盖未免此。苟如是为，则是为己，尚有私意在，却不在朝廷，不干理事。"（宋）程颢、程颐：《二程集》，《河南程氏遗书》卷第二上，王孝鱼点校，第28—29页。
④ （宋）程颢、程颐：《二程集》，《河南程氏遗书》卷第十九，王孝鱼点校，第255页。
⑤ （宋）程颢、程颐：《二程集》，《河南程氏遗书》卷第一，王孝鱼点校，第6页。
⑥ （宋）程颢、程颐：《二程集》，《河南程氏遗书》卷第二十二上，王孝鱼点校，第282页。

交流和对话的。他们都致力于儒学的复兴，但在对儒家之道的理解和重建上又存在着相当大的差异。因此可以说，王安石与二程之学的差异与分歧，是一种宽泛意义上的儒学内部的争论。这种争论对于二程性道思想的形成而言，客观上应当是起到了一种切磋琢磨的启发作用。下面我们就分析一下王安石与二程之学的具体差异，以及这种差异可能带给二程的影响。

一 经学思想的交融与差异

儒家的经学传统由来已久，孔子就自称是"述而不作，信而好古"[①]，其所述所信的就是后来成为儒家主要经典的"五经"或"六经"，即《诗》《书》《礼》《易》《春秋》及《乐》。可以说，正是孔子开启了儒家的经学传统。两汉时期是儒家经学的繁荣期，之后儒学虽然一度衰落，但其经学传统却绵延传承了下来。时至北宋，随着儒学复兴思潮的出现，如我们所知，儒家经学也呈现出了新的发展态势。首先，北宋时期出现了一股强劲的疑经思潮。[②] 这一方面挑战了"五经"作为儒家最高经典的权威地位，另一方面也将经学的进一步发展奠定在了更为理性的基础之上。其次，《论语》《孟子》《大学》《中庸》这四部书的地位呈现出一种上升趋势，受到了许多学者的关注。最后，北宋经学突破了两汉经学以章句训诂为主的经学模式，转向了一种义理的探寻。[③] 王安石与二程正是在儒家经学发生转型的这种学术背景下重新诠释儒家经典的，并且他们也亲自参与和推动了这种转型。可以说，王安石与二程对性与天道问题的思考，首先依托的依然是儒家经学，也就是说他们要在对儒家经典的理解和诠释中建构他们的性道思想。比如王安石亲自撰写了《周官新义》，主持了《尚书新义》和《诗经新义》的编撰工作，还有相关的易学著作问世。程颐集毕生精力创作了《程氏易传》，对《周易》精神内涵的体会也成为二程兄弟性道之思的重要理论源泉。除了关注"五经"之外，二程还尤其重视对"四书"的诠释，并大大提升了儒家"四书"的地位。[④] 但是，由于理论

---

① 杨伯峻译注：《论语译注》，第66页。
② 参见张立文《宋明理学研究》，人民出版社2002年版。
③ 参见侯外庐、邱汉生、张岂之主编《宋明理学史》（上），人民出版社1997年版。
④ 参见侯外庐、邱汉生、张岂之主编《宋明理学史》（上），人民出版社1997年版。

视角的不同，王安石和二程在对儒家经典的选取上各有侧重，并且对同一部经典也有着不同的看法。这种差异集中体现在《周礼》和《周易》这两部经典上。同时，他们经学思想上的差异也引发了他们对儒家性道之学的不同理解。因此，为了更好地理解他们在性道问题上的不同见解，我们首先考察一下他们在经学思想中所展现出来的交融与差异之处。

《周礼》，也称《周官》，是中国上古时期关于政治、经济制度的一部著作，后来成为儒家的重要经典之一。由于《周礼》中包含了丰富的政治经济制度等内容，所以它常常成为中国历史上政治经济体制改革时所凭借的经典依据，这应该也是王安石在儒家经典中尤其重视《周礼》的原因。可以说，王安石的熙宁变法是理想政治与社会现实相结合的产物。正如余英时先生所言："宋初的儒学复兴经过七八十年的酝酿，终于找到了明确的方向。在重建政治、社会秩序方面，仁宗朝的儒学领袖人物都主张超越汉、唐，回到'三代'的理想。"① 王安石和二程也正是秉承着"回到三代"的政治理想，来对待和从事现实的社会变法运动的。然而，他们终究还是发生了分歧。这种分歧并不在于是否要依据《周礼》来变法，而在于依据的前提和条件是什么。王安石认为《周礼》中蕴藏着理想的儒家政治制度，为此他亲自撰写了《周官新义》，并在《周礼义序》中指出："惟道之在政事，其贵贱有位，其先后有序，其多寡有数，其迟数有时。制而用之存乎法，推而行之存乎人。其人足以任官，其官足以行法，莫盛乎成周之时；其法可施于后世，其文有见于载籍，莫具乎《周官》之书。"② 而二程对《周礼》也颇为推崇，认为"周公致治之大法，亦在其中"③，并且说"今也法当用《周礼》"④。但是当用《周礼》的思想来指导现实的变法时，王安石和二程之间却发生了分歧。王安石主持的熙宁变法以理财为其核心，他曾一再指出，"夫聚天下之众者莫如财"⑤，"盖聚天下之人，

---

① 余英时：《朱熹的历史世界：宋代士大夫政治文化的研究》，生活·读书·新知三联书店2004年版，第8页。
② （宋）王安石：《王文公文集》卷第三十六《周礼义序》，唐武标校，上海人民出版社1974年版，第426页。
③ （宋）程颢、程颐：《二程集》，《河南程氏遗书》卷第十八，王孝鱼点校，第230页。
④ （宋）程颢、程颐：《二程集》，《河南程氏遗书》卷第六，王孝鱼点校，第94页。
⑤ （宋）王安石：《王文公文集》卷第十《翰林学士除三司使》，唐武标校，第114页。

不可以无财"①,"夫合天下之众者财"②,足见他对理财问题的重视。正是在这种观念的支配下,他认为《周礼》的重要思想之一就是理财,他曾这样说:"一部《周礼》,理财居其半。"③ 在现实的层面上,二程也并不是迂不可及,他们并没有否认《周礼》中所蕴含着的这些功利性因素,程颐甚至也说过:"如《周礼》,岂不是富国之术存焉?"④ 那么他们之间的分歧究竟在哪里呢?程颢有个观点或许正能解答我们的疑惑,他曾说:"必有《关雎》《麟趾》之意,然后可行周公法度。"⑤《关雎》和《麟趾》是《诗经》中的两篇,在传统儒家的理解中,这两篇诗蕴含着先王兴王道之大义。也就是说,程颢认为,必须真正体会了先王兴王道之大义,才可依据《周礼》行周公法度。二程还曾说过:"学礼者考文,必求先王之意,得意乃可以沿革。"⑥ 因此,在二程看来,沿革变法之事是非常慎重的,并且是有很高要求的,这一要求就是首先要"求先王之意"。而王安石本人以及他所推行的变法措施,似乎离这种要求还有相当距离,这或许就是二程反对王安石的理由。王安石和二程的分歧所透显出来的,实际上是他们对儒家的"性道微言"和王道政治的不同理解。尽管王安石一再强调他所谓的理财是以"义"为基础的,但在二程看来,以理财为核心的变法措施已经严重偏离了"义",偏离了先王兴王道之大义。我们也可以说,二程在追求"三代"理想政治的过程中,其理想主义的立场贯彻得更为彻底,而王安石则在理想付诸实践的过程中逐渐发生了偏移,过多地屈从了现实的需求。但是我们不能否认,他们都是秉承着儒家的理想,依据着儒家的经典来进行社会变革,并致力于实现社会的秩序化与合理化的忠诚儒者。从王安石和二程对《周礼》思想的不同诠释趋向上,我们也可看出,北宋儒者对儒家经典所采取的实际上是"为我所用""六经注我"的注解方式。而《周礼》中所蕴含着的儒家的政治理想,也在他们的诠释中呈现出了多样化的内涵,这也从一个侧面反映了他们在探寻儒家"性道微言"的

---

① (宋)王安石:《王文公文集》卷第三十一《乞制置三司条制》,唐武标校,第364页。
② (宋)王安石:《王文公文集》卷第三十四《度支副使厅壁题名记》,唐武标校,第409页。
③ (宋)王安石:《王文公文集》卷第八《答曾公立书》,唐武标校,第97页。
④ (宋)程颢、程颐:《二程集》,《河南程氏遗书》卷第十,王孝鱼点校,第111页。
⑤ (宋)程颢、程颐:《二程集》,《河南程氏外书》卷第十二,王孝鱼点校,第428页。
⑥ (宋)程颢、程颐:《二程集》,《河南程氏遗书》卷第二上,王孝鱼点校,第23页。

过程中所表现出的不同倾向。

  《周易》是王安石和二程共同关注的另外一部儒家经典。王安石早年有易学著作流传于世，可惜早已亡佚，我们不得窥见其全貌了。① 程颐则有易学专著《程氏易传》流传至今。程颢虽然没有专门的易学著作，但他对于《周易》发表了许多自己的见解，我们可以从他的讲学语录中探寻到其易学思想。与《周礼》重在阐释社会的政治、经济制度等内容相比，《周易》的特色在于通过一套独特的符号和文字系统来诠释整个世界的存在，表达了中国古人对于宇宙人生中万事万物万理的一种独特理解。如果说《周礼》具有较强的社会实践内涵的话，那么《周易》则蕴含了更多的关于天道性命的反思内容。所以相比较而言，《周礼》会更加吸引那些颇具实践欲望和实践能力的儒家学者，比如李觏、王安石等，而《周易》则会更加吸引那些倾向于哲学反思的儒家学者，比如张载、邵雍和二程等。不过王安石作为一个思想上更具包容性、学术上更加全面的儒者，他在易学方面也有其独到之处，这一点我们可以从程颐的相关评价中看得出来："《易》有百余家，难为遍观。如素未读，不晓文义，且须看王弼、胡先生、荆公三家。"② 程颐的意思可能是说，王安石关于《周易》的解读，在文义的晓畅和简明易懂方面是值得推崇的。这也从侧面反映出王安石确实是一才学之士。但在《周易》的微言大义以及具体解读方面，对易学颇有自信的程颐就对王安石提出了不少的批评。比如，王安石对《坤》卦六二爻辞"直方大"一语的解释，程颐就认为是不识义理，"介甫解'直方大'云：'因物之性而生之，直也；成物之形而不可易，方也。'人见似好，只是不识理。如此，是物先有个性，《坤》因而生之，是甚义理？全不识也"③。在程颐看来，王安石的这一解释虽然文辞流畅，所谓"人见似好"，但其失误在于不识义理，从而错解了物性。又如，在一些涉及君臣之义的地方，程颐认为王安石处理得也有欠妥当。"王荆公云：'九三知九五之位可至而至之。'大煞害事。使人臣常怀此心，大乱之道，亦自不识

---

  ① 今人也曾做过关于王安石易学著作的辑佚工作，比如刘成国在其《荆公新学研究》一书的附录中就作有《王安石〈易解〉辑佚》。参见刘成国《荆公新学研究》，上海古籍出版社2006年版。
  ② （宋）程颢、程颐：《二程集》，《河南程氏遗书》卷第十九，王孝鱼点校，第248页。
  ③ （宋）程颢、程颐：《二程集》，《河南程氏遗书》卷第十九，王孝鱼点校，第251页。

汤、武。'知至至之',只是至其道也。"① "知至至之"是《乾》卦《文言传》中有关九三爻的一句解释。程颐认为王安石将"至之"之处理解为位而非道,这就会乱了君臣之义,使臣子觊觎君位,因此是十分失当的。又如:"介甫以武王观兵为九四,大无义理,兼观兵之说亦自无此事。如今日天命绝,则今日便是独夫,岂容更留之三年?今日天命未绝,便是君也,为人臣子,岂可以兵胁其君?安有此义?"② 程颐认为王安石以武王之事喻九四爻也是极其不妥的,一则武王观兵一事是不存在的,或者只是后人的误传误解,二则这无疑会将武王置于叛逆的位置上,于君臣之义也是大相违背的。除此之外,在关于《周易》一些具体问题的理解上,他们也是有分歧的。比如,在对《周易》之数六、七、八、九的阴阳属性及其内涵的理解上,程颐指出:"先儒以六为老阴,八为少阴,固不是。介甫以为进君子而退小人,则是圣人旋安排义理也。此且定阴阳之数,岂便说得义理?九六只是取纯阴纯阳。"③ 又如:"荆公言,用九只在上九一爻,非也。六爻皆用九,故曰:'见群龙无首吉。'用九便是行健处。"④ 如此等等,不一而足。不过,程颐与王安石的易学也并非没有相通相似之处,他们都重视以义解《易》,尽管他们各自所理解的"义理"有所不同。而且,在对一些卦的卦义解释上,他们也有相通之处。比如对《大过》《小过》卦的卦名解释上,王安石之解是:"大过者,大者过也;大者过,则亦事之大过越也。……小过,小者过也;小者过,则亦事之小过越者耳。"⑤ 程颐对《大过》卦卦名的解释是:"大过者,阳过也,故为大者过,过之大,与大事过也。"⑥ 又有:"在事为事之大者过,与其过之大。"⑦ 对《小过》卦卦名的解释是:"盖为小者过,又为小事过,又为过之小。"⑧ 可以看出,他们的理解是非常相似的。需要指出的是,与王安石相比,程颐对《周易》有着更多的投入,因此他的易学所得自然也要比王

---

① (宋)程颢、程颐:《二程集》,《河南程氏遗书》卷第十九,王孝鱼点校,第248页。
② (宋)程颢、程颐:《二程集》,《河南程氏遗书》卷第十九,王孝鱼点校,第250页。
③ (宋)程颢、程颐:《二程集》,《河南程氏遗书》卷第十九,王孝鱼点校,第250页。
④ (宋)程颢、程颐:《二程集》,《河南程氏遗书》卷第十九,王孝鱼点校,第248页。
⑤ (宋)王安石:《王文公文集》卷第三十《卦名解》,唐武标校,第347页。
⑥ (宋)程颢、程颐:《二程集》,《周易程氏传》,《大过》,王孝鱼点校,第838页。
⑦ (宋)程颢、程颐:《二程集》,《周易程氏传》,《大过》,王孝鱼点校,第839页。
⑧ (宋)程颢、程颐:《二程集》,《周易程氏传》,《小过》,王孝鱼点校,第1013页。

安石显得更为丰厚,其《程氏易传》在后世的影响也足可证明这一点。程颐本人到了晚年,依然对其《易传》孜孜以求、修改不倦,他曾说:"某于《易传》,今却已自成书,但逐旋修改,期以七十,其书可出。"① 也正是基于这种认真审慎的态度,他才确立起了对自家易学的自信,也才可以从容地评判王安石等其他儒者的易学思想。与之相比,王安石的学术兴趣非常广泛,且在儒家"五经"之中对《周礼》有着更多的投入,因此他对《周易》的理解也就显得不那么精深到位。王安石自己也曾说过:"某于《易》,尝学之矣,而未之有得。"② 这种自我评价当然有着自谦的成分,我们不可全然相信,但它也从侧面反映出《周易》非王安石情之所钟。从程颐对王安石易学思想的一些评论以及我们所能看到的一些相关资料中,似乎可以这么说,王安石确实是一位才学高绝之儒者,其易学思想也不乏精彩创新之处,但终究没有形成一个义理坚实的易学体系,容易给人一种"浮光掠影"的遗憾印象。而程颐的易学则是终其一生的生命之学,甚至可以说,易学是他探寻儒家"性道微言"的重要路径,正是在对易学理解的道路上达到了他对儒家性道之学的最终把握。程颐与王安石在易学见解上的差异,反映了北宋时期易学发展的活跃情形与多样化态势。而程颐对王安石易学思想的相关评论,也折射出了在他易学和性道之学形成的道路上所受到的来自王安石的影响。

儒家"五经"中,除了上述两部经典之外,王安石和二程对其他三部经典也有着相应的关注。但不可否认,"五经"之中,王安石对《周礼》有着更多的热情,而二程对《周易》有着更多的体会。这也是他们为学的不同之处,即从不同的儒家经典入手阐发他们对儒家"性道微言"的理解。完整的儒学包括内圣之学和外王事业两个部分,内圣之学关注人的身心性命,探寻成圣成贤之道,而外王事业则要求实现整个天下国家的合理发展与和谐秩序。王安石与二程均处在北宋中期,他们既肩负着儒学复兴的使命,也面临着社会发展的复杂局面。王安石以其卓越的才学和强烈的社会变革责任感,又恰逢得到神宗这样一位励精图治的君主的信任和支

---

① (宋)程颢、程颐:《二程集》,《河南程氏遗书》卷第十七,王孝鱼点校,第174页。
② (宋)王安石:《王文公文集》卷第七《答史讽书》,唐武标校,第89页。

持，可谓"得君行道"①，展开了一场轰轰烈烈的变法运动，以解决当时社会发展所面临的种种问题。王安石的变法运动应当是那个时代儒家致力于外王事业的集中体现。作为一名儒者，其所言所行都须有儒家的经典作为理论依据，方能有"名正言顺"的效果。因此，王安石选择了最能契合其政治理想，并能支持其变法实践的《周礼》作为其经典依据，并且也深有所得。朱熹就曾说："王氏《新经》尽有好处，盖其极平生心力，岂无见得著处？"② 因此，《周礼》之于王安石，也是他"极平生心力"之学，表达了他的政治追求，寄托了他关于儒家外王事业的理想。与之相比，二程虽然也有其外王事业的追求，但在"得君行道"及政治实践方面终究是略逊一筹，难以与王安石相提并论。然而，二程通过对王安石变法运动失败的反思，从此在儒家的内圣之学上更加用心用力。诚如余英时先生所言："理学家特别致力于儒家'内圣'之学，正是因为他们认定王安石的'外王'建立在错误的'性命之理'上面。"③ 而最具有性命之理的儒家经典莫过于《周易》。《易传》的《说卦传》云："昔者圣人之作《易》也，将以顺性命之理。"④ 因此，二程对《周易》格外用心，努力阐发其中所蕴含的"性道微言"。他们同时又很重视《论语》和《孟子》二书，以及《礼记》中的《中庸》和《大学》，并将它们与《周易》的思想融合在一起，互为辅助、彼此贯通，最终确立起了义理精微的儒家性命之学。

可以看出，在北宋儒学的舞台上，王安石和二程等儒者都在探索着儒学复兴的道路。他们突破了汉儒的章句训诂模式，以义理的方式诠释经典，开拓了儒家经学的新局面。王安石与二程的经学思想既有交融之处，又有显著的差异。他们在共同探索的道路上互致意见和批评，对儒家共同的经典既全面关注又各有侧重，并在这种关注与侧重之中探寻出了他们关于儒家"性道微言"的不同理解。我们想要指出的是，王安石的经学思想以及在其经学思想支配下所主持的变法活动，对二程思想的形成及其学术道路的选择都起到了一种客观上的启发和推动作用。尤其是王安石在其《周礼》思想指导下所进行的熙宁变法，无论是其过程还是其结果，都引

---

① 余英时：《朱熹的历史世界：宋代士大夫政治文化的研究》，第13页。
② （宋）黎靖德编：《朱子语类》，王星贤点校，第3099页。
③ 余英时：《朱熹的历史世界：宋代士大夫政治文化的研究》，第12页。
④ 唐明邦主编：《周易评注》，第248页。

发了二程的深刻反思，刺激他们去寻求更加合适的实现儒家内圣外王之道的途径。因此，我们作为"研究者的视域绝不能局限于传统的道统谱系之内，单线直上而旁若无人"①。

二 博学与守约

在复兴儒学和探索儒家"性道微言"的过程中，如何对待和处理儒家之外的诸子百家之学，也是王安石和二程等北宋儒者所面临的一项重要任务。先秦时期，儒家与其他诸子百家共同兴起，他们从不同的立场和角度出发，表达了对宇宙人生的不同见解。随着时代的推移，诸子百家中的许多学派都不再彰显，其思想或者被人们逐渐舍弃，或者融汇到了儒家、道家、法家等主流学派中去。后来佛教传入中国，遂成为中国思想中的又一大学派。北宋儒者所承续着的不仅包括儒家自身的学术资源，还包括了诸子百家之学，重建儒学就不能对这些学派的思想视而不见。因此，对北宋儒者而言，就出现了博学与守约这两种为学模式。所谓博学，是指广泛吸收、采纳并融汇各家各派的思想，有一种博采众家之长的特点。所谓守约，则是指致力于某一种学术的纯粹精微性，有一种学问上的"致一"之特点。如果处理得当的话，博学与守约是不矛盾的，即在博采众家之长的基础上再实现自家之学的守约。但如果处理不当，就会出现思想上一盘散沙的"支离"现象。王安石和二程面临的就是这样一种局面，他们既要恰当对待其他学派的思想，更要坚守儒学的自身立场。从王安石的学术特点和为学宗旨上说，他是以更为包容的心态对待诸子百家之学的，并努力融贯百家以重建儒学。因此，他是想在博学的基础之上实现守约致一之学。这两个特点在他的著作中均有所体现，一方面他对诸子百家的许多思想都有相关论述，另一方面他也努力坚守儒学的立场，并且专门写了一篇题为"致一论"的文章。然而，二程对王安石之学显然有另外的评价，认为其博学有余，而守约不足。比如程颢曾说："王安石博学多闻则有之，守约则未也。"② 程颐也曾说："荆公旧年说话煞得，后来却自以为不是，晚年

---

① 余英时：《朱熹的历史世界：宋代士大夫政治文化的研究》，第60页。
② （宋）程颢、程颐：《二程集》，《河南程氏遗书》卷第二上，王孝鱼点校，第17页。

尽支离了。"① 在二程看来，王安石虽有博学守约之意，但却陷入了诸子百家之学中，未能真正地再次复归到儒学自身的纯粹立场上来。相较而言，二程的儒学立场更为明确和坚定，其儒学思想也显得更为精微和纯粹。二程总是在坚守儒家之学的自信立场上，评判其他各家学说的。下面我们就通过具体的分析，分别考察一下王安石和二程是如何对待诸子百家之学，又是如何坚守儒家立场的。

对待儒家之外的其他学说和典籍，王安石持一种非常包容的态度，甚至认为只有多了解诸子百家之学，才能更好地尽圣人之意、明吾道之本。他曾说："某自百家诸子之书，至于《难经》《素问》《本草》诸小说，无所不读，农夫女工，无所不问，然后于经为能知其大体而无疑。盖后世学者，与先王之时异矣，不如是，不足以尽圣人故也。……惟其不能乱，故能有所去取者，所以明吾道而已。"② 对于王安石的这种做法，李祥俊先生有评论说："王安石肯定儒学圣人之道为本，但对诸子学不仅持兼容态度，同时还认为，研讨诸子学术是全面理解儒家经学的必要途径，这个评价是很高的。"③ 我们认为从王安石的相关言论及著述来看，这种评论还是比较符合事实的。对于《难经》《素问》《本草》诸小说等传统上认为属于杂学范围的典籍，王安石尚且无所不读、无所不问，对于那些曾经在中国古代思想界占据一席之地的学派、学说，他更是多有研究、多加评论。比如，对先秦时期的杨朱、墨翟之学，他就有着自己的理解，专门写了一篇题为"杨墨"的文章。王安石认为，杨墨之学并非一无是处，其与圣人之道的关系是："杨墨之道，得圣人之一而废其百者是也。圣人之道，兼杨墨而无可无不可者是也。"④ 他认为杨墨之主张亦是圣人之道的应有之义，但其弊在于仅守一端而尽弃其他，所以未得圣人之道的全体。之所以有这样的看法，在于王安石认为杨子之学实是"为己"之学，墨子之学实是"为人"之学，而这两者也是儒家圣人之学的重要内容。可见，王安石并不认为杨墨之学在根本处与儒家圣学有什么不同，只是认为它们是得圣学

---

① （宋）程颢、程颐：《二程集》，《河南程氏遗书》卷第十九，王孝鱼点校，第247页。
② （宋）王安石：《临川先生文集》卷第七十三《答曾子固书》，中华书局1959年版，第779页。
③ 李祥俊：《道通于一——北宋哲学思潮研究》，北京师范大学出版社2006年版，第102页。
④ （宋）王安石：《王文公文集》卷第二十六《杨墨》，唐武标校，第308页。

之一偏的学说罢了。不仅如此,杨墨两家相比而言,王安石更加推崇杨子之学,他说:"杨子之所执者为己,为己,学者之本也。……杨子之道虽不足以为人,固知为己矣。墨子之志虽在于为人,吾知其不能也。……故杨子近于儒,而墨子远于道,其异于圣人则同,而其得罪则宜有间也。"① 显然,他认为杨子的为己之学与孔子所提倡的"为己"②之学,在基本宗旨上是一致的,所以得出了"杨子近于儒"的结论。从王安石对待诸子百家之学的态度中,我们可以说他确实是一位博学多闻之士,并且其思想的包容性也显而易见。

儒家之外的其他学派,除了上述那些之外,更重要的是佛教与道家,如何对待这两个学派的思想是判断一位儒者之思想特点的关键所在。可以说,王安石对待佛教与道家的态度也延续了他一贯的包容特点。他曾指出:"盖有见于无思无为,退藏于密,寂然不动者,中国之老、庄,西域之佛也。既以此为教于天下而传后世,故为其徒者,多宽平不忮,质静而无求,不忮似仁,无求似义。"③"无思无为""退藏于密""寂然不动"均是《易传》中的一些术语,也都是对易之体的一种描述,后来多被儒家学者发挥引申,用以描述儒家之道体,比如周敦颐、张载、二程等都有此用法。在这段话中,王安石认为老庄与佛教均有见于"无思无为""退藏于密""寂然不动"等道体之奥,可谓是一种很高的评价了。不仅如此,他还认为佛道两家之徒的言行是"不忮似仁""无求似义",直接以儒家所倡导的仁义来相比拟。这些都表明,在王安石心目中,儒佛、儒道之间是可以相互会通的。还有一些文字可以更好地说明王安石的这种理论倾向。他曾对神宗说,"臣观佛书,乃与经合,盖理如此,则虽相去远,其合犹符节也","臣愚以为苟合于理,虽鬼神异趣,要无以易"。④ 也就是说,他认为佛书合于儒家之经,其理也与儒学相符合,因此是可以接受的。与二程排斥佛教的态度不同,王安石更愿意沟通儒家与佛教的关系,并努力

---

① (宋)王安石:《王文公文集》卷第二十六《杨墨》,唐武标校,第308—309页。
② 杨伯峻译注:《论语译注》,第154页。
③ (宋)王安石:《王文公文集》卷第三十五《涟水军淳化院经藏记》,唐武标校,上海人民出版社1974年版,第422页。
④ (宋)李焘:《续资治通鉴长编》卷二百三十三,上海师范大学古籍整理研究所、华东师范大学古籍整理研究所点校,中华书局2004年版,第5660页。

寻求它们之间的相似相通之处。对佛教如此，对道家也是如此。王安石对老子的一些思想虽然有所批评，认为是"不察于理而务高之过矣"①，但他对庄子还是比较欣赏的。他颇为理解并肯定了庄子之学，认为其学是"思其说以矫天下之弊而归之于正也"②。在这个意义上，王安石将庄子与伯夷、柳下惠等古代圣贤相提并论："伯夷之清，柳下惠之和，皆有矫于天下者也，庄子用其心亦二圣人之徒矣。"③ 王安石在《答陈柅书》中曾经这样评价庄子之学："庄生之书，其通性命之分，而不以死生祸福累其心，此其近圣人也。"④ 可以说，王安石对庄子之学是有着较多的同情和理解的。通过上述分析，我们可以看出，王安石没有以一种排斥的立场去对待佛道之学，而是以一种包容的态度去同情地理解它们，并且致力于寻求它们与儒家圣人之学的相通之处。王安石正是以这样的态度对待诸子百家之学和佛道之学的，因此他也毫不忌讳从儒家之外的学派思想中汲取理论资源，并将其融入自己的思想体系中去。

通过上面的分析，我们可以看到王安石的思想确实有非常"博学"的一面，但同时也需要注意，他在博学的同时还有一种努力坚持儒家本位，努力达到学问上守约而"致一"的思想倾向。他对诸子百家和佛道之学的理解和肯定，是以坚持儒家思想本位为前提的。比如，他一方面比较欣赏杨子、庄子和佛教之学，但同时又时时处处以儒学之道、儒家圣人为衡量标准，所以他说"杨子近于儒"，佛书"乃与经合"，庄子之书"其近圣人也"。在努力达到学问上的守约和"致一"方面，王安石也有着明确的主张。他有一篇题为《致一论》的文章，里面说："《易》曰'一致而百虑'，言百虑之归乎一也。苟能致一以精天下之理，则可以入神矣。既入于神，则道之至也。"⑤ 也就是说，王安石虽然出入百家，但依然以"致一以精天下之理"、从而最终能入于神、至于道作为其为学目标。他之所以

---

① （宋）王安石：《王文公文集》卷第二十七《老子》，唐武标校，第310页。
② （宋）王安石：《王文公文集》卷第二十七《庄周上》，唐武标校，第311页。
③ （宋）王安石：《王文公文集》卷第二十七《庄周上》，唐武标校，第312页。
④ （宋）王安石：《王文公文集》卷第八《答陈柅书》，唐武标校，第93页。
⑤ （宋）王安石：《王文公文集》卷第二十九《致一论》，唐武标校，第340页。

认为诸子百家和佛道之学与儒学有相互会通之处，乃在于他认为学问都是以合于理为其根据的。① 在他看来，在合于理的意义上，各家各派的学问是可以相互会通的。因此，王安石追求精其理和"致一"之学，他说："万物莫不有至理焉，能精其理则圣人也。精其理之道，在乎致其一而已。"② 或许他之所以出入百家，了解各学派的思想，就是为了能致其一、精其理而最终至于圣人之道吧。我们可以说，王安石至少在主观上是自觉坚持"致一"之理念的。即使是认为王安石之学"大抵支离"③的二程也曾说过："介甫致一。"④ 因此我们说，在王安石的思想中，博学与守约致一的因素都是存在的。

既然王安石为学既博学多闻，又力求守约，为什么二程还会认为他是"博学多闻则有之，守约则未也"⑤，并且不止一次地以"支离"来批评王安石之学呢？我们从二程自身学术的一些特点中或许能找到原因。首先要指出的是，二程并不反对博学。程颐就曾说："博与约相对。圣人教人，只此两字。博是博学多识，多闻多见之谓。约只是使之知要也。"⑥ 从他们的日常言论中，我们可以看出他们对诸子百家之学是有所了解的，比如他们曾经评论过《素问》《阴符经》《华严经》等诸子百家和佛道二教的一些典籍。因此，对于王安石的博学，他们并没有什么反对的意见。但是，在具体对待诸子百家和佛道二教的态度上，二程与王安石有着较大的不同。可以说，他们是以更加严格的标准来评判其他各家学说的，这一标准就是儒学。他们不像王安石那样，努力寻求各家学说与儒学的相似相通之处，而是在认识到儒家之道的特质之后，就更加明确地将其他学说与儒学区别开来。比如，在回答杨时关于《西铭》的内容与墨子的兼爱思想有所相似这一问题时，程颐就非常明确地以"理一分殊"的观点指出二者在根本处

---

① 李承贵先生在评价王安石的佛教观时就曾指出："在王安石看来，路途遥远不是问题，语言不通也不是问题，关键在于它合不合'理'，如果'与经合''合于理'，那么，即便是'鬼神异趣'也是可以接受的。"（李承贵：《儒士视域中的佛教——宋代儒士佛教观研究》，第58页）
② （宋）王安石：《王文公文集》卷第二十九《致一论》，唐武标校，第339页。
③ （宋）程颢、程颐：《二程集》，《河南程氏遗书》卷第二上，王孝鱼点校，第28页。
④ （宋）程颢、程颐：《二程集》，《河南程氏遗书》卷第七，王孝鱼点校，第96页。
⑤ （宋）程颢、程颐：《二程集》，《河南程氏遗书》卷第二上，王孝鱼点校，第17页。
⑥ （宋）程颢、程颐：《二程集》，《河南程氏遗书》卷第十八，王孝鱼点校，第209页。

的不同。① 二程对待佛教也是如此，他们努力辨析佛教理论的不足，并且在态度上明确排佛，这与王安石的诸多亲佛理论显然有着较大的区别。或许正是基于这样的立场，二程对学问的守约和致一的判定有着更高的标准，对王安石之学也就有着更多的批评。在他们看来，王安石显然在许多地方混淆了儒学与其他学派的区别，而王安石所理解的"精其理"之理也有着许多的不透彻之处。正如后来的朱熹所说："荆公之学所以差者，以其见道理不透彻。"② 二程也正是这样看待王安石之学的，认为他虽博学多闻却未能真正把握儒家"性道微言"的要约之处，最终导致了其学"支离"的特点。相比较而言，二程对儒学有着更多的投入，对儒家的性道之学有着更加精深的探索，因此他们在博学方面或许不及王安石，但在儒家的"守约"方面做得要更加到位一些。

可以看出，王安石之学呈现出了更多的博学特点，但在守约方面似乎做得还不够，以至于受到了二程的批评。或者可以这样说，王安石虽然在主观上有守约的努力，但其博学的特征和他对各学派思想的过多包容，使他的守约更多地表现为融会百家之学的特点，而不太注意区分各学派之间的差异性和矛盾性，最终导致他对儒家性道之学的理解显得不那么纯粹精微。二程既然能明确指出王安石思想的"博学"而"支离"的特点，那么他们在形成自身思想的过程中也就会更加自觉地规避这一问题。事实上，博学与守约作为两种为学方式，它们会在很大程度上塑造和影响思想者的理论倾向，把握稍有失当就会或流于泛滥，或陷入故步自封，最终影响思想者的理论造诣。对王安石和二程及北宋儒者而言，如何处理博学与守约的关系，会最终影响他们对儒家"性道微言"的理解和诠释，影响他们在儒学探索中所取得的成就，以及他们重建和复兴儒学的工作。

三　性与天道

从儒学发展史的角度看，北宋儒学的最大贡献，就是重新发现并挖

---

① 参见（宋）程颢、程颐《二程集》，《河南程氏文集》卷第九《答杨时论西铭书》，王孝鱼点校，中华书局2004年版。

② （宋）黎靖德编：《朱子语类》，王星贤点校，第3097页。

掘了孔孟儒学的"性道微言",或者说在性与天道的问题上有了新进展。王安石和二程及同时代的一些儒者,已经开始关注并探索这一问题了。如前所言,在这一问题上的继续前进,他们不仅要接续儒家自身的理论资源,还要面对来自佛道之学的挑战。如何重新理解和诠释性与天道的内涵,以及如何消化和超越佛道之学的启示,对王安石和二程来说是同样重要的工作。然而,正是在这两个问题上有着不同的倾向,最终导致了他们对儒家性道之学的理解分歧。王安石和二程都非常自信自家对儒家"性道微言"的把握,而且又都感受到了彼此之间的显著差异,因此他们都曾指明对方是不识道字、不知道。当王安石颇为自信地谈论道是如何如何时,程颢就发表了这样的看法:"公之谈道,正如说十三级塔上相轮,对望而谈曰,相轮者如此如此,极是分明。如某则戆直,不能如此,直入塔中,上寻相轮,辛勤登攀,逦迤而上,直至十三级时,虽犹未见相轮,能如公之言,然某却实在塔中,去相轮渐近,要之须可以至也。至相轮中坐时,依旧见公对塔谈说此相轮如此如此。"① 并得出结论说:"介甫只是说道,云我知有个道,如此如此。只佗说道时,已与道离。佗不知道,只说道时,便不是道也。"② 程颢认为王安石是道外谈道,而未能亲身体道,因此只是说得精彩却不曾真正得道。他们这里所讲的道,在内涵上应该主要就是指儒家的性与天道。因此可以说,正是由于对性与天道问题的不同把握,导致了王安石与二程在理解儒家之道时的严重分歧。下面我们就考察一下王安石在性道问题上的具体见解,以及对二程所可能产生的影响。

首先,我们来看王安石关于道的理解。在儒家性与天道的问题中,天道这一范畴本是由天与道共同构成的,在先秦儒学中天与道的区别可以说还是清晰可见的。但随着时代的发展,加之儒家一直以来所具有的理性精神的影响,天的宗教色彩逐渐淡化,而作为价值层面的天也逐渐与道的内涵相融合,慢慢地就呈现出了一种融天于道的发展趋势。到了宋代,天与道相融合的趋势就更加明显,单独称谓的天、道范畴与合二为一的天道范畴几乎意义相当,可以说是异名而同谓,并且均可化约为道范畴来理解。

---

① (宋)程颢、程颐:《二程集》,《河南程氏遗书》卷第一,王孝鱼点校,第5—6页。
② (宋)程颢、程颐:《二程集》,《河南程氏遗书》卷第一,王孝鱼点校,第6页。

王安石就曾指出天与道的这种同谓性。他说："道者，天也。"① 又说："天与道合而为一。"② 他还认为，天与道正是在作为万物存在之所由所据的意义上是涵义相当的："万物待是而后存者，天也；莫不由是而之焉者，道也。"③ 因此，我们考察王安石的天道观念，就以他的道论为核心来集中讨论。

我们知道，中唐时期的韩愈提出了儒家道统说，这激发了后儒们更加自觉的道统意识。后起的儒者在建立自己的道论时都会首先追溯一下儒家之道的源头，王安石也不例外。他认为儒家之道的起源是这样的："昔者道发乎伏羲，而成乎尧、舜，继而大之于禹、汤、文、武。此数人者，皆居天子之位，而使天下之道寖明寖备者也；而又有在下而继之者焉，伊尹、伯夷、柳下惠、孔子是也。"④ 并且认为孔子是"集诸圣人之事，而大成万世之法耳。此其所以贤于尧、舜也"⑤。在这里，他既追溯了儒家道统最初的创发和传承谱系，又充分肯定了孔子在儒家道统中的独特意义。接下来，他也和其他北宋儒者一样，认为孔子之后儒家之道就湮没不彰了，他说："孔子没，道日以衰熄，浸淫至于汉，而传注之家作。为师则有讲而无应，为弟子则有读而无问。"⑥ 这与二程的意见基本一致，都认为先秦儒学之后，汉儒于儒家之道实未有所得。王安石对儒家之道的这种衰落状况颇感忧虑，认为孔子之后，儒者们各执己意，导致了儒家之道的分裂，他感叹道："呜呼！道之不一久矣。"⑦ 这里实际上体现了王安石所秉持的一种综合统一诸儒学说，以重新探索儒家之道的愿望。他的这种观念实际上与庄子遥相呼应。我们知道庄子曾提出过"道术将为天下裂"⑧，并在此基础上评价了诸子百家的学说。王安石非常理解庄子的做法，他认为虽然

---

① （宋）王安石：《王安石老子注辑本》，容肇祖辑，中华书局1979年版，第45页。
② （宋）王安石：《王安石老子注辑本》，容肇祖辑，第23页。
③ （宋）王安石：《王文公文集》卷第二十八《九变而赏罚可言》，唐武标校，上海人民出版社1974年版，第324页。
④ （宋）王安石：《王文公文集》卷第二十八《夫子贤于尧舜》，唐武标校，第323页。
⑤ （宋）王安石：《王文公文集》卷第二十八《夫子贤于尧舜》，唐武标校，第323页。
⑥ （宋）王安石：《王文公文集》卷第三十三《书洪范传后》，唐武标校，第400页。
⑦ （宋）王安石：《王文公文集》卷第三十四《虔州学记》，唐武标校，第403页。
⑧ （清）郭庆藩：《庄子集释》，王孝鱼点校，第1069页。

庄子的学说也是一偏，但其目的在于"矫天下之弊而归之于正也"①，并且认为庄子"用是以明圣人之道其全在彼而不在此，而亦自列其书于宋钘、慎到、墨翟、老聃之徒，俱为不该不遍一曲之士，盖欲明吾之言有为而作，非大道之全云耳"②。王安石在这里实际上是借庄子表达了他自己的一种倾向，即面对"道之不一"的状况，认为应当努力追寻"大道之全"，避免再次落入"不该不遍一曲"之见。因此，王安石明确提出了"道之全"的观念，他说："语道之全，则无不在也，无不为也，学者所不能据也，而不可以不心存焉。"③ 可以看出，王安石对道的理解，具有一种较开阔的视野，虽然他将道之源头追溯到了原始儒家那里，但是他所谓的"道之全"的内涵则不完全拘于儒家，而呈现出一种融贯各家的超学派特征。

同"道之全"的理念相一致，王安石在具体诠释道的内涵时，也表现出了一种融贯各家的显著特征。他首先这样界定道："道者，万物莫不由之者也。"④ 这里表达的是道的原始内涵，即道是万物生成与化育所遵循的必由之路。同时，道之存在，不同于有形有象的日常事物之存在。他说："道，无体也，无方也"，"道虽真，常无形无名。"⑤ 但道又不是完全的虚无和非存在，"道非物也。然谓之道，则有物矣，恍惚是也"⑥。这里所谓的"有物"不是指具体的事物，而是表明道的真实存在性。作为这样一种"无方无体""无形无名"，既"非物"又"有物"的道，它不依赖任何外在的因素获得自身的存在，因为"夫道者，自本自根，无所因而自然也"⑦。也就是说，在王安石看来，道是一种自本自根的自然存在。可以看出，王安石对道的理解融进了许多道家的自然观念，而事实上其道论也大多出自他的《老子注》。可以说，从文本的依托到内容的阐释，王安石之道确已浸染了不少道家因素。然而值得注意的是，在王安石以道家之自然诠释道的同时，他又借鉴了佛教的因缘观念来诠释道家之自然。他说：

---

① （宋）王安石：《王文公文集》卷第二十七《庄周上》，唐武标校，第311页。
② （宋）王安石：《王文公文集》卷第二十七《庄周上》，唐武标校，第312页。
③ （宋）王安石：《王文公文集》卷第七《答韩求仁书》，唐武标校，第80页。
④ （宋）王安石：《王文公文集》卷第二十五《洪范传》，唐武标校，第281页。
⑤ （宋）王安石：《王安石老子注辑本》，容肇祖辑，第10、23页。
⑥ （宋）王安石：《王安石老子注辑本》，容肇祖辑，第26页。
⑦ （宋）王安石：《王安石老子注辑本》，容肇祖辑，第29页。

"道法自然，道大是也。盖自然者，犹免乎有因有缘矣。非因非缘，亦非自然。然道之自然，自学者观之，则所谓妙矣。由老子观之，则未脱乎因缘矣。然老子非不尽妙之妙，要其言且以尽法为法，故曰道法自然。"① 王安石在这里明确提出了"非因非缘，亦非自然"，"道之自然"，"未脱乎因缘"等说法，是非常耐人寻味的。他似乎表达了这样一种意思，如果没有因缘，也就无所谓自然，而道之自然也不能脱离了因缘。换句话说，道的自然性从某种意义上说，也就是它的因缘性。从王安石对佛学概念的熟知我们或许可以推断，他这里应当是将佛教中"因缘和合""缘起性空"等观念融合到了他对道的理解中。至此，我们可以说，王安石所理解的儒家之道，打破了儒、释、道学派的界限，既包含了道家之自然，也包含了佛教之因缘，其博学多闻对其道论的影响由此也可见一斑。而二程对于王安石"博学多闻则有之，守约则未也"②的评判似乎也并非妄言。

在把握了道的一般内涵之后，王安石还对道进行了更为细致的层次划分。他指出，道不是一纯粹抽象的存在，而是有本有末、有体有用的。他说："道有本有末。本者，万物之所以生也；末者，万物之所以成也。"③还说："无则道之本，而所谓妙者也。有则道之末，所谓徼者也"，"道之本出于无"。④ 王安石以无和有来说明道之本末，并且明确了无为道之本。可以看出，他借鉴的依然是老子的道论思路，而与儒家的道论有所不同。但与老子不同的是，他十分强调作为道之末的有的重要性，并由此肯定了"形名度数"的积极意义。他说："道之本，出于冲虚杳渺之际；而其末也，散于形名度数之间。"⑤ 又说："本者，出之自然，故不假乎人之力而万物以生也；末者，涉乎形器，故待人力而后万物以成也。……故昔圣人之在上而以万物为己任者，必制四术焉。四术者，礼、乐、刑、政是也，所以成万物者也。"⑥ 形名度数与礼乐刑政固然属于道之末，但在王安石看来，它们正是道之本能够实现的不可缺少的因素。也正是在这一点上，王

---

① （宋）王安石：《王安石老子注辑本》，容肇祖辑，第29页。
② （宋）程颢、程颐：《二程集》，《河南程氏遗书》卷第二上，王孝鱼点校，第17页。
③ （宋）王安石：《王文公文集》卷第二十七《老子》，唐武标校，第310页。
④ （宋）王安石：《王安石老子注辑本》，容肇祖辑，第2页。
⑤ （宋）王安石：《王安石老子注辑本》，容肇祖辑，第2页。
⑥ （宋）王安石：《王文公文集》卷第二十七《老子》，唐武标校，第310页。

安石坚持了儒家肯定礼乐刑政的立场，并对老子提出了批评："老子者，独不然，以为涉乎形器者皆不足言也、不足为也，故抵去礼乐刑政而唯道之称也。是不察于理而务高之过矣。夫道之自然者，又何预乎？唯其涉乎形器，是以必待于人之言也、人之为也。……无之所以为天下用者，以有礼乐刑政也。如其废毂辐于车，废礼乐刑政于天下，不坐求其无之为用也，则亦近于愚矣。"① 从这里我们也可看出，作为一名儒者，王安石推崇《周礼》、追慕周公法度、实施变法等行为对其道论所产生的巨大影响。道除了有本末之分，还有体用之辨。道之体用，涉及了王安石对整个宇宙的存在和生成过程的理解，也可以说展现了他对天道的基本认识。他说："道有体有用。体者，元气之不动。用者，冲气运行于天地之间。……冲气为元气之所生。"② 又认为道"以冲和之气鼓动于天地之间，而生养万物"③。他以不动之元气来理解道之体，以元气所生之冲气的运行来理解道之用，而万物也正是在冲气的这种运行中得以生成和化育的。由此，道作为天地万物之最终生化者的地位也就被确立起来了，道也由此成为天地万物的存在依据。从王安石对道之体用的解释中，我们可以看出，他对道的理解有一种气化论的倾向。在作为道之体用的元气、冲气基础之上，王安石又进一步将阴阳、五行等因素融合其中，建构起了一个简单但也完整的宇宙生成体系。④

在道与人的关系上，王安石认为人是可以事道、体道甚至与道为一的。他说："士者，事道之名。始乎为士，则未离乎事道者也。始乎为圣人，则与道为一，事道不足以言之。与道为一，则所谓微妙玄通，深不可识是已。"⑤ 也就是说，普通的士人只是事道，只有圣人才能真正达到与道为一的"微妙玄通"之境界。人应该通过怎样的努力才能达到与道为一的境界呢？王安石结合了《易传》中"穷理尽性以至于命"的思想，来说明这个问题。他说："为学者，穷理也。为道者，尽性也。性在物谓之理，

---

① （宋）王安石：《王文公文集》卷第二十七《老子》，唐武标校，第310—311页。
② （宋）王安石：《王安石老子注辑本》，容肇祖辑，第8页。
③ （宋）王安石：《王安石老子注辑本》，容肇祖辑，第10页。
④ 参见（宋）王安石《王文公文集》卷第二十五《洪范传》，唐武标校，上海人民出版社1974年版。
⑤ （宋）王安石：《王安石老子注辑本》，容肇祖辑，第21页。

则天下之理无不得,故曰'日益'。天下之理,宜存之于无,故曰'日损'。穷理尽性必至于复命,故'损之又损之,以至于无为'者,复命也。"① 这里所谓的"复命"也就是达于道,复命的前提是要穷理尽性,而穷理就是"为学",尽性就是"为道"。我们可以这样理解,王安石是主张以穷理尽性的方式来达到与道为一之境界的。至于他所谓的穷理尽性的内涵是什么,我们将会在下面有所讨论。这里想要指出的是,王安石与北宋其他儒者一样,将理、性、命等系列观念挖掘并引申开来,融入了他们对道的理解中去,这是北宋时期儒学发展所呈现出的一种新动向。

以上就是对王安石道论的分析。可以说,他对道的认识还是比较全面和深入的,既包括了道之起源、道之内涵、道之基本特征、道之本末、体用以及道与人的关系等,还涉及了儒家的道统思想等内容。从王安石对道的具体诠释中,我们也可看出,他并没有局限于儒家的义理系统,而是糅合了儒、道、释等多家理论资源,为我所用地对道进行诠释,其中道家自然主义的色彩显得尤为浓重。从纯粹儒家的立场上说,王安石的道论无疑是对儒家之道的某种偏离,其儒家立场也仅仅是在涉及礼乐刑政、刑名度数之时有所表现而已。这也无怪乎坚持纯粹儒家立场的程颢、程颐要说王安石"不识道"了,因为他们所谓的道只能是儒家之道,而不能够过多地掺进其他学派的因素。但是,融合各家学说来理解道,与同时在社会政治生活中坚持儒家立场,在王安石身上又是不矛盾的,因为前者源自他"一天下之道"的博学视野,而后者又是他追慕周公法度、实现外王理想的必然展现。不过,从北宋儒学的发展趋势上看,王安石的道论与其儒家立场之间确实显得不那么契合无间,至少是没有达到圆熟之境。二程对此应是有较多自觉的,因此他们对王安石的道论提出了批评,并在这种批评中吸取教训、保持警觉,以便能够更好地把握更为纯粹的儒家之道。

探讨了王安石的道论之后,我们来考察一下他的性论,这是性与天道问题中的又一重要观念。在王安石所处的时代,道德性命之学逐渐崛起,这意味着儒学再一次回归到了突显人之生命价值的主题上来。而王安石正是最先倡导道德性命之学的儒者之一。他曾经说过:"余闻之也,先王所

---

① (宋)王安石:《王安石老子注辑本》,容肇祖辑,第43页。

谓道德者，性命之理而已。"① 还说："先王之道德，出于性命之理，而性命之理，出于人心。"② 王安石将先王所倡导的道德归为性命之理，并且认为性命之理实出自人心。这里悄然呈现出儒学的理论重心朝着性命之理方向发展的一种微妙转向，而王安石在这种转向中则发挥了重要的作用。二程在这一问题上与王安石的倾向是一致的，比如程颢在年轻时就倾心于性命之理的研究，《程氏遗书》中就有关于他"从汝南周茂叔问学，穷性命之理，率性会道"③的记载。北宋儒学之所以有性命之理的转向，或许也与佛教的刺激有关。二程在提及佛教禅学的盛行状况时曾说："今日之风，便先言性命道德，先驱了知者，才愈高明，则陷溺愈深。"④ 因此，二程之重视道德性命之学，一方面固然是对孔孟儒学中性命之学的继承，另一方面也极有可能是想使儒学在这一领域能与佛教相抗衡。王安石或许也是基于这样的立场，或许也是受到了佛学的影响，从而不自觉地对道德性命之学多有重视，毕竟他对佛教有着较多的亲切感。不管怎样，在重视道德性命之学的基础上，王安石展开了他对人性的重新思考。

关于北宋之前儒学史上对人性的讨论，王安石认为孟子、荀子、扬雄和韩愈等儒者对人性的理解都有所失误，只有孔子之性论是他所赞同的，所谓"吾所安者，孔子之言而已"⑤。我们首先来看一下他对孟、荀、扬、韩诸儒人性论的批评，从中亦可了解他对人性的一些看法。他批评孟子的性善论说："孟子以恻隐之心人皆有之，因以谓人之性无不仁。就所谓性者如其说，必也怨毒忿戾之心人皆无之，然后可以言人之性无不善，而人果皆无之乎？"⑥ 依此类推，他又批评了荀子的"善者伪也"的性恶论："荀子曰：'其为善者伪也。'就所谓性者如其说，必也恻隐之心人皆无之，然后可以言善者伪也，为人果皆无之乎？"⑦ 他对韩愈以仁义礼智信为性的"性三品"说也进行了批评："韩子以仁、义、礼、智、信五者谓之性，而

---

① （宋）王安石：《王文公文集》卷第三十四《虔州学记》，唐武标校，第401页。
② （宋）王安石：《王文公文集》卷第三十四《虔州学记》，唐武标校，第402页。
③ （宋）程颢、程颐：《二程集》，《河南程氏遗书》附录，王孝鱼点校，第328页。
④ （宋）程颢、程颐：《二程集》，《河南程氏遗书》卷第二上，王孝鱼点校，第23页。
⑤ （宋）王安石：《王文公文集》卷第二十七《原性》，唐武标校，第316页。
⑥ （宋）王安石：《王文公文集》卷第二十七《原性》，唐武标校，第316页。
⑦ （宋）王安石：《王文公文集》卷第二十七《原性》，唐武标校，第316页。

曰天下之性恶焉而已矣。五者之谓性而恶焉者，岂五者之谓哉？"① 又说："韩子之言弗顾矣……是其于性也，不一失焉，而后谓之上焉者，不一得焉，而后谓之下焉者。是果性善，而不善者，习也。"② 他认为韩愈的人性论中有矛盾之处，不能够前后兼顾。相较而言，王安石对扬雄的"性善恶混"一说有着较多的肯定，但依然认为其说有不足之处："杨子之言为似矣，犹未出乎以习而言性也。"③ 实际上，王安石对这四位儒者人性论的批判，都集中在了一个关键点上，那就是："诸子之所言，皆吾所谓情也、习也，非性也。"④ 也就是说，王安石认为他们都在以"情"或"习"来言性，而没有以性之自身来说性。当有人指出这四位儒者之言性是否出于教化的考虑时，他回答说："是说也，吾不知也。圣人之教，正名而已。"⑤ 所谓"正名"，也就是要为性正名，以性之自身和本义来言性，而不是以情或习来混淆性。那么，王安石又是如何为性正名，如何来界定性的内涵呢？他用了这样一个类比来言性："夫太极者，五行之所由生，而五行非太极也。性者，五常之太极也，而五常不可以谓之性。"⑥ 也就是说，性与仁义礼智信五常的关系，就如太极与五行的关系一样，五常由性而生，但五常本身并不是性。他更进一步说："夫太极生五行，然后利害生焉，而太极不可以利害言也。性生乎情，有情然后善恶形焉，而性不可以善恶言也。"⑦ 这里，王安石辨析了性与善恶的关系，认为性与善恶是没有直接关系的，性只有展现为情之后，在情的层面上才有善恶可言，因此"性不可以善恶言"。他为自己寻找到的儒家传统论据就是孔子的人性学说。他说："孔子曰：'性相近也，习相远也。'吾之言如此。"⑧ 孔子的"性相近"一说没有明确性的善恶，因此就为王安石的"性不可以善恶言"这一观点提供了较为方便的论据。与此同时，我们也要注意到另外一点，那就是佛教的佛性学说可能对王安石的人性论产生了影响。王安石对佛性曾有这样一

---

① （宋）王安石：《王文公文集》卷第二十七《原性》，唐武标校，第316页。
② （宋）王安石：《王文公文集》卷第二十七《性说》，唐武标校，第318页。
③ （宋）王安石：《王文公文集》卷第二十七《原性》，唐武标校，第316页。
④ （宋）王安石：《王文公文集》卷第二十七《原性》，唐武标校，第316页。
⑤ （宋）王安石：《王文公文集》卷第二十七《原性》，唐武标校，第317页。
⑥ （宋）王安石：《王文公文集》卷第二十七《原性》，唐武标校，第316页。
⑦ （宋）王安石：《王文公文集》卷第二十七《原性》，唐武标校，第316页。
⑧ （宋）王安石：《王文公文集》卷第二十七《原性》，唐武标校，第317页。

番理解:"所谓性者,若四大是也。所谓无性者,若如来藏是也。虽无性而非断绝,故曰一性所谓无性,曰一性所谓无性,则其实非有非无,此可以意通,难以言了也。惟无性,故能变。……佛说有性,无非第一义谛,若第一义谛,有即是无,无即是有,以无有象计度言语起而佛不二法。离一切计度言说,谓之不二法,亦是方便说耳。"① 在他的理解中,以第一义谛而言,佛性是非有非无、有即是无、无即是有,不落有或无之一边,也不可以计度言语而起。或许佛教中关于佛性论的这种"中观"思维方式对王安石产生了影响,所以他才会有"性不可以善恶言"的人性论看法。

善恶既然与性没有了直接的关系,只是性展现为情之后的表现,那么性与情之间又是怎样的关系呢?王安石认为:"喜、怒、哀、乐、好、恶、欲未发于外而存于心,性也;喜、怒、哀、乐、好、恶、欲发于外而见于行,情也。性者情之本,情者性之用,故吾曰性情一也。"② 在他看来,性与情是本与用的关系,二者既有区别又相与一体。这样的话,性如果无善恶可言,情为何有或善或恶的不同呈现呢?他解释说:"此七者,人生而有之,接于物而后动焉。动而当于理,则圣也、贤也;不当于理,则小人也。"③ 也就是说,喜怒哀乐好恶欲这七种情,是接触了外物才有所动,从而产生了善恶,动而当于理则为善,不当于理则为恶。如此一来,善恶就是由于情为外物所感而产生,而与作为情之本的性是没有关系的。王安石的性情关系论,在为善恶寻找根源的同时,也充分肯定了情的存在及其价值。他曾明确指出:"如其废情,则性虽善,何以自明哉?"④ 从这个意义上说,王安石对情的定位突破了前儒认为情恶而废情的思想局限,也启发了同时代儒者对性情关系的重新思考。

"性不可以善恶言"和"性情一也",就是王安石在性之善恶和性情关系问题上的主要主张,但是从现存文献中我们也会发现,他偶尔还有一些与以上主张相矛盾的言论。比如,他一方面主张"性不可以善恶言",另一方面还说出一些模棱两可的话来。如:"性有善有恶,固其理也,又何

---

① (宋)王安石:《王文公文集》卷第七《答蒋颖叔书》,唐武标校,第76—77页。
② (宋)王安石:《王文公文集》卷第二十七《性情》,唐武标校,第315页。
③ (宋)王安石:《王文公文集》卷第二十七《性情》,唐武标校,第315页。
④ (宋)王安石:《王文公文集》卷第二十七《性情》,唐武标校,第315页。

足以疑？"① 又如："孟子曰'养其大体为大人，养其小体为小人'，杨子曰'人之性善恶混'，是知性可以恶也。"② 最有争议的当属贺麟先生发现的王安石一篇题为"性论"的文章，文中王安石又表现出了较为明显的性善论倾向。贺麟先生并由此得出结论说："所以我敢断定，安石是程朱以前对于人性论最有贡献，对孟子的性善说最有发挥的人。"③ 对于《性论》的问题，学界也多有争论，但大多认为它不足以代表王安石人性论的主要方面。④ 可见，虽然王安石在人性问题上的总体倾向是比较清楚明白的，但他的一些言论却暴露了其思想中所存在的矛盾和不成熟之处，这也说明他对人性的理解尚未达到精纯圆熟的境界。不过，这些并不影响王安石人性学说的价值及其影响，其人性论应当也引起了当时以及后来儒者的注意，并使他们能够在此基础上更进一步。比如他在性情关系中涉及了"未发"和"已发"的问题，而这一问题后来也引起了程颐的关注，并深刻影响了朱熹。

王安石关于人性的讨论，除了上述问题之外，还有一个方面值得我们注意，那就是他对性、理、命关系的理解。从王安石的一些言论中，我们可以看出他对理这一范畴是非常重视的，如："万物莫不有至理焉，能精其理则圣人也。"⑤ 在性和理的关系上，王安石经常以"穷理"和"尽性"并举，比如他说："通天下之志，在穷理；同天下之德，在尽性。"⑥ 与此同时，在性与命的关系上，他认为性和命是一致而相通的，认同《中庸》关于"天命之谓性"的说法。在理、性、命三者的关系上，他主张穷理尽性而通乎命。他说："仁足以尽性，智足以穷理，而又通乎命，此古之人所以为君子也。"⑦ 我们知道，"穷理尽性以至于命"是宋代儒学最为重要的话题之一，二程和张载还就这一问题有过专门的讨论。而从王安石的这些言论中我们也可看出，虽然他还没有展开更多的思考，但已经开始涉及

---

① （宋）王安石：《王文公文集》卷第七《答王深甫书》之二，唐武标校，第84页。
② （宋）王安石：《王文公文集》卷第二十七《性情》，唐武标校，第315页。
③ 张学智编：《贺麟选集》，吉林人民出版社2005年版，第209页。
④ 参见李祥俊《王安石学术思想研究》，北京师范大学出版社2000年版。
⑤ （宋）王安石：《王文公文集》卷第二十九《致一论》，唐武标校，第339页。
⑥ （宋）王安石：《王文公文集》卷第二十五《洪范传》，唐武标校，第286页。
⑦ （宋）王安石：《王文公文集》卷第三十四《君子斋记》，唐武标校，第407页。

并关注这个问题了。与王安石相比，二程无疑对这一问题有着更多的关注和更为深入的探索，但或许他们正是在王安石等儒者的基础上才有了更多的进步。总的说来，王安石对人性问题的探索固然存在着许多不足和不成熟之处，但他对宋代之前诸儒人性论的批判，以及他对人性的一些独到看法，对二程创建自己的人性论来说，是具有重要的启发和借鉴意义的。

通过上述分析可知，王安石在儒家性道问题上是有其独立思考的，他的见解代表了北宋儒学在这一问题上的一个发展维度。这个发展维度具体所指向的，就是在坚持儒家立场的前提下，融贯百家之学、佛道之学，来重新诠释儒家的"性道微言"。对于坚持这样一种融贯百家的为学方法，王安石应当是自信的，或许他认为只有这样才能真正把握儒家之道，并使之成为一种"道之全"而避免落入一偏一隅之见。至于在此种学术方法支配下所取得的体道成就，王安石也应当是自信的，并能在这种自信中去积极地参与社会政治实践，评判其他儒者在体道问题上的不足，比如说程颢"不识道"等。但在自信的同时，他偶尔也会感到自己所达到的境界或许还不够，与真正的体道还有距离。比如，他在与别人的来往书信中曾说："安石不为通乎道者，曰有志乎道可也。"① 不管他的自我评价如何，在客观层面上，王安石之学由于种种现实的原因得到了较为广泛的传播，也产生了较大的影响，并成为北宋中期及之后相当长的时期里最为盛行的思想。程颢、程颐的思想，也是在王安石之学的笼罩之下发展起来的。他们二人一方面孜孜不倦地体道成德；另一方面也对王安石的道论展开反思与评判。他们的批判主要表现为两点，其一是认为王安石博学有余而守约不足，其二则批评他是道外谈道，未能真正从儒学的内在精神出发把握道体。从我们的分析中也可看出，王安石在性与天道的问题上，确实汲取了一些来自道家和佛教的因素。比如，他所理解的道更多地偏向了道的自然内涵，而他所理解的性则超离了属于德性范围的善恶，这些都与儒家的基本宗旨有所出入。虽然他说自己的性论宗于孔子，但他只看到了孔子的"性相近"一说，而忽视了孔子仁学思想在人性问题上的重要性。或许正是基于这些因素，二程认为王安石虽博学于佛道百家，却未能守儒家之约；虽然谈道甚玄，却终未能于儒家的根本精神处去体会道体，因此是站

---

① （宋）王安石：《王文公文集》卷第四《与杨蟠推官书二》，唐武标校，第54—55页。

在儒家之外去谈儒家之道。反观二程自己，他们的自我评价是："直入塔中，上寻相轮，辛勤登攀，迤逦而上，直至十三级时，虽犹未见相轮，能如公之言，然某却实在塔中，去相轮渐近，要之须可以至也。"① 这里实际上反映出的是，二程在体道方法上并不认同王安石，他们所坚持的是更为内在而纯粹的儒家立场，即从儒家的根本精神出发去把握儒家之道，并且认为只有这样才不会发生偏离而误入歧途。二程与王安石在这一问题上的分歧，展现了他们站在不同角度对儒家性道之学的不同探索，也反映出北宋儒学的复兴从一开始就是一个多元而复杂的过程，而并非众多儒者思路高度一致的单一向度的复兴。

综上所述，王安石与二程之学，无论是在经学方面所表现出的交融与差异，还是在为学趋向上所呈现的博学与守约，最终都集中展现在了他们对儒家性道之学的不同理解上。王安石之学对于二程的影响，主要体现在二程对王安石之学的反思与批判之中。二程对王安石之学的批判集中在他的道论上，也就是他的性道之学上，因为在他们看来，只有正确地重建儒家的性道之学，才能真正恢复儒学的生命力，从而实现儒学在其他层面的复兴。二程就是在王安石之学的笼罩下，在不断反思和批判其学的过程中，逐步摸索到了自己的儒学发展之路，也逐渐趋近了儒家"性道微言"的真义。

第二节 邵雍、周敦颐与二程

邵雍和周敦颐是二程学术生命中另外两位重要人物。与王安石不同，邵雍、周敦颐与二程不是官场上的同僚关系和政治变革中的对立关系，而是更为纯粹、更加友好的有着学术往来的师友关系。邵雍比程颢、程颐兄弟年长二十余岁，但却是他们的忘年至交。他们共同居住在洛阳城，"同里巷居三十年余"②，彼此之间颇为熟识，平日里往来也很多，"世间事无所不论"③，关系之密切可见一斑。邵雍与二程虽然都对易学有着浓厚的兴

---

① （宋）程颢、程颐：《二程集》，《河南程氏遗书》卷第一，王孝鱼点校，第5页。
② （宋）程颢、程颐：《二程集》，《河南程氏外书》卷第十二，王孝鱼点校，第444页。
③ （宋）程颢、程颐：《二程集》，《河南程氏外书》卷第十二，王孝鱼点校，第444页。

趣，但他们研易的方式和视角却有很大的不同。邵雍从象数的视野出发，构建起了一个非常宏伟的易学体系，而二程却更加注重以儒学义理来阐释《周易》。正是这种理论视角上的分歧，使得他们只能成为亲密无间的朋友，却不能成为志同道合的师生。据程颢讲，邵雍曾表示愿意收他们兄弟二人为徒，传授他们象数学，但却被他们婉言谢绝了。程颐也曾说过，虽然他们和邵雍之间无话不谈，却很少谈及象数。程颢、程颐对象数学的兴趣淡漠，对此邵雍应当是颇有遗憾的，不过这并没有妨碍他们在其他学术问题上的交流，更没有妨碍他们之间的深厚友谊。邵雍去世后，其墓志铭没有委托别人，而是希望程颢来撰写，这也足见他们的知己情深。与邵雍想要收二程为徒却未能如愿不同，周敦颐早在二程的少年时期就与他们有了一段短暂的师生缘分。由于父亲程珦的关系，二程在十四五岁时就受学于周敦颐。二程自己后来也多次回忆他们"从汝南周茂叔问学"①的情形。比如他们说："昔受学于周茂叔，每令寻颜子、仲尼乐处，所乐何事。"②又如程颢曾经回忆说："某自再见茂叔后，吟风弄月以归，有'吾与点也'之意。"③虽然后来二程的学问以自得者居多，并没有直接继承周敦颐《太极图说》和《通书》的思想，但周敦颐对二程少年时期的提点和启发之功却是确然存在的。如果我们从北宋儒学内部义理的层面来考察的话，周敦颐之学与二程之学之间无疑具有更多的相通性与连贯性，这应当也是后来朱熹追溯周敦颐为理学开宗人物的重要原由。因此，即便周敦颐与二程之间的师生关系是较为薄弱的甚至是有存疑的，但从共同推动北宋儒学的复兴方面来说，考察他们思想之间的义理关联也必然有着重要的意义。正是基于上述理由，我们认为有必要对邵雍与二程、周敦颐与二程之间的学术交流和思想关联进行分析和考察，而邵雍、周敦颐在性道问题上的理论探索对二程所产生的启发和影响尤其值得我们关注。

一 邵雍与二程

邵雍在学术渊源上，与道教有着密切的联系。黄百家在《宋元学案》

---

① （宋）程颢、程颐：《二程集》，《河南程氏遗书》附录，王孝鱼点校，第328页。
② （宋）程颢、程颐：《二程集》，《河南程氏遗书》卷第二上，王孝鱼点校，第16页。
③ （宋）程颢、程颐：《二程集》，《河南程氏遗书》卷第三，王孝鱼点校，第59页。

中这样讲："康节独以《图》《书》象数之学显。考其初,《先天卦图》传自陈抟,抟以授种放,放授穆修,修授李之才,之才以授先生。"① 其中所说的陈抟就是道教中人,而邵雍的这一师承谱系也是世人共知的。程颢在为邵雍所做的墓志铭中也这样指出:"独先生之学为有传也。先生得之于李挺之,挺之得之于穆伯长,推其源流,远有端绪。"② 他虽未明确将邵雍的师传追溯至陈抟,只说是"远有端绪",但其端绪与道教有关则应是不可否认的。虽然如此,后世却往往将邵雍视为儒学中人,而非道教之徒。原因或许在于,虽然邵雍之学源自道教,与道家道教也有着许多的联系,但其学自有其独得之处,远非道教可以范围。程颢就曾说:"今穆、李之言及其行事,概可见矣。而先生淳一不杂,汪洋浩大,乃其所自得者多矣。"③ 不仅如此,邵雍在为学宗旨上推崇经世致用,有着强烈的儒家情怀,这也是他为自己的著作取名为《皇极经世书》的原因所在。这一点也被程颢认可:"明道尝谓先生'振古之豪杰',又曰:'内圣外王之道也。'"④ 或许正因为如此,邵雍被后世视为儒学中人,并且被朱熹誉为北宋"六先生"之一,与司马光、周敦颐、张载和二程齐名。尽管如此,邵雍之学与正统儒学之间仍有相当距离,与二程之学更是旨趣迥异,这是由其学说的内容本身所决定的。邵雍之学以易学的形式展现出来,但又区别于传统易学,而名其为"先天学"。在对易学的理解上,邵雍以象数为核心,尤其重视数学,由数及理,以数来演绎他的整个思想体系。邵雍也是从象数的视野出发来观照整个宇宙人生的,他称之为观物。邵雍对性与天道的理解,也正是在此象数的观物视野中呈现出来的。二程对易学也有着深入的理解,但他们坚持义理的研究方式,所以不赞同邵雍的象数学,并与他有过相关的讨论。邵雍的思想体系十分庞大,我们这里不可能面面俱到地一一陈述,因此仅以儒家的性与天道问题为核心略加考察。我们的考

---

① (清)黄宗羲原著,全祖望补修:《宋元学案》卷九《百源学案上》,陈金生、梁运华点校,第367页。
② (宋)程颢、程颐:《二程集》,《河南程氏文集》卷第四《邵尧夫先生墓志铭》,王孝鱼点校,第503页。
③ (宋)程颢、程颐:《二程集》,《河南程氏文集》卷第四《邵尧夫先生墓志铭》,王孝鱼点校,第503页。
④ (清)黄宗羲原著,全祖望补修:《宋元学案》卷九《百源学案上》,陈金生、梁运华点校,第367页。

察目的是，在邵雍象数学的视野下，性与天道是如何被理解和诠释的，此种理解和诠释有什么特点，与二程的理解有什么不同，以及可能给予二程怎样的启发和影响。

邵雍尝言："学不际天人，不足谓之学。"① 可见，邵雍之学是一种天人并重之学，追求由天而人，由人而天的天人贯通之道。不过，如果我们仔细考察他的思想体系就会发现，邵雍之学实际上在天道方面更有建树。正如高怀民先生指出的："先秦伏、文、孔三圣之易学，虽括有天、地、人之道，天地之道实未尽表达而多见人道之开发，这是时代使然。……今邵子《皇极经世》所揭之先天易则不然，直指宇宙自然之变化，以数发日月星辰、寒暑昼夜、动植飞走、石土水火等天地之道之理，合历史人事、圣贤事业于一体，成就一个波澜壮阔的大思想体系，就易学之整体看，他补充了当初伏羲氏'未尽表达'之天道思想部分，虽然因时代不同而表达形式有别，就学术性质上讲是如此。"② 我们可以说，儒家的天道思想一直就有，但是至邵雍这里才被发挥得淋漓尽致且波澜壮阔，这一点我们只要翻阅一下他的《皇极经世书》即可有强烈的感受。因此，在探讨邵雍关于性道问题的看法上，我们首先从他的天道观入手。

前面我们提到，天与天道范畴在宋代虽然也有其独立的意义存在，但大多被化约为道范畴来理解，因为此时的天或天道已不再局限于原始意义上的自然之天或宗教之天，而有着更广泛的意义。因此，所谓天道观，更多地表现在对道的理解上。由此，我们对邵雍天道观的讨论也将集中在其道论方面。邵雍是这样界定道的，他说："谁能出不由户？户，道也，未有不由道而能济者也。"③ 又说："夫道也者，道也。道无形，行之则见于事矣。如道路之道坦然，使千亿万年行之人知其归者也。"④ 邵雍以道路、门户来界定道，实际上取的是道的原始内涵，即道是天地万物存在与发展所必由之方式，正所谓"天由道而生，地由道而成，物由道而形，人由道而行。天、地、人、物则异也，其于由道一也"⑤。从宇宙的生化流行方面

---

① （宋）邵雍：《邵雍集》，《观物外篇》，郭彧整理，中华书局2010年版，第156页。
② 高怀民：《宋元明易学史》，广西师范大学出版社2007年版，第49页。
③ （宋）邵雍：《邵雍集》，《观物外篇》，郭彧整理，第174页。
④ （宋）邵雍：《邵雍集》，《观物内篇》，郭彧整理，第33页。
⑤ （宋）邵雍：《邵雍集》，《观物内篇》，郭彧整理，第33页。

讲，道是天地万物的化育之本原，所谓"道为天地之本"①，"道生天地"，"天地生万物"。② 从道的品性上讲，道是无声无形的："'一阴一阳之谓道'，道无声无形，不可得而见者也，故假道路之道而为名。"③ 以上关于道的这些理解，可谓当时学界的共识，而邵雍的不同之处在于，他把对道的理解纳入他整个的易学体系中去。从易学的视野出发，他说："道为太极。"④ 太极是传统易学体系中的最高范畴，整个《周易》体系即是按照太极、两仪、四象、八卦、六十四卦的次序层层推演出来的。邵雍将道诠释为太极，之后就开始了道在其易学体系中的一系列推演过程。道为天地之始，因此，太极也成为天地之始，他说："有生天地之始者，太极也。"⑤ 太极与道一样，有着自身的一系列衍化过程："太极一也，不动；生二，二则神也。神生数，数生象，象生器。太极不动，性也，发则神，神则数，数则象，象则器。器之变复归于神也。"⑥ 太极而神，神而数，数而象，象而器，这就是从太极到器的衍化过程，我们也可以视之为从道到万物的生成与演化过程。

在邵雍的体系中，数占有非常重要的地位。他说："《易》之数，穷天地始终"，"数立则象生，象生则言著彰，言著彰则意显。象、数则筌蹄也，言、意则鱼兔也。得鱼兔而忘筌蹄，则可也，舍筌蹄而求鱼兔，则未见其得也"。⑦ 天地万象皆可以数推，数立则象生，而象数是达到言意的必由之途径。邵雍的先天易学，正是运用了"加一倍法"⑧ 的数学方法确立起来的，这一点曾被程颢指出过。纵观《皇极经世书》，也是以数为基础，发挥出了元会运世、日月星辰、走飞草木、皇帝王霸等系列内容，尽显邵雍之学的数学特征。数的推演也成为邵雍道论的显著特色。然而，如果因此就将邵雍之学定位为术数之流的话，就会略失偏颇，因为他言数及理，其数是以理作为根据的。邵雍曾明确指出："天下之数出于理，违乎理则

---

① （宋）邵雍：《邵雍集》，《观物内篇》，郭彧整理，第9页。
② （宋）邵雍：《邵雍集》，《观物外篇》，郭彧整理，第153页。
③ （宋）邵雍：《邵雍集》，《观物外篇》，郭彧整理，第174页。
④ （宋）邵雍：《邵雍集》，《观物外篇》，郭彧整理，第152页。
⑤ （宋）邵雍：《邵雍集》，《观物外篇》，郭彧整理，第163页。
⑥ （宋）邵雍：《邵雍集》，《观物外篇》，郭彧整理，第162页。
⑦ （宋）邵雍：《邵雍集》，《观物外篇》，郭彧整理，第160、146页。
⑧ （宋）程颢、程颐：《二程集》，《河南程氏外书》卷第十二，王孝鱼点校，第428页。

入于术。世人以数而入于术，故失于理也。"① 正因为此，邵雍之学讲求数但不流于术。程颐也正是在这一点上比较赞赏邵雍，他说："邵尧夫数法出于李挺之，至尧夫推数方及理。"② 程颐与邵雍还曾就此问题有过讨论："伊川谓尧夫：'知《易》数为知天？知《易》理为知天？'尧夫云：'须还知《易》理为知天。'"③ 可见，虽然邵雍之学以数名世，但其数是以理为根据的。所以，全祖望在《宋元学案》中这样讲："康节之学，别为一家。或谓《皇极经世》只是京、焦末流，然康节之可以列圣门者，正不在此。"④

邵雍言数及理，而理与道又有着密切的关系。北宋的儒者们在谈论道时，往往也非常重视理，且大多从《易传》的"穷理尽性以至于命"的角度来理解理这一范畴。邵雍就曾说："《易》曰：'穷理尽性，以至于命。'所以谓之理者，物之理也。所以谓之性者，天之性也。所以谓之命者，处理性者也。所以能处理性者，非道而何？"⑤ 他这里以"物之理"为理，以"处理性者"为道，尚未将理与道完全合一，但是已经将理与道紧密联系起来。也正是在这一点上，我们说，邵雍与张载、二程等人共同属于宋明理学系统中的人物。较之邵雍，二程无疑走得更远，他们将道与理相融为一，并将理提升为儒学的最高范畴。但是，从前面的论述我们也应看出，在二程之前，王安石、邵雍等人已经开始重视理这一范畴，尤其是邵雍，他将理视为数之根源，并将理与道联系起来进行思考，足见他们在这方面的先行之功。因此可以推断，尽管二程说天理范畴是他们自家体贴出来的，但我们也要指出，天理范畴不是凭空出现的，而是在北宋诸儒的共同关注中逐步浮现并成为儒学主要观念的。二程则是对天理范畴做出了更为深入的理解和更具实质性定位之人。回到邵雍思想本身，我们可以说，在其庞大的象数学视野下，他对道的理解是颇具特色的。一方面，他所理解的道及其演化过程具有较为显著的数学色彩；另一方面，他所谈论的道

---

① （宋）邵雍：《邵雍集》，《观物外篇》，郭彧整理，第148页。
② （宋）程颢、程颐：《二程集》，《河南程氏遗书》卷第十八，王孝鱼点校，第197页。
③ （宋）程颢、程颐：《二程集》，《河南程氏外书》卷第十二，王孝鱼点校，第428页。
④ （清）黄宗羲原著，全祖望补修：《宋元学案》卷九《百源学案上》，陈金生、梁运华点校，第365页。
⑤ （宋）邵雍：《邵雍集》，《观物内篇》，郭彧整理，第9页。

也有其超出象数之上的义理内涵，尤其是当他将道与理联系起来进行论述的时候。前者可以说是邵雍道论的独特之处，而后者则是他与北宋其他儒者的共通之处。因此我们说，邵雍对儒家性道问题中天道或曰道观念的诠释，虽然有着不同于儒家传统的因素，但最终仍然是接续着儒家的天道问题继续前进的。

在性与天道问题的性范畴方面，邵雍也有自己的看法。他首先从一般意义上探讨包括人性在内的万物之性。同儒学的传统看法相一致，他认为万物之性均是天之所赋。他说："言性者必归之天"①，"所以谓之性者，天之性也"②，"万物受性于天而各为其性也。其在人则为人之性，在禽兽则为禽兽之性，在草木则为草木之性"③。就普遍的性而言，人性与万物之性一样，都是天所赋予的，但人性毕竟有其独特之处，关于这一点邵雍说："人之类，备乎万物之性。"④ 这也是人能成为万物之灵的重要原因。由于人"备乎万物之性"，所以可以通过体认人性而通达物性，这也正是邵雍所说的："尽己之性，能尽物之性也。"⑤ 在论述了一般意义上的性之后，他并没有明确地以善或恶来规定性，而是对性与情、性与心、性与气、性与形体等关系进行了区分。在性与情的关系上，邵雍表现出了推崇性而否定情的理论倾向。他曾这样说："性公而明，情偏而暗。"⑥ 从观物的角度出发，他还认为："以物观物，性也；以我观物，情也"，"任我则情，情则蔽，蔽则昏矣。因物则性，性则神，神则明矣"⑦。在他看来，性的特征是公、明、神，情的特征是偏、暗、蔽，因此要顺性而不能任情。性与情之所以表现出这样的差异，其根源在于阴阳二气的不同作用。邵雍曾这样指出："阴阳半而形质具焉，阴阳偏而性情分焉。形质又分，则多阳者为刚也，多阴者为柔也，性情又分，则多阳者阳之极也，多阴者阴之极也。"⑧ 可以看出，他将性与阳气相联系，将情与阴气相联系，甚至认为

---

① （宋）邵雍：《邵雍集》，《观物外篇》，郭彧整理，第117页。
② （宋）邵雍：《邵雍集》，《观物内篇》，郭彧整理，第9页。
③ （宋）邵雍：《邵雍集》，《观物外篇》，郭彧整理，第149页。
④ （宋）邵雍：《邵雍集》，《观物外篇》，郭彧整理，第153页。
⑤ （宋）邵雍：《邵雍集》，《观物外篇》，郭彧整理，第163页。
⑥ （宋）邵雍：《邵雍集》，《观物外篇》，郭彧整理，第152页。
⑦ （宋）邵雍：《邵雍集》，《观物外篇》，郭彧整理，第152页。
⑧ （宋）邵雍：《邵雍集》，《观物外篇》，郭彧整理，第109页。

性是阳之极，而情是阴之极。如此一来，传统上阳尊阴卑的观念反映在性情关系上，自然是性尊而情卑了。虽然如此，我们知道阴阳二气是不能独立存在的，因此性与情也是不可分割的，这一点邵雍也是认同的。他说："发于性则见于情，发于情则见于色，以类而应也。"① 在性与心的关系上，邵雍有个观点颇受朱熹的推崇。邵雍在其诗集《伊川击壤集序》中曾讲："性者道之形体也，性伤则道亦从之矣。心者性之郛郭也，心伤则性亦从之矣。"② 对于这一观点，朱熹曾评价道："此语虽说得粗，毕竟大概好。"③ 所谓"心者，性之郛郭"，也就是说心"包了性"。④ "郛郭"的本义是指围在城外面的大城，也就是外城的意思，因此邵雍这一观点的意思应当是指性在心中，心"包括"着性。朱熹曾将邵雍的这一观点与张载的"心统性情"说相提并论，并且颇为推崇。⑤ 不过，邵雍还曾说："心为太极，又曰道为太极。"⑥ 他将心与太极、道视为一体，同时又有"性者，道之形体"之论。如果同时考虑这两个观点的话，似乎心与性又不完全是心包性的关系，而表现出心性同一的理论倾向。我们或许可以这样理解，邵雍在"心者，性之郛郭"和"心为太极"中所言的心不是同一层面意义上的心，前者是经验意义上的心性对举之心，而后者则是超越之心。在心性对举的意义上，可以说心包性，而在超越的层面上，心与性是同谓而异名。因此，我们或许可以得出这样的结论，邵雍对于心及心性关系，尚未达成成熟、明确而又前后一致的观点，但也已经显示出了他的一些基本看法。相比较而言，二程对于心、性、情等范畴及其相互关系有着更为明确的界定。在性与气的关系上，邵雍这样指出，"气则养性，性则乘气，故气存则性存，性动则气动也。"⑦ 这里，邵雍关注到了性与气的相互依存性。一方面，气为性的存在提供了物质前提；另一方面，性又决定着气的动向及各种作用。二程也曾说："论性，不论气，不备；论气，不论性，

---

① （宋）邵雍：《邵雍集》，《观物外篇》，郭彧整理，第153页。
② （宋）邵雍：《邵雍集》，《伊川击壤集》，《伊川击壤集序》，郭彧整理，第179—180页。
③ （宋）黎靖德编：《朱子语类》，王星贤点校，第2549页。
④ （宋）黎靖德编：《朱子语类》，王星贤点校，第2550页。
⑤ （宋）黎靖德编：《朱子语类》，王星贤点校，第2550页。
⑥ （宋）邵雍：《邵雍集》，《观物外篇》，郭彧整理，第152页。
⑦ （宋）邵雍：《邵雍集》，《观物外篇》，郭彧整理，第149页。

不明。"① 可以说，在性与气的关系上，邵雍与二程的看法是基本一致的。在性与形、体的关系上，邵雍这样指出："阴阳相生也，体性相须也"，"神无方而性有质"，"有形则有体，有性则有情"。② 也就是说，性与形、体是一体相须的关系，其中形与体是质，而性则是用。他还这样讲："言性者必归之天，言体者必归之地。"③ 由此也可看出，虽然性体相须，但二者还是有明确差异的。

邵雍在对性、情、形、体等范畴进行分别诠释的同时，还将它们纳入他纷繁复杂的观物体系中去。他曾有这样的论述："性情形体交，而动植之感尽之矣。……走飞草木交，而动植之应尽之矣。走，感暑而变者性之走也，感寒而变者情之走也，感昼而变者形之走也，感夜而变者体之走也。……性，应雨而化者走之性也，应风而化者飞之性也，应露而化者草之性也，应雷而化者木之性也。"④ 他将性情形体与走飞草木、暑寒昼夜、雨风露雷、色声气味、耳目口鼻等因素糅合在一起，进行了一番复杂的排列组合，最终形成了他对天地万物的观感和认识。这一观物体系虽然精巧，但很多地方都显得颇为牵强，让人难以理解。不过，无论恰当与否，这毕竟构成了邵雍性论的一个特色。

邵雍性论的旨归，仍在于达成"穷理尽性以至于命"的终极境界。关于这一点，他曾说："不至于性命，不足谓之好学。"⑤ 如何至于性命呢？他认为："理穷而后知性，性尽而后知命，命知而后知至。"⑥ 又认为："天下之物莫不有理焉，莫不有性焉，莫不有命焉。所以谓之理者，穷之而后可知也。所以谓之性者，尽之而后可知也。所以谓之命者，至之而后可知也。此三知者，天下之真知也。虽圣人无以过之也。"⑦ 可以看出，邵雍遵循的依然是《易传》的"穷理尽性以至于命"的为学宗旨和为学方法，希望以此达到对天地万物和宇宙人生的最终理解。在这一点上，他与

---

① （宋）程颢、程颐：《二程集》，《河南程氏遗书》卷第六，王孝鱼点校，第81页。
② （宋）邵雍：《邵雍集》，《观物外篇》，郭彧整理，第122、153、161页。
③ （宋）邵雍：《邵雍集》，《观物外篇》，郭彧整理，第117页。
④ （宋）邵雍：《邵雍集》，《观物内篇》，郭彧整理，第3页。
⑤ （宋）邵雍：《邵雍集》，《观物外篇》，郭彧整理，第157页。
⑥ （宋）邵雍：《邵雍集》，《观物外篇》，郭彧整理，第168页。
⑦ （宋）邵雍：《邵雍集》，《观物内篇》，郭彧整理，第49页。

二程也是一致的。通过分析邵雍的性论，可以看出，他没有在性的善恶属性上进行明确抉择，而是在较为宽泛的意义上来讨论性，谈论性与情、心、气、形、体等范畴的关系，同时也表达了他所追求的"穷理尽性以至于命"的终极境界。邵雍的性论与同时代的儒者相比，既有相通之处，更有其自身特色，在北宋诸儒中也算得上是一家之言，自成一格。二程关于性的理解与邵雍有着诸多不同，但是我们也可以想见，他们对邵雍的性论一定有着自己的看法和评判，或许也从中得到过某些启发。

通过上述分析我们可以看出，邵雍对道与性的理解，都是在其象数学的观物视野中展开的。如果从学术气质上来说，邵雍关于性与天道问题的诠释，更多地呈现出一种客观描述的特征，具有较强的易学色彩。而他的观物视野所表现出的因物而不任我的特征，则颇具道家自然主义的风格。因此，我们或许可以说，邵雍之论性与天道，是以象数易学为主要根基的，又糅合了道家自然主义因素的结果。那么，二程又是如何看待邵雍之学的呢？由于邵雍之学呈现出了极为显著的象数学尤其是数学的特征，而二程对象数学又较为淡漠，因此在这个意义上，他们认为邵雍之道是较为"偏驳"[①] 的。这也从一个方面反衬出二程坚持从义理层面来探寻更为纯粹的儒家之道的特征。在不染佛教禅学之风的角度上，二程对邵雍之学有着极高的评价，认为他是"世之信道笃而不惑异端者"[②]，能够在佛教禅学方面"特立不惑"[③]，因此程颢称赞其学是"淳一不杂"[④]。这或许也更坚定了二程排斥佛学追求儒家精纯之道的决心。二程虽然看到了邵雍之学不杂佛学这一特点，却未能指出其学所浸染的道家因素。朱熹对此有较为明确的认识，在谈及邵雍之学时，他曾说其学"似老子"，并且评论说："二程谓其粹而不杂。以今观之，亦不可谓不杂。"[⑤] 在对邵雍之学的总体评价上，二程认为邵雍是"道学之有所得者"[⑥]，并且是"善自开大者"[⑦]，其

---

① （宋）程颢、程颐：《二程集》，《河南程氏遗书》卷第七，王孝鱼点校，第97页。
② （宋）程颢、程颐：《二程集》，《河南程氏遗书》卷第四，王孝鱼点校，第70页。
③ （宋）程颢、程颐：《二程集》，《河南程氏遗书》卷第十五，王孝鱼点校，第171页。
④ （宋）程颢、程颐：《二程集》，《河南程氏文集》卷第四《邵尧夫先生墓志铭》，王孝鱼点校，第503页。
⑤ （宋）黎靖德编：《朱子语类》，王星贤点校，第2544、2543页。
⑥ （宋）程颢、程颐：《二程集》，《河南程氏遗书》卷第二上，王孝鱼点校，第32页。
⑦ （宋）程颢、程颐：《二程集》，《河南程氏遗书》卷第三，王孝鱼点校，第60页。

学"可谓安且成"①。虽然二程对邵雍之学有着较高的评价,但是在对儒家"性道微言"的体认方面,二程是不完全赞同邵雍的,因为他们在许多关键的地方有着较为显著的差异。二程认为,在邵雍象数学视野下所建构起来的思想体系,更似一个"空中楼阁"②,其中虚拟构想的因素太多,而他们自己所体会出来的性道之学则是至理之实学,既有超越的层面,但又从不落空。因此,二程认为邵雍对儒家"性道微言"的体认仍然是不到位的。朱熹也曾说:"康节能尽得事物之变,却于大体上有未莹处。"③也就是说,邵雍之学在根本处仍未达至莹澈之境。这或许表达出了他们对邵雍之学的共同看法。

邵雍性情随意,无拘无束,程颢曾称赞他为"风流人豪"④,但也批评他"无礼不恭极甚"⑤。邵雍对二程兄弟也多有赞扬,认为他们都是极为聪慧之人,虽然不曾学习象数,但却明白象数的至理精髓。可以说,二程与邵雍之间的互相欣赏,既增进了他们的个人友谊,也使他们在思想上潜移默化地受到了对方的影响。比如,二程对理观念的高度重视,或许就促使邵雍在处理数与理的关系时能够认真地思考理之于数的意义。又如,邵雍的观物思想,或许也会使二程在体会万物之生意、穷万物之理的过程中有所受益。由于理论视角和理论重心的不同,他们在对儒家性道之学的具体理解上呈现出了较为明显的差异,但这种差异或许更能为对方提供思想上的启发,也更能使他们明确和自觉各自的学术特质与追求。对于较为年少的二程来说,邵雍之学或许正好为他们提供了理论参照,在此参照下他们进行分析和鉴别,从而逐步形成了属于他们自己的理论特色。这或许正是邵雍之学之于二程之学的意义。

二 周敦颐与二程

周敦颐作为宋明理学的开山人物,其思想已经进入了真正理学的领域,并初步开启了儒家性道之学在北宋的发展帷幕,成为二程思想的先导。关于

---

① (宋)程颢、程颐:《二程集》,《河南程氏外书》卷第十一,王孝鱼点校,第414页。
② (宋)程颢、程颐:《二程集》,《河南程氏遗书》卷第七,王孝鱼点校,第97页。
③ (宋)黎靖德编:《朱子语类》,王星贤点校,第2542页。
④ (宋)程颢、程颐:《二程集》,《河南程氏外书》卷第十一,王孝鱼点校,第413页。
⑤ (宋)程颢、程颐:《二程集》,《河南程氏遗书》卷第二上,王孝鱼点校,第32页。

周敦颐之学的这种性质，全祖望就曾指出"濂溪诚入圣人之室"①，黄百家则有更进一步的表述，他说："孔、孟而后，汉儒止有传经之学，性道微言之绝久矣。……若论阐发心性义理之精微，端数元公之破暗也。"②"元公"即周敦颐。从儒学命脉的传承上来说，周敦颐是接续着传统儒家性与天道的问题展开其理论思考的。究其原因，或许正像牟宗三先生所说的："中国文化生命发展至北宋，已届弘扬儒家内圣之学之时，此为历史运会之自然地所迫至者。因是历史运会之自然地所迫至，故濂溪之学，虽无师承，而心态相应，出语即合。"③周敦颐之学的贡献与特点在于，他不仅在性与天道这一问题上有所突破，而且还能应对儒学在两汉末期所遇到的发展症结，关于这一点我们将在后面的行文中有所论述。对于二程来说，周敦颐曾是他们少年时代的老师，曾经引导他们寻找"孔颜乐处"，并激发起他们的"慨然求道"之志向。虽然二程后来的学问所得，已经远远超出了周敦颐的早期教诲，并且也在许多方面表现出了与周敦颐之学的不同旨趣，但我们要指出的是，周敦颐对二程的早期引导和点拨确已潜移默化地渗透到了他们的学术生命之中。即使抛开早年短暂的师生关系，仅就学问的义理层面而言，我们也可以说，二程与周敦颐之学有一种学术命脉上的内在呼应。因此，周敦颐与二程之学的关系，虽然看似淡薄，却有着内在隐蔽的密切关联。下面，我们就分析一下周敦颐与二程在思想上的直接联系和间接联系，以便更好地把握他们在性道之学方面的相通与相别之处。

北宋儒学在展开其理论上的实质性创造之前，首先有了一种总体气象上的转变，周敦颐正是在这一方面有所体悟，并且影响到了二程。儒学在总体气象上的转变，首先表现为寻找儒学之乐，亦即周敦颐所谓的"寻颜子、仲尼乐处"④，也就是后世所谓的"孔颜乐处"。寻找儒学之乐，表面上看是一个比较普通而简单的问题，并非是儒学复兴与发展的

---

① （清）黄宗羲原著，全祖望补修：《宋元学案》卷十一《濂溪学案上》，陈金生、梁运华点校，第480页。
② （清）黄宗羲原著，全祖望补修：《宋元学案》卷十一《濂溪学案上》，陈金生、梁运华点校，第482页。
③ 牟宗三：《心体与性体》（上），第274页。
④ （宋）程颢、程颐：《二程集》，《河南程氏遗书》卷第二上，王孝鱼点校，第16页。

关键，实则不然。我们在前面讲过，儒学发展至东汉末年，儒家所大力提倡的名教逐渐变得难以为继。原本顺乎性命自然之情理的名教伦理与纲常变成了远离人之生命的外在约束，所谓的德行变成了一场虚伪的表演，其中的真诚性荡然无存，被人们所颂扬的名节亦逐渐成为一种苦节。对此，二程有着清醒的认识，他们曾指出："世祖继起，不得不褒尚名节，故东汉之士多名节。知名节而不知节之以礼，遂至于苦节，故当时名节之士，有视死如归者。苦节既极，故魏、晋之士变而为旷荡，尚浮虚而亡礼法。"① 名节成了苦节，而儒家又不能够认同魏晋士人的放荡不羁，因此必须为儒家名教寻求新的出路，才能挽救儒学的没落。事实上，魏晋时期的一些士人已经看到了问题之所在，并且也提出了"名教中自有乐地"② 的说法，但是至于"乐地"具体何在却语焉不详。儒家的特点在于提出一些正面的积极的德性范畴，要求人们去遵循和践行，但又缺乏内在的理论批判与监督机制，纯粹靠人们的道德自律来维系。而自律的力量终究有限，尤其当人们认识不到名教的真正意义，体会不到名教之乐时，就会逐渐抛弃它。因此，要想复兴儒家名教的地位，发挥其积极作用，就必须在根本上增进它的生命力和吸引力，只有这样名教才能深入人心，浸润到人们的真实生命中去。寻求儒学之乐，就是解决问题的有效途径之一。认识到这一点，才能够真正明白周敦颐提出寻"孔颜乐处"的意义之所在。

所谓"孔颜乐处"，其最初的涵义源自《论语》。据记载，孔子曾说："饭疏食饮水，曲肱而枕之，乐亦在其中矣。"③ 孔子又称赞颜回说："贤哉，回也！一箪食，一瓢饮，在陋巷，人不堪其忧，回也不改其乐。贤哉，回也！"④ 这就是孔子、颜子之乐，具体指的是虽然处于非常艰苦的物质环境之中，却依然能够保持至乐之心境。周敦颐认为，只有理解了孔颜为何而乐，才能真正认识到儒家之道的根本精神与境界。他在《通书》中这样讲："颜子'一箪食，一瓢饮，在陋巷，人不堪其忧，而不改其乐。'夫富贵，人所爱也。颜子不爱不求，而乐乎贫

---

① （宋）程颢、程颐：《二程集》，《河南程氏遗书》卷第十八，王孝鱼点校，第236页。
② 徐震堮：《世说新语校笺》，第14页。
③ 杨伯峻译注：《论语译注》，第70—71页。
④ 杨伯峻译注：《论语译注》，第59页。

者，独何心哉？天地间有至贵至爱可求，而异乎彼者，见其大、而忘其小焉尔。"① 在他看来，颜子所乐的正是天地间真正至贵至富、可爱可求的，这才是儒学的精髓所在。因此，当少年二程从学于周敦颐时，他就"每令寻颜子、仲尼乐处，所乐何事"②。而寻"孔颜乐处"这一教诲，对二程的思想形成而言具有重要的影响。我们知道，程颐正是凭借一篇《颜子所好何学论》得到了胡瑗的赏识③，这或许正是周敦颐引导他寻找"孔颜乐处"所产生的自然结果。对此，刘宗周曾明确指出："此伊川得统于濂溪处。"④ 寻"孔颜乐处"对于程颢而言，有着更为深刻的影响。程颢曾说："箪瓢陋巷非可乐，盖自有其乐耳。'其'字当玩味，自有深意。"⑤ 程颢正是以深入玩味的态度去探寻颜子之乐的，并且真正体会到了此种乐境。如果我们仔细体会程颢的思想，就会发现其思想中始终洋溢着一种深沉而彻底的快乐。有一首诗或许最能展现他无时不在的快乐心境，他在诗中这样写道："云淡风轻近午天，望花随柳过前川。旁人不识予心乐，将谓偷闲学少年。"⑥ 他所感受到的快乐不是常人能够轻易识得的，因为那是一种真正体会到了儒家之道的精神与境界之后所获得的至乐。正是这种孔颜之乐，为儒学注入了新的生机与活力，赋予了儒学新的精神内涵。因为只有真正认识到儒家名教在根本处是种快乐而非外在的约束和痛苦，才能使它与人的真实生命相与一体，也才能避免儒学再次跌入虚伪、苦节的流弊中去。寻求儒学之乐，也是当时儒者的共识，比如邵雍就曾说："学不至于乐，不可谓之学。"⑦

儒学在总体气象上的转变，还有一个表现，就是对"吾与点也"之

---

① （宋）周敦颐：《周敦颐集》卷二《通书》，陈克明点校，中华书局2009年版，第32—33页。
② （宋）程颢、程颐：《二程集》，《河南程氏遗书》卷第二上，王孝鱼点校，第16页。
③ 参见（宋）程颢、程颐《二程集》，《河南程氏遗书》附录《伊川先生年谱》，王孝鱼点校，中华书局2004年版。
④ （清）黄宗羲原著，全祖望补修：《宋元学案》卷十六《伊川学案下》，陈金生、梁运华点校，第644页。
⑤ （宋）程颢、程颐：《二程集》，《河南程氏遗书》卷第十二，王孝鱼点校，第135页。
⑥ （宋）程颢、程颐：《二程集》，《河南程氏文集》卷第三《偶成》，王孝鱼点校，第476页。
⑦ （清）黄宗羲原著，全祖望补修：《宋元学案》卷九《百源学案上》，陈金生、梁运华点校，第379页。

意涵的体会与阐发。程颢曾回忆说:"某自再见茂叔后,吟风弄月以归,有'吾与点也'之意。"① 所谓"吾与点也"之意,也是出自《论语》。据记载,孔子询问他的几个弟子各有什么志向,曾点这样回答:"莫春者,春服既成,冠者五六人,童子六七人,浴乎沂,风乎舞雩,咏而归。"孔子听后,喟然叹曰:"吾与点也!"② "吾与点也"表达的是一种将人自身融入天地万物中去的那样一种愿望。周敦颐是一个性情洒落、光风霁月之人,程颢性情与之相近,因此程颢见了周敦颐之后,就"吟风弄月以归",有"吾与点也"之意。程颢从周敦颐处所领略到的这种"吾与点也"之意,对其性道思想的形成有着十分重要的意义。可以说,程颢正是从对"吾与点也"之意的玩味中出发,逐步形成了他追求人与天地万物浑然一体的思想倾向。我们知道,程颢有个十分重要的观点是:"仁者,浑然与物同体。"③ "浑然与物同体"反映的正是将个体的生命与天地万物融为一体的理想境界,而这一思想与"吾与点也"之意正有着相通之处。追求天人之间的内在一致,以及人与万物的相与一体,是北宋儒学的一个重要特征,而"吾与点也"之意也恰巧为这种思想的阐发提供了一个很好的进路。因此我们说,周敦颐在这一点上对程颢的影响是值得关注的。与此相联系,北宋儒学还有一个转向,那就是开始重视对天地万物的观察与体认。这一点,用邵雍的话来说就是要观物,用程颢的话来讲就是要观"万物之生意"④。但邵雍之观物尚有一种象数学意义上的虚拟构想之色彩,而程颢之观"万物之生意",则有一种直指天地化育流行的意蕴,正所谓要直探"天地生物气象"⑤。而程颢的这种观物倾向,一定程度上可以说受到了周敦颐的影响。二程语录中有记载说:"周茂叔窗前草不除去,问之,云:'与自家意思一般。'"⑥ 周敦颐通过观察窗前的小草,体会到草之生命与自己生命的一体同流。程颢受此影响,也有过类似的言行。据《宋元学案》记载:"明道书窗前有茂

---

① (宋)程颢、程颐:《二程集》,《河南程氏遗书》卷第三,王孝鱼点校,第59页。
② 杨伯峻译注:《论语译注》,第119页。
③ (宋)程颢、程颐:《二程集》,《河南程氏遗书》卷第二上,王孝鱼点校,第16页。
④ (宋)程颢、程颐:《二程集》,《河南程氏遗书》卷第十一,王孝鱼点校,第120页。
⑤ (宋)程颢、程颐:《二程集》,《河南程氏遗书》卷第六,王孝鱼点校,第83页。
⑥ (宋)程颢、程颐:《二程集》,《河南程氏遗书》卷第三,王孝鱼点校,第60页。

草覆砌，或劝之芟，曰：'不可！欲常见造物生意。'"① 他在自己的诗中也曾说"万物静观皆自得"②。程颢与周敦颐一样，重视观察万物自得之意和天地造物之意，从而获得了一种人之生命与天地万物浑然相通的观物感受，并将这种感受渗透到他们的理论创造中去。通过前面的论述可以看出，北宋儒学相较于传统儒学而言，从一开始就携带着一股更为快乐、清新的生命气息，这是一种总体气象上的转变，而周敦颐恰恰在这些方面给了二程以深刻的影响。

接下来，我们分析一下周敦颐在儒家关于性与天道问题上的理论创造，以及这种创造与二程性道思想的内在关联。

首先，我们来考察一下周敦颐的天道观。周敦颐与邵雍一样，也是在儒家天道观上有着卓越贡献的人，开启了北宋儒学在天道观方面的先河，并对后来的儒者产生了重要的影响，尤其深刻地影响了朱熹。周敦颐与邵雍、张载、二程一样，对易学有着浓厚的兴趣，其天道观就是以易学的形式呈现出来的。更为有趣的是，在表现形式上，周敦颐也与邵雍一样，都采用了象数易学的方式，并且其渊源都与道教有关。与邵雍偏重数学的方式有别，周敦颐更偏重象学的表现方式，其成果就是他著名的《太极图》及《太极图说》。

关于周敦颐的《太极图》，历来争议颇多，争议主要集中在《太极图》的渊源、图式和具体内涵等方面。相关争议持续不断，但由于年代久远，以及各种证据的不确定性等因素，始终没有形成定论。不过，这个问题对我们这里的论述而言并不是至关重要的，因为我们更加关注的是，通过对《太极图》的诠释，周敦颐表达了一种怎样的天道观。也就是说相较于《太极图》来说，我们更加关注的是《太极图说》。在具体分析《太极图说》之前，我们对《太极图》进行一个简单的介绍。传统上认为，周敦颐的《太极图》源自道教，是通过改造道教中的《太极先天图》和《无极

---

① （清）黄宗羲原著，全祖望补修：《宋元学案》卷十四《明道学案下》，陈金生、梁运华点校，第578页。
② （宋）程颢、程颐：《二程集》，《河南程氏文集》卷第三《秋日偶成二首》，王孝鱼点校，第482页。

图》而成的。①《太极图》自上而下共分五个部分，依次标识为"无极而太极"，"阳动阴静"，"水火木金土"，"乾道成男、坤道成女"和"万物化生"②，展现出的是一幅宇宙的生化流行之图式。

《太极图说》是对《太极图》的文字阐释，集中体现了周敦颐的天道观。周敦颐在《太极图说》中这样讲："无极而太极。太极动而生阳，动极而静，静而生阴。静极复动。一动一静，互为其根；分阴分阳，两仪立焉。阳变阴合，而生水、火、木、金、土。五气顺布，四时行焉。五行，一阴阳也；阴阳，一太极也；太极，本无极也。五行之生也，各一其性。无极之真，二五之精，妙合而凝。'乾道成男，坤道成女'，二气交感，化生万物。万物生生，而变化无穷焉。"③ 这段文字通过无极、太极、阴阳、五行等概念表达了周敦颐所理解的宇宙生化的过程。其中，如何理解首句"无极而太极"的涵义，将直接影响对周敦颐天道观性质的判定。对"无极而太极"的理解分歧，一直以来就持续不断，最为著名的是朱熹与陆九

---

① 持这种观点的学者不在少数。比如在由侯外庐、邱汉生、张岂之等主编的《宋明理学史》（上）中，在进行了一番具体的分析后这样指出："上列几种说法，有些错杂纷纭，但是经过分析，大体可以肯定，周敦颐的《太极图》不是他的创造，而是传自陈抟。在传授链环中的一些次要环节，互不一致，可以存而不论。"（侯外庐、邱汉生、张岂之主编：《宋明理学史》（上），第58页）又如，张立文先生在其《宋明理学研究》中这样指出："周敦颐《太极图》的渊源，有可能是以《道藏·太极先天之图》为蓝本，吸收佛教禅师的《阿黎耶识图》，并依照陈抟的《无极图》，而制造出来的。从当时儒、释、道三教融合的形势来看，周敦颐《太极图》并非其独撰，而表现了宋代儒、释、道三教合一的趋势和周敦颐出入释、老的现实情况，也只有在三教融合趋势和潮流中，才为周敦颐制造《太极图》提供了必要的土壤。"（张立文：《宋明理学研究》，第107页）不过，也有学者提出了不同的看法。比如，杨柱才先生在《道学宗主——周敦颐哲学思想研究》一书中认为："周敦颐《太极图》并不是直如黄宗炎、朱彝尊和毛奇龄等人所说的创自河上公、传自陈抟或本之道释二氏。事实上，遍查《道藏》，北宋以前不仅没有与周氏《太极图》相似的图式，甚至局部相似的图式也不见载录。与此相反，自周子《太极图》问世以后，尤其南宋至元代，相同或相似的图式在《道藏》却大量存在，《四库全书》也有载录。这也从一个侧面说明《太极图》实是周敦颐本人所作。""总之，朱震关于周子'太极图'源流之说有明显错误，而清人将周子'太极图'归诸陈抟之授受，或出于所谓道教图式，则更是因误而重增其误。"（杨柱才：《道学宗主——周敦颐哲学思想研究》，人民出版社2004年版，第183、215页）直至今日，关于周敦颐《太极图》的各种争议仍然不断涌现，且没有定论。审慎起见，我们这里将采用传统的说法，即笼统地讲，周敦颐的《太极图》渊源于道教，但最终是由他自己改制而成的，并通过颇具易学色彩的《太极图说》赋予了《太极图》全新的内涵，从而在根本意旨上与道教区别开来。
② （宋）周敦颐：《周敦颐集》卷一《太极图》，陈克明点校，第1页。
③ （宋）周敦颐：《周敦颐集》卷一《太极图说》，陈克明点校，第3—5页。

渊的相关争论。① 陆九渊认为"无极而太极"一语有落入老子有无之辨及"有生于无"的嫌疑,因此认定《太极图说》可能是周敦颐早年的著作。陆九渊的这一判断实际上表明,他对"无极而太极"的理解是,无极在先,太极在后,无极生太极,这有悖于儒学的一贯传统,因此他要对周敦颐的这个命题进行否定。而实际上,后世有许多学者依然是这样理解"无极而太极"的。朱熹则认为"无极而太极"的涵义是"无形而有理",也就是说,无极是一形容词,是用来形容太极的,太极则是宇宙的最高之理。朱熹的这一说法在后世也被许多人接受或部分接受。这一争论之所以重要,是因为如果我们将"无极而太极"理解为无极生太极的话,那么周敦颐的天道观在根本处无疑是具有道家特征的。反之,如果我们将无极理解为形容词,认为它是用来形容太极的,那么其天道观则依然属于儒家范畴。那么,究竟应该如何来理解这一命题呢?或许应该结合《太极图》本身的特点来进行判断。《太极图》中,"无极而太极"是用一个圆圈来表示的,这或许会给我们的理解提供帮助。如果将"无极而太极"理解为无极生太极的话,无极倾向于是宇宙生化的终极实体,那么无极与太极似乎应该用两个圆圈来表示会更为妥当。② 而《太极图》只用一个圆圈来表示"无极而太极",所以我们认为"无极生太极"的理解是不合适的。因此,我们倾向于认为,无极是用来形容太极的,这样的话周敦颐的天道观依然属于儒家的义理范围。具体而言,"无极而太极"就意味着,太极是无形、无象而无限的宇宙终极本原。作为终极本原,太极之内涵不应当局限于朱熹所理解的纯粹之理③,而应同时涵盖宇宙生成义与本体义这两重内涵。

---

① 参见(清)黄宗羲原著,全祖望补修《宋元学案》卷十二《濂溪学案下》,陈金生、梁运华点校,中华书局1986年版。

② 张立文先生指出:"倘若原文首句为'无极而生太极'或'自无极而为太极',《坎离图》上应有两个圆圈才合宜。……'自无极而为太极'或'无极生太极'是周敦颐《太极图说》的原意,应据此改正。但'无极而太极'也并非朱熹独撰或妄改,而有所本;同时,《坎离图》上只有一个圆圈,也暴露了周敦颐《太极图》与《图说》的冲突和逻辑的不严密。"(张立文:《宋明理学研究》,第117页)但反过来看,如果周敦颐的《太极图》和《图说》之间是逻辑严密的话,那就恰恰说明,他之所以用一个圆圈来表示"无极而太极",是因为其涵义并非无极生太极,而是只有一个太极,无极是用来形容太极的,这里我们暂且持此种观点。

③ 关于这一点,可以参见牟宗三《心体与性体》(上),上海古籍出版社1999年版。牟宗三先生认为朱熹仅仅将太极理解为"所以然"之理,则会对理解太极之动静这一问题造成很大的困难,最终无法圆满解释太极的生化功能。

太极的生成义意味着它是天地万物的生成本原，而本体义则意味着它同时也是天地万物之存在的终极价值根基。正如余敦康先生所指出的："周敦颐的'无极而太极'实际上是对自先秦以迄于汉唐儒道两家关于本原问题研究成果的一种提炼和总结，既是一个生成论的命题，也是一个本体论的命题。……它一方面是天地万物生成的本原，另一方面又是天地万物所不得不由、不得不依、不得不归的本体，因而在中国的宇宙论中，讲生成不能脱离本体，讲本体不能脱离生成，自是题中的应有之义。"① 可以说，周敦颐借用《周易》中太极这一范畴来表示宇宙的终极本原，用"无极而太极"的命题来表达对这一终极本原的理解，大大深化了儒家关于天道的理解，并初步确立起了儒家的天道本体论，对儒学在理论上的复兴而言具有重要意义。在说明了太极的特性之后，周敦颐对天地万物的具体生化过程也进行了描述。他认为太极通过动静活动分化出了阴阳二气，在"阳变阴合"的具体作用下又生化出了五行，最终在阴阳二气和五行的"妙合"之中生化出了天地万物，从此就开始了宇宙生生不息、变化无穷的大化流行之过程。需要指出的是，在以太极为本原的宇宙生化过程中，天地万物不仅获得了具体的形质，而且也同时获得了各自的至正之性命与自身之价值，这也正是太极同时作为生化本原与价值根基的意义之所在。

以上就是我们对周敦颐天道观的分析。他的天道观对二程来说有什么影响和意义呢？我们知道，周敦颐与二程的师生缘分是短暂的，而那时他的思想也尚未成熟，加之他在世之时其思想在社会上并未有较大的影响，因此他在《太极图说》中所发挥的天道观并未对二程产生直接的影响。但是在内在义理的层面上，周敦颐和二程之间是有共通之处的。二程虽然没有像周敦颐那样提出一套较为完整的宇宙生成体系，但是他们在对宇宙终极本体的探索方面却有着相似之处。如前所言，周敦颐在《太极图说》中以太极作为宇宙的终极本原，初步开创了儒家的天道本体论。与此相类，二程也提出了他们关于天道本体的范畴，那就是天理。虽然在具体内涵上，周敦颐的太极与二程的天理之间有许多不同，但这两个范畴表明了他们都在努力探索儒家关于天道的全新理解。正是这种共同的目标，使他们对天

---

① 余敦康：《内圣外王的贯通——北宋易学的现代阐释》，学林出版社 1997 年版，第 161—162 页。

道的理解在儒家学脉上是一系相承的，在内在义理上又是彼此相通的。这或许就是周敦颐和二程在天道观方面的最主要的关联。

儒家关于性与天道问题的探索，始终基于一种对生命的高度关注，因此历代儒者都在不断探索生命尤其是人的生命的实然和应然的存在状态，以及生命存在的终极依据等一系列问题。性道问题发展至北宋，尤其进入理学的问题域以后，就展现出了较为显著的性道合一、性道贯通等特点，即性与天道的内在一致与关联被普遍重视和探讨。这一特点在周敦颐的思想中就已经开始呈现，具体表现为他对性的理解已经和对天道的理解融为一体，并集中体现在他对诚这一观念的重新诠释上。

诚是周敦颐《通书》中的核心观念，这一观念的经典来源则是《中庸》。周敦颐融合了《中庸》与《易传》的相关思想，重新诠释了诚这一性道合一的观念。《通书》开篇就这样讲："诚者，圣人之本。'大哉乾元，万物资始'，诚之源也。'乾道变化，各正性命'，诚斯立焉。纯粹至善者也。"① 其中，"大哉乾元，万物资始"，是从天道层面来讲诚之源，"乾道变化，各正性命"，则落实到性命的层面来讲诚之立。他通过诚这一观念将天道与性命贯通起来。诚观念何以能贯通天道与性命呢？我们知道，诚的本义是真实无妄，在儒家看来，宇宙的本原及其大化流行、生生不息都是真实无妄的，宇宙万有从天那里所禀获之性命亦是真实无妄的，正是这一基本的价值判断，使得诚观念能够贯通天道与性命。因此，在周敦颐这里，诚就被提升为宇宙本体，我们可以称之为"诚体"②，"诚体"既是天道本体，亦是性命本体。我们这里似乎需要思考这样一个问题，即周敦颐为何在儒家众多范畴中选择了诚这一观念来表达他对天道性命的理解呢？如果我们大胆揣测一下的话，或许是基于以下的原由。前面提到，北宋儒学要接续着之前儒学所遗留的问题继续前进，而汉末儒学所遇到的最大的现实问题就是名教虚伪化导致了儒学的没落。要对治名教虚伪这一问题，最恰当的莫过于重新挖掘蕴含在儒家名教中的真诚性，而最合适的观念无疑就是诚，因为诚的本义就是真实无妄、真诚无欺。将诚作为儒学的首要范畴，甚至将其提升至宇宙本原

---

① （宋）周敦颐：《周敦颐集》卷二《通书》，陈克明点校，第13—14页。
② 牟宗三：《心体与性体》（上），第277页。

的地位，无疑能在最大限度上提醒人们去切实地体会并践行诚所蕴示的真诚无欺之本义。可以说，诚观念被高度重视，正能在正本清源的意义上来对治和匡正名教的虚伪流弊。另一个原因或许来自佛教的刺激。佛教认为一切存在都是没有自性的，因此宇宙万有都是一种假有之空的存在，这与儒家的看法是正相反对的。而能够与佛教之空相对治的观念，最合适的也莫过于诚了，因为诚就意味着真实无妄，真有而不空。正是因为诚观念既能对治名教的虚伪流弊，又能对治佛教的空观，所以我们认为这或许就是周敦颐选择诚作为其性道思想他核心范畴的原因。通过这一范畴，周敦颐将性与天道奠定在了真实无妄的基础之上，从而开创了儒家关于性与天道问题的新局面。

在天道的层面上，周敦颐在《通书》中所提出的诚与在《太极图说》中所提出的太极是一致的，甚至可以说，诚是对太极的进一步提炼和深化。在性命的层面上，周敦颐也通过诚这一观念表达了他对性问题的理解。他继承了《中庸》和《易传》的看法，认为性是天之所命，是道在人与万物之中的体现，正所谓："一阴一阳之谓道，继之者善也，成之者性也。"① 周敦颐进一步认为，作为天之所命、道之体现的性是"纯粹至善者也"②。这里所言的"纯粹至善"之性，是在性命本体和性道合一的意义上来说的。也就是说，在超越的性命本体的层面上，周敦颐认为，人与万物之性是至善的。而在现实的层面上，他对性则有另外一种表述。《通书》中有这样一段文字，"或问曰：'曷为天下善？'曰：'师。'曰：'何谓也？'曰：'性者，刚柔、善恶、中而已矣。''不达。'曰：'刚善，为义，为直，为断，为严毅，为干固；恶，为猛，为隘，为强梁。柔善，为慈，为顺，为巽；恶，为懦弱，为无断，为邪佞。'惟中也者，和也，中节也，天下之达道也，圣人之事也。故圣人立教，俾人自易其恶，自至其中而止矣。故先觉觉后觉，暗者求于明，而师道立矣。师道立，则善人多；善人多，则朝廷正，而天下治矣。"③ 这段文字从教化、师道的层面上来言性，提出了"性者，刚柔、善恶、中而已矣"的人性学说。实际上，这是落实

---

① （宋）周敦颐：《周敦颐集》卷二《通书》，陈克明点校，第14页。
② （宋）周敦颐：《周敦颐集》卷二《通书》，陈克明点校，第14页。
③ （宋）周敦颐：《周敦颐集》卷二《通书》，陈克明点校，第20—21页。

到了具体的气质层面来言性的。虽然性是天之所命，但性必须通过具体的形体气质方能呈现出来，而在具体的形体气质的限制之下，天之所命的纯粹至善之性就表现出了刚柔善恶中的不同差异。刚善、刚恶、柔善、柔恶之间虽然也有优劣高下之别，但都是性之一偏，只有中和之性才是纯粹至善之性的圆满体现，因此就要通过教化的作用去培养中和之性，从而改变限于刚柔善恶之偏的现实人性。以上就是周敦颐对性所做出的双重理解，既有来自"诚体"层面的纯粹至善之性，又有落实在现实生命中的刚柔善恶中之性。

周敦颐的诚学思想及与之相关的人性论虽然没有对二程产生直接的影响，但是通过二程的一些具体言论我们会发现，他们之间有着很多的"心态相应，出语即合"①之处。同周敦颐一样，二程对诚这一观念也非常重视。比如，他们说："诚者合内外之道，不诚无物。"② 又有："只是一个诚。天地万物鬼神本无二。"③ 还有："至诚可以赞化育者，可以回造化。"④ 还说过："道之浩浩，何处下手？惟立诚才有可居之处。"⑤ 可以看出，二程对于诚这一观念也是高度重视的。他们认为"诚者合内外之道"，这是对诚观念的极高推崇。二程所发挥的诚的思想，当然未必来自周敦颐，他们可能直接从《中庸》《孟子》那里获得理论资源。但是不可否认，他们对诚表示了同样的兴趣，这至少说明他们在推崇这一观念上是心灵相通的。之所以心灵相通，是因为他们接续和需要解决的是同样的儒学问题，而他们所要进行的理论创造也行进在同一条道路上。在人性的问题上，与周敦颐相比，二程和张载等人显得要更为成熟一些，但是在其致思路径上也是大致相似的。比如，在性命本体的层面上，程颐提出了"性即理"，张载提出了"天地之性"；在现实之性的层面上，二程认为要性、气兼论才能达到对性的完备理解，程颢还提出了对"生之谓性"说的新理解⑥，张载则提出了"气质之性"。而周敦颐在这两个层面上也都有所建

---

① 牟宗三：《心体与性体》（上），第274页。
② （宋）程颢、程颐：《二程集》，《河南程氏遗书》卷第一，王孝鱼点校，第9页。
③ （宋）程颢、程颐：《二程集》，《河南程氏遗书》卷第六，王孝鱼点校，第83页。
④ （宋）程颢、程颐：《二程集》，《河南程氏遗书》卷第十一，王孝鱼点校，第120页。
⑤ （宋）程颢、程颐：《二程集》，《河南程氏遗书》卷第一，王孝鱼点校，第2页。
⑥ （宋）程颢、程颐：《二程集》，《河南程氏遗书》卷第一，王孝鱼点校，第10页。

树。这些表明，周敦颐、二程及张载在对人性的理解上，实际上有着一种共同的倾向，即都倾向于从不同的层面来理解性，从而达到对性之善恶现象的更好解读。因此我们说，虽然周敦颐的思想没有对二程产生直接影响，但我们却不能认为他们在思想上是没有内在关联的。而且，周敦颐与二程在思想上的内在关联性，也恰恰反映出了儒学在复兴过程中所蕴藏着的一种潜在发展趋势。

以上我们着重从周敦颐对二程的影响及他们思想之间的内在关联性等方面，考察了他们思想的一致性。而事实上，北宋时期的儒者虽然有着复兴儒学的共同目标，但在具体表现上却是各抒己见、百家争鸣，呈现出了自由创造的活跃局面。因此，在后世看来，周敦颐和二程虽然都是理学中人，但他们之间还是有着不容忽视的差异，而这种差异既是理学不同发展阶段的差异，也是不同的为学气质和思想特质之间的差异。从理学的发展过程来说，周敦颐在二程之先，处于理学发展的初创阶段，因此在思想的成熟度方面有不及二程之处。从他们各自的为学气质和思想特质方面来讲，周敦颐与二程之间实际上有着不能互相认同之处，这一点我们可以从二程对周敦颐之学的态度上看得出来。我们知道，周敦颐性情洒落，在思想上对佛道之学亦有一种较宽容的态度，平日生活中亦与僧人有所往来。而二程对佛教则是坚决排斥的，因此在这一点上应当是不认同周敦颐的。《遗书》中记载有"周茂叔穷禅客"[①]之语，由此也可看出二程与周敦颐在对待佛教态度上的不同。同时，我们知道，对于义理与象数这两种为学方式，二程是选择义理而疏远象数的，这一点从他们对待邵雍象数学的态度上即可略知一二。周敦颐的《太极图》和《太极图说》据说传自程门，但二程却终生不曾提及。这里当然有一种考据上的误差因素，即二程在世之时或许没有见到过《太极图》和《太极图说》，但我们可以想象即便二程见到了，基于对象数学的淡漠态度，他们也极有可能是没有什么兴趣的。这就是二程与周敦颐在为学模式上的差异，这也决定了二程不可能完全认同周敦颐的思想。当然，以上这些都是我们作为后来人的猜测，有些猜测可能是经不起推敲和验证的。但是周敦颐与二程之间虽有早年的师生缘分，却无后来思想上的师承关系，这却是不争的事实，或许我们也只能

---

① （宋）程颢、程颐：《二程集》，《河南程氏遗书》卷第六，王孝鱼点校，第85页。

从他们思想的差异处进行考察才能得到一些较为合理的解释。不过从他们之间的差异处，我们也可看出，北宋诸儒在复兴儒学的过程中有着较为自由的选择。他们可以排斥佛道之学，也可对其抱有较宽容的态度；他们可以通过象数的方式来表达自己的思想，也可以纯从义理出发构建其思想体系；他们可以选择不同的儒学范畴，甚至创造新范畴来实现他们在儒学上的理论创造，等等。周敦颐与二程之间的不同，我们或许可以从这些方面来想象、推测和理解。

总而言之，周敦颐与二程之间短暂的师生缘分，使二程获得了少年时期的思想启蒙，既激发了他们"慨然求道"的为学志向，也使他们初步感受到了儒学在总体气质上的某些转变。周敦颐的性道思想对于二程而言，并没有产生过直接的影响，但是由于同样行进在儒学复兴的道路上，因此他们的性道思想之间仍然有着不容忽视的内在关联。性与天道这一儒学的核心问题，在周敦颐这里已经进入了一个崭新的发展阶段，而二程同样处在这一阶段上，并且将走得更远。不管怎样，周敦颐之于二程的学术生命而言，是一个不容忽视的重要人物。

第三节　张载与二程

张载与二程之学的关系，较之王安石、邵雍和周敦颐而言，是最亲近也最具可比性的。其实，从王安石、邵雍、周敦颐到张载，他们与二程之学的关系展现出一个由远及近的次序。具体而言，王安石是在较为宽泛的儒学的意义上与二程产生了联系，邵雍则处在儒学迈向理学的边缘地带与二程有所交集，周敦颐、张载则与二程一样，都已经进入了理学发展的内部，其区别在于周敦颐尚处于理学的初创时期，而张载与二程则真正将理学创建起来，正是这样由远及近的学理关系构成了我们如此安排论述次序的原因。说到张载与二程，他们无论是在私人关系上，还是在思想交流方面，都有许多话题值得一讲。在私人关系上，张载是二程的表叔，二程是张载的外兄弟之子，正是这种亲戚关系为他们之间的往来和交流提供了方便。在具体的思想交流上，他们有过几次直接和间接的相互往来。比如，张载曾与二程在当时的京师开封共同讨论易学。后来，张载有一次途经洛阳，又与二程会面，他们就许多问题展开了深入讨论，这就是著名的"洛阳议论"。除了这种面对面的直接交流外，他们之间还有许多书信往来。这种书信往来的方式，既是他们交流思想观点的重要途径，同时也为后世留下了较为可靠的文献研究资料。张载身居关中，他所开创的学派被称为关学。在张载的教导和培育之下，关学学派涌现出了一批非常优秀的年轻学子。张载去世以后，程颐曾入关讲学，张载的弟子们也继续与二程保持了学术上的交流，有些还转从师事二程，这些也可视为张载后学与二程之间的思想交流。尽管张载关学与二程洛学因地域的不同而相对独立，但是张载与二程之间的学术交流却始终不曾间断，而且这种交流对于他们双方的思想形成来说都具有宝贵的启迪和激发作用。二程也正是在理解、评判和扬弃张载的思想过程中，逐渐步入了自身思想的圆熟之境。

张载与二程所处的时代环境是这样的，虽然就宋王朝的国内环境来讲是和平稳定的，但是其边事战争却连绵不断。张载身处关中，距离西夏国不远，因此他有比较强烈的军事愿望，曾想要组织力量夺回洮西之地，这就是《宋史》中记载的张载"少喜谈兵，至欲结客取洮西之地"[①]。后来，"以书谒范仲淹，一见知其远器，乃警之曰：'儒者自有名教可乐，何事于兵！'因劝读《中庸》"[②]。就这样，在范仲淹的引导之下，张载开始了他从事儒学的学术历程。同二程一样，张载最初也有一段泛滥佛老之学的经历："访诸释老之书，累年尽究其说，知无所得，反而求之《六经》。"[③]正是这段"累年尽究"释老之学的经历，直接引发了张载的问题意识。一定意义上可以这样说，张载的思想正是基于对佛道之学的批判而生发出来的。张载的弟子范育在为《正蒙》所作的序言中就曾这样指出："自孔孟没，学绝道丧千有余年，处士横议，异端间作，若浮屠老子之书，天下共传，与《六经》并行。而其徒侈其说，以为大道精微之理，儒家之所不能谈，必取吾书为正。……子张子独以命世之宏才，旷古之绝识，参之以博闻强记之学，质之以稽天穷地之思，与尧、舜、孔、孟合德乎数千载之间。闵乎道之不明，斯人之迷且病，天下之理泯然其将灭也，故为此言与

---

① （宋）张载：《张载集》附录《宋史张载传》，章锡琛点校，第385页。
② （宋）张载：《张载集》附录《宋史张载传》，章锡琛点校，第385页。
③ （宋）张载：《张载集》附录《吕大临横渠先生行状》，章锡琛点校，第381页。

浮屠老子辩，夫岂好异乎哉？盖不得已也。"① 从主观意向上看，张载是以批判佛道之学的态度来重建儒学的。从具体的思想内容上看，他有许多范畴和命题也是直接针对佛道之学而提出的。张载与邵雍、周敦颐、二程一样，选取了《周易》这部儒家经典作为其理论进路，他的重要著作《正蒙》与《横渠易说》就是他研易的理论成果。为了对抗佛道之学，他自觉地将理论重心放在了儒家的性道问题上，并从其独特的理论视角出发重新诠释了性与天道的内涵。张载曾说："子贡曾闻夫子言性与天道，但子贡自不晓，故曰'不可得而闻也'。"② 又说："子贡谓夫子所言性与天道不可得而闻，既云夫子之言，则是居常语之矣。"③ 这些都表明，张载对儒家的性道之学有着极高的兴趣，并想要突破"不可得而闻"这一限制而有所创造。在他看来，《周易》与性与天道问题是密切相关的。他曾指出："易乃是性与天道，其字日月为易，易之义包天道变化。"④ 又说："不见《易》则何以知天道？不知天道则何以语性？"⑤ 正是在这种观念的支配下，张载从易学的视野出发，重新建构了儒家的性道之学。二程对张载所进行的理论创造，既有高度的赞扬，也有严肃的批评。张载在一定程度上也因二程的批评而修正过自己的理论，但更多的还是坚持了己见。二程则在理解和评判张载性道思想的基础上，也对其思想有所吸收和借鉴，并最终助益于他们自己的理论创造。下面我们就从张载的性道思想出发，具体考察一下他与二程之间所发生过的理论交流与互动，以及他们在性道思想上的一致与分歧之处。

一 "太和所谓道"的天道观

北宋儒者中，张载是在天道观方面用力颇多的一个，他构建起了一套体系宏大而又特色鲜明的儒家天道观。在其天道观中，他涉及并创造了一系列的相关范畴，如太和、道、太虚、气、神化、性、糟粕等。然而正是这些范畴之间的复杂关系，造成了对其天道观的理解困难与分歧。二程也

---

① （宋）张载：《张载集》，《正蒙·范育序》，章锡琛点校，第4—5页。
② （宋）张载：《张载集》，《张子语录》，章锡琛点校，第307页。
③ （宋）张载：《张载集》，《张子语录》，章锡琛点校，第307页。
④ （宋）张载：《张载集》，《横渠易说·系辞上》，章锡琛点校，第206页。
⑤ （宋）张载：《张载集》，《横渠易说·系辞上》，章锡琛点校，第206页。

正是在这一方面对张载有着较多的批评，比如程颐就曾说："横渠立言，诚有过者，乃在《正蒙》。"① 但在张载自己看来，《正蒙》却是他多年为学之结晶的成熟之作，其天道观也集中体现在该书中。事实上，对张载天道观的理解，在后世乃至今日依然是分歧不断。究其原因，一方面或许是张载的写作特点所致，另一方面可能要归因于其各个范畴与命题之间的复杂关系。程颐就曾在给张载的书信中这样指出："观吾叔之见，至正而谨严。如'虚无即气则无无'之语，深探远赜，岂后世学者所尝虑及也？然此语未能过。余所论，以大概气象言之，则有苦心极力之象，而无宽裕温厚之气。非明睿所照，而考索至此，故意屡偏而言多室，小出入时有之。更愿完养思虑，涵泳义理，他日自当条畅。"② 当然，这只是程颐单方面的看法，我们也只能作为参考而不能以此来定论张载的思想特点。不过从中我们亦可看出二程对张载思想的总体看法，也能一定程度上感受到他们在天道观方面的分歧。至于他们之间的分歧究竟何在，或许只有通过分析张载的天道观，以及二程的具体评论，才能做出恰当的判断。

事实上，张载的天道观自形成之日起，就有学者对其进行分析、研究和评判，但是研究不断，分歧亦不断。我们知道，张载在《正蒙》中主要通过对太虚、气等范畴及其关系的论述，展开了对天道的全新理解，而后世学者产生分歧的焦点也正集中在对太虚观念和虚气关系的理解上。就当前学界的研究来看，主要有两种理解。第一种理解认为，太虚就是气，是气"散而未聚之状态"③。第二种理解认为，太虚不能离气，但太虚并不就是气④，而是一超越的本体范畴⑤。这两种观点，展现出了对张载天道观内涵理解的主要分歧，而它们又都能在张载的著作中找到论据。比如，前者的论据有，"虚空即气"，"气块然太虚，升降飞扬，未尝止息"，"太虚即气"，"太虚不能无气，气不能不聚而为万物，万物不能不散而为太虚"⑥，

---

① （宋）程颢、程颐：《二程集》，《河南程氏文集》卷第九《答杨时论西铭书》，王孝鱼点校，第609页。
② （宋）程颢、程颐：《二程集》，《河南程氏文集》卷第九《答横渠先生书》，王孝鱼点校，第596页。
③ 冯友兰：《中国哲学史》（下册），华东师范大学出版社2000年版，第229页。
④ 参见牟宗三《心体与性体》（上），上海古籍出版社1999年版。
⑤ 参见丁为祥《虚气相即——张载哲学体系及其定位》，人民出版社2000年版。
⑥ （宋）张载：《张载集》，《正蒙·太和篇第一》，章锡琛点校，第7—8页。

等等。后者的论据有，"太虚无形，气之本体"，"合虚与气，有性之名"，"散殊而可象为气，清通而不可象为神"①，等等。这两种观点都从各自的基本判断出发，对张载的太虚观念和虚气关系进行了不同的理解和定位。这种状况表明，或许张载的思想中确实存在着不尽一致之处和多种诠释的潜在空间，但也不排除研究者用自己的理解去诠释张载思想的可能性。有鉴于此，我们所能做的，或许就是尽可能地从张载的思想本身出发，尤其是从他的问题意识、理论诉求、理论体系和理论风格等综合因素出发，对其思想进行分析和判断，这样才能更准确地接近他的思想真实，也才能更好地把握他与二程在天道理解上的分歧。

《正蒙》的首篇名为"太和篇"，其首出的观念即是"太和"。鉴于张载创作《正蒙》时的严谨态度以及他对遣词造句的考究②，我们似乎都不应忽视"太和"这一观念的重要性。冯友兰先生就曾指出："'太和'这个范畴，其重要性不亚于'太虚'。《正蒙》的第一条就是讲'太和'，而不是讲'太虚'。"③事实上，张载对"太和"观念的诠释，已经呈现了其天道观的主要内涵和基本特征。他这样讲："太和所谓道，中涵浮沈、升降、动静、相感之性，是生絪缊、相荡、胜负、屈伸之始。其来也几微易简，其究也广大坚固。起知于易者乾乎！效法于简者坤乎！散殊而可象为气，清通而不可象为神。不如野马、絪缊，不足谓之太和。"④在张载的理解中，太和就是所谓的道，实际上也是指天道及其流行。太和之道的特点在于，它一方面呈现了絪缊、相荡、胜负、屈伸等气化流行之具体相状；另一方面又涵含着产生这些相状的内在依据，即"中涵浮沈、升降、动静、相感之性"。因此可以说，太和之道是气化流行与其内在本性依据的统一。由此，张载才会有"散殊而可象为气，清通而不可象为神"的说法。这也说明，在太和所表示的天道及其流行中，同时有两种因素存在，其一是散殊而有象之气，其二是清通而不可象之神。正是散殊而有象之气才产生了絪缊、

---

① （宋）张载：《张载集》，《正蒙·太和篇第一》，章锡琛点校，第7—9页。
② 张载曾说："学者潜心略有所得，即且志之纸笔，以其易忘，失其良心。若所得是，充大之以养其心，立数千题，旋注释，常改之，改得一字即是进得一字。始作文字，须当多其词以包罗意思。"（宋）张载：《张载集》，《经学礼窟·义理》，章锡琛点校，第275页。
③ 冯友兰：《中国哲学史新编》（下），人民出版社1999年版，第144页。
④ （宋）张载：《张载集》，《正蒙·太和篇第一》，章锡琛点校，第7页。

相荡、胜负、屈伸之具体相状，而清通不可象之神则正与浮沈、升降、动静、相感之性相对应。换句话说，张载的太和之道既是宇宙创生的气化流行之过程，又是万有存在获得各自性命的价值赋予之过程。理解了这一点，将对我们进一步把握张载的太虚观念及虚气关系有很大帮助，因为太虚、气等范畴正是对"太和所谓道"这一天道观的具体展开。

《太和篇》在论述了太和观念之后，就展开了对太虚、气等范畴的阐释。我们来具体分析一下张载是如何阐释太虚观念的。他说："太虚无形，气之本体，其聚其散，变化之客形尔；至静无感，性之渊源，有识有知，物交之客感尔。"① 前面提到过，气是散殊而有象的，而这里讲"太虚无形"。从这一点上说，太虚不能直接等同于气，至少不同于散殊而有象之气。但太虚又是气之本体，这里的本体应是本然之体的意思，也就是说，太虚是气的本然之体，本初之状态。"其聚其散，变化之客形尔"，这是说聚散并不是太虚自身，而是它变化所现之具体相状。这几句话表明，太虚不可等同于气，但太虚又是气的本然之体，或者说太虚是气的本然、本初之状态。也正是从这个意义上，才可以说"太虚即气"②。不过同时，我们还要注意到接下来的"至静无感，性之渊源"这句话。这里的意思似乎是说，太虚是至静无感的，并且它是性之渊源。这就意味着，太虚是万物之性的根源所在。综合前面的论述来理解的话，太虚就既是气之本体，又是性之渊源，是气性本原的统一体。这实际上与太和之道的涵义是一致的，只不过太和是从天道流行的角度来讲，而太虚是从存在本原的角度来讲。这里所谓的存在本原，包含了存在之形质和存在之性命的双重内涵。或许正是由于张载的太虚观念是气性本原的统一体，所以才会对我们的理解造成许多困难，因为他会在有些地方比较强调太虚作为气之本体的一面，而在另一些地方又会强调太虚作为性之渊源的一面。他在强调太虚为气之本体时，比较突显太虚实而不空、虚而非无的特点，并以此来批判佛道之学。比如他说："气之聚散于太虚，犹冰凝释于水，知太虚即气，则无无。"③ 又说："至虚之实，实而不固。"④ 他从太虚是气之本体的角度出发

---

① （宋）张载：《张载集》，《正蒙·太和篇第一》，章锡琛点校，第7页。
② （宋）张载：《张载集》，《正蒙·太和篇第一》，章锡琛点校，第8页。
③ （宋）张载：《张载集》，《正蒙·太和篇第一》，章锡琛点校，第8页。
④ （宋）张载：《张载集》，《正蒙·乾称篇第十七》，章锡琛点校，第64页。

提出"太虚即气",从而批判了道家以无为本的观念,因为太虚虽名为虚,而其实是至实之虚,实而不固之虚,虚并不是无。同时,张载也从这一角度出发来批判佛教的空与幻化等观念。他说:"此道不明,正由懵者略知体虚空为性,不知本天道为用,反以人见之小因缘天地。明有不尽,则诬世界乾坤为幻化。"① 可以说,张载强调太虚是气之本体,一方面表明了他对天道的基本理解;另一方面也以此来对抗佛道的空、无之说。但与此同时,他也在许多地方强调了太虚作为性之渊源的一面,并以此来表达他对天道的价值化判断。比如,他曾说:"太虚为清,清则无碍,无碍故神;反清为浊,浊则碍,碍则形。"② 他认为,太虚的本性是清通而神的,而不是混浊有碍的。这里实际上暗含了一种价值上的判断,以太虚为清表达出的就是一种善的价值取向,因为只有这样才能保证万物之性在本原上的纯粹至善,张载也才会有"性于人无不善,系其善反不善反而已"③ 的性善论之说。反之,如果太虚仅仅是气之本体,那么就没有十分的必要进行这种清浊性质的判断。从这个意义上来说,太虚是"清通而不可象为神",与"散殊而可象"之气是有所区别的。张载还说:"由太虚,有天之名;由气化,有道之名;合虚与气,有性之名。"④ 这里也是将太虚与气化、虚与气分别而言之,以表明太虚与气的不可混同。张载尝言要"为天地立心"⑤,即要为天地的存在寻求至善之根源,而太虚只有涵具了性之渊源这一超越的层面,方能为天地之心的存在在最根本处奠定根基。

总的来说,张载的太虚观念反映了他对天道本原的深入探索,太虚观念在总体性质上与太和之道是一致的。太虚既是气之本然状态,亦是性之渊源,是"兼体而不累者"⑥,亦是"有无、隐显、神化、性命通一无二"的"有无混一之常"⑦。从太和和太虚这两个基本范畴中,我们已

---

① (宋) 张载:《张载集》,《正蒙·太和篇第一》,章锡琛点校,第8页。
② (宋) 张载:《张载集》,《正蒙·太和篇第一》,章锡琛点校,第9页。
③ (宋) 张载:《张载集》,《正蒙·诚明篇第六》,章锡琛点校,第22页。
④ (宋) 张载:《张载集》,《正蒙·太和篇第一》,章锡琛点校,第9页。
⑤ (宋) 张载:《张载集》,《近思录拾遗》,章锡琛点校,第376页。
⑥ (宋) 张载:《张载集》,《正蒙·太和篇第一》,章锡琛点校,第7页。
⑦ (宋) 张载:《张载集》,《正蒙·太和篇第一》,章锡琛点校,第8页。

能基本明白张载对天道流行和天道本原的总体看法了。而事实上，张载在此基础上，还对天道流行的具体过程、方式等细节问题进行了深入的思考和详尽的描述，这些内容依次展现在《正蒙》的《参两篇》《天道篇》《神化篇》《动物篇》《乾称篇》等章节中。张载在进行了一番"稽天穷地"①式的思考之后，运用了一系列范畴来描述天地万物的具体生化过程，比如虚气、阴阳、神化、参两、性命、日月、昼夜、刚柔、动植、感应，等等。通过这一系列众多的范畴和详尽的论述，张载为我们呈现出了一幅规模宏大而又细致入微的总体宇宙图景，同时也尽显其天道观的独有特色。

在上述天道观中，太和、太虚范畴分别从天道流行和天道本原的角度向我们呈现了天道的气性统一之特征，不过从其天道观的总体风格上来说，张载更为突显的是天道的气和气化这一层面。或者说，清通而不可象的神之层面和作为万物存在根据的性之层面，都是太和、太虚作为天道及其本原的内在应有之义，但在包含了这一应有之义的基础上，张载突显更多的是天道的气化特征。这也就是他所说的："由气化，有道之名。"②"不如野马、絪缊，不足谓之太和。"③所谓野马、絪缊，所描述的正是太和之道的气化流行这一特征。在对太虚观念进行诠释的过程中，张载也非常突显太虚作为气之本体的这一层面。比如他说："太虚不能无气，气不能不聚而为万物，万物不能不散而为太虚。"④又说："太虚者，气之体。"⑤"气坱然太虚，升降飞扬，未尝止息，《易》所谓'絪缊'，庄生所谓'生物以息相吹'、'野马'者与！"⑥这或许也正是后人容易仅从气的层面来理解太虚观念而忽视其他层面的原因。不仅如此，如果我们仔细考察《正蒙》中有关天道的具体论述，我们也会明显感受到气化流行在张载天道观中所占据的突出地位。比如他说："神，

---

① （宋）张载：《张载集》，《正蒙·范育序》，章锡琛点校，第5页。
② （宋）张载：《张载集》，《正蒙·太和篇第一》，章锡琛点校，第9页。
③ （宋）张载：《张载集》，《正蒙·太和篇第一》，章锡琛点校，第7页。
④ （宋）张载：《张载集》，《正蒙·太和篇第一》，章锡琛点校，第7页。
⑤ （宋）张载：《张载集》，《正蒙·乾称篇第十七》，章锡琛点校，第66页。
⑥ （宋）张载：《张载集》，《正蒙·太和篇第一》，章锡琛点校，第8页。

天德，化，天道。德，其体，道，其用，一于气而已。"① 可以说，气确实在张载的天道观中有着十分突出的地位，借用牟宗三先生的话来说就是"气之意味太重"②。那么，张载为什么要如此突出天道的气化流行这一层面呢？二程曾说："横渠言气，自是横渠作用，立标以明道。"③ 这句话暗示我们，张载注重言气是为了"立标以明道"。所谓"立标以明道"，应当是指以气来突显和确立儒家天道观的特色，从而明儒家之道，以别于佛老之道。我们知道，张载为学的主要动机之一就是要明儒家之道，以对抗佛道之学。因此，在他重建儒家天道观的过程中，必然要将对抗和批判佛道二教的天道观作为其重要目标。而在张载看来，佛教与道家的天道观分别以空和无为其主要特征，要批判这两种观点，只有提出另外一种能与空和无相对立的，同时又能反映儒家天道观之特点的范畴和观念。张载思考的结果就是提出了太虚这一观念。一方面，"太虚无形"，它不同于具体的有形有象的存在，具有一定程度上的超越意义，因此可以作为天道的本原范畴。另一方面，太虚又不是道家所谓的无，因为"太虚即气"，是气的本然状态，这也就是张载所说的"知太虚即气，则无无"④。同时，相对于佛教所讲的空而言，太虚又是虚而不空、虚实相即的，因为太虚本是气之本体，乃是真实无妄的存在。"太虚即气"，使太虚获得了能够与天地万物通而为一的气之基础，因此天地万物也与太虚一样，都是真实无妄的存在。正是在这个意义上，张载批判了佛教的观点，他说："若谓万象为太虚中所见之物，则物与虚不相资，形自形，性自性，形性、天人不相待而有，陷于浮屠以山河大地为见病之说。……明有不尽，则诬世界乾坤为幻化。"⑤ 张载在其天道观中尤其突显气化流行这一特点，正是为了说明天地万物的产生和存在都是有本有源、真实无妄的，从而对抗佛道二教的空、无天道观。这也正如陈来先生所说："张载的太虚即气说或虚空即气说所针对的乃是以无为本的世界观，在他看来，为了反对佛道的虚无主义世界观，必先确定宇宙为

---

① （宋）张载：《张载集》，《正蒙·神化篇第四》，章锡琛点校，第15页。
② 牟宗三：《心体与性体》（上），第375页。
③ （宋）张载：《张载集》，《张子语录》，章锡琛点校，第336页。
④ （宋）张载：《张载集》，《正蒙·太和篇第一》，章锡琛点校，第8页。
⑤ （宋）张载：《张载集》，《正蒙·太和篇第一》，章锡琛点校，第8页。

实有，才能肯定人生、伦理、人性和价值的实有。唯气的宇宙论所针对的主要不是唯心思想，而是虚无主义的宇宙论和世界观。"① 我们这里固然不认为张载是"唯气"论者，但是明白了他注重言气的目的，就能更准确地把握其天道观的理论诉求之所在。因此，我们分析张载以太虚为核心的天道观时，既要深入考察太虚观念的复杂性，又要从他的问题意识出发，关注到其天道观所呈现出来的总体气质。

张载的天道观，是他对儒家性与天道问题中天道问题的自觉思考和主动探索的理论结晶，也最能体现他个人的思想特色。在北宋儒者中，张载的天道观也是十分突出的，并且有力地推动了儒家天道观的发展。但是，由于对儒家性与天道问题思考重心和具体理解的不同，二程正是在天道观方面对张载提出了较多的异议，不能赞同他的相关理论。我们知道，太虚观念是张载天道观的核心，而二程对他的批评也正集中在这一点上。二程从形上形下的道器之辨出发，认为张载将太虚作为天道本原是不恰当的。二程曾说："'形而上者谓之道，形而下者谓之器。'若如或者以清虚一大为天道，则乃以器言而非道也。"② 这里的"或者"应当是指张载，"清虚一大"应是指太虚。显然，在二程看来，形而上者方可谓之道，形而下者只是器，以此来判断的话，清虚一大之气应属于形而下的范围，因此不可称为道。这应当是对张载的"太虚即气"，"由气化，有道之名"等命题所提出的批评。事实上，张载对形上形下的道器之辨并非全无认识，相反他对道器之辨有着自己的理解。他说："运于无形之谓道，形而下者不足以言之。"③ 这表明，他也认为形而下之器不可以道言。不过，他对形上形下的理解是这样的："'形而上者'是无形体者，故形而上者谓之道也；形而下者是有形体者，故形而下者谓之器。无形迹者即道也……有形迹者即器也。"④ 他以有无形迹来区分道与器，而他所讲的太虚又恰恰是无形迹的，因为他曾明确讲过"太虚无形"⑤，并且太虚是"清通而不可象"者，由此他自己应当是将太虚归入了

---

① 参见陈来先生为杨立华《气本与神化：张载哲学述论》一书所作的序。杨立华：《气本与神化：张载哲学述论》，北京大学出版社2008年版，第3页。
② （宋）程颢、程颐：《二程集》，《河南程氏遗书》卷第十一，王孝鱼点校，第118页。
③ （宋）张载：《张载集》，《正蒙·天道篇第三》，章锡琛点校，第14页。
④ （宋）张载：《张载集》，《横渠易说·系辞上》，章锡琛点校，第207页。
⑤ （宋）张载：《张载集》，《正蒙·太和篇第一》，章锡琛点校，第7页。

形而上之道的领域。其实，如果从张载自己对道器之辨的理解出发，太虚确实可以视为形而上之道，但问题在于他在强调"太虚无形"的同时又特别强调了"太虚即气"的这一特点。张载自己也曾说："散殊而可象为气"，而气显然属于形而下者。正是张载的太虚观念和虚气关系的这种复杂性，导致了二程对他的批评。朱熹也曾就这一问题进行过辨析，他曾说："渠本要说形而上，反成形而下，最是于此处不分明。"① 当弟子问："横渠云'太虚即气'，乃是指理为虚，似非形而下。"朱熹回答说："纵指理为虚，亦如何夹气作一处？"② 他还曾这样说："《正蒙》说道体处，如'太和''太虚''虚空'云者，止是说气。"③ 朱熹的这一看法与二程应当是一致的，他们都认为张载夹杂着气而言太虚，即使太虚是无形迹的，也不能称之为形而上之道。从这里可以看出，正是张载天道观中最为突显的气化特征，使得二程不能认同他以太虚为天道的做法。当然，二程也并非完全反对张载言气，因为他们也曾说："横渠言气，自是横渠作用，立标以明道。"④ 程颐也曾在给张载的信中这样说："观吾叔之见，至正而谨严。如'虚无即气则无无'之语，深探远赜，岂后世学者所尝虑及也？"⑤ 只是同时又指出："然此语未能无过。"⑥ 可见，二程知道张载言气的目的所在，并且也肯定了他言气的作用，只是在对待天道本原这一问题上，在形上形下的道器之辨原则上，他们不能轻易赞同张载的看法。

除此之外，二程还对张载关于"太虚为清"的这一看法提出过不同的意见。二程曾说："立清虚一大为万物之源，恐未安，须兼清浊虚实乃可言神。道体物不遗，不应有方所。"⑦ 二程认为，太虚仅以清言，而排除浊的一面，会有失"道体物不遗"的原则。朱熹也曾指出："横渠说道，止于形器中拣个好底说耳。谓清为道，则浊之中果非道乎？"⑧ 据记载，张载

---

① （宋）黎靖德编：《朱子语类》，王星贤点校，第2538页。
② （宋）黎靖德编：《朱子语类》，王星贤点校，第2538页。
③ （宋）黎靖德编：《朱子语类》，王星贤点校，第2533页。
④ （宋）张载：《张载集》，《张子语录》，章锡琛点校，第336页。
⑤ （宋）程颢、程颐：《二程集》，《河南程氏文集》卷第九《答横渠先生书》，王孝鱼点校，第596页。
⑥ （宋）黎靖德编：《朱子语类》，王星贤点校，第596页。
⑦ （宋）程颢、程颐：《二程集》，《河南程氏遗书》卷第二上，王孝鱼点校，第21页。
⑧ （宋）黎靖德编：《朱子语类》，王星贤点校，第2533页。

曾对这一问题有所回应，他说："清兼浊，虚兼实，一兼二，大兼小。"①也就是说，他以清言太虚，而实际上太虚是兼清浊虚实的。不过他的这一解释并不能完全解决问题。他以清来界定太虚，是因为清表达了他对太虚作为天道本原的一种基本定位，正如他所说："太虚为清，清则无碍，无碍故神；反清为浊，浊则碍，碍则形。"② 如果不强调太虚之清的这一特点，那么太虚的"清通而不可象"之神的特点也将丧失，由此将会导致更多的问题出现。"太虚为清"和"清兼浊"这两个命题，实际上展现出了张载天道观的内在张力，这或许也是二程提出这一问题的根本原由。在二程确立了自己的天理观念之后，他们站在至实之理的立场上，对张载的太虚观念进行了更直接的批评。《遗书》中曾记载了程颐与其弟子的一段对话，内容是这样的："又语及太虚，曰：'亦无太虚。'遂指虚曰：'皆是理，安得谓之虚？天下无实于理者。'"③ 程颐这里所指的虚或许并不能完全对应张载的太虚内涵，但是他在这里至少表明了对太虚这一提法的不赞同。在他看来，世界上并不存在真正的虚，存在的都是至实之理，因此用虚或太虚等语词来命名和规定天道都是不恰当的。至此，二程对张载天道观的批评，以及他们在天道观方面的分歧，已经彻底呈现出来了。

虽然二程对张载以太虚为核心的天道观有着不同的意见，也提出了不少的批评，但是对于张载以儒家天道观来对抗佛道之学，他们还是多有赞扬的。二程曾说："世之信道笃而不惑异端者，洛之尧夫、秦之子厚而已。"④ 张载正是在笃信儒家之道的基础上，立太虚来对抗佛道之学的。二程虽然对其具体观点持有异议，但是对他坚持儒家立场来立论还是非常赞赏的。张载同邵雍一样，都从各自的理解出发建构起了一套规模宏大的天道观体系，二程对他们的天道观虽然不能完全赞同，但对于他们各自的理论成就还是认可的，曾说："张子厚、邵尧夫，善自开大者也。"⑤ 这也表明，北宋时期的整体学术氛围还是比较自由和融洽的。不同的儒者从各自的角度出发进行理论创造，在理论探索的过程中，虽然彼此之间会有不同

---

① （宋）张载：《张载集》，《张子语录》，章锡琛点校，第343页。
② （宋）张载：《张载集》，《正蒙·太和篇第一》，章锡琛点校，第9页。
③ （宋）程颢、程颐：《二程集》，《河南程氏遗书》卷第三，王孝鱼点校，第66页。
④ （宋）程颢、程颐：《二程集》，《河南程氏遗书》卷第四，王孝鱼点校，第70页。
⑤ （宋）程颢、程颐：《二程集》，《河南程氏遗书》卷第三，王孝鱼点校，第60页。

的意见，也会有相互的批评，但是并不影响他们较为客观地承认其他儒者的理论成就。从二程对邵雍和张载的相关评价中我们就可感受到这一点。事实上，二程与张载一样，为了复兴儒学而不断探索不断创造。可以说，他们的为学宗旨是一致的，他们所受到的来自佛道之学的刺激与影响也是一样的，只是由于思考重心、思维风格等方面的差异，导致了思考结论的不同，这也是非常正常的学术现象。在他们那个时代，在儒学复兴的初期，任何的理论创造都有其合理性，儒者们之间的争论与相互评判也无可厚非，因为他们都正处于探索的过程中。正是儒者们的不同理论创造，使得北宋儒学的发展呈现出了勃勃生机，推动了儒学全方位的发展。因此，无论是张载的天道观论述，还是二程对他所提出的不同意见，对于北宋儒学的复兴和儒家"性道微言"的重建而言，都是一种积极的、健康的因素，都值得我们肯定和思考。对于二程来说，张载是与他们在学理上最为接近，彼此之间的交流也比较多的儒者，因此张载的天道观对他们而言，无疑最具启发性和影响力，也最能助益于他们自身的理论创造。

二　合虚与气之性

儒家关于性与天道问题的探索，在经历了长期的曲折演变之后，在北宋时期进入了一个新的发展阶段。从北宋儒学的发展来说，性道问题是当时儒学复兴的核心，因为它直接关系儒学在理论实质上的突破，也是儒学得以与佛道之学相抗衡的关键。通过前面关于王安石、邵雍、周敦颐和二程之学关系的考察，我们已经可以感受得到，性道问题在北宋实际上发生了某种深刻的演变。这种演变的趋势在于，基于对汉唐天人之学模式的不满，道德性命之学成为人们更为关注的话题，而同时儒者们又在努力体贴并创造出全新的天道观以取代汉唐时代的天道观。在天道观方面，邵雍、周敦颐和张载都作出了突出的贡献，他们分别从自己的理解出发，构建起了各具特色的天道观体系。在他们天道观的支配下，又分别对性的问题有所论述，并致力于对性与天道相贯通这一问题的探索。张载的性论也基本遵从这一趋势，但又有着较多的创新因素，可谓北宋儒者中性论思想非常突出的一位。一方面，张载的性论基于他"太和所谓道"、以太虚为天地本原的天道观，由其天道观自然延伸而来。另一方面，他的性论又有一种强烈的生命关怀和人文关怀的情愫蕴含其中，这就是他所讲的要"为生民立道"①。与此同时,张载通过对传统儒学中性之定义、性之善恶等核心问题的镕旧铸新式的思考,提出了一些极有创新意义的性论学说,并在许多重要问题上实现了突破。对二程来说,张载的性论是颇具启发意义的。在他们相互之间的学术交流过程中,二程与张载在性论方面既有一致之处,也有着较为显著的分歧。这种一致与分歧也正是张载与二程之学关系的重要组成部分,值得我们去分析和思考。

通观张载的著作,我们会发现他关于性的问题论述得很多,其间既有许多新颖创造之处,也有不少复杂难解的地方。这就需要我们进行细致深入的分析,并从他的整个理论体系出发去做宏观上的把握。探讨张载的性论,首先要注意到的是,在他的理论体系中,性与天道在根本处是合一的。张载既说过"性即天道也"②,也说过"天道即性也"③,还说过"性与天道合一存乎诚"④。这就告诉我们,在性道问题上,张载所理解的性,是与天道本然合一之性。这也说明,性与天道的内在贯通是张载探讨性与天道问题的基本前提,认识到这一点将有助于我们更加准确地分析张载关于性的具体论述。

我们首先来看张载关于性的基本界定。他说:"合虚与气,有性之名。"⑤ 虚与气都是张载天道观中的重要范畴,而这里以虚与气之合来界定性,无疑是将性作为天道的自然延伸来理解的。这也说明,张载之论性,首先是在天道流行、天地万物之自然生化的意义上来说的。换句话说,在天道流行的过程中,性首先是以天地万物之性的方式来呈现的,而不是首先直接地呈现为人之性。这也就是张载所说的:"性者万物之一源,非有我之得私也。"⑥ 从这一点上来说,张载所理解的性是个普遍的范畴,是通贯天地万物的,当然也包括人在其中。将性的外延扩展到天地万物的范围,我们再来看性的界定"合虚与气",似乎就比较好理解了。前面我们提到过,张载的天道观以太虚为其核心,而太虚既是气之本体,又是性之

---

① (宋)张载:《张载集》,《近思录拾遗》,章锡琛点校,第376页。
② (宋)张载:《张载集》,《正蒙·乾称篇第十七》,章锡琛点校,第63页。
③ (宋)张载:《张载集》,《横渠易说·说卦》,章锡琛点校,第234页。
④ (宋)张载:《张载集》,《正蒙·诚明篇第六》,章锡琛点校,第20页。
⑤ (宋)张载:《张载集》,《正蒙·太和篇第一》,章锡琛点校,第9页。
⑥ (宋)张载:《张载集》,《正蒙·诚明篇第六》,章锡琛点校,第21页。

渊源，因此太虚是性的根本原头。"合虚与气，有性之名"，虚当指太虚，而气则应有两层涵义，其一是"太虚即气"的本然之气，其二则是"散殊而可象"之气。在虚的层面上，性与太虚是异名而同谓，都是天地万物之根源，只是指示的角度有所不同。在气的层面上，性则落实在天地万物的具体形质之中，并成为天地万物各自存在的内在依据。性在虚的层面上，具有一定的超越性，这与太虚的超越性相一致。而在气的层面上，性则具有现实性。这就是张载关于性的基本界定。

虽然张载由其天道观出发，将性的考察范围扩展到了天地万物，但其性论关注的核心依然是人性问题，因为关注人和人生是儒家最基本的为学宗旨，也是儒家之言性与天道的最终落脚点。在人性论的问题上，儒家学者之间有着很多的争论，其争论的焦点集中在性的善恶属性或者说性与善恶的关系上。在儒家看来，善恶问题之所以如此重要，是因为人要为自身的存在寻求合理性和超越性依据，寻求人高于万物、不同于万物之处。而善恶的根源在人而言，就是人性。张载也正是接续着儒家人性论的这一传统继续前进的，但他没有局限于传统儒家的视野，而是从他自己的天道观中借鉴资源来重新诠释人性。张载在其人性论中提出的最重要的观念就是"天地之性"。他说："形而后有气质之性，善反之则天地之性存焉。故气质之性，君子有弗性者焉。"① 这里所言的"形而后有气质之性"，是指人受生以后所具有的现实人性，是包含了气的成分在其中的，而气又是有清浊之偏的。气质之性展现于人，就是："人之刚柔、缓急、有才与不才，气之偏也。"② 但除了这种气质之性，人性还有另一个层面，那就是"天地之性"。在天地之性中，气是参和不偏的，正如张载所讲："天本参和不偏，养其气，反之本而不偏，则尽性而天矣。"③ 所谓参和不偏之气，应当是太虚之气，即气之本然状态。由此，天地之性实际上就是太虚之性，参和不偏，清通而神。需要注意的是，在天道观中，太虚是气性统一之宇宙本原，张载更加突显了气和气化的层面，但在人性论中，天地之性与太虚同，而他所更加突显的却是性的超越层面。他曾说："性于人无不善，系

---

① （宋）张载：《张载集》，《正蒙·诚明篇第六》，章锡琛点校，第23页。
② （宋）张载：《张载集》，《正蒙·诚明篇第六》，章锡琛点校，第23页。
③ （宋）张载：《张载集》，《正蒙·诚明篇第六》，章锡琛点校，第23页。

其善反不善反而已。"① 又说:"聚亦吾体,散亦吾体,知死之不亡者,可与言性矣。"② 这里所言的性有太虚之气的成分,但是更有太虚的超越性蕴含其中。"性于人无不善",彰显的是性的至善性,"死之不亡"突显的则是性的永恒性,二者均体现了性在价值层面上的超越特征。在人性的层面上,张载一再强调天地之性之于人的重要意义,甚至认为只有天地之性才可以称得上是真正的人性,而气质之性则是"君子弗性者焉"。可以说,张载在其天道观和人性论中对性气二者的侧重是不同的。也就是说,在天道观中他更加强调气的作用,而在人性论中他更加强调超越之性的地位。之所以有不同的侧重,或许在于天道观和人性论所针对的是不同的问题,若在人性论中强调气质之性,那么人与物将无甚分别。因此,张载坚决反对告子"生之谓性"的说法:"以生为性,既不通昼夜之道,且人与物等,故告子之妄不可不诋。"③ 只有明确天地之性在人性中的绝对地位,方能确保人性在根源处的至善,从而真正接续孔孟儒学重视和提升人之德性生命的人性论传统。对于现实的气质之性,张载认为我们唯一要做的就是"变化气质"④,复返天地之性。他常说:"为学大益,在自求变化气质,不尔皆为人之弊,卒无所发明,不得见圣人之奥。故学者先须变化气质,变化气质与虚心相表里。"⑤ 这也说明,在张载看来,气质之性是必须变化和超越的人性,只有天地之性才是人之所以为人之性,也才是人之性命得以与天道太虚相贯通之性。

在界定了性的内涵,明确了人性的根本之后,张载又思考了性与天道的贯通之途,重新诠释了"穷理尽性以至于命"的内涵。前面我们提到过,在张载的思想体系中,性与天道是本然合一的,但站在人的角度来说,实现性与天道的实然合一却需要付出许多努力。究其原因,则在于人是有形有限的存在,气质之性遮蔽了人的灵明知觉。张载认为,实现性与天道合一的关键在于诚,他说:"性与天道合一存乎诚。"⑥ 诚是贯通性与

---

① (宋)张载:《张载集》,《正蒙·诚明篇第六》,章锡琛点校,第22页。
② (宋)张载:《张载集》,《正蒙·太和篇第一》,章锡琛点校,第7页。
③ (宋)张载:《张载集》,《正蒙·诚明篇第六》,章锡琛点校,第22页。
④ (宋)张载:《张载集》,《经学礼窟·气质》,章锡琛点校,第265页。
⑤ (宋)张载:《张载集》,《经学礼窟·义理》,章锡琛点校,第274页。
⑥ (宋)张载:《张载集》,《正蒙·诚明篇第六》,章锡琛点校,第20页。

天道的桥梁。只有做到诚，才能"穷理尽性以至于命"，最终上达天道。张载曾说："不诚不庄，可谓之尽性穷理乎？"① 可见，诚是穷理尽性的必要条件。在诚的前提下，要实现性与天道的合一，就要具体实践穷理、尽性、至于命的工夫。张载认为，在穷理、尽性、至于命三者之中，是有先后次序的，首先就是要穷理。在张载对天道及天道流行的理解中，万事万物都是真实无妄的存在，并且都有其实有之理，这一点与佛教的看法是正相反对的，因此穷理与否就被视为儒学与佛教的重要区别。他曾说："万物皆有理，若不知穷理，如梦过一生。释氏便不穷理，皆以为见病所致。"② 又说："释氏元无用，故不取理。彼以有为无，吾儒以参为性，故先穷理而后尽性。"③ 万物皆实有，并且皆有理，因此人要贯通性与天道，首先就要穷理。在穷理的方法上，张载主张渐进式。他说："穷理亦当有渐，见物多，穷理多，如此可尽物之性。"④ 只有渐进式地穷理，才能在日积月累的过程中，逐渐地尽物之性。穷理以尽物之性，这是贯通性与天道的第一步。在穷理的基础上，还要进一步地去尽性，尽物之性、尽人之性。张载曾借助《中庸》中诚与明的关系来说明穷理与尽性的关系："自诚明者，先尽性以至于穷理也，谓先自其性理会来，以至穷理；自明诚者，先穷理以至于尽性也，谓先从学问理会，以推达于天性也。某自是以仲尼为学而知者，某今亦窃希于明诚，所以勉勉安于不退。"⑤ 在现实的为学层面上，张载显然是主张"自明诚"的，即先穷理，后尽性。在张载看来，尽性比穷理要高一个层次，他说："义有精粗，穷理则至于精义，若尽性则即是入神，盖惟一故神。"⑥ 穷理尚处于精义的阶段，而尽性则已是入神的阶段了。之所以有此差别，是因为与理相比，张载认为性具有更玄妙的特征。他这样指出："性通极于无，气其一物尔。""有无虚实通为一物者，性也。"⑦ 前面曾指出，性与太虚是同一层次的范畴，因此性是"通

---

① （宋）张载：《张载集》，《正蒙·诚明篇第六》，章锡琛点校，第24页。
② （宋）张载：《张载集》，《张子语录》，章锡琛点校，第321页。
③ （宋）张载：《张载集》，《横渠易说·说卦》，章锡琛点校，第234页。
④ （宋）张载：《张载集》，《张子语录》，章锡琛点校，第312页。
⑤ （宋）张载：《张载集》，《张子语录》，章锡琛点校，第330页。
⑥ （宋）张载：《张载集》，《横渠易说·系辞下》，章锡琛点校，第217页。
⑦ （宋）张载：《张载集》，《正蒙·乾称篇第十七》，章锡琛点校，第64、63页。

极于无"，且"有无虚实通为一物"。正是在这一点上，性既不同于有形有象的具体事物，也不同于万事万物之理。由此，尽性也就比穷理要更高一层次。关于尽性的特征，除了达到"入神"的阶段之外，张载还有许多的描述。比如他说："客感客形与无感无形，惟尽性者一之。"① 又说："尽性然后知生无所得则死无所丧。"② 还说："圣人尽性，不以见闻梏其心，其视天下无一物非我，孟子谓尽心则知性知天以此。"③ 可见，尽性就能通晓太虚的客感客形与无感无形之不同状态，也能明生死之故，并视天下之物与我为一。可以说，尽性对于人而言，已经达到了与道为一的境界，但在张载看来，还要有最后一步方能真正实现性与天道的全然合一，那就是要"至于命"。性是自人或物而言的一个范畴，命则是自天而言的一个范畴，所以也称之为天命。比如张载说，"性诸道，命诸天"，"天所自不能已者谓命，物所不能无感者谓性"④，"天授于人则为命，人受于天则为性"⑤。因此，命与性相比，命始终是与天紧密相关的。张载说："故思知人不可不知天，尽其性然后能至于命。"⑥ 如果说尽性是对人与物之自我本性的最高认知和自觉，那么至于命就是对天的一种最高认知和顺应。张载说："性尽其道，则命至其源也。"⑦ 这就意味着，尽性是对道的一种体知，而至命则是与天道本原的完全合一。只有尽性而至于命，才能达到人与天的最终合一，性与天道的无间贯通。我们再强调一下，在张载的理解中，性与天道在本然的层面上是合一的，本不需要任何的工夫过程和语言论证，但站在人的角度上，要实现人与天的合一、性与天道的贯通，就必须经历一番穷理、尽性、至于命的工夫过程。因此，"穷理尽性以至于命"这一命题被张载高度重视，并做出了他自己的理解和诠释。

以上就是我们从性与天道的关系、性之界定、人性的诠释、"穷理尽性以至于命"等几个主要问题出发，对张载性论所进行的分析，从中我们

---

① （宋）张载：《张载集》，《正蒙·太和篇第一》，章锡琛点校，第7页。
② （宋）张载：《张载集》，《正蒙·诚明篇第六》，章锡琛点校，第21页。
③ （宋）张载：《张载集》，《正蒙·大心篇第七》，章锡琛点校，第24页。
④ （宋）张载：《张载集》，《正蒙·诚明篇第六》，章锡琛点校，第22页。
⑤ （宋）张载：《张载集》，《张子语录》，章锡琛点校，第324页。
⑥ （宋）张载：《张载集》，《正蒙·诚明篇第六》，章锡琛点校，第21页。
⑦ （宋）张载：《张载集》，《横渠易说·说卦》，章锡琛点校，第234页。

也可以看出其性论的基本思路和主要特点。张载的性论以其天道观为基础，融合了虚与气双重元素，重新诠释了性和人性的丰富内涵，开拓了北宋儒学关于性论的新思路。二程与张载之间有着比较多的学术往来和思想交流，反映在性论方面也有许多值得我们关注的地方。

首先，张载从天地之性和气质之性的双重角度出发，对人性进行了层次上的区分，二程在这一点上与他有着相一致之处。比如，二程说："论性，不论气，不备；论气，不论性，不明。"① 这也是从性和气两个层面出发来考察性的，在思维模式上与张载有所相似。在性的超越层面，同张载强调天地之性相似，二程也对性的超越层面有较多关注。程颐曾讲："性即理也"②，以超越之理来规定性。程颢虽然没有明确对性做出双重区分，但他也说过："盖'生之谓性''人生而静'以上不容说，才说性时，便已不是性也。"③ 这里也暗含着性有其"不容说"的超越层面，所以他才可能以"天德"来论人性："圣贤论天德，盖谓自家元是天然完全自足之物。"④ 我们从程颐的"性即理"和程颢的"不容说"之性中，都可隐约看出张载"天地之性"的影子。在性的现实层面，张载提出了"气质之性"，将气这一因素引入对性的理解中，这一点我们在二程的性论中也可看到相应的内容。比如，程颢从性气合一的角度来讲气禀之性："'生之谓性'，性即气，气即性，生之谓也。……有自幼而善，有自幼而恶，是气禀有然也。"⑤ 程颐则从才的角度来讲气："气清则才善，气浊则才恶。禀得至清之气生者为圣人，禀得至浊之气生者为愚人。"⑥ 程颐还曾说："今人言天性柔缓，天性刚急，俗言天成，皆生来如此，此训所禀受也。"⑦ 这与张载所言的"人之刚柔、缓急、有才与不才，气之偏也"⑧ 的论断是极为一致的。虽然二程与张载一样，在

---

① （宋）程颢、程颐：《二程集》，《河南程氏遗书》卷第六，王孝鱼点校，第81页。
② （宋）程颢、程颐：《二程集》，《河南程氏遗书》卷第二十二上，王孝鱼点校，第292页。
③ （宋）程颢、程颐：《二程集》，《河南程氏遗书》卷第一，王孝鱼点校，第10页。
④ （宋）程颢、程颐：《二程集》，《河南程氏遗书》卷第一，王孝鱼点校，第1页。
⑤ （宋）程颢、程颐：《二程集》，《河南程氏遗书》卷第一，王孝鱼点校，第10页。
⑥ （宋）程颢、程颐：《二程集》，《河南程氏遗书》卷第二十二上，王孝鱼点校，第291—292页。
⑦ （宋）程颢、程颐：《二程集》，《河南程氏遗书》卷第二十四，王孝鱼点校，第313页。
⑧ （宋）张载：《张载集》，《正蒙·诚明篇第六》，章锡琛点校，第23页。

论性的时候也涉及了气,但需要指出的是,他们所谓的气是有所不同的。张载所言之气是与他的太虚天道观相一致的,也就是说,他所说的气源自太虚并终将归于太虚;而二程所说的气则更多的是一种人生之禀受,与张载太虚体系中的气是有差别的。此种差别实际上源自他们对性与天道问题在总体认识上的不同,也是他们各自理论体系之差异的一种具体表现。

其次,二程与张载在性论问题上的交流,还集中表现在对"穷理尽性以至于命"这一问题的不同理解上。前面我们分析过,在张载看来,站在人的角度上,要想实现性与天道的真正贯通,就必须经历穷理、尽性、至于命这三个阶段,而且要遵循先穷理,再尽性,最终至于命这样一个先后次序。对于张载的这一看法,二程有着不同的意见。《遗书》的"洛阳议论"部分有这样一段记载:"二程解'穷理尽性以至于命':'只穷理便是至于命。'子厚谓:'亦是失于太快,此义尽有次序。须是穷理,便能尽得己之性,则推类又尽人之性;既尽得人之性,须是并万物之性一齐尽得,如此然后至于天道也。其间煞有事,岂有当下理会了?学者须是穷理为先,如此则方有学。今言知命与至于命,尽有近远,岂可以知便谓之至也?'"① 可以看出,二程与张载的分歧在于,二程认为穷理、尽性、至于命本是一事,而张载则认为三者是有区别的。二程曾说:"穷理尽性至命,只是一事。才穷理便尽性,才尽性便至命。"② 在二程看来,理、性、命三者本无不同,只是表达的角度有差别而已,因此穷理即尽性,尽性即至于命:"理也,性也,命也,三者未尝有异。穷理则尽性,尽性则知天命矣。"③ 张载则从为学的角度出发,认为不能失之太快,要先穷理,而后尽性至命。他还特别指出了"知"与"至"的不同,也就是说,即使从知的层面认为理、性、命是无区别的,但从为学的角度而言,要至于命依然需要具体的工夫过程,所以他说:"学者须是穷理为先,如此则方有学。今言知命与至于命,尽有近远,岂可以知便谓之至也?"④ 他这里所言的"知"与"至"的不同,实际上暗含了知与行的不同。但在二程的思想

---

① (宋)程颢、程颐:《二程集》,《河南程氏遗书》卷第十,王孝鱼点校,第115页。
② (宋)程颢、程颐:《二程集》,《河南程氏遗书》卷第十八,王孝鱼点校,第193页。
③ (宋)程颢、程颐:《二程集》,《河南程氏遗书》卷第二十一下,王孝鱼点校,第274页。
④ (宋)程颢、程颐:《二程集》,《河南程氏遗书》卷第十,王孝鱼点校,第115页。

中,"知"与"至"是无差异的,知与行也是不可分割的。二程曾提出"真知"这一概念,以区别于"常知"。他们曾说:"真知与常知异。……故人知不善而犹为不善,是亦未尝真知。若真知,决不为矣。"① 还说:"学者须是真知,才知得是,便泰然行将去也。"② 显然,在二程看来,真知就必然能行,因此知命就可以谓之至命,所以不存在张载所说的"知"与"至"的区别问题。也正是在这个意义上,程颢才特别强调说:"'穷理尽性以至于命',三事一时并了,元无次序,不可将穷理作知之事。若实穷得理,即性命亦可了。"③ 与此同时,二程对张载以渠和源来比喻理、性和命的关系也提出了不同的意见。二程说:"理则须穷,性则须尽,命则不可言穷与尽,只是至于命也。横渠昔尝譬命是源,穷理与尽性如穿渠引源。然则渠与源是两物,后来此议必改来。"④ 这也可以看出,二程与张载在对理、性、命的具体理解上是确实存在差异的。以上便是二程与张载在"穷理尽性以至于命"这一问题上存在的分歧,实际上也反映出了他们在复兴儒学的过程中对许多具体问题的不同看法,尤其在对性与天道这一核心问题的理解上是存在差异的。

除了上述内容以外,二程与张载在性论方面还有许多问题值得我们探讨,其中既有相似相通的看法,也有差异分歧之处。比如,张载与程颢曾在书信往来中讨论"定性"问题,等等。篇幅所限,这里就不一一论述了。

从上面的分析可以看出,张载的性论基于其天道观的独特视野和"为生民立道"的强烈人文关怀,呈现了许多崭新的气象,也有着不少的独得和创造之处,为北宋儒学在性论方面的发展作出了较大的贡献。作为和张载处于同一时期并有着较多思想交流的儒者,二程对张载的性论思想应是颇为熟知的,并且也应当从中获得了许多的启发。由于二程和张载同样处于儒学复兴的过程中,并且也都对儒家的性道问题有着较为深入的思考和研究,因此反映在性论上,他们之间就有着许多相似和相通之处。这种理论上的相似与相通,首先当然是因为他们解决的是同样的问题,其次,他

---

① (宋)程颢、程颐:《二程集》,《河南程氏遗书》卷第二上,王孝鱼点校,第16页。
② (宋)程颢、程颐:《二程集》,《河南程氏遗书》卷第十八,王孝鱼点校,第188页。
③ (宋)程颢、程颐:《二程集》,《河南程氏遗书》卷第二上,王孝鱼点校,第15页。
④ (宋)程颢、程颐:《二程集》,《河南程氏遗书》卷第二上,王孝鱼点校,第27页。

们之间的相互交流与沟通也是一个不容忽视的因素。虽然如此，由于理论视角和理论模式上的选择差异，他们之间还是存在着许多分歧，这一点我们从二程对张载性论所提出的一些批评建议中就可以看得出来。这种分歧，既表明了他们在儒学复兴的道路上各尽所能，进行着独立的理论探索和创造，也显示出了儒学在性论问题上所呈现出的复杂性和多样性。对于二程来说，张载可能是那个时期对他们有着最多影响和启发的学者。虽然对张载的天道观有着较多的批评，但对于其性论思想，二程在发表不同意见的同时，表现出更多的还是理解和赞同。因此，我们可以说，在性与天道之性的问题上，张载对二程是有着较多的启发和影响的。

三 "民胞物与"：性道合一之境界

基于对儒家基本精神和为学宗旨的深入把握，张载对儒家的性道问题给予了高度重视，不仅在天道观、性论方面提出了新的观点，创建了新的体系，而且在性与天道合一的境界层面上也有比较精彩的创见，并受到了二程的一致赞赏。张载关于性与天道合一的境界论思想集中体现在《西铭》这篇文章中，后被收入到《正蒙》的终结篇《乾称篇》中作为篇首，以表现张载的理论宗旨。由此可见，《西铭》在其整个理论体系中亦占据着重要地位。《西铭》原名"订顽"，后因程颐的建议而改名。关于此事，《河南程氏外书》是这样记载的："横渠学堂双牖，右书《订顽》，左书《砭愚》。伊川曰：'是起争端。'改之曰《东铭》《西铭》。"[①] 从这件事也可看出，二程对张载的《西铭》颇为关注，并且积极发表建议，后来更是赞赏有加。张载在《西铭》中提出了"父天母地""民胞物与"等观念，表达了他对性道合一之人生境界的体悟，也深化了儒家关于人生境界的认识。二程及后来的儒者对张载的《西铭》都颇为推崇，使之成为儒学中的一篇经典之作。二程曾说："《订顽》之言，极纯无杂，秦、汉以来学者所未到。"[②] 程颢曾说："《西铭》某得此意，只是须得佗子厚有如此笔力，佗人无缘做得。孟子以后，未有人及此。得此文字，省多少言语。"[③] 程颐

---

① （宋）程颢、程颐：《二程集》，《河南程氏外书》卷第十一，王孝鱼点校，第418页。
② （宋）程颢、程颐：《二程集》，《河南程氏遗书》卷第二上，王孝鱼点校，第22页。
③ （宋）程颢、程颐：《二程集》，《河南程氏遗书》卷第二上，王孝鱼点校，第39页。

也曾赞《西铭》是"横渠文之粹者也"①，并从"理一分殊"②的角度对《西铭》进行解读。因此可以说，《西铭》作为表达张载性道合一思想的一篇文章，不仅对他自己而言具有重要意义，对于二程来说也是颇受启发和影响之作。下面我们就具体分析一下张载《西铭》篇的本义及二程对《西铭》的解读，以加深我们对张载和二程性道思想之特质的总体把握。

《西铭》的内容具体如下：

> 乾称父，坤称母；予兹藐焉，乃混然中处。故天地之塞，吾其体；天地之帅，吾其性。民吾同胞，物吾与也。大君者，吾父母宗子；其大臣，宗子之家相也。尊高年，所以长其长；慈孤弱，所以幼吾幼。圣其合德，贤其秀也。凡天下疲癃残疾、惸独鳏寡，皆吾兄弟之颠连而无告者也。于时保之，子之翼也；乐且不忧，纯乎孝者也。违曰悖德，害仁曰贼；济恶者不才，其践形，惟肖者也。知化则善述其事，穷神则善继其志。不愧屋漏为无忝，存心养性为匪懈。恶旨酒，崇伯子之顾养；育英才，颍封人之锡类。不弛劳而底豫，舜其功也；无所逃而待烹，申生其恭也。体其受而归全者，参乎！勇于从而顺令者，伯奇也。富贵福泽，将厚吾之生也；贫贱忧戚，庸玉女于成也。存，吾顺事；没，吾宁也。③

从《西铭》篇中我们可以看出，张载从人的角度出发，将乾坤所代表的天地视为人和万物的父母，将整个世界视为一个大家庭，将天地万物和所有人都视为这个大家庭中的一分子，并且都与我有着息息相关的联系。即便是运用这种简单而直接的解读方式，我们也可感受到张载在《西铭》中所表达出的那样一种宏大而深远的人生境界，这或许正是《西铭》受到后来儒者普遍赞赏的原因。然而我们这里想要关注的是，张载是基于怎样一种视野来表述这种性道合一之境界的。换句话说，《西铭》不应是游离于张载总体思想之外的一篇孤立而突兀的文字，它应是其思想体系中的一个有

---

① （宋）程颢、程颐：《二程集》，《河南程氏遗书》卷第十八，王孝鱼点校，第196页。
② （宋）程颢、程颐：《二程集》，《河南程氏文集》卷第九《答杨时论西铭书》，王孝鱼点校，第609页。
③ （宋）张载：《张载集》，《正蒙·乾称篇第十七》，章锡琛点校，第62—63页。

机组成部分,应当是以其一贯的理论视野为出发点,并与他的其他思想相与一体的。或许只有将《西铭》放在张载的整个理论体系中,放入他一贯的理论视野之下,我们才能更加准确地把握《西铭》的本义和宗旨。张载的理论体系具体而言体现在他的《正蒙》之中,其理论视野也正是《正蒙》所反映出的视野。因此,考察《西铭》的本义,我们应当以《正蒙》的整体思路为参照背景。丁为祥先生就曾这样指出:"从一定意义上说,《西铭》所标示的人生理想正是张载创制《正蒙》的心理动因之一,因为张载'四句教'的精神都在《西铭》中有所表现。所以,《西铭》与《正蒙》是一体的关系,也需要从'一体'的角度来理解。"① 明确了《西铭》与《正蒙》的"一体"关系,我们就可以进入对《西铭》内涵的解读了。

我们知道,在张载"太和所谓道"的天道观中,太虚是天地万物生成和存在的本原,也是天地万物之个体形质与性命的赋予者。因此,从生命本原的意义上讲,太虚是天地万物的唯一根源。太虚的具体生化功能是从阴阳二气的动静交感、乾坤二德的神化妙用处真正开始的。因此,张载提取"乾""坤"这两个概念以象征阴阳天地,表征人与万物之父母,这就是他所言的"乾称父,坤称母"。之所以用"乾坤"而不用"天地",是因为在张载那里二者是有区别的,"乾坤"一语更能表达天地作为人与万物之本原父母的涵义。他曾说:"言天地则有体,言乾坤则无形。"② 我们知道,每个生命个体都有直接生育自己的父母,但对于所有生命而言,天地就是其总父母,这个意义上的父母不仅赋予生命个体以具体的形质,而且赋予了他们至正之性命。在所有生命之本原父母的意义上而言,有形有体之自然天地亦不能穷尽其义,因此用无形之"乾坤"就更为合适。这样一来,"乾称父,坤称母"的涵义就比较明确了。但我们依然要注意,在"乾坤父母"的背后实际上始终存在着太虚宇宙本体,"乾坤父母"是太虚本体的具体表现而已。在太虚天道观中,太虚是气性统一体,因此这里的"乾坤"作为所有生命之父母,亦同时包含了气化与性命这双重因素。这样我们就能更好地理解"天地之塞,吾其体;天地之帅,吾其性"的涵义了。其中"天地之塞,吾其体"指的就是生命赋予过程中的气化因素,

---

① 丁为祥:《虚气相即——张载哲学体系及其定位》,第167页。
② (宋)张载:《张载集》,《横渠易说·乾》,章锡琛点校,第69页。

而"天地之帅,吾其性"指的就是其中的性命因素。作为具体的生命个体,我只是混然处于天地间的一个渺小存在,但是当我认识到天地是自己的父母,并以"天地之塞"之气和"天地之帅"之性命作为自己真正的生命存在时,我就是一个突破和超越了一己形体之私小的"大我"了。在这个"大我"的境界中,天地是我的父母,他人是我的同胞,万物是我的同类,君主是这个大家庭的宗子,大臣则是家庭的管家。在这个民胞物与而又秩序井然的家庭中,所有的老年人都是我的长辈而得到尊养,所有的无依孤幼也都获得慈爱;所有的圣贤之人都是天地父母的优秀之子,所有的残疾鳏寡之人都是我颠连无告之兄弟。我作为天地父母的一子,就应当尽孝于天地,尊老爱幼,体恤孤寡,进而践行仁德,穷神知化,以此来存心养性而事天,达到我与天地的合一。得遇富贵福泽,固然是天地对我生命的厚爱,而身处贫贱忧戚也是天地对我生命的磨炼与成就。当活着时,我就顺应天命而不违逆,当逝去时我也安宁而无憾。这就是《西铭》所揭示出的人生境界,父天母地、民胞物与,也是张载所体会与揭示出的性与天道合一的最高境界。

在每一个有形有象、有私有欲的个体生命局限中,天地万物通为一体的生命境界被遮蔽了,个体生命也由此被局限到狭隘的一己之躯壳上,并在此躯壳上生长出许多私欲和杂念,阻碍了人与天的贯通之途,也阻塞了性与天道的合一。《西铭》就是要帮助人们打破一己小我之局限,认识到天地万物实际上是一体相通的,所有生命之间都是息息相关、血脉相连的。正是在这个意义上,《西铭》以精炼的文字和深邃的洞察力,大大提升了儒家关于人生境界的探索水平,为真正的性道合一之境界开拓了道路。事实上,父天母地、民胞物与的人生境界,正是太虚天道观的自然延伸。天道流行化生万物,以一气而贯通始终,以一性而遍在万有,这就是个体生命与太虚本原的本质联系,也正是个体生命能够突破自身局限而达到父天母地、民胞物与之境界的天道基础。因此我们说,张载所提出的民胞物与之境界论,是以其太虚天道观及其天地之性的人性论为基础的。在张载对整个宇宙的理解中,野马絪缊的太和之道,通过浮沉、升降、动静、相感之性,生出胜负、屈伸之始机,太虚之气通过动静分化出阴阳相感之气,进而化生万物。万物从太虚之气中获得自身的形质,又从太虚之性中禀获天地之性。由于天地万物共同源自太虚,因此它们在根本上是相与一体、息息相关的。人作为万物之灵秀，就应当通过穷理、尽性、至于命的工夫努力，从而达到自身性命与天道的贯通，达到民胞物与的生命境界。这就是张载心目中的完整的宇宙人生之图景，其中蕴含着他对儒家"性道微言"的深刻探索和体悟。如果说太虚天道观是张载整个思想体系的基础和开端，虚气合一之性论是其思想的进一步展开，那么《西铭》所揭示出的性道合一之境界论就是他全部思想的终点和归宿。

对于《西铭》这篇文字，程颢和程颐都表示了高度的赞赏。但我们知道，二程对张载的太虚天道观是有较多批评的。如果我们前面的论述成立，即《西铭》与《正蒙》在思想上是一致的，民胞物与的境界论是以太虚天道观为基础的，那么对于二程赞《西铭》而贬《正蒙》的行为我们就有进行分析的必要。二程之所以不赞同太虚天道观，是因为他们对天道的看法与张载存在着较大的差异，尤其不能赞同张载以太虚之气来言天道。而二程对《西铭》的赞赏，一方面应当是由于《西铭》所揭示的人生境界与二程对这一问题的理解有较多的相通之处；另一方面也有这种可能，即二程以自己的思想倾向来诠释《西铭》的内涵①，并使之向自己的思想靠拢。由于程颢和程颐之间也存在着思想上的差异，因此他们对《西铭》的解读也不尽一致。探索二程对《西铭》的不同解读，无疑将增进我们对二程与张载性道思想之关系的了解。

程颢和程颐兄弟中，程颢与张载的关系要更为亲密，不仅日常交流更为融洽，其思想的相通之处也更多一些。曾有记载说："伯淳尝与子厚在兴国寺曾讲论终日，而曰：'不知旧日曾有甚人于此处讲此事。'"② 这一记载足可以让我们想象程颢与张载二人在讲学论道时的亲密关系。张载对程颢也时有赞赏，他曾说："昔尝谓伯淳优于正叔，今见之果然；其救世之志甚诚切，亦于今日天下之事尽记得熟。"③ 程颢与张载彼此之间的融洽关系，为他们在思想上的相互理解和交流奠定了较好的基础。对于张载的《西铭》，程颢表示了倾心的赞赏，并做出了自己的理解："《西铭》某得此意，只是须得佗子厚有如此笔力，佗人无缘做得。孟子以后，未有人及

---

① 丁为祥先生也曾这样指出："二程是从自己的理路出发对《西铭》作了新的诠释。"（丁为祥：《虚气相即——张载哲学体系及其定位》，第236页）
② （宋）程颢、程颐：《二程集》，《河南程氏遗书》卷第二上，王孝鱼点校，第26页。
③ （宋）程颢、程颐：《二程集》，《河南程氏遗书》卷第十，王孝鱼点校，第115页。

此。得此文字，省多少言语。且教佗人读书，要之仁孝之理备于此，须臾而不于此，则便不仁不孝也。"① 程颢对《西铭》的这段评价，除了表现出他对《西铭》的赞赏之外，还有两点值得我们注意。第一点，程颢以"仁孝之理"来诠释《西铭》，表达出了他对《西铭》的独特理解。以"仁孝之理"来诠释《西铭》，可以说并无太大的偏差，因为张载在《西铭》中确实也表达了有关仁与孝的思想。张载曾说："仁人孝子所以事天诚身，不过不已于仁孝而已。"② 还说："仁道有本，近譬诸身，推以及人，乃其方也。必欲博施济众，扩之天下，施之无穷，必有圣人之才，能弘其道。"③ 分析一下张载所言的仁与孝的内涵，无疑正与《西铭》中的思想相一致。因此，程颢以"仁孝之理"来诠释《西铭》是不违背《西铭》本义的。但是我们知道，程颢并不赞同张载的太虚天道观，曾说："若如或者以清虚一大为天道，则乃以器言而非道也。"④ 所以，我们也可据此推测，程颢以"仁孝之理"来理解《西铭》，虽然距离《西铭》本义不远，但他应当没有意识到《西铭》与太虚天道观的内在关联。也就是说，程颢理解《西铭》的视角与张载创作《西铭》的视角是有一定偏差的。程颢对《西铭》"仁孝之理"的解读，其视角所据的是他自己的仁学思想，这也正是我们理解程颢解读《西铭》时所要注意的第二点。程颢说："《西铭》某得此意，只是须得佗子厚有如此笔力，佗人无缘做得。"这句话表明，程颢自己也曾体悟到了《西铭》之意，只是未得张载笔力，因此无缘做得如此精彩论述。这一方面表达了他对张载的肯定；另一方面也表明他自己实已把握了《西铭》中所言的生命境界。我们认为，程颢所提及的"某得此意"虽然并未像张载那样表现在《西铭》中，却呈现在了他自己的识仁思想中。程颢的识仁思想集中体现在以下这些话中："学者须先识仁。仁者，浑然与物同体"⑤，"仁者，以天地万物为一体，莫非己也。认得为己，何所不至？若不有诸己，自不与己相干"⑥。这里所言的"浑然与物同体"

---

① （宋）程颢、程颐：《二程集》，《河南程氏遗书》卷二上，王孝鱼点校，第39页。
② （宋）张载：《张载集》，《正蒙·诚明篇第六》，章锡琛点校，第21页。
③ （宋）张载：《张载集》，《正蒙·至当篇第九》，章锡琛点校，第34页。
④ （宋）程颢、程颐：《二程集》，《河南程氏遗书》卷第十一，王孝鱼点校，第118页。
⑤ （宋）程颢、程颐：《二程集》，《河南程氏遗书》卷第二上，王孝鱼点校，第16页。
⑥ （宋）程颢、程颐：《二程集》，《河南程氏遗书》卷第二上，王孝鱼点校，第15页。

和"以天地万物为一体"正是程颢所言的仁者境界。"浑然与物同体"意味着我与万物是直接通为一体的,不需要任何中介和条件,一体而无隔。这实际上是打通物我,使天地万物都融入我的生命中来。可以看出,程颢"浑然与物同体"的思想与张载"民胞物与"的思想是非常相似的,表达了一种共同的人生境界,即将我的个体生命与天地万物贯通起来的性道合一之境界。虽然有着高度的相似,但我们也应注意到,二者之间实际上也是有微妙差异的。如果说张载"民胞物与"的生命境界源自他的太虚天道观,那么程颢"浑然与物同体"的思想渊源显然不在于此。我们或许可以说,程颢对生命境界的理解实际上源自对所有生命所具有的同一性的思考。此外,在程颢"浑然与物同体"的表述中,实际上已经暗含着超越"民胞物与"中所言的父母、宗子、家相、兄弟等区分,直接突显了生命之间的本然一体性。当然这并不是说,在现实的社会人生层面,程颢会抹杀亲亲尊尊的社会秩序和推己及人的仁爱原则,而是说在性道合一的层面上,他更加突显了生命自身所具有的最大维度。从上面的分析可以看出,程颢基于自己的仁学视野对《西铭》进行了解读,同时也表达了自己关于性道合一之生命境界的体悟。从程颢对《西铭》的解读中,我们既可看出他与张载在境界论上的相通一致之处,也可体会到二者之间的微妙差异。由此,我们也感受到了程颢与张载在探索儒家性道之学的过程中所呈现出的共通之处及其各自的思想特质。

同程颢与张载之间较为轻松融洽的交流相比,程颐与张载的思想交流显得要略微严肃一些。这种较为严肃的交流氛围可能是程颐的严毅性情所致,不过这并没有影响他们之间的学术交流质量,相反,程颐对张载的思想提出了更多的也更有针对性的意见和建议。对于张载整体的学术风格,程颐有着这样的评价:"子厚谨严,才谨严,便有迫切气象,无宽舒之气。"① 程颐在写给张载的书信中,也直接指出了张载之学有"苦心极力之象,而无宽裕温柔之气","非明睿所照,而考索至此"②等特点。由此也可看出,程颐对于张载之学是有着自己的一番理解的。

---

① (宋)程颢、程颐:《二程集》,《河南程氏遗书》卷第十八,王孝鱼点校,第 196 页。
② (宋)程颢、程颐:《二程集》,《河南程氏文集》卷第九《答横渠先生书》,王孝鱼点校,第 596 页。

程颐与程颢一样，对《正蒙》有着较多的批评，但对《西铭》却非常推崇。他曾说："横渠立言，诚有过者，乃在《正蒙》。《西铭》之为书，推理以存义，扩前圣所未发，与孟子性善养气之论同功。"① 这段话表明，程颐也是将《西铭》独立于《正蒙》的整体思想之外来理解的，并且是从自己的理论视野出发来理解《西铭》的。《遗书》中还记载有这样一段程颐与弟子的对话："问：'《西铭》何如？'曰：'此横渠文之粹者也。'曰：'充得尽时如何？'曰：'圣人也。''横渠能充尽否？'曰：'言有多端，有有德之言，有造道之言。有德之言说自己事，如圣人言圣人事也。造道之言则知足以知此，如贤人说圣人事也。横渠道尽高，言尽醇，自孟子后儒者，都无佗见识。"② 可见，程颐一方面肯定《西铭》的内容，一方面又认为《西铭》是张载的"造道之言"，是"贤人说圣人事也"。在程颐看来，张载著《西铭》是其独有见识的表达，但张载自己尚未"充得尽"，尚未达至《西铭》所彰显的境界。那么，程颐自己又是如何来解读《西铭》的呢？他对《西铭》的解读用一个命题来概括的话，就是"理一分殊"。我们知道，《西铭》提出的理念是父天母地、民胞物与，表面看来有一种"兼爱"的倾向。因为这一特点，杨时在理解时就产生了《西铭》有或同于墨氏"兼爱"的疑惑，于是就致书程颐。程颐在回复杨时的信中明确表述了他对《西铭》的理解："《西铭》明理一而分殊，墨氏则二本而无分。老幼及人，理一也。爱无差等，本二也。分殊之蔽，私胜而失仁；无分之罪，兼爱而无义。分立而推理一，以止私胜之流，仁之方也。无别而迷兼爱，至于无父之极，义之贼也。子比而同之，过矣。且谓言体而不及用。彼欲使人推而行之，本为用也，反谓不及，不亦异乎？"③ 从张载自己的理论体系出发，《西铭》所言与墨氏的"兼爱"说也确有不同，因此程颐批评杨时以墨氏"兼爱"来混同《西铭》的"民胞物与"是没有问题的。但程颐以"理一分殊"来诠释《西铭》的内涵，则是站在他自己的理论立场上所进行

---

① （宋）程颢、程颐：《二程集》，《河南程氏文集》卷第九《答杨时论西铭书》，王孝鱼点校，第609页。
② （宋）程颢、程颐：《二程集》，《河南程氏遗书》卷第十八，王孝鱼点校，第196页。
③ （宋）程颢、程颐：《二程集》，《河南程氏文集》卷第九《答杨时论西铭书》，王孝鱼点校，第609页。

的解读。程颐的理论体系以理为最高范畴，理就是他所理解的"形而上之道"，"理一分殊"则揭示了道体在现实世界中的具体呈现方式。在他看来，《西铭》中所言的父天母地、民胞物与、宗子家相、老幼兄弟等，都是理的一种具体实现方式，也就是理的"分殊"。朱熹继承了程颐的这一解读，也将"理一分殊"视为《西铭》的真正涵义，并且认为，"《西铭》要句句见'理一分殊'"，"《西铭》通体是一个'理一分殊'，一句是一个'理一分殊'"，"《西铭》一篇，始末皆是'理一分殊'"。①至此，朱熹将程颐以"理一分殊"来解读《西铭》的方式大为强化，几成理学定论。但我们要知道，张载思想的最高范畴并不是理，而是太虚，并且是性气合一之太虚，《西铭》所言的"民胞物与"之境界是以太虚为其终极本原，而不是以理为其最高根据的。因此我们说，程颐及朱熹对《西铭》所进行的"理一分殊"的解读，是建立在他们自己的理论体系之上的，并不是从张载的整个思想出发来理解的。丁为祥先生也曾指出："程朱之解《西铭》，割裂了它与《正蒙》的一体关系，从而游离于《正蒙》的整体宗旨之外。再加上程朱对《正蒙》的不解与反感，这就难免没有扭曲与附会的成分。正是有鉴于此，陈俊民先生强调'理一分殊非《西铭》本旨'，认为'民胞物与的大同理想'才是《西铭》的真正宗旨。"② 我们认为，张载和程颐分别从自己的理路出发探索儒家的"性道微言"，并创建起各自的理论体系，因此程颐对张载《西铭》的解读带有自身的理论色彩也是正常的。张载的《西铭》本来呈现的是性道合一的生命境界，但通过程颐"理一分殊"的解读，就成为对整个世界的一种天理化的理解，从而也呈现出了另一种旨趣。通过上述分析我们可以说，张载创作《西铭》与程颐解读《西铭》实际上遵循的是不同的理路，这一方面体现出了《西铭》文本所蕴藏着的丰富内涵，另一方面也彰显了儒家性道问题的不同发展趋向。

张载在其太虚天道观和天地之性的性论基础上发挥出了《西铭》中"民胞物与"的生命境界论，完成了他对儒家性与天道问题的探索。程颢和程颐则从各自的思想体系出发来理解张载，他们一方面批评了张载的太

---

① （宋）黎靖德编：《朱子语类》，王星贤点校，第2522、2523页。
② 丁为祥：《虚气相即——张载哲学体系及其定位》，第168页。

虚天道观，另一方面又高度赞赏了《西铭》中的境界论，并从自己的立场出发对《西铭》进行了解读。从张载创作和二程解读《西铭》的活动中，我们可以看出他们在对儒家性道之学的探索道路上既有相通之处，又有显著差异，这些也都反映在了他们彼此之间的思想交流之中。

从张载与二程之间的思想交流及二程对张载思想所提出的种种意见、建议和评价中，我们可以看出，他们之间的学术往来是密切的，这种往来对他们各自思想的形成产生了重要影响。从儒学发展的角度来看，张载与二程之间的学术交流和论争，展现了理学内部不同学派的各自特色。从一个方面来说，由于他们各自的思想体系都具有一定程度的完整性和成熟性，因此他们之间的相互论争并不具备是非对错的性质，而更多地呈现为各学派之间的交流和切磋。但从另一个方面来说，他们之间的交流又不是全无意义的。对于张载而言，二程提出的各种建议使他在能够接受的范围内对自己的思想进行了完善和修正，从而使其思想体系更为成熟。对于二程来说，通过和张载的思想交流及对其思想所进行的种种评论，使他们收获了很多启发，并且也更加明确了自己的思想特质，这些都有助于他们的性道思想尽快成熟。

张载同王安石、邵雍、周敦颐及其他北宋儒者一样，都在二程性道思想的形成过程中与二程有着较多的学术往来和思想互动，也都或多或少地对其思想的形成产生了某种启发和影响。通过探讨以他们为代表的北宋诸儒与二程之学的关系，我们既感受到了在二程性道思想的成长和发展过程中所存在的广泛的思想碰撞，也感受到了北宋儒学复兴过程中所呈现出的多样、丰富、活跃和自由创造的良好学术氛围。在北宋诸儒看来，儒家的"性道微言"已湮没千载，正是需要儒者奋起创造的时代，因此他们都从各自的问题意识和思维进路出发，上下求索，潜心钻研，最终创建起了各具特色的儒家"性道微言"之学。二程就是在那样的时代，在和众多儒者的不断交流和对话中，逐渐摸索出了自己的为学路径，也逐步开始了他们各自的性与天道之思，并最终成为北宋儒学复兴运动中最为强劲的一股力量。

第三章 程颢：仁视域下的性与天道之思

张载曾说："二程从十四岁时便锐然欲学圣人。"① 程颢则自十五六岁时，就"慨然有求道之志"②。可以说，程颢、程颐早在少年时期，就已经自觉地踏上了追寻儒家之道的探索之途。然而他们所处的时代，并不是儒家之道昌明，而是佛道之学盛行，这对于力图复兴儒学的二程来说，就意味着他们的为学求道之路必然充满着挑战与艰辛。或许也正因此，二程在他们最初的少年求学时期，都曾经有过"未知其要，泛滥于诸家，出入于老、释者几十年"③的为学经历，但最终还是"返求诸《六经》而后得之"④，在儒家之道中寻找到了他们的安身立命之处。面对儒学当时的状况，他们都有一种深切的忧患意识，程颐曾说："周公没，圣人之道不行；孟轲死，圣人之学不传。"⑤ 用黄百家的话来说，就是："孔、孟而后，汉儒止有传经之学，性道微言之绝久矣。"⑥ 这实际上是北宋儒者对儒学发展状况的一种共识。正是在这样的情形下，二程开始了对儒家"性道微言"的重新发掘与创造。他们一方面追溯儒家"性道微言"之真义，重返

---

① （宋）张载：《张载集》，《经学理窟·学大原上》，章锡琛点校，第280页。
② （宋）程颢、程颐：《二程集》，《河南程氏文集》卷第十一《明道先生行状》，王孝鱼点校，第638页。
③ （宋）程颢、程颐：《二程集》，《河南程氏文集》卷第十一《明道先生行状》，王孝鱼点校，第638页。
④ （宋）程颢、程颐：《二程集》，《河南程氏文集》卷第十一《明道先生行状》，王孝鱼点校，第638页。
⑤ （宋）程颢、程颐：《二程集》，《河南程氏文集》卷第十一《明道先生墓表》，王孝鱼点校，第640页。
⑥ （清）黄宗羲原著，全祖望补修：《宋元学案》卷十一《濂溪学案上》，陈金生、梁运华点校，第482页。

孔孟儒学的源头；另一方面又对佛道之学进行了一番超越和批判的工作。与此同时，他们还在同当时其他儒者的交流中不断收获启示和总结经验。在这些多重因素的共同作用下，二程逐渐形成了他们自己对于儒家"性道微言"的理解，并从各自的理论视野出发，建构起了属于他们自己的性道之学。

程颢、程颐两人处于同样的时代，成长于同一个家庭，又作为年龄上仅相差一岁的颇为亲密的同胞兄弟，他们的思想之间无论如何都有某种程度上的家族相似之特征。就这一点而言，即使是对二程思想做出明确区分的牟宗三先生也曾说："自客观义理之大体气氛言，或自进德之大方向言，程氏兄弟固可说是属于同一系统者。"① 更何况，程颢、程颐所接续着的是同样的儒学传统和儒学问题，又面对的是同样的佛道盛行的客观学术局面，因此他们对相关问题的思考和应对必然有着许多相似相通之处。作为共同致力于儒学复兴的北宋中期的儒者，相较于王安石、邵雍、周敦颐和张载，程颢与程颐之间的关系无疑要更加亲密。因此，程颢与程颐在思想义理上的相似相通，乃至在重要概念、命题上的看法一致，这些都是我们毋庸置疑的。程颐自己也曾明确说过："我昔状明道先生之行，我之道盖与明道同。异时欲知我者，求之于此文可也。"② 程颢、程颐思想行状之同，于此亦可见一斑。然而，严格地讲，为学求道与理论思考毕竟是一个人的事情，这就如人饮水，冷暖自知。每个人也只能从自己的切身感受和理论兴趣出发，来构筑不同于他人而只属于自己的思维世界。从这个意义上来说，我们可以认为程颢与程颐之间虽然有着许多的相似，但依然不能掩盖隐藏在这种表面相似背后的诸多不同。程颢与程颐虽为兄弟，但性情上却有较大的差异。简单地说，程颢更为平易宽宏，而程颐则更加刚方严毅。更为重要的是，程颢与程颐立足于不同的学术视野，对儒家的"性道微言"有着各自不同的理解和体贴，这就使得他们在具体的义理阐发方面也呈现出了较大的差异。深入探索程颢、程颐各自的思维世界，体会他们在为学求道过程中的不同理路，彰显儒学在理学初始阶段所呈现出的多样

---

① 牟宗三：《心体与性体》（中），第 2 页。
② （宋）程颢、程颐：《二程集》，《河南程氏遗书》附录《伊川先生年谱》，王孝鱼点校，第 346 页。

化发展趋势，以及这种趋势对之后儒学发展所产生的影响，这些都将构成我们重新研究二程思想的重要原由和基本宗旨。因此，接下来我们就将展开对程颢、程颐性道思想的分别研究。

首先我们要关注的是程颢的思想。在关于程颢思想的研究中，我们将努力挖掘程颢的思维进路和理论视野，并在此基础上分析他对儒家性与天道问题的思考，力图呈现出他所独有的思维世界和鲜明的思想特质。在资料的选取方面，我们将尽可能地使用那些注明了作者归属的材料，主要包括《二程集》中《遗书》部分注明为"明道先生语"的第十一、十二、十三、十四卷，以及《遗书》和《外书》中标注了属于程颢言论的条目，还有《文集》部分关于"明道先生文"的第一、二、三、四卷内容。此外，对于其他一些相关的重要材料，我们也将在必要的时候，在与归属明确的材料进行对比参照之后，在借鉴前人区分鉴别成果的基础之上，谨慎地加以使用。

第一节　仁之生命视域的确立

在谈及中西文化各自特质的形成原因时，牟宗三先生用了一个"通孔"的比喻，认为"人是在通孔中表现他的精神生活"[①]的。这里的"通孔"之喻，实际上是说每一种文化都只能立足于自身的视野，依靠自身所具有的各种条件，最终形成每种文化自身的特质。我们认为，这种"通孔"说如果推开来讲的话，也可以用来解释不同思想家之间的思想差异。也就是说，实际上每个思想家都是通过他自己的"通孔"来理解和解释宇宙人生的。每个人都拥有只属于他自己的"通孔"，这个"通孔"就是他用来观察和理解世界的眼睛，也就是他的视野。这种视野中既浸透着每个人独有的精神气质和面貌，也隐藏着每个人与生俱来的各种禀性与限制，这些因素最终都将以或隐或显的方式呈现在他的思维世界之中。与西方文化及其他文化系统相比，中国文化和中国哲学有着自己的"通孔"。在中国哲学这一大的"通孔"之下，儒释道三家又各有其"通孔"，对宇宙人生也有着各自不同的理解视野和诠释模式。具体到儒学内部，每个儒者又

---

① 牟宗三：《中国哲学十九讲》，第8页。

各自有别，对儒家之道有着彼此不同的理解，所以会有孔子儒学、孟子儒学、荀子儒学，等等。对于共同致力于复兴儒家"性道微言"的北宋儒者来说，他们也是分别从其"通孔"出发，来重新理解和诠释性与天道的。比如，王安石更加关注儒家外王之道的实现，同时也带着较多的佛道之学的因素来理解和诠释儒家的"性道微言"；邵雍和周敦颐则从一种象数学的视野出发，来范围整个宇宙人生，揭示大化流行的秘密；张载则从太虚气化的视角，来解释整个世界的存在，重塑儒家的性与天道之学。同样，程颢、程颐兄弟二人也都是从其各自的"通孔"出发，来建构他们各自的思想体系。我们想要说明的是，每个思想家的"通孔"或曰视野，对他们自身的思想形成而言，不是可有可无的，它一方面是每个人必然拥有且不可轻易摆脱的；另一方面它也成为决定每个人思想特质的先决因素。当然，这种"通孔"或视野的最初形成，不完全是先天的，有着后天的理论兴趣和理论探索的因素融入其中，但是一旦形成，就将成为每个人学术生命的气质和底色，渗透到他们思想体系的各个角落中去。我们这里主要关注的是程颢的思想，因此接下来就将探索一下他的学术生命"通孔"之所在，也就是他的理论视野是什么。

程颢在经历了泛滥诸家、出入老释的早期为学活动之后，最终在儒家经典中摸索并体贴出了他所理解的"性道微言"。应当说，儒家经典基本都在程颢的涉猎范围之内，但他最为关注的应当是《周易》和后来被称为"四书"的《论语》《孟子》《中庸》和《大学》，"四书"中的《论语》和《孟子》又是他格外熟知的。正是这些儒家经典，培育了程颢的为学视野。如果我们进一步分析的话，就会发现《易传》中的"生生之谓易"和孔孟的仁学思想是构筑其理论视野的根基，正是二者的融合形成了程颢以仁为核心的生命视域。

一 "生生之谓易"的生命意识之自觉

前面我们讲过，儒家之言性与天道，源自对生命自身之存在的一种深切关注，尤其是对人的生命存在的关注。生命的存在本质、存在状态，生命与宇宙本原的关系，以及各类生命之间的联系，这些问题实际上是人类理解自身生命的一种本能思考，也是人类哲学反思意识形成的原动力。儒家所关注的性与天道问题，其内涵也恰恰是切近生命这一主题的，简单地说，性就是对生命自身的思考，天道就是对生命本原、生命存在背景的思考。程颢的性与天道之思，从一开始便进入了"生命"这一主题，而这也正是性道问题的核心所在。

程颢曾说："'天地之大德曰生'，'天地絪缊，万物化醇'，'生之谓性'，万物之生意最可观。"① 这几句话较为集中地反映了程颢对天地生物和万物生意的关注。程颢没有像周敦颐和张载那样，建构起一个较为完整和系统的宇宙生成体系，也没有为我们详细地描述一个由太极或太虚、阴阳、五行、万物等环节构成的具体生化过程，但他对于万物的生成和演化是确有其宏观把握和深刻认知的。程颢表达思想有一个特点，他往往直接引用一些儒家经典中的语句来直接表达自己的意思，而不是章解句释地一一诠释。比如，《外书》中有记载说："明道先生善言《诗》，佗又浑不曾章解句释，但优游玩味，吟哦上下，便使人有得处。"② 朱熹亦曾说："《遗书》录明道语，多有只载古人全句，不添一字底。"③ 程颢自己也时常拈出一些他认为重要的经典语句，要人去"默识而自得之"④。他的这种表达方式实际上增加了我们解读其思想的困难。但明白了这一特点之后，也能帮助我们更好地理解他关于许多问题的看法。所以我们说，虽然程颢没有就天地万物的具体生化过程展开论述，但通过他对"天地之大德曰生"，"天地絪缊，万物化醇"，"生之谓性"等语句的引述，我们亦可感受到他对天地生物这一问题的看法。在程颢看来，天地最大的德行不表现在别处，而正表现在生物上面，因为生化万物是天地间的头等大事。"天地絪缊，万物化醇"，天地通过阴阳二气的絪缊交感，生成了万物，生命也由此诞生。在不同的文化系统中，对生命的起源有着不同的认识。比如，在西方的基督教文化系统中，生命是由上帝创造的，生命的本质和存在状态均由上帝赋予。而在中国，虽然远古时期也曾有过女娲造人的传说，但在进入文明社会之后，便逐渐形成了宇宙本原、阴阳交感的天地生物观念。在中国人所理解的生命起源过程中，宗教神秘的色彩日趋淡化，而理性追溯的因素逐渐增强。在《周易》的《易传》系统和道家思想的共

---

① （宋）程颢、程颐：《二程集》，《河南程氏遗书》卷第十一，王孝鱼点校，第120页。
② （宋）程颢、程颐：《二程集》，《河南程氏外书》卷第十二，王孝鱼点校，第425页。
③ （宋）黎靖德编：《朱子语类》，王星贤点校，第2481页。
④ （宋）程颢、程颐：《二程集》，《河南程氏遗书》卷第十一，王孝鱼点校，第118页。

同影响下，中国人对天地万物的生化过程基本上达成了一种共识，比如邵雍的太极数学系统，周敦颐的太极象学系统，张载的太虚气化系统，等等。虽然在具体的阐释上有许多差别，但都遵循着一个基本相似的模式，即由太极或太虚本原，通过阴阳二气的分化，最终生化出天地万物。这种生化模式构成了中国人对整个生命世界的起源及其存在状态的基本理解，也反映了中国人心目中的整体宇宙图景。程颢没有单独提出一套完整而详细的天地万物的生成演化体系，但是他对生命演化过程的理解和感受是与其他儒者基本相似的。换个角度的话，我们可以这样说，程颢对生命世界的关注，不是更加强调生命形成的具体细节，而是更加注重去体会"天地生物之心"。所谓体会"天地生物之心"，就是要用每个人的一己之生命去感受天地生物之大德，感受宇宙的大化流行，感受各类生命的真实无妄与绵延不绝之存在，并最终将自己的生命融入天地生物的大化流行过程中去。程颢经常说为学要"默而识之"①，也就是要用自己的心和自己的生命去真实地感受和体贴圣人之语，而不是仅仅落在口头的记诵和言辞的表达上。这就意味着，我们对于宇宙生化万物的理解，不能止步于探究其生化细节，而要切实地去体贴其中所蕴含着的意义。程颢对生命世界的理解，就是首先表现在了对天地生物之大德的"默而识之"这一方面。

在哲学对生命的反思过程中，生命往往被抽象化、单一化，但在程颢对生命的理解中，他所努力达成的则是对生命的完整而丰厚之状态的还原，这集中体现在他对"生生之谓易"这一易学命题的深入解读上。在人们关于生命的各种界定和理解中，尤其是对人的生命的理解方面，生命的本质和存在状态或者被理解为原始生命的欲望本能，或者被理解为不事人为的朴素自然，或者被理解为短暂流转的虚妄空幻，或者被理解为抽象理性的认知主体，又或者被理解为趋于至善的德性存在。这些对生命的理解都揭示了生命现象的某一侧面，但又因为过于强调某一侧面而造成了对生命自身完整性的解构。程颢想要做的，或许就是要重新探寻生命的本质和存在状态，还原生命的完整性和丰富性。

在对天地生物的大化流行之过程进行了深入思考和切身体悟的基础上，他展开了对生命现象的进一步考察。他说："'生生之谓易'，生生

---

① （宋）程颢、程颐：《二程集》，《河南程氏遗书》卷第十一，王孝鱼点校，第118页。

之用则神也。"① 又说："'日新之谓盛德，生生之谓易，阴阳不测之谓神。'要思而得之。"② 正如生物是天地之大德一样，"生生"也正是"易"的核心内涵，"易"正是通过生生之神用来化生万物的。实际上，程颢这里所理解的"易"或许就是道，就是能化生万物的宇宙本原。尽管他对"易"这一范畴非常重视，但却从不轻易地明确地揭示"易"的内涵，而是要人深思并自得之。他曾说："'生生之谓易，天地设位而易行乎其中……'易毕竟是甚？又指而言曰：'圣人以此洗心退藏于密'，圣人示人之意至此深且明矣，终无人理会。易也，此也，密也，是甚物？人能至此深思，当自得之。"③ 这段话延续了程颢表达思想时的一贯特点，即既注重拈出经典语句让人思考，却又不明确加以解释。不过在这里，或许程颢认为作为圣人退藏于密的"易"，本不是可以用语言来表达的，而只能通过深思默识的方式自得之。通过他一再强调"生生之谓易"这一命题，我们亦可约略推测"易"的秘密或许正隐藏在"生生"的内涵之中。再进一步的话，"易"或许就是那万物生生不息的终极本原，所以能有日新之盛德，有阴阳不测的生生之神用。万有生命正是因为有了"易"这一神妙莫测的生生之本原，所以才获得了自身既有限而又无限的完整性和丰富性。生命的完整性首先表现在，生命是气之形质与神之善性的统一体。程颢曾说："气外无神，神外无气。"④ 气和神的结合构成了生命的完整存在。在程颢对生命的理解中，气指的是生命的形质构成，而神则指的是生命的天赋之性，二者又是从来不可分割的。正是在这个意义上，他强调"生之谓性"，并说："'生之谓性'，性即气，气即性，生之谓也。"⑤ 除了生命的完整性内涵，程颢还

---

① （宋）程颢、程颐：《二程集》，《河南程氏遗书》卷第十一，王孝鱼点校，第128页。
② （宋）程颢、程颐：《二程集》，《河南程氏遗书》卷第十一，王孝鱼点校，第133页。
③ （宋）程颢、程颐：《二程集》，《河南程氏遗书》卷第十二，王孝鱼点校，第136页。
④ （宋）程颢、程颐：《二程集》，《河南程氏遗书》卷第十一，王孝鱼点校，第121页。
⑤ （宋）程颢、程颐：《二程集》，《河南程氏遗书》卷第一，王孝鱼点校，第10页。《河南程氏遗书》卷第一中"生之谓性"一段，虽然没有标注是二程何人所言，但从后来程颐对"性即理"的诠释中可以推测此段是程颢的言论。这一段的作者归属问题学界基本没有异议，朱熹和《宋元学案》的作者等人，也都认为这是程颢的言论。具体参见《朱子语类》中"明道论性一章"[（宋）黎靖德编：《朱子语类》卷第九十五《程子之书一》，王星贤点校，第2430页]，和《宋元学案》中"'生之谓性'，性即气，气即性"一段文字[（清）黄宗羲原著，全祖望补修：《宋元学案》卷十三《明道学案上》，陈金生、梁运华点校，第564页]。

努力挖掘并体会生命世界中原本所蕴藏着的无限秘密和丰富性。首先，他认为生命世界是一个生生不息的绵延不绝的大化洪流，支配着这种生生不息之活动的是纯粹且不间断的天德。他曾说："佛言前后际断，纯亦不已是也，彼安知此哉？子在川上，曰：'逝者如斯夫！不舍昼夜。'自汉以来儒者，皆不识此义，此见圣人之心纯亦不已也。《诗》曰：'维天之命，于穆不已。'盖曰天之所以为天也。'于乎不显，文王之德之纯'，盖曰文王之所以为文也。纯亦不已，此乃天德也。"① 天地生物的不息过程与天德的纯亦不已相结合，共同构成了生命世界能够绵延不绝的不竭动力。程颢以自己对生命的这种理解，来批判佛教关于生命的理解。其次，作为生命之源的"易"之神妙性赋予了生命自身以复杂性和神秘性。程颢曾说："神也者，妙万物而为言。"② "易"以体物不遗的方式将其神妙莫测性贯注到了万有生命之中。所以人应当去"穷神知化"，去感受和探究生命世界的"幽明之故"，以及不同生命所呈现出的偏颇与中和之性。最后，生命的丰富性还要求我们不能以人为的标准来拣别生命的善恶，而应当去接纳和认可生命的原初状态。因此，程颢说："善固性也，然恶亦不可不谓之性也。"③ 因为在他看来，万物的存在本身就是阴阳消长善恶相对的："万物莫不有对，一阴一阳，一善一恶，阳长则阴消，善增则恶减。"④ 所以我们应当："以物待物，不以己待物。"⑤ 只有认可生命的多样性存在，我们才能真正体会天地生物之大德，才能真正融入天地生物的大化流行中去，从而参赞化育。这或许就是"生生之谓易"所蕴含着的真正内涵，也是程颢对这一命题的执着所在。

在对生命之源以及生命的完整性和丰富性有了一定把握的基础上，程颢经常强调要观万物之生意。正是在观万物生意的过程中，其生命意识愈加自觉，其生命视域也逐渐形成。程颢曾讲："万物之生意最可观。"⑥ 观万物生意，就是要从万有生命中去体会天地生物之大德，去默识"生生之

---

① （宋）程颢、程颐：《二程集》，《河南程氏遗书》卷第十四，王孝鱼点校，第141页。
② （宋）程颢、程颐：《二程集》，《河南程氏外书》卷第一，王孝鱼点校，第352页。
③ （宋）程颢、程颐：《二程集》，《河南程氏遗书》卷第一，王孝鱼点校，第10页。
④ （宋）程颢、程颐：《二程集》，《河南程氏遗书》卷第十一，王孝鱼点校，第123页。
⑤ （宋）程颢、程颐：《二程集》，《河南程氏遗书》卷第十一，王孝鱼点校，第125页。
⑥ （宋）程颢、程颐：《二程集》，《河南程氏遗书》卷第十一，王孝鱼点校，第120页。

谓易"的真切内涵，同时也从具体而微的生命现象中去感受生命的真实、活泼与无限生机。程颢自己就是以这样的心态去观万物之生意的，曾有记载说："明道书窗前有茂草覆砌，或劝之芟，曰：'不可！欲常见造物生意。'又置盆池畜小鱼数尾，时时观之，或问其故，曰：'欲观万物自得意。'"① 从窗前小草到池中小鱼这些普通的生命现象中，程颢都能体察和感受到一种天地造物之生意和万物的自得之意，足见他对生命世界的深入探索和体悟。程颢对生命世界的这种关注，或许受到了来自周敦颐和邵雍等人的启发，并且在他们的基础上要更为深入。《遗书》曾记载："周茂叔窗前草不除去，问之，云：'与自家意思一般。'"② 可见，在周敦颐看来，窗前之草的生命与自家生命本是一体同流之物，所以通过观察小草即可了悟生命世界的众多秘密。程颢通过观窗前小草以"见造物生意"，正与周敦颐是一样的心思。邵雍在观物方面更是颇有心得，《遗书》中记载："如春，观万物皆有春意。尧夫有诗云：'拍拍满怀都是春。'"③ 与他们一样，张载也对生命世界有着浓厚的兴趣和深切的感受，《遗书》记载说："子厚观驴鸣"④，又有："张子厚闻生皇子，喜甚；见饿莩者，食便不美。"⑤ 张载从驴鸣中想必亦是观到了万物的自得之意，而闻生皇子则喜、见饿莩者便忧，则正体现了他"民胞物与"的生命情怀。程颢对生命世界和生命现象的关注和思考，或许正是受到了这些儒者的影响，从而形成了自己关于生命世界的一番理解。宇宙间的各类生命本是同源同质的，并且共同处在宇宙的大化洪流之中，因此通过观万物之生意，即可感受天地的生化之德，把握生命存在的本质与意义，从而了悟儒家之言性与天道的真义所在。程颢正是基于这样一种情怀，展开了对生命世界的不断观察与体悟，并逐步培育起了一种生命意识的自觉。他曾在一首诗中这样描述他的观物感受："万物静观皆自得，四时佳兴与人同。"⑥ 在感受到万物的自得之意

---

① （清）黄宗羲原著，全祖望补修：《宋元学案》卷十四《明道学案下》，陈金生、梁运华点校，第578页。
② （宋）程颢、程颐：《二程集》，《河南程氏遗书》卷第三，王孝鱼点校，第60页。
③ （宋）程颢、程颐：《二程集》，《河南程氏遗书》卷第二上，王孝鱼点校，第33页。
④ （宋）程颢、程颐：《二程集》，《河南程氏遗书》卷第三，王孝鱼点校，第60页。
⑤ （宋）程颢、程颐：《二程集》，《河南程氏遗书》卷第三，王孝鱼点校，第60页。
⑥ （宋）程颢、程颐：《二程集》，《河南程氏文集》卷第三《秋日偶成二首》，王孝鱼点校，第482页。

以及人与万物一体相通的境界之后，人自身也将处于一种无上的快乐之中。他有一首诗就是来描述这种观物之快乐的，诗是这样写的："云淡风轻近午天，望花随柳过前川。旁人不识余心乐，将谓偷闲学少年。"①

程颢对性与天道问题的思考，首先就从体悟生命的本原、生命的本质和存在状态及生命世界的无限丰富与全部秘密开始，这实际上正好把握了性与天道问题的基本宗旨和核心关怀。他没有提出一些新的范畴和命题来重新诠释生命世界和生命现象，但却充分挖掘和利用了儒家传统中的相关资源，比如"天地之大德曰生""生生之谓易"等传统命题，通过一番镕旧铸新的诠释工作，赋予了这些旧命题以新鲜丰富的内涵，也提升了其中所蕴含着的生命意蕴。正是在感受天地生生之德的过程中，在体悟"生生之谓易"的深刻内涵中，在观万物自得之意的快乐心境中，程颢以生命意识之自觉为起点的学术生命之"通孔"逐步开启并明朗起来。

二 "识仁为先"的生命视域之确立

如果说对"天地之大德曰生""生生之谓易"等命题的理解与诠释，促发了程颢生命意识的初步自觉，那么对仁观念的深化和提升则标志着其生命视域的真正确立。程颢常说："学者须先识仁。"② 在他看来，对仁的把握应是为学第一要务，仁是通向生命世界的桥梁，也是贯通性与天道的唯一枢纽。在程颢的思想体系中，他所重新解读的仁观念不仅构成了其理论起点，而且也成为他整个思想的内在灵魂。或许可以这样说，程颢关于儒家性与天道问题的思考，正是在其仁视域中依次展开的。而仁视域的突出特点，恰恰表现在对儒家之仁的生命化理解。换句话说，程颢对儒家的仁观念进行了一番生命维度的解读，从而将他对生命世界和生命现象的全部思考都浓缩到了他的仁学思想中去。由此，我们这里所谓程颢的仁视域，就其根本内涵而言，就是一种生命视域。而这里所言的生命，是指具有完整、神秘、真实而又无限丰富性等特征的生命。为了更好地把握这一仁视域，下面我们就对程颢的仁观念展开分析。

在儒家创始人孔子那里，仁就被作为一个极为重要的范畴反复加以诠

---

① （宋）程颢、程颐：《二程集》，《河南程氏文集》卷第三《偶成》，王孝鱼点校，第476页。
② （宋）程颢、程颐：《二程集》，《河南程氏遗书》卷第二上，王孝鱼点校，第16页。

释，并且它也与性与天道问题有着密切的关联。虽然就孔子所单独提及的性或天道而言，仁并没有被过多地涉及，但是仁却是孔子赋予人这一生命类型的最重要内涵。在孔子的观念中，人应是生命世界中最灵秀的存在，因而也就应当对整个世界的存在负有责任。正如我们前面分析过的，虽然孔子对于人性问题只讲了"性相近也，习相远也"①，但他对于仁观念的反复诠释却表达了他对于人这种生命存在的更深刻的理解，因此，仁可以被视为孔子关于人性的核心界定。由于性与天道之间的相互贯通关系，仁也由此成为性与天道问题中的应有之义。不过，我们在《论语》中所能看到的，只是他对于仁观念的众多描述，而其中所潜藏着的关于仁与性与天道这两个重要命题之间的关联，却往往被忽视了。不过至少我们可以说，孔子是通过仁这一范畴来理解人这种生命现象的，并且经由"推己及人""推己及物"的方式扩展到了对其他生命现象的理解上，由此也暗暗开启了通向性与天道的秘密通道。我们说，程颢强调"识仁为先"，首先就是对孔子仁学思想的遥远继承。孟子是孔子仁学思想最重要的继承者和开拓者，他明确将仁与人性问题联系起来，大大深化了儒家关于人自身的理解。孟子对仁观念的深化和诸多阐释，在许多方面其实都为程颢对仁之内涵的理解开启了门径。比如，孟子以"恻隐之心"来诠释仁之端，而"恻隐之心"实际上就是人的一种生命感受力，这也说明可以从生命的互相感通这一层面来理解仁，来打通各类生命之间的隔阂。程颢或许就是受此启发，才会从"医书言手足痿痹为不仁"②的角度来形容仁的特征。又如，孟子说："仁也者，人也。合而言之，道也。"③将仁与人视为一体，并将二者合称为道，实际上是将仁、人、道这三个最重要的范畴联系并贯通起来。这一点也对程颢有重要启发，他曾说："孟子曰：'仁也者人也，合而言之道也。'《中庸》所谓'率性之谓道'是也。仁者，人此者也。"④ 正是因为仁与人之间有着如此密切的关联，而且又直通道体，因此仁才成为程颢思想体系中首先突显的观念。在对仁观念进行了重新阐释的基础上，孟子说："万物皆备于我矣。反身而

---

① 杨伯峻译注：《论语译注》，第181页。
② （宋）程颢、程颐：《二程集》，《河南程氏遗书》卷第二上，王孝鱼点校，第15页。
③ 杨伯峻译注：《孟子译注》，第329页。
④ （宋）程颢、程颐：《二程集》，《河南程氏遗书》卷第十一，王孝鱼点校，第120页。

诚，乐莫大焉。强恕而行，求仁莫近焉。"① 这里的"万物皆备于我"，"反身而诚，乐莫大焉"等思想，也对程颢产生了重要影响，并且融入了他对仁观念的重新诠释中去。程颢提出的"仁者，以天地万物为一体，莫非己也"② 等重要命题，应当就是在孟子"万物皆备于我"思想的影响下逐渐形成的。程颢作为一名儒者，又身处儒学复兴运动的潮流之中，他和其他儒者一样，都以重返孔孟之道、超越汉唐之学为其理论创造的动力，而他对孔孟之道的探索最终落脚在了孔孟的仁学思想上。由此我们说，程颢提出的"识仁为先"的看法，并不是无源之水的凭空创造，而是对孔孟之道的一种自觉回归和重新提炼。正是在深入体会孔孟仁学思想的基础上，程颢对仁这一儒家传统观念进行了创造性发挥，并且逐步确立起了以仁为根本内涵的理论视域。

程颢经常用一个比喻来形容仁的内涵。他说："医家言四体不仁，最能体仁之名也。"③ 又说："医书言手足痿痹为不仁，此言最善名状。仁者，以天地万物为一体，莫非己也。认得为己，何所不至？若不有诸己，自不与己相干。如手足不仁，气已不贯，皆不属己。"④ 还说："切脉最可体仁。"⑤ 这几段文字都是从人的身体感受出发，来形容仁的特点。在中医看来，人的身体内部遍布着相互贯通的经脉，正是通过这些经脉，人的四肢和手足彼此相感，痛痒相关。如果经脉不通，就会出现手足痿痹的"不仁"现象，从而失去感觉，不知痛痒。程颢认为，医家所言的这种身体现象，恰可以说明仁的一个最重要的特点，那就是生命内部以及生命之间所具有的相互感通性。也就是说，仁的内涵之一就是感通，人之一身四体的感通，以及各种生命之间的感通，而其感通的基础就在于天地间的生命都是同源一体的。可以看出，程颢并没有首先从道德伦理的层面来讲仁，而是直接从生命的感通现象出发来理解仁，这也展现了其仁学思想的独特之处。有了这种基本理解之后，程颢对仁又展开了更为详细

---

① 杨伯峻译注：《孟子译注》，第302页。
② （宋）程颢、程颐：《二程集》，《河南程氏遗书》卷第二上，王孝鱼点校，第15页。
③ （宋）程颢、程颐：《二程集》，《河南程氏遗书》卷第十一，王孝鱼点校，第120页。
④ （宋）程颢、程颐：《二程集》，《河南程氏遗书》卷第二上，王孝鱼点校，第15页。
⑤ （宋）程颢、程颐：《二程集》，《河南程氏遗书》卷第三，王孝鱼点校，第59页。

和深入的描述。他说："仁者，浑然与物同体"①，"仁者，以天地万物为一体，莫非己也"②，"万物之生意最可观，此元者善之长也，斯所谓仁也。人与天地一物也，而人特自小之，何耶？"③ 人与天地万物之间，不仅可以互相感通，而且是本然一体的，因此真正的仁者就会自觉到他与万物是浑然一体、毫无隔阂的。在程颢看来，以天地万物为一体，莫非己也，这并不是人的自我膨胀，而是对于生命本义的全新理解。对每一个生命个体来说，其生命意识的自觉首先源自对一己之躯壳的形体感知，正是这个有限的躯壳承载了自身生命的全部感受，具体包括本能、欲望、感情、思想等方面。但是如果局限于此，那也仅仅只是认识到了生命有限的"小我"，而忽略了生命本身所蕴含着的无限而超越的意义，生命之"大我"的存在也就被遮蔽和掩盖了。只有认识到我的个体生命与其他所有生命之间是浑然一体、息息相关的，认识到整个生命世界实际上就是一股巨大的生命洪流在涌动，而我的生命也正处于这一洪流之中，这样才真正实现了对生命之"大我"的感受和认知。这种"大我"的浑然与物一体之生命，就是仁的生命。从这个意义上可以说，仁就是对本然生命的最为真实又最为超越的诠释，也是对生命的有限与无限意义的完整呈现。这种生命之仁不仅能够被人体悟，而且也同时呈现在所有生命现象之中，只是"人则能推，物则气昏，推不得"④ 罢了。因此，程颢非常重视观万物之生意，他曾说："观鸡雏。此可观仁。"⑤ 小鸡雏身上所呈现出的盎然生意与活泼生机，无疑能让人感受到天地造物之德和生命的真实与神奇，并且也能体悟到人的生命与它的生命是一体同流的。

程颢认为，人之为学，就要"先立其大者"⑥，要先识仁，要从万物之

---

① （宋）程颢、程颐：《二程集》，《河南程氏遗书》卷第二上，王孝鱼点校，第16页。
② （宋）程颢、程颐：《二程集》，《河南程氏遗书》卷第二上，王孝鱼点校，第15页。
③ （宋）程颢、程颐：《二程集》，《河南程氏遗书》卷第十一，王孝鱼点校，第120页。
④ （宋）程颢、程颐：《二程集》，《河南程氏遗书》卷第二上，王孝鱼点校，第33页。这句话在《河南程氏遗书》中虽未注明是程颢所言，但却与"万物一体"之说同处一段文字之中，与程颢"以天地万物为一体"的思想相印证，可推断是程颢之言。此条在《近思录》中也被视为明道语。庞万里先生也认为这段文字当属明道言论，庞万里：《二程哲学体系》第二部分《〈程氏遗书〉"二先生语"考辨》，第362页。
⑤ （宋）程颢、程颐：《二程集》，《河南程氏遗书》卷第三，王孝鱼点校，第59页。
⑥ （宋）程颢、程颐：《二程集》，《河南程氏外书》卷第二，王孝鱼点校，第362页。

生意中体悟天地生物之德，达到与天地万物浑然一体的"大我"境界。普通人之所以不能有此等识见，只是被一己之躯壳局限了，被一些外诱私欲蒙蔽了，而实际上每个人都"满腔子是恻隐之心"①，只要勇于推广此心，就都可以实现自我生命之境界的提升。程颢不仅提出了"学者须先识仁"的为学进路，而且还指出了识仁的为学之方，集中在他著名的《识仁篇》中。在《识仁篇》中他这样讲："学者须先识仁。仁者，浑然与物同体。义、礼、知、信皆仁也。识得此理，以诚敬存之而已，不须防检，不须穷索。若心懈则有防，心苟不懈，何防之有？理有未得，故须穷索。存久自明，安待穷索？"② 识仁之方的关键就在于识得此理后"以诚敬存之"，只要心不懈怠，就无须防检、无须穷索。这种为学之方既要求我们要对生命之仁怀有诚敬之心，又提醒我们要以自然、快乐的态度去对待，这样才能不伤害生命自身所拥有的原初本性。从上面的分析可以看出，程颢对仁这一传统观念的解读，浸透着非常浓郁的生命色彩，可以说他是从思考生命的本质和存在状态出发，来重新诠释儒家之仁的。

程颢之学以"识仁为先"，他所理解的仁实际上是一种生生之仁。生生之仁就意味着，天地之仁德展现在生生不息的万物化生过程中，各种生命之间是休戚与共、彼此感通的关系，而人应当超越一己之"小我"，实现"浑然与物同体"的"大我"的生命境界。在程颢的心目中，宇宙本原的大化流行，各类生命的生机盎然，万物一体的生生之仁境，就是构成其总体宇宙图景的主要内容。因此，程颢以仁为核心的理论视域，实际上就是一种生命视域。程颢所理解的仁固然也有传统儒家之仁所包含着的德性内涵，但是已经超越了德性的范围，而进入更为深广的也更加丰富的生命领域。换句话说，程颢以仁来诠释生命的真义，不仅重视生命的德性层面，而且同时也关注到了生命的其他层面，并试图还原一种真实的活泼的丰厚的生命的原初状态。如果说每个思想家都有其观察世界的独特"通孔"的话，那么程颢学术生命的"通孔"或许就是以生命为主要内涵的仁视域。程颢正是在此仁视域下展开了他对天地万物之存在的考察，也展开了他对性与天道的探索。

---

① （宋）程颢、程颐：《二程集》，《河南程氏遗书》卷第三，王孝鱼点校，第62页。
② （宋）程颢、程颐：《二程集》，《河南程氏遗书》卷第二上，王孝鱼点校，第16—17页。

程颢所确立起来的仁视域，既是他的理论起点，也是贯穿其整个思想体系的内在灵魂。他的仁学思想中所蕴含着的显著的生命色彩，实际上暗自契合了儒家之言性与天道的根本宗旨。在对生命存在问题的高度关注下，将仁学思想与性道问题密切结合，是程颢思想的特质所在，这一点也源自他对孔孟儒学基本精神的深刻把握。因此，程颢在其仁视域下所展开的对性与天道问题的思考，必然既能呈现出一种原始儒家的生命关怀，也能开拓出一片儒学发展的崭新天地。我们从程颢以"识仁为先"的理论起点出发，再去进一步考察他关于性与天道问题的创见，也必然能够领略到程颢之学的另一种风采，也能更好地体知其学对于儒学发展的独特贡献。

第二节　天道之思：天理观念的体贴

程颢确立起了"识仁为先"的生命视域之后，就在这一视域下展开了对性与天道问题的思考。需要指出的是，程颢的性道之思对于北宋儒学的真正复兴及儒学的理学转向而言，具有十分关键的作用。首先，程颢在其"生生之仁"的哲学反思基础上，对传统儒家的性与天道问题进行了全新的整合，并开始从本体论的层面上展开思考。在传统儒家那里，性与天道这两个范畴虽然就其关注的核心问题来说是基本一致的，而且性与天道的贯通也一直是传统儒家共同认可的，但是二者之间的区别与张力却始终存在。换句话说，在传统儒家那里，性与天道或多或少地仍然被视为"二"，而不是"一"。但在程颢这里，性与道是完全合一的。他曾说："道即性也。若道外寻性，性外寻道，便不是。"① 道与性实际上是异名而同谓，是道在不同层面上的多样表达而已。程颢之所以有性道合一的认识，乃在于他所坚持的是一种一本论的本体论思维方式。在本体论的思维方式中，世界的终极本原和最高本体是唯一的，它决定着天地万物的存在本质和存在状态，而且这一最高本体是贯通天人的。在此本体论的思维方式下，程颢说："道，一本也。"② 又说："神无方，故易无体。若如或者别立一天，谓人不可以包天，则有方矣，是

---

① （宋）程颢、程颐：《二程集》，《河南程氏遗书》卷第一，王孝鱼点校，第1页。
② （宋）程颢、程颐：《二程集》，《河南程氏遗书》卷第十一，王孝鱼点校，第117页。

二本也。"① 天人无二、道性一体，就是程颢对性道问题的全新理解。他的较为彻底的一本论是对传统儒家思维方式的一种超越，同时也推动了儒学在北宋的转型。程颢坚持一本论，坚持性道合一的理论结果，就是体贴出了天理这一贯通天人、涵盖性道的新范畴。他说："吾学虽有所受，天理二字却是自家体贴出来。"② 天理范畴的提出，标志着儒学开始进入理学阶段，也标志着儒家的性与天道问题进入了一个新的发展阶段。其次，程颢凭借他对生命世界的深入思考和他的天理范畴，使儒学获得了能够应对佛道之学的理论资源。通过对天地生物之仁德的体悟，程颢认识到生命世界是真实无妄且绵延不绝的，并以此种理念来抗衡佛道二家的幻灭、有无之说。对于佛教，他批评其虚而无实、前后际断，他曾说："释氏无实。"③ 又说："佛言前后际断，纯亦不已是也，彼安知此哉？"④ 对于道家，程颢认为其言有无，却未识有无之真义，他说："言有无，则多有字；言无无，则多无字。有无与动静同。如冬至之前天地闭，可谓静矣；而日月星辰亦自运行而不息，谓之无动可乎？但人不识有无动静尔。"⑤ 在坚持儒家立场的基础上，程颢提出了天理说，以此来解释天地万物的存在。天理说一方面超越了汉唐儒家在解释天地万物之存在本质和存在状态时的局限，另一方面也明确了与佛道二家之言宇宙人生的区别。最后我们要说的是，相对于北宋同期的其他儒者而言，程颢的性道之思亦有其独到而特立之处。程颢的理论创造固然有其自家体贴的重要因素，但是也不能否认受到过来自其他儒者的启发，尤其是受到了由北宋儒者共同培育起来的儒学发展氛围的影响。虽然如此，相对于其他儒者而言，程颢对儒家"性道微言"的探索之功，依然有其独特之处。从思维方式上来说，程颢一本论的本体论思维，较之其他儒者而言，无疑显得更加纯粹和成熟。从对性道问题核心内涵的把握上来说，程颢从生生之仁的生命视域出发来考察性道问题，是有其独有之慧见的。从对性与天道之贯通境界的体知上来说，程颢可与张载相提并论，都已达到了一种较为成熟的水平。总的来说，程颢在其仁视域下，及其本体论的思维方式中，所展开的对儒家性与

---

① （宋）程颢、程颐：《二程集》，《河南程氏遗书》卷第十一，王孝鱼点校，第121页。
② （宋）程颢、程颐：《二程集》，《河南程氏外书》卷第十二，王孝鱼点校，第424页。
③ （宋）程颢、程颐：《二程集》，《河南程氏遗书》卷第十三，王孝鱼点校，第138页。
④ （宋）程颢、程颐：《二程集》，《河南程氏遗书》卷第十四，王孝鱼点校，第141页。
⑤ （宋）程颢、程颐：《二程集》，《河南程氏遗书》卷第十一，王孝鱼点校，第121页。

天道问题的思考，对于北宋儒学的复兴而言是有重要意义的。

在程颢的理解中，道外无性，性外无道，道与性是本然一致的哲学范畴。但是为了更加明晰地理解他的性道思想，我们亦可从理论分析的角度出发，对他的道和性做出分别的阐释。或者可以这样说，程颢是面向天地万物的存在本身展开思考的，他的结论是性道一本，不可二分；而我们是面向程颢的思想本身展开思考的，因此我们可以在把握其性道一本的思想前提之下，将他的道论和性论分别开来进行阐述。下面，我们就首先来考察一下程颢的道论，而其道论的内容既包括他对天道或道问题的基本思考，也包括他自己所体贴出来的天理范畴及相关理论。

一 "天以生为道"

我们知道，天理范畴是程颢天道观的核心，而这一范畴的提出和内涵的确定却有一个逐步"体贴"的过程，可以说是他对天道问题不断思索而得出的一个结果。程颢有关天道思想的形成是有一个过程的，他首先确立起了以仁为核心的理论视域，之后在这一视域中展开了对天道问题的思考和探索，最终体贴出了天理这一天道新范畴。我们认为，在分析天理范畴之前，对程颢有关天道问题的一些基本思考进行考察，将有助于我们更好地把握他的天道观。在程颢对天道问题所进行的一些基本思考中，我们将发现，其仁视域中所蕴含着的浓郁的生命因素也融入其中，即他将"生生之仁"的内涵引入了对天道的基本理解中去，提出了"天只是以生为道"①的重要命题。与此同时，程颢还从本体论的思维方式出发，提出了他的"道器"观，并以此来表达他对生命的存在本质和存在状态的理解。这些对天道问题的基本思考，为其天理范畴的提出奠定了基础，并且也在

---

① （宋）程颢、程颐：《二程集》，《河南程氏遗书》卷第二上，王孝鱼点校，第29—30页。"天只是以生为道"出现在《河南程氏遗书》的两条语录中，其一是"'生生之谓易'，是天之所以为道也"（第29页），其二是"告子云'生之谓性'则可"（第29—30页）。这两条语录虽未注明是程颢之言，但可以从已经确定的程颢言论中来确认其作者归属。《遗书》卷第十一中"天地之大德曰生"（第120页）一条语录，包含了与上述两条语录内容相似之语，因此可推断为程颢之言。此外，从这两条语录的内容上看，也反映的是程颢"生生之谓易"和"生之谓性"的基本主张，而与程颐的思想有所区别。此外，《宋元学案》也认为"生生之谓易"这条语录是程颢所言〔（清）黄宗羲原著，全祖望补修《宋元学案》卷十三《明道学案（上）》，陈金生、梁运华点校，第564页〕。因此，这里认为"天只是以生为道"这一命题是属于程颢的思想。

一定程度上影响了他对天理内涵的界定和诠释。

在对天道问题进行了一番探索之后，程颢提出了"天只是以生为道"①这一命题。天和天道一直是中国古人比较关注的话题，因为在他们看来，天、天道与人类自身的生存之间有着颇为密切的联系。在北宋之前的儒家那里，天和天道已经被不断地诠释，并且也被赋予了多重涵义，天和天道既可以被理解为宗教的和神秘的，也可被理解为自然的和无为的，还可以被理解为德性的和义理的。这些不同角度的理解实际上已经构成了人们对于天和天道的基本看法，并且成为一种共识被人们广泛接受。后来的儒者们关于天道的理解也都是建立在这些基本理解之上的，不过每个人还是能从自己的独特视野出发，对天和天道生发出一种别样的见解。程颢就从自己的仁之生命视域出发，对天和天道进行了一番深入的观察和思考，并提出了自己的一些看法。程颢也曾说过："天则不言而信，神则不怒而威。"②还曾说："言天之自然者，谓之天道。言天之付与万物者，谓之天命。"③可以看出，他也曾从较为宽泛的视野出发来看待天和天道，可以说这是对传统天道观的一种继承。不过，程颢对天道本体的深入思考是通过对《周易》之易道的阐发而真正展开的。他说："冬寒夏暑，阴阳也；所以运动变化者，神也。神无方，故易无体。"④又说："天地只是设位，易行乎其中者神也。"⑤在这里，程颢将天之自然现象和天道运行用一个"易"字来概括和描述，并且让人深入体会"易"的内涵。"易"实际上成为程颢用来理解天道本体的一个范畴。他说："易也，此也，密也，是甚物？人能至此深思，当自得之。"⑥"易"作为天道本体，只能说"此也""密也"，只能深思而自得之，却不能用任何言语来表达。那么，"易"的内涵又是什么呢？前面我们讲过，程颢非常强调"生生之谓易"，认为由"生生"所代表的宇宙大化流行就是"易"的重要内涵。由此，"生生"也成为天道本体的重要内涵。程颢用了更简洁的一句话来概括天道的这一特点，那就是："天只是以

---

① （宋）程颢、程颐：《二程集》，《河南程氏遗书》卷第二上，王孝鱼点校，第29—30页。
② （宋）程颢、程颐：《二程集》，《河南程氏遗书》卷第十一，王孝鱼点校，第119页。
③ （宋）程颢、程颐：《二程集》，《河南程氏遗书》卷第十一，王孝鱼点校，第125页。
④ （宋）程颢、程颐：《二程集》，《河南程氏遗书》卷第十一，王孝鱼点校，第121页。
⑤ （宋）程颢、程颐：《二程集》，《河南程氏遗书》卷第十一，王孝鱼点校，第121页。
⑥ （宋）程颢、程颐：《二程集》，《河南程氏遗书》卷第十二，王孝鱼点校，第136页。

生为道。"① 天是生化万物的本原，而天地的阴阳和合、化生万物就是天道的核心内容，所以天之道就是"生生"。整个生命世界的变化流转与生生不息，就是天道最重要的内涵。需要注意的是，天生化万物，不仅赋予了万物以气质形体，还赋予了万物以至正之性命，由此天道还有一种义与命的德性涵义。所以程颢说："'一阴一阳之谓道'，自然之道也。'继之者善也'，有道则有用，'元者善之长'也。'成之者'却只是性，'各正性命'者也。"② 如果说阴阳二气赋予万物的是一种生命存在的必要前提，那么天道所赋予的性命则是生命之所以能自我成立的唯一根据。因此，天地生化万物是一种天地之大德，是一种生生之仁德，而这样的"生生"天道观就不能被简单地理解为一种纯粹形质层面的宇宙生成论。对于这种"只是以生为道"的天，我们只能以诚敬之心来感受和体悟，感受天地生物的纯亦不已，体悟万有生命的真实无妄与生生不息。所以程颢说："'天地设位而易行乎其中'，只是敬也。敬则无间断，体物而不可遗者，诚敬而已矣，不诚则无物也。"③ 总之，在程颢对天道的理解中，"生生"之大化流行的特点得到了突显，这使得天道本体成为一个真正的生命之源，而不是一个抽象的理论假设。从这一特点中我们也可看出，程颢的仁之生命视域的因素确已浸润到了他对天道的理解之中。所以，他在天道观中提出的"天只是以生为道"，与他的"生生之谓易"和"识仁为先"等观点，都秉承的是同样一个生命主题，而这也恰恰呈现出了他性道之思的内在灵魂。

"天只是以生为道"，是从内涵上对道所进行的一种理解，若从思维方式上来说，尚须对道展开一种形上形下的"道器"之辨。《周易》的《系辞上传》这样讲："形而上者谓之道，形而下者谓之器。"④ 这句话开启了儒家关于形上形下的道器之辨。程颢从其本体论的思维方式出发，对于道器之辨有着一种理论上的自觉。他曾说："'形而上者谓之道，形而下者谓之器。'若如或者以清虚一大为天道，则乃以器言而非道也。"⑤ 这句话是程颢针对张载以太虚为道说的一种批评，从这一批评中，我们可以看出，他对于形上形

---

① （宋）程颢、程颐：《二程集》，《河南程氏遗书》卷第二上，王孝鱼点校，第29页。
② （宋）程颢、程颐：《二程集》，《河南程氏遗书》卷第十二，王孝鱼点校，第135页。
③ （宋）程颢、程颐：《二程集》，《河南程氏遗书》卷第十一，王孝鱼点校，第118页。
④ 唐明邦主编：《周易评注》，第222页。
⑤ （宋）程颢、程颐：《二程集》，《河南程氏遗书》卷第十一，王孝鱼点校，第118页。

下的道器之辨有着颇为自觉的认识。也就是说，他承认形而上者是道，形而下者是器，道器之间有着明确的分际，不可混淆。从本体论的思维方式出发来考察万物存在的话，就会区分出一个无形无象的绝对而无限的本体域，和一个有形有象的相对而有限的现象域，这是一种从哲学反思的视角来理解世间万物之存在的方式。前面我们讲过，中国哲学中的本体论思维方式起源于道家的老子，他是第一个对道的本体特征做出详尽描述的思想者。起源于道家的这种本体论思维方式后来成为一种共法，被各家各派的学者吸收并运用。程颢也吸收并运用了这一共法，不过他更多地从《易传》的道器之辨出发来理解道的本体特征。对于道，他曾这样说："'成性存存，道义之门'，道无体，义有方也。"① 又曾说："道有冲漠之气象。"② 在他的理解中，道的确是一种形而上的"无体"而"冲漠"的存在。形上形下的道器之分，应当说是程颢道器观的第一个层面。在道器之分的前提下，程颢的道器观还有第二个层面，那就是他十分强调的本然层面上的"道器相即"。我们知道，程颢是从天地万物的生生不息中感悟生命之存在的，而道也正呈现于宇宙本原的大化流行之中，因此道对于他来说，就不仅包括了形而上的层面，也同时并必然地包含着形而下的层面。也就是说，在程颢关于道的理解中，道器之辨是一种必要的思维方式，但在本然的生命存在层面上，形上形下的道与器之间实际上是一体相即、密不可分的关系。程颢曾有这样一段话来表达他的相关看法："《系辞》曰：'形而上者谓之道，形而下者谓之器。'又曰：'立天之道曰阴与阳，立地之道曰柔与刚，立人之道曰仁与义。'又曰：'一阴一阳之谓道。'阴阳亦形而下者也，而曰道者，惟此语截得上下最分明，元来只此是道，要在人默而识之也。"③ 从这段话中可以看出，一方面程颢对于《系辞》中形上形下的道器之辨有着较为清晰的认识；另一方面他也在努力地表达出一种想要融形上形下于一体的认识倾向。他明确地说："阴阳亦形而下者也。"这表明他将阴阳之气归于形而下的器之层面。但他在理解"一阴一阳之谓道"这句话时又说："阴阳亦形而下者也，而曰道者，惟此语截得上下最分明，元来只此是道，要在人默而识之也。"④ 他要人默而识

---

① （宋）程颢、程颐：《二程集》，《河南程氏遗书》卷第十一，王孝鱼点校，第132页。
② （宋）程颢、程颐：《二程集》，《河南程氏遗书》卷第十一，王孝鱼点校，第134页。
③ （宋）程颢、程颐：《二程集》，《河南程氏遗书》卷第十一，王孝鱼点校，第118页。
④ （宋）程颢、程颐：《二程集》，《河南程氏遗书》卷第十一，王孝鱼点校，第118页。

之的或许是这样一个道理，即虽然阴阳是形而下者，道是形而上者，二者是上下分明的关系，但是我们却可以将阴阳称为道，因为只有在此阴阳中道才可以呈现。换句话说，形而下之阴阳与形而上之道，固然有所区别，但在本然的存在层面上，二者却是一体相即、不容分割的。《遗书》中还有一段话可以作为这一观点的旁证，那就是："形而上为道，形而下为器，须著如此说。器亦道，道亦器，但得道在，不系今与后，己与人。"① 器亦道，道亦器，二者相即不离，这实际上就是天地万物之存在的本然状态。如果从程颢的生命视域出发来看待道器关系，可能要更好理解一些。生命世界的存在是存在的最复杂状态，而生命又是兼具完整性、多样性和复杂性的，因此对生命的认识只能用最为圆融的方式来把握，而不能够以条分缕析的方式进行抽象化的理解。在这样的视域下再来审视形上形下的道器关系，就只是说器亦道、道亦器了。正是在此道器相即的观念支配下，程颢提出了一种下学而上达的"彻上彻下"的体道方式。他说："'博学而笃志，切问而近思'，何以言'仁在其中矣？'学者要思得之，了此，便是彻上彻下之道。"② 还有："'居处恭，执事敬，与人忠'，此是彻上彻下语，圣人元无二语。"③ 只有认识到了道与器是原本一体的，才能体会出道就蕴藏在百姓日用之中，我们通过日常行为就能达到与道为一的境界。可以看出，程颢运用其独特的本体论思维方式，突破了形上形下道器之辨的传统认识，获得了一种可以称之为"彻上彻下"的全新道器观。

  以上就是程颢关于天道的一些基本理解。从我们的分析中可以看出，程颢对于天道，既有一种较为宽泛意义上的传统理解，也有许多独属的创造与新颖之处。在对传统天道观的继承方面，他较多地汲取了《易传》的天道思想，比如对"生生之谓易"的易之体的把握，以及对"形而上者谓

---

  ① （宋）程颢、程颐：《二程集》，《河南程氏遗书》卷第一，王孝鱼点校，第4页。这条语录未注明是程颢之言，但通过相关内容的印证，可以推断是程颢所言。这条语录的前一部分中有"彻上彻下，不过如此"之语，这乃程颢的惯用语，在《河南程氏遗书》的卷第二上"居处恭"条语录（第13页）和卷第十四"博学而笃志"条语录（第140页）中可得到印证。《宋元学案》也将这条语录归为程颢言论［参见（清）黄宗羲原著，全祖望补修《宋元学案》卷十三《明道学案上》，陈金生、梁运华点校］。此外，牟宗三、冯友兰等先生也将该语录视为程颢言论［牟宗三：《心体与性体》（中），第19页；冯友兰：《中国哲学史》（下册），第243页］。
  ② （宋）程颢、程颐：《二程集》，《河南程氏遗书》卷第十四，王孝鱼点校，第140页。
  ③ （宋）程颢、程颐：《二程集》，《河南程氏遗书》卷第二上，王孝鱼点校，第13页。

之道，形而下者谓之器"的道器关系的理解，等等。在继承传统天道观的基础之上，程颢又根据自己独特的理论视角发挥出了许多新的见解，比如从仁的生命视域出发提出了"天只是以生为道"的命题，又根据其"彻上彻下"的本体论思维方式提出了"道器相即"的新道器观，等等。程颢关于天道的诸多理解，与同时代的其他儒者相比，既有相通之处，也有许多不同，但是他们关于天道的思考都在不同程度上推动了儒家天道观的转型。具体而言，邵雍、周敦颐和张载在探讨宇宙的具体生化过程方面有着较多的创造和贡献，而程颢则更加关注天地万物生化过程背后所蕴含着的生生之德，他的这种思考一定程度上可以说推进并深化了儒家关于天道的理解。正是这些关于天道的基本思考，尤其是对"天只是以生为道"的天地生生之德的感悟，使程颢逐步体贴出了天理这一重要范畴。可以说，天理范畴是程颢对天道问题进行不断思考之后提炼出的天道观结晶，而他关于天道的一些基本思考也潜移默化地渗透到了天理范畴的内涵中去。这也正是我们接下来将要考察的内容。

二 天理观念的体贴

程颢曾说："吾学虽有所受，天理二字却是自家体贴出来。"① 从程颢的整个思想体系来说，天理范畴是他对天道的一种理解和概括，可以说是他天道观的核心范畴。再进一步说，程颢对天道的理解是在其仁之生命视域下形成的，因此他以"生生"作为天道的主要内涵，并以"道器相即"作为他把握道的主要方式，而他的天理范畴正是在这些背景下被"体贴"出来的。程颢为什么选择天理二字，更概括地说是理字，来作为其天道观的核心范畴呢？我们认为他或许是想通过理这一范畴来表达他对天道的一些独特理解。他曾说："天者理也，神者妙万物而为言者也。帝者以主宰事而名。"② 天可以理来言之，也可以用神或帝来表达，或者说，天、理、神、帝四者是同样的指谓，只是表达的视角有所不同而已。在天、理、神、帝这四者中，天、神、帝三者都常见于传统的天道观中，而理则在程颢的天道思想中得到了突显。从字面上讲，天、神、帝三者都或多或少地

---

① （宋）程颢、程颐：《二程集》，《河南程氏外书》卷第十二，王孝鱼点校，第424页。
② （宋）程颢、程颐：《二程集》，《河南程氏遗书》卷第十一，王孝鱼点校，第132页。

带有一种源自远古宗教的主宰性和神秘性色彩，而理则更多地展现出一种客观性和普遍性特征。其实，理是更接近于道的一个范畴，而道通常被用来描述终极而遍在的宇宙本体。程颢曾说："盖上天之载，无声无臭，其体则谓之易，其理则谓之道，其用则谓之神，其命于人则谓之性，率性则谓之道，修道则谓之教。"① 可见，对于无声无臭之天道，我们可以用许多范畴来描述，而理与道正是其中的两个。对于描述天道以及天地万物的存在本性而言，理与道相比，理具有更多一些的明确性和无微不至的普遍性，而道则更多地带有一种较为原初的和笼统的整体性。对于更加深入地探讨生命世界中的诸多具体生命现象而言，理似乎是更为恰当的范畴，因为当理字前面加上天字变成天理时，它就可以被视为宇宙本原，而理字自身又可以描述任何一种生命个体或生命类别的存在本性。对于程颢来说，贯通性与天道，合内外之道，下学而上达，极高明而道中庸，是为学求道的最高追求，而理则正是能够贯通天人、上下与内外的一个极高明而又中庸的哲学范畴。他曾说："须是合内外之道，一天人，齐上下，下学而上达，极高明而道中庸。"② 同时又说："理则极高明，行之只是中庸也。"③ 还曾说："'极高明而道中庸'，非二事。中庸，天理也。天理固高明，不极乎高明，不足以道中庸。中庸乃高明之极。"④ 天理之极高明，可以直达神妙莫测的天道本体，而天理之道中庸，则又可以直接来描述具体而微的万事万物。对于描述生命世界的存在而言，理的这些特点无疑使它成为一个最合适的范畴。或许正因为如此，程颢才从众多天道范畴中体贴出了天理二字，并将其作为自己天道观的核心。

虽然天理是程颢对天道精心体贴的结果，但是理在中国哲学中却不是个新名词，而是渊源已久。程颢所体贴出的天理范畴，当然有其独特的内涵所在，但也是建立在理的通常意义之上的。因此，我们有必要简单考察一下传统哲学中理范畴的发展与演变，一则能对其概念本身进行一番渊源追溯，二则也能帮助我们更好地认识程颢天理内涵的独特之处。关于理之一字的渊源与考辨，唐君毅先生曾有专门而详尽的研究，其《中国哲学原

---

① （宋）程颢、程颐：《二程集》，《河南程氏遗书》卷第一，王孝鱼点校，第4页。
② （宋）程颢、程颐：《二程集》，《河南程氏遗书》卷第三，王孝鱼点校，第59页。
③ （宋）程颢、程颐：《二程集》，《河南程氏遗书》卷第十一，王孝鱼点校，第119页。
④ （宋）程颢、程颐：《二程集》，《河南程氏外书》卷第三，王孝鱼点校，第367页。

论》之《导论篇》的首篇即是《原理》，其中为我们提供了非常丰富的关于理之一字的资料与相关论述。我们这里就主要借助唐君毅先生的研究来了解和把握这一问题。唐先生认为，中国哲学史中所谓理，主要有六义，即文理之理、名理之理、空理之理、性理之理、事理之理和物理之理。①其中前三者是宋明理学之前理范畴的主要形态，而性理之理则是宋明理学所谓的理。在关于先秦经籍中理的渊源方面，唐先生也做了非常细致的考察，而这也正是我们想要重点了解的。他说："在先秦经籍中，易经上下经本文及春秋经与仪礼本文，皆未见理字。唯诗经南山有'我疆我理'一语。伪古文尚书周官有'论道经邦，燮理阴阳'一语。此二理字，皆明非一学术名辞。七十子后学所记论语，及老子中，亦无理字。在墨子孟子庄子书，乃将理字与他字连用，以表一较抽象之观念。……然在七十二子后学所著之礼记中，则理字曾屡见，且甚重要。乐记中谓'礼也者，理之不可易者也'，及'天理灭矣'二节言理，盖为十三经中最早以理为一独立之抽象概念，并凭借之说明礼乐之文者。宋儒尤喜征引后一节之言，唯其时代或后于荀子。先秦诸子中，唯荀子喜言。……至韩非子，则言理处亦多，并在解老篇，为理字作一详细定义。……由此观之，在先秦经籍中对理之观念，乃愈至后世而愈加重视。"②其考察可谓确切而详尽矣，无需我们再作赘述。关于理字的原初涵义，唐先生认为："理字之最早之涵义，大约即是治玉。"③而之后的纹理、鳃理、腠理、肌理等皆是其引申义，并且还认为："由是而秦以后中国思想史中所重之性理、事理、物理、名理与空理，同可由先秦经籍中所谓理之涵义中，多少得其渊源所自，而又皆对于理之涵义，有新的引申与增益者。"④唐先生的相关考察与研究固然有其一定程度上的主观判断因素，但总的来说还是比较翔实可信的，因此我们基本接受他的看法。从上面的引述中我们可以看出，在程颢的天理观念提出之前，理以及天理字样已经出现在了中国哲学中，而且具有一些大家共同认可的基本涵义，比如纹理、条理、治理、道理等。这些基本涵义也

---

① 参见唐君毅著、霍韬晦编选/导读《中国哲学原论·导论篇》，中国社会科学出版社2005年版。
② 唐君毅著、霍韬晦编选/导读：《中国哲学原论·导论篇》，第3—4页。
③ 唐君毅著、霍韬晦编选/导读：《中国哲学原论·导论篇》，第7页。
④ 唐君毅著、霍韬晦编选/导读：《中国哲学原论·导论篇》，第17页。

在程颢的许多相关言论中被使用。但是我们不可否认，理字正式成为一个核心的哲学范畴并受到广泛关注，是始自程颢、程颐二人的。正是从他们开始，理成为儒学的核心范畴之一，用来诠释儒家的"性道微言"。这就提醒我们，程颢所谓"天理二字却是自家体贴出来"一语并非虚言，而是确有其独特的创造智慧融入其中。换句话说，程颢对天理或理范畴必然有着自己独到的理解，并且这种理解可以促使理获得一种全新而深刻的内涵，从而使它成为影响深远的哲学范畴。我们从同时代的儒者那里也可以获得旁证，来说明程颢对于天理范畴的提升作用。我们知道，在与程颢同时代的儒者中，比如王安石、邵雍、周敦颐和张载等，他们在著作中也都曾使用和提到过理范畴，但是他们的思想却并不以理著称，而是各有其核心观念。但是，理在程颢和程颐的思想中却是极重要的范畴。因此我们可以推想，程颢是在汲取传统理之内涵的基础上，对理进行了一番创造性的"体贴"和转化，从而成就了理范畴的强劲生命力和蔚为大观的发展趋势。

程颢曾说："'《诗》曰："天生蒸民，有物有则，民之秉彝，好是懿德。"故有物必有则，民之秉彝也，故好是懿德。'万物皆有理，顺之则易，逆之则难，各循其理，何劳于己力哉？"① 程颢从《诗经》的"天生蒸民，有物有则，民之秉彝，好是懿德"中得出了"万物皆有理"的观点，表达了他对天地万物之存在的一种理解，即天地万物都是因理、顺理而存在着的。理也由是成为程颢思想的一个重要范畴，并被他加以深化和提升。在程颢看来，宇宙的终极本体就是天理，它既是万物的生化之源，也是万物的存在根据。从这个意义上讲，天理就是宇宙中所有生命的存在之道，而道是万物须臾不可离的，正如程颢所言："'何莫由斯道也？'可离非道。"② 天理就是对道的一种表述。天理除了在根本意义上等同于道之外，程颢还赋予了它更多的丰富内涵，下面我们就对这些内涵进行简单的分析。

首先，天理是真实无妄的宇宙本体，兼具实然性与本体性。他曾说："理者，实也，本也。"③ 又说："皆实理也，人知而信者为难。"④ 作为本

---

① （宋）程颢、程颐：《二程集》，《河南程氏遗书》卷第十一，王孝鱼点校，第123页。
② （宋）程颢、程颐：《二程集》，《河南程氏外书》卷第二，王孝鱼点校，第361页。
③ （宋）程颢、程颐：《二程集》，《河南程氏遗书》卷第十一，王孝鱼点校，第125页。
④ （宋）程颢、程颐：《二程集》，《河南程氏遗书》卷第十一，王孝鱼点校，第123页。

体之理，程颢非常强调它的真实性和实然性。因为在他看来，整个宇宙的存在都是真实无妄的，作为天地万物的生化之源与存在根据之天理，自然也是真实无妄的。肯定天理的真实无妄性，就在根本上奠定了所有生命存在的真实性，从而也就区别于佛教的幻妄世界观。

其次，在程颢以仁为核心的生命视域下，天理这一宇宙本体也内在地拥有着"生生"的内涵。我们知道，程颢曾有"天只是以生为道"的认识，而这一认识的基本精神也贯彻到了他的天理内涵中。他曾说："'生生之谓易'，是天之所以为道也。天只是以生为道，继此生理者，即是善也。善便有一个元底意思。'元者善之长'，万物皆有春意，便是'继之者善也'。'成之者性也'，成却待佗万物自成其性须得。"① 天以生为道，而天理也正是这生生之理。天理具有生生内涵，可以说是程颢从其生命视域出发对天道问题思考的自然结果。我们若从程颢道器相即的思维方式出发，就会进一步认识到，天理之生生，不是一种观念上的形式上的化生万物，而是作为宇宙本原的一种真实而神妙的生生。不仅如此，在程颢看来，所有的善也正是从此生生之理中产生出来的。或者说，天地生物本身就是一种最大的善。从这里我们可以看出，在程颢的理解中，天道、生理与至善三者之间是内在一致的，它们都与生命世界的生化与存在密切相关。

再次，程颢的天理范畴涵盖了事物的相对善恶性，并且也同时突显了天理的中之内涵。程颢以生理为至善，这就预示着天道所生的种种事物都涵盖在这一至善之中，因此相对善恶的事物都可以视为天理中物。天道的大化流行，就必然生化出复杂多样的各类事物，而这无比多样的事物又都是以无独而有对的方式存在着的。程颢曾说："万物莫不有对，一阴一阳，一善一恶，阳长则阴消，善增则恶减。"② 阴阳与善恶普遍存在于万事万物之中，这就是生命世界的自然与现实，我们应当从体贴天地生物之大德的角度出发去接纳这参差不齐的所有存在，而不应人为地拣别善恶，厌弃外物。因为在程颢看来，既然有无独而有对的事物存在，就有无独而有对的理与之相对应，而且无论善恶，它们都是天理中物。他这样讲："天地万物之理，无独必有对，皆自然而然，非有安排也。

---

① （宋）程颢、程颐：《二程集》，《河南程氏遗书》卷第二上，王孝鱼点校，第29页。
② （宋）程颢、程颐：《二程集》，《河南程氏遗书》卷第十一，王孝鱼点校，第123页。

每中夜以思，不知手之舞之，足之蹈之也。"① 还说："事有善有恶，皆天理也。天理中物，须有美恶，盖物之不齐，物之情也。但当察之，不可自入于恶，流于一物。"② 善恶皆天理，可以说是程颢天理观的一个重要特点，但是我们要知道，他这里所谓的善恶实际上是一种相对的善恶，是天地万物的一种自然状态，并不是绝对意义上的至善或至恶。因为从根本的意义上说，生生之理本身就是一种至善，也只能是至善的。或许我们需要了解一下程颢关于善恶的具体诠释，才能更好地理解他的这一看法。他曾说："天下善恶皆天理，谓之恶者非本恶，但或过或不及便如此，如杨、墨之类。"③ 可以看出，他从过或不及的角度来界定恶，而不是直接定义了一个与善相对立的恶。而所谓的过或不及，又是以中为标准的。在对天理内涵的具体诠释中，程颢非常重视中之理。他说："'中者，天下之大本。'天地之间，亭亭当当，直上直下之正理，出则不是，唯敬而无失最尽。"④ 又说："中之理至矣。独阴不生，独阳不生，偏则为禽兽，为夷狄，中则为人。中则不偏，常则不易，惟中不足以尽之，故曰中庸。"⑤ 中或曰中庸就是天理的至正之状态，而万物的阴阳善恶则是天理的具体表现。其中，所谓的恶实际上就是对天理至中状态的一种偏离，这种偏离或者表现为过，或者表现为不及。所以我们说，程颢所谓的恶，不是一种与善完全对立的恶，而是一种偏离天理之中的状态。从程颢"天下善恶皆天理"这一思想中，我们再一次感受到他对天地生物之大德的真切体贴。天地生物之大德固然只能以至善来描述，但是物之不齐乃物之情也，也是天地生物的自然安排，因此我们只有肯定并认可了这有善有恶的自然不齐的万物，才算是真正体贴了天地生物的仁德。这也是程颢仁之生命视域在其天理观中的一种落实和体现，需要并值得我们去仔细体会。

最后，天理体现在所有事物之中，并且表现为各种各样的人物之理。

---

① （宋）程颢、程颐：《二程集》，《河南程氏遗书》卷第十一，王孝鱼点校，第121页。
② （宋）程颢、程颐：《二程集》，《河南程氏遗书》卷第二上，王孝鱼点校，第17页。
③ （宋）程颢、程颐：《二程集》，《河南程氏遗书》卷第二上，王孝鱼点校，第14页。
④ （宋）程颢、程颐：《二程集》，《河南程氏遗书》卷第十一，王孝鱼点校，第132页。
⑤ （宋）程颢、程颐：《二程集》，《河南程氏遗书》卷第十一，王孝鱼点校，第122页。

程颢曾说:"《中庸》始言一理,中散为万事,末复合为一理。"① 天理作为宇宙本体,固然是绝对无分的,但它却能够散见于万事万物之中,表现为具体的事理和物理,而各不相同的事理和物理又都是这同一个天理的呈现。程颢在强调天理内涵的同时,也非常注重对于具体人物之理的考察。天理在人自身及人类社会中,往往表现为人的德性和社会的礼仪规范。比如,儒家所讲的仁义礼智信就是天理在人之行为中的具体展现,天理是这些德性条目的根源所在。程颢曾说:"'人心惟危',人欲也。'道心惟微',天理也。"② 在这里,天理与人欲相对,人欲是普通的人心,天理则是超越的道心,作为道心的天理成为人之德性的根源。同样,人可以通过近取诸身的方式,通过对自己的内心和日常行为的考察,来体悟天理的存在。程颢曾说:"学者不必远求,近取诸身,只明人理,敬而已矣,便是约处。"③ 还曾说:"曾子易箦之意,心是理,理是心,声为律,身为度也。"④ 还说:"洒扫应对便是形而上者,理无大小故也。故君子只在慎独。"⑤ 可见,天理与人的道心是内在一致的,并且就表现在洒扫应对这些日常行为之中。所以,程颢在解释《大学》之道时,就说:"《大学》之道,'在明明德',明此理也;'在止于至善',反己守约是也。"⑥ 所谓明德和至善,正是天理的呈现,人只需从自己的身上去寻求即可。天理不仅体现在人身上,而且在万事万物中都有所呈现。程颢平时也非常注重对事物之理的考察。他说:"夫天之生物也,有长有短,有大有小。君子得其大矣,安可使小者亦大乎?天理如此,岂可逆哉?"⑦ 又说:"服牛乘马,皆因其性而为之。胡不乘牛而服马乎?理之所不可。"⑧ 其弟子谢良佐曾有记载说:"一日游许之西湖,在石坛上坐,少顷脚踏处便湿,举起云:'便是天地升降道理。'"⑨ 天地生化万物,便有万物之理。天地万物也正因禀

---

① (宋)程颢、程颐:《二程集》,《河南程氏遗书》卷第十四,王孝鱼点校,第140页。
② (宋)程颢、程颐:《二程集》,《河南程氏遗书》卷第十一,王孝鱼点校,第126页。
③ (宋)程颢、程颐:《二程集》,《河南程氏遗书》卷第二上,王孝鱼点校,第20页。
④ (宋)程颢、程颐:《二程集》,《河南程氏遗书》卷第十三,王孝鱼点校,第139页。
⑤ (宋)程颢、程颐:《二程集》,《河南程氏遗书》卷第十三,王孝鱼点校,第139页。
⑥ (宋)程颢、程颐:《二程集》,《河南程氏遗书》卷第十二,王孝鱼点校,第136页。
⑦ (宋)程颢、程颐:《二程集》,《河南程氏遗书》卷第十一,王孝鱼点校,第125页。
⑧ (宋)程颢、程颐:《二程集》,《河南程氏遗书》卷第十一,王孝鱼点校,第127页。
⑨ (宋)程颢、程颐:《二程集》,《河南程氏遗书》卷第三,王孝鱼点校,第60页。

受了这一天理，所以才获得了各自的至正之性命，从而成就自身的存在。所以，程颢强调我们要善于观物，正所谓："万物静观皆自得，四时佳兴与人同。"① 万物之理，四时之理，与人之理，在根本处正是同一个天理。所以程颢说，人可以浑然与物同体，与天地万物为一体，这也是从天理角度对其识仁境界的一个印证。

既然宇宙人生和天地万物都均有其理，那么我们了解世界的方式就只能是顺理或循理，用程颢的话说，就是烛理或穷理。他说："人最可畏者是便做，要在烛理。"② 只有烛理，才能更好地理解万物的存在，也才能更好地体会天地生物之德。天地万物各有其理，要想烛理，就要格物。程颢说："'致知在格物。'格，至也。或以格为止物，是二本矣。"③ 也就是说，格物就意味着至物，切近事物自身，或者更进一步，达到与物同体，只有如此才能真正把握事物之理。如果将格物理解为止物，则人与物相隔绝，人是人，物是物，人物二本，就不能真正把握事物之理了。对于人而言，最重要的莫过于呈现自身所蕴藏着的天理了。程颢说："人心莫不有知，惟蔽于人欲，则亡天德也。"④ 这里的天德，也可理解为天理。人自生而来，便内在自足地具有天德，但由于各种私欲的遮蔽，天德就不能自然地完全地呈现。因此，人需要在自己身心上穷理，使天德复现，从而真正实现人的生命的存在价值。从这个意义上说，理、性、命是完全一致而统一的，天理就是人的本然之性，同时也是天赋之命，所以程颢说："'穷理尽性以至于命'，一物也。"⑤ 程颢所提出的识仁，实际上也是一种穷理。他说："学者须先识仁。仁者，浑然与物同体。义、礼、知、信皆仁也。识得此理，以诚敬存之而已。"⑥ 所谓识仁，也就是要识得"浑然与物同体"之理，因此说识仁亦是穷理，更进一步说，也就是尽性而至于命了。在程颢看来，是否烛理、穷理，或者循理，也体现着儒家与佛教的重要区

---

① （宋）程颢、程颐：《二程集》，《河南程氏文集》卷第三《秋日偶成二首》，王孝鱼点校，第482页。
② （宋）程颢、程颐：《二程集》，《河南程氏遗书》卷第十一，王孝鱼点校，第132页。
③ （宋）程颢、程颐：《二程集》，《河南程氏遗书》卷第十一，王孝鱼点校，第129页。
④ （宋）程颢、程颐：《二程集》，《河南程氏遗书》卷第十一，王孝鱼点校，第123页。
⑤ （宋）程颢、程颐：《二程集》，《河南程氏遗书》卷第十一，王孝鱼点校，第121页。
⑥ （宋）程颢、程颐：《二程集》，《河南程氏遗书》卷第二上，王孝鱼点校，第16页。

别。他曾这样指出:"圣人致公,心尽天地万物之理,各当其分。佛氏总为一己之私,是安得同乎?圣人循理,故平直而易行。异端造作,大小大费力,非自然也,故失之远。"① 程颢站在儒家的立场上,认为圣人循理,故其说也平直易行,而佛教造作,所以费力而不自然。在他看来,佛教没有真正了解生死自然之理,所以以生死为苦而寻求解脱。他说:"佛氏不识阴阳昼夜死生古今,安得谓形而上者与圣人同乎?"② 在他看来,死生就如阴阳、昼夜和古今,都是一种自然之理,而无所谓苦,人只要以平常心自然地接受即可,完全不需要刻意地去逃避。这实际上也是儒家对待生死的一贯看法,有别于佛教的生死观。因此,虽然儒家有儒家之理,佛教有佛教之理,但两家之理却有内涵上的不同,不可混为一谈。理正属于形而上者,所以程颢说佛教之所谓形而上者与儒家是不同的。可见,他所谓的穷理,实际上是站在儒家的立场上,在坚守儒家一贯原则的基础上,穷儒家圣人之理。更进一步说,程颢所谓的穷理,建立在其独特的理论视角之上,即在其仁之生命视域下,来穷各样生命之理,体天地生物之道。

以上就是我们对程颢天道观中的天理范畴所进行的分析。通过分析可以看出,程颢是在其仁视域的支配下逐步体贴出天理的,用天理或理来表达自己对于宇宙人生和生命存在的理解。从他的这一天理天道观中,我们可以感受到,程颢对于天地万物的存在,抱有一种深沉的切己的关怀,有一种"浑然与物同体"的大生命之感。正是在此基础上,他才可能提出"天下善恶皆天理"的命题,也才会有"每中夜以思,不知手之舞之,足之蹈之"的无比快乐。虽然儒家的天道观有其共性,同时代儒者的天道观之间更有许多相通之处,但是由于每个思想者的学术生命之"通孔"各有差别,因此我们还是可以看出他们理论的各自特质。程颢基于其独特的仁之生命视野体贴出了天理二字,并且赋予天理范畴丰富的内涵,从而成就了他天道观的独有特质,这既深化了儒家关于天道的理解,也对后人产生了莫大的启发。

---

① (宋)程颢、程颐:《二程集》,《河南程氏遗书》卷第十四,王孝鱼点校,第142页。
② (宋)程颢、程颐:《二程集》,《河南程氏遗书》卷第十四,王孝鱼点校,第141页。

第三节 性之思：仁视域下的性论

程颢曾说："性与天道，非自得之则不知，故曰'不可得而闻'。"① 还说："至于性与天道，则子贡亦不可得而闻，盖要在默而识之也。"② 可见，在程颢看来，对性与天道的把握，只能通过默而识之的方式自得之。因此，他对于性与天道的理解，均带有较强烈的个人"体贴"的色彩。如前所言，程颢首先认为，天道与性在根本处是一样的，所谓"道即性也"③，道外无性，性外无道，天道与性是从不同角度对存在本体所进行的异名而同谓的描述。正所谓："其体则谓之易，其理则谓之道，其用则谓之神，其命于人则谓之性。"④ "天命之谓性"本是《中庸》里的一个命题，后来被许多儒者广泛接受，成为儒家关于性问题的传统看法，不过在对这一命题的具体理解上儒者们不尽一致，表现出了一些差异。程颢也经常引用"天命之谓性"来表达他对性的理解，但他是从自己的理论视角和理论体系出发来诠释这一命题的。我们知道，在仁的生命视域基础上，程颢提出了"天只是以生为道"的天理天道观，同样，他关于性的理解也是在这一理论视域中展开的。性与天道中的性，是对包括人在内的天地万物之存在本质的一种界定和描述，它是生命个体和生命类别得以存在和发展的内在根据。可以说，性与具体生命现象之间具有最为直接和密切的联系，因此对性的探讨是儒家自始至终的核心话题。与天道观相比，性论或人性论更能代表一位儒者的学术特点，因为它一定程度上可以反映出该儒者的主要思想特质。程颢的性论就是如此。一方面他接续了儒家关于人性的基本理解，认可了"天命之谓性"的传统观点⑤；另一方面他又从其生命视域出发，对告子的"生之谓性"说进行了创造性改造，提出了他自己的"生之谓性"说。与此同时，他还认为性有可以言说与不容言说两个层面，并且从道器相即的思维方式出发，建构起了两个层面融贯为一的"彻

---

① （宋）程颢、程颐：《二程集》，《河南程氏外书》卷第二，王孝鱼点校，第361页。
② （宋）程颢、程颐：《二程集》，《河南程氏遗书》卷第十一，王孝鱼点校，第132页。
③ （宋）程颢、程颐：《二程集》，《河南程氏遗书》卷第一，王孝鱼点校，第1页。
④ （宋）程颢、程颐：《二程集》，《河南程氏遗书》卷第一，王孝鱼点校，第4页。
⑤ 参见（宋）程颢、程颐《二程集》，《河南程氏遗书》卷第十一，王孝鱼点校，中华书局2004年版。

上彻下"的性论学说。可以说，程颢性论的形成，是建立在他对宇宙人生和生命现象进行深入体贴的基础上，并经过了他"默而识之"而最终"自得之"的一种理论结果。

下面，我们就具体分析一下程颢关于性的一些见解，从而把握他在儒家性道问题中性论方面的理论创造与贡献。

一 "生之谓性"与"不容说"之性

程颢关于性的直接论述并不多，加之其较为浑沦的表达方式和独有的理论视角等因素，使得其性论的确切内涵理解起来颇有些困难，不易被把握。程颢的性论思想较为集中地表现在《遗书》第一卷中的"生之谓性"一段文字中，而朱熹就曾多次指出"此一段极难看"①。张岱年先生对于程颢的性论也有着类似的看法，他说："明道论性的话不多，又皆浑沦圆转，所以也不易了解。"② 我们认为，程颢的性论之所以复杂难解或许是由多种因素共同造成的。比如，他一贯而独特的表达方式，他道器相即的本体论思维方式，他对儒家传统性论观点的一些突破，以及他自己提出的一些较具个性的性论观点，等等。这些都在一定程度上造成了理解其性论的困难。虽然如此，我们依然认为只要尽可能地用心去体会他的为学气质，努力从他的整个思想体系出发，从他独有的理论视角出发，还是能够基本理解其性论思想的。

基于对生命自身特质的关注与理解，程颢的性论是从重新解读告子的"生之谓性"这一观点开始的。不过在重新诠释"生之谓性"之前，他首先对告子的观点进行了一番辨析，同时也表达了自己对于性的一些基本看法。他这样讲："告子云'生之谓性'则可。凡天地所生之物，须是谓之性。皆谓之性则可，于中却须分别牛之性、马之性。是他便只道一般，如释氏说蠢动含灵，皆有佛性，如此则不可。'天命之谓性，率性之谓道'者，天降是于下，万物流形，各正性命者，是所谓性也。循其性而不失，是所谓道也。此亦通人物而言。循性者，马则为马之性，又不做牛底性；牛则为牛之性，又不为马底性。此所谓率性也。人在天地之间，与万物同

---

① （宋）黎靖德编：《朱子语类》，王星贤点校，第2426页。
② 张岱年：《中国哲学大纲》，第216页。

流，天几时分别出是人是物？'修道之谓教'，此则专在人事，以失其本性，故修而求复之，则入于学。若元不失，则何修之有？是由仁义行也。则是性已失，故修之。'成性存存，道义之门'，亦是万物各有成性存存，亦是生生不已之意。天只是以生为道。"① 这段话有几层涵义值得我们重视。首先，程颢对告子"生之谓性"的观点做出了基本肯定。他从天地生物的角度出发，认为"凡天地所生之物，须是谓之性"。这表明，程颢对性的理解是以天地生物为基本前提的。也就是说，性与生之间有着不可分割的内在关联。其次，程颢对告子的"生之谓性"说也做了具体辨析，指出了它的不足之处。他认为，告子的"生之谓性"说只是从一般的意义上来讲性，抹杀了不同生命类别之间的差异。实际上程颢对告子"生之谓性"说的这种辨析继承了孟子的观点。孟子在反对告子的"生之谓性"说时，就曾指出："然则犬之性犹牛之性，牛之性犹人之性与？"② 程颢继承了孟子之意，也从这个角度指出了告子之说的不足，并且还将这一看法延伸到了对佛教相关理论的批判上。他认为佛教所讲的"蠢动含灵，皆有佛性"的说法，也是没有区别出不同生命类别之间的本性之差异。再次，程颢继承了《中庸》中"天命之谓性，率性之谓道"的观点，从根本而普遍的意义上对性进行了诠释。宇宙本原的大化流行，使得万物各得其形、各正性命，这就是天赋予所有生命的性。性是天之所赋，这揭示了性的根源所在。需要注意的是，从天地的角度来讲，性是通人物而言的，即天地不仅赋予了人以人性，也赋予了物以物性。当然，人与物之间，以及不同事物之间，都各有其性，彼此不同，但从均有天赋之性的角度来说，人与物又是一样的。人与物依据天赋之性而存在，依循天赋之性而发展和成就自身，这就是率性，率性就是所谓的道。因此所谓道，就是人与物都率性地存在和发展。在通论人物之性的基础上，程颢又通过诠释"修道之谓教"这一命题，表达了他对人性问题的一些其他看法。在他看来，虽然人与物都有天赋之性，但是当现实的人性偏离本性之时，只有人能够通过修养工夫，再次复归本性，这就是"修道之谓教"。所以在他看来，人性更多是从"修道之谓教"的意义上来说的，也正是在这个"修道"的实践意义

---

① （宋）程颢、程颐：《二程集》，《河南程氏遗书》卷第二上，王孝鱼点校，第29—30页。
② 杨伯峻译注：《孟子译注》，第255页。

上，人与物是不同的。最后，程颢从天道"生生不已"的角度揭示了天地万物之性的根本意蕴。他认为"成性存存，道义之门"反映了天地万物均有其性，此性是道之所在，蕴含着天地生物之大德，承载着天道生生不已之大义。这实际上是对他所理解的"生之谓性"说的一种深化和提升。也就是说，他是从"天只是以生为道"，从宇宙大化生生不已的过程中，来体悟和重新审视天地万物之性的。天地之生与人物之性之间的密切关联，也再次被揭示出来。以上可以看作程颢对告子"生之谓性"说的基本看法，以及他关于人物之性的一些基本理解。

从程颢关于性的这些基本理解中，我们已经可以略微感受到其性论的某种独特气质，不过其性论的核心部分尚不在此，因为他还有更为深入和独到的观点。为了论述方便，我们把集中反映程颢性论思想的这段文字摘录如下：

> "生之谓性"，性即气，气即性，生之谓也。人生气禀，理有善恶，然不是性中元有此两物相对而生也。有自幼而善，有自幼而恶，是气禀有然也。善固性也，然恶亦不可不谓之性也。盖"生之谓性""人生而静"以上不容说，才说性时，便已不是性也。凡人说性，只是说"继之者善"也，孟子言人性善是也。夫所谓"继之者善"也者，犹水流而就下也。皆水也，有流而至海，终无所污，此何烦人力之为也？有流而未远，固已渐浊；有出而甚远，方有所浊。有浊之多者，有浊之少者。清浊虽不同，然不可以浊者不为水也。如此，则人不可以不加澄治之功。故用力敏勇则疾清，用力缓怠则迟清，及其清也，则却只是元初水也。亦不是将清来换却浊，亦不是取出浊来置在一隅也。水之清，则性善之谓也。故不是善与恶在性中为两物相对，各自出来。此理，天命也。顺而循之，则道也。循此而修之，各得其分，则教也。自天命以至于教，我无加损焉，此舜有天下而不与焉者也。①

这段文字被朱熹认为是"极难看"的，但是它却包含着程颢性论的最重要

---

① （宋）程颢、程颐：《二程集》，《河南程氏遗书》卷第一，王孝鱼点校，第10—11页。

的内涵，因此值得我们详加解析。前面我们已经讲了程颢对于通人物而言的普遍之性的基本看法，这段文字则集中反映了他对人性的见解。人是万物之灵，人性也最能反映天地万物之性的内涵和秘密，因此是儒家性与天道之性论的关键所在。程颢在这段文字中所表达出的人性思想也正是其性论的核心。接下来我们就结合这段文字对其人性论展开具体分析。

在对人性的根本理解上，程颢以他所重新诠释的"生之谓性"作为其主要观点。结合前面的分析我们知道，他的"生之谓性"的人性论建立在其生命视域的基础之上。对人自身生命的关注和反思，以及对人的生命之源的探索，使程颢明确了从天道"生生"的角度理解人性的思维进路。而他道器相即的本体论思维方式又为他的"生之谓性"说提供了有力的理论支持。在形上之道与形下之器的关系中，程颢在区分二者的前提下，更加注重二者的相即不离和相与一体性，认为器亦道，道亦器，强调形上与形下的统一。他的这一理念也贯彻并落实到了人性领域，这就是他所谓的"性即气，气即性"，并且将此视为"生之谓性"成立的理论根据。"生之谓性"意味着性首先是与生相一致的，而生则是一种真实的绵延不已的天道本原的化育过程，因此任何生命的存在都必然地既涵盖了生命的超越性，又同时包含着生命的具体形质。换句话说，由生而成之性，必然是性气相即之性，唯有这样的性才是真实的具体存在的人性，而这也正是唯一的人性。在程颢看来，世界上只存在这唯一的真实的人性，它是在天道本体大化流行的过程中伴随着人的降生而出现的，所以说是"生之谓性"。他曾这样指出："如说妄说幻为不好底性，则请别寻一个好底性来，换了此不好底性著。道即性也。若道外寻性，性外寻道，便不是。"① 这几句话表明，程颢认为性是唯一的，那就是与道为一之性，也就是与生生之道相与为一之性。这样的性，必然是超越性与现实性的统一，是存在本质与存在状态的统一，当然也就内在地包含着构成生命形质的气于其中。程颢从性气相即的角度重新诠释"生之谓性"，这使他与告子的"生之谓性"说区别开来。程颢的"生之谓性"说既包含着他对生生之天道的深刻体悟，对生命存在的根本反思，也反映了他独特的本体论思维方式。

在"生之谓性"的理论基础上，程颢对于人性的善恶也有着自己独特

---

① （宋）程颢、程颐：《二程集》，《河南程氏遗书》卷第一，王孝鱼点校，第1页。

的看法。在儒家关于人的理解中，德性是人的生命的核心构成，因此儒家人性论始终围绕着善恶问题而展开。程颢对人性善恶的判断，是他人性论的重要组成部分，也是较能反映其人性论的特质之处，因此值得我们关注。程颢的观点如前所说："人生气禀，理有善恶，然不是性中元有此两物相对而生也。有自幼而善，有自幼而恶，是气禀有然也。善固性也，然恶亦不可不谓之性也。"可以看出，他明确认为，善固是性，但恶也不能不说是性。将恶也视为是性的观点引起了后来人的困惑与不解，甚至被认为是背离了孔孟儒学性善论的基本宗旨。其实，如果从他"生之谓性"的观点出发来考察的话，那么善恶皆性这一观点也并不难理解。程颢认为，性即气，气即性，他所理解的性是性气相即的，而其中的气就是人生气禀。在气禀的层面上，善与恶都是自然存在着的。既然气是性中应有之物，那么气禀的善恶也就自然地反映在性了中，所以说善恶都可谓之性。不过，在对善恶的具体界定上，程颢有着自己独特的理解。他在论及天理善恶时曾说："天下善恶皆天理，谓之恶者非本恶，但或过或不及便如此。"[①]也就是说，并不存在一个绝对的恶，恶只不过是对于善的或过或不及的偏离状态而已。在对人性善恶的理解上，程颢也延续了这样一种界定善恶的方式。他用了一个水的比喻来说明这一问题。他说，性就像水一样，原初之水本是清澈的，但在流淌的过程中可能会发生变化，或者流出不远，就变浊了，或者流了很久，才渐渐变浊，或者一直流淌至海，始终保持清澈而无所污浊。在水变浊的情况中，也有浊之多者与浊之少者的区别。但不管怎样，水在流淌过程中出现的污浊，实际上都是对原初清水状态的一种偏离，并不是水中本有一个清和一个浊相对立而存在着。流淌中的水无论是清的还是浊的，都还是水，并不因为水由清变浊了就不再是水。在这个比喻中，性就是水，善就是水之清，恶就是水之浊，本原之性善就是原初之清水。我们通常所谓的性善，就是在流淌过程中始终保持清澈而无所污浊之水，程颢认为这就是所谓的"继之者善"，即是对本原之性善的一种自然继承，而通常所谓的性恶，就是流淌过程中有所污浊之水。无论性善或性恶都在"生之谓性"的涵义之中，因此说善固是性，恶亦不可不谓之性。承认善恶皆性，实际上表达了程颢对天道生物过程的深

[①] （宋）程颢、程颐：《二程集》，《河南程氏遗书》卷第二上，王孝鱼点校，第14页。

刻体会，以及他"浑然与物同体"的生命情怀。我们知道，天道浩大，化生万物，其间必然出现物性之不齐、人性之善恶等各种状况，但这些都是天道化生的产物，因此我们都应以最大的包容心去接纳之并理解之。只有承认善恶皆性，才能真正体会天地生物之大德，或许这就是程颢提出这一观点的初衷和本义。

虽然程颢认为善恶皆性，但我们还要注意另一个问题，那就是在他的理解中，善与恶在人性中的地位是不同的，或者说善是人性中更主要的部分。朱熹的一名弟子就曾这样指出："性善，大抵程氏说善恶处，说得'善'字重，'恶'字轻。"① 这实际上也是程颢论性之善恶的一个重要特点，对此我们可以从两个方面来理解。首先，在水的比喻中，程颢认为水之清是水的原初状态，这就意味着性善是性的本然状态。将性善界定为性之本然，这就从根本上肯定了善在性中的核心地位。与此同时，他还将人们通常所理解的性善称之为"继之者善"，并认为这就像水流而就下一样，这实际上是将性善理解为一种性的自然而正常的状态，这也是从正面对性善所做的一种积极肯定。其次，程颢将性之恶理解为是对性之善的一种偏离，这也表明恶在性中并不是一种常态，不居于主要地位。如果说性善是性的自然正常之状态，那么性恶就是性的一种非自然的非正常的状态，而自然正常的状态无疑在性中具有更重要的地位。因此，性之恶就如水之浊一样，是可以通过澄治之功而复归本然之性善的。因此我们说，虽然程颢提出善恶皆性，但善与恶在其人性论中的地位是不同的，可以说是"'善'字重，'恶'字轻"。从对性之善恶的不同倾向上来说，程颢实际上是部分地继承了孟子的性善论精神，所以他说："凡人说性，只是说'继之者善'也，孟子言人性善是也。"他从"继之者善"的层面来肯定孟子的性善论，实际上是将孟子的性善论纳入了他的"生之谓性"的体系中去。因此，我们只能说程颢是部分地继承了孟子的性善论思想，或者说是对它进行了一番新的诠释和定位。总的来说，程颢在其"生之谓性"的性论前提下，对人性善恶的问题做出了自己的理解和判断，并在一定程度上突破了传统儒学的一些看法。

可以说，"生之谓性"、"性即气，气即性"和"善固性也，然恶亦不

---

① （宋）黎靖德编：《朱子语类》，王星贤点校，第2429页。

可不谓之性"都是程颢人性论的重要内容，概括起来可称为新"生之谓性"说。"生之谓性"是程颢明确表达出来的关于人性的理解，不过他的人性论还有另外一个层面值得我们注意。他曾这样讲："盖'生之谓性''人生而静'以上不容说，才说性时，便已不是性也。"① 这或许意味着在程颢看来，除了"生之谓性"这个层面之外，性还有一个"生之谓性""人生而静"以上的"不容说"的层面。这里所谓的"不容说"，我们可以理解为是超出语言之外的，不能用语言来表达的某种存在，它应当是超越的、绝对的和无限的。在程颢的思想体系中，"不容说"或许只能指向一种纯粹的形而上的存在。我们知道，程颢对于形而上之道和形而下之器是有明确区分的，但他同时又强调道与器是相即不离的，纯粹的形而上之道在他看来是不能单独存在的。或许正是在这种形而上之道的层面上，性有着其"不容说"的一面。在可以言说的层面上，性与气是相即一体的，程颢认为性气相即之性是唯一的真实存在着的人性，除此以外均不可言说。因此我们说，程颢是从他自己的性气相即的性论思想出发的，认为"生之谓性""人生而静"以上是"不容说"的。但是如果我们跳出他为自己所设定的把握性道的独特思维方式，而从他这句话的暗示出发的话，我们可以说，程颢的性论存在着或者说至少蕴藏着另外一个层面。

要想寻找或挖掘出程颢所谓的"不容说"之性的内涵，无疑是相当困难的，因为他自己就说这一层面的性是"才说性时，便已不是性也"。所以，我们不能直接从他对性的相关描述中去寻找这"不容说"之性，只能从"不容说"一语所可能包含的特征中去寻求答案。如前所言，程颢所谓的"不容说"的涵义，可能指向的是一种超越的、绝对的和纯粹形而上的存在。如果从这些特征出发去考察他的相关言论，我们会发现有一个概念值得注意，而且或许正能契合这里所说的"不容说"之性，那就是"天德"一语。"天德"是程颢经常言及的一个概念，大致表达一种源自于天而又内在于人的超越而纯粹至善的德性。他曾这样说："圣贤论天德，盖谓自家元是天然完全自足之物，若无所污坏，即当直而行之；若小有污坏，即敬以治之，使复如旧。所以能使如旧者，盖为自家本质元是完足之

---

① （宋）程颢、程颐：《二程集》，《河南程氏遗书》卷第一，王孝鱼点校，第10页。

物。"① 这里所讲的"天德"是天然、完全、自足之物，并且是每个人都自家拥有的。从天德的这些特征中，我们似乎可以将它理解为超越而纯粹的人性。天德是天然而有的，不是后天形成的；它是完全自足的，不依赖任何其他因素而存在；它是每个人内在拥有的，不是外在强加的。此外，天德本身还必然是纯粹至善的。其实，程颢这里所言的天德，与他在"生之谓性"中所言的原初之清水是一致的。我们知道，程颢用原初之清水来比喻人的本然之善性，而这里的天德正与之相应。在"生之谓性"的水之喻中，程颢用水的清浊和污坏来描述性的善恶，而在对天德的论述中，他也用了"无所污坏"和"小有污坏"等字样来描述天德落入现实生活中时所可能呈现的状况。这也从侧面说明，天德也是程颢关于人性的一种描述。但与"生之谓性"相比，天德无疑具有一种纯粹性和超越性，可以说它是形而上之性，所以是"不容说"的。天德作为形而上之性，其"不容说"之处还表现在，它具有一些神秘的无比深邃等特征。程颢曾经这样说："《诗》曰：'维天之命，于穆不已。'盖曰天之所以为天也。'于乎不显，文王之德之纯'，盖曰文王之所以为文也。纯亦不已，此乃天德也。"② 程颢用"于穆不已"来描述天，用"纯亦不已"来讲天德，并将二者相提并论，足见天德内涵的深奥与神秘。不管怎样，我们可以认为，天德这一概念一定程度上揭示了程颢所谓的"不容说"之性的某些内涵。程颢的"不容说"之性，一方面确实增加了我们理解其性论的困难，另一方面也展现出其性论的复杂性和丰富性。

以上就是我们从"生之谓性"与"不容说"之性两个层面对程颢的性论展开的分析。通过分析可以看出，程颢的性论思想有着较为强烈的个人"体贴"的色彩，呈现出了较为显著的创造性和独特性。他所重新诠释的"生之谓性"说体现了他对生命存在本质与存在状态的深入思考，同时也寄予了他对生命世界所抱有的独特情怀。而他的"不容说"之性，则揭示了人性的纯粹和超越层面，同时也暗示了生命现象自身所具有的无限神秘性。程颢的性论思想是丰富而复杂的，甚至是难以有确切之解的，但是他的一些观点确实能够给予我们启发和思考。对于儒家的性与天道问题来

---

① （宋）程颢、程颐：《二程集》，《河南程氏遗书》卷第一，王孝鱼点校，第1页。
② （宋）程颢、程颐：《二程集》，《河南程氏遗书》卷第十四，王孝鱼点校，第141页。

说，程颢的性论无疑是别具一格的，并且增进了这一问题的丰富性。

二　仁视域下的性与天道之贯通

程颢通过自己对于宇宙人生的深入考察和体悟，以关注生命为核心，提出了他对性与天道的独特理解。在仁之生命视域下，他体贴出了天理范畴，形成了他的天理天道观，同时也通过重新诠释"生之谓性"这一命题，表达了他对人性的理解。我们从理论分析的角度对其天道观和人性论进行了分别的论述，但在程颢的一本论思想中，性与天道是本然一体的，二者之间只有表达角度的不同，没有本质涵义上的差异。儒家之言性与天道，自始便有一种天道性命相贯通的理论追求蕴含其中。这是因为，天道性命的贯通源自天人合一的理念，而天人合一是古代中国人的一种基本理念，在这一理念中，天人之间的关系无比亲密，人类与其他自然存在之间是休戚与共、亲如一体的。这种理念实际上反映了古代中国人把握整个世界和整体宇宙人生的主要方式。

天人合一的理念在古代中国人那里，最初或许只是一种懵懂的直觉，但随着文明的发展，宗教与理性意识的逐步觉醒，中国的思想家们就试图将这种直觉认识合理化，因此他们或诉诸宗教信仰，或凭借理性思考，以完成对天人合一理念的合理化论证。在儒家的传统中，天人合一集中表现为天道性命的相互贯通，并以性与天道的问题形式呈现出来。对于这一问题有着自觉意识的一些儒者，都在努力寻求性道合一的基础，或者说是性道合一的根据，并依靠这种基础或根据将性与天道贯通起来，从而实现对这一问题的合理化论证。不同的儒者基于他们各自对宇宙人生的不同理解，寻找到了性道合一的不同根据，并分别完成了他们的论证。儒者们的论证都在一定程度上推进了性与天道问题的发展和深化，同时也使天人合一的内涵变得日益丰富起来。在北宋的儒者中，程颢就是对这一问题有着较多思考的儒者之一。他从生命自身寻求性道合一的根据，从宇宙本原的大化流行之过程和天地生物之大德，以及万有生命的参差不齐与善恶相间的各样情状中，来体悟天道性命的本然一体和相互融通。在性与天道本然合一的层面上，程颢认为天、道、理、心、性、命等范畴都是内涵一致的，只要我们用心去体会，默而识之即可自得之。但在现实人生的层面上，人都是天理私欲相混合的存在，如何突破一己私欲的遮蔽，自觉到自我性命与天道的本然一体，并以此种自觉去认知自我和对待天地万物，却需要付出很多的努力。这种努力我们可以称之为修养的工夫，其中不仅包含着行为上的勇气和决心，还包含着认识上的觉悟和智慧。下面，我们就从程颢对"性与天道之贯通"这一问题的理解，和他所提出的实现这一贯通的修养方法两个方面，展开对其性道思想的进一步分析。

在天与人的关系、天道与性命的关系方面，程颢一贯主张一本论，即天人无二，天道性命一致而贯通。他曾说，"天人无间断"①，"有道有理，天人一也，更不分别"②，并且主张"合内外之道，一天人，齐上下"③。在他看来，天人之间本是一体同流，一理相贯，不须区分出天与人、内与外，人之所以有这种区分，乃是受了一己之小我的限制。天人无间断，天道本体是人的生命存在之本体，同样，人的心性本体亦是天道本体。道一本也，天道性命是本然一致而贯通的。他曾这样指出："道，一本也。或谓以心包诚，不若以诚包心；以至诚参天地，不若以至诚体人物，是二本也。"④ 从天道性命本然的意义上来说，道是唯一的，而且是贯通天人的，因此天道之诚与人之心性是本然同一的，这样就无所谓"以心包诚"或"以诚包心"了，也就更谈不上"参天地"与"体人物"的区别了。程颢还曾引用张载的话说"有外之心，不足以合天心"⑤，可见，人心与天心也是本然一体的。天人的合一，天道性命的贯通，在程颢这里是统一于生命世界和生命自身的。他认为"天只是以生为道"，而人的生命正是天地化育的一部分，当人以天地生物之心作为自己的本心本性时，人就达到了与天为一，而这也正是人的生命的最高境界。体认天地生物之心，感受生命世界的浑然一体，就是程颢所理解的仁。在他看来，人应当以仁的方式而存在，也就是以浑然与物同体的方式而存在，只有这样才是真正的天人合一。也可以说，性与天道的合一，在程颢的仁学思想中得到了较为充分的展现。比如他说："仁者，以天地万物为一体，莫非己也。认得为己，何

---

① （宋）程颢、程颐：《二程集》，《河南程氏遗书》卷第十一，王孝鱼点校，第119页。
② （宋）程颢、程颐：《二程集》，《河南程氏遗书》卷第二上，王孝鱼点校，第20页。
③ （宋）程颢、程颐：《二程集》，《河南程氏遗书》卷第三，王孝鱼点校，第59页。
④ （宋）程颢、程颐：《二程集》，《河南程氏遗书》卷第十一，王孝鱼点校，第117页。
⑤ （宋）程颢、程颐：《二程集》，《河南程氏遗书》卷第十一，王孝鱼点校，第130页。

所不至？"① 又说："仁者，浑然与物同体。……此道与物无对，大不足以名之，天地之用皆我之用。……须反身而诚，乃为大乐。若反身未诚，则犹是二物有对，以己合彼，终未有之，又安得乐？"② 程颢关于仁的这些论述，都蕴含着性与天道一体而贯通的思想。而且还可看出，性与天道是在人这里实现了贯通，所以要"反身而诚"。总而言之，在坚持一本论和生命视域的基础上，程颢认为性与天道是本然一体并相互贯通的。

性与天道在本然的层面上是一体贯通的，但要在现实的人生中实现这种贯通，却需要经过一番修养的工夫。程颢在修养工夫方面主要提出了诚敬说。他曾说："道之浩浩，何处下手？惟立诚才有可居之处，有可居之处则可以修业也。"③ 他将诚视为把握道的下手之处，足见诚的重要性。诚也正是贯通性与天道的一个范畴，天道的真实无妄是天道之诚，人性的真诚无欺是性之诚，因此诚就是贯通性与天道的枢纽。人要想在自己的现实人生中真正实现天道性命的贯通，就首先要"立诚"。除了诚，人还需要敬。程颢说："敬胜百邪"④，又说："学者不必远求，近取诸身，只明人理，敬而已矣，便是约处。"⑤ 敬表示一种敬畏感，也表示一种严肃认真的态度。我们既要对宇宙本原的大化流行和整个生命世界的存在表示敬畏，也要对人的内在本性敬守有加，从而使自我的本心本性发挥力量，指导行为，这或许就是程颢经常言及的"敬以直内，义以方外"。诚与敬既可以作为两种单独的修养方法而存在，也可被结合起来一起使用，这就是诚敬的方法。程颢曾说："敬则无间断，体物而不可遗者，诚敬而已矣，不诚则无物也。"⑥ 又说："敬则诚。"⑦ 还说："学要在敬也、诚也，中间便有个仁。"⑧ 只有以诚敬之心来体察天道与性命，才能把握天道流行的生生不息与体物无遗。同样，只有以诚敬之心来涵养人的本心本性，才能真正实现性与天道在人自身生命中的贯通。程颢在其《识仁篇》中就这样指出：

---

① （宋）程颢、程颐：《二程集》，《河南程氏遗书》卷第二上，王孝鱼点校，第15页。
② （宋）程颢、程颐：《二程集》，《河南程氏遗书》卷第二上，王孝鱼点校，第16—17页。
③ （宋）程颢、程颐：《二程集》，《河南程氏遗书》卷第一，王孝鱼点校，第2页。
④ （宋）程颢、程颐：《二程集》，《河南程氏遗书》卷第十一，王孝鱼点校，第119页。
⑤ （宋）程颢、程颐：《二程集》，《河南程氏遗书》卷第二上，王孝鱼点校，第20页。
⑥ （宋）程颢、程颐：《二程集》，《河南程氏遗书》卷第十一，王孝鱼点校，第118页。
⑦ （宋）程颢、程颐：《二程集》，《河南程氏遗书》卷第十一，王孝鱼点校，第127页。
⑧ （宋）程颢、程颐：《二程集》，《河南程氏遗书》卷第十四，王孝鱼点校，第141页。

"识得此理,以诚敬存之而已,不须防检,不须穷索。若心懈则有防,心苟不懈,何防之有?理有未得,故须穷索。存久自明,安待穷索?"① 也就是说,识得了"仁者,浑然与物同体"这一性道贯通之理后,只需要以诚敬的方式存养即可,不需要时时防检,也不需要刻意求索。之所以如此,是因为性与天道是本然贯通的,只是被人的私欲遮蔽了而已,一旦人重新意识到此理,并能加以存养,就可实现"浑然与物同体"的性道合一之境界。实际上,性与天道的贯通,并不曾有丝毫的人为因素加于其上,人所能做的就是恢复它的本然状态而已,因此只需要诚敬存养,而不须防检和穷索。这也正如程颢所言:"'必有事焉而勿正,心勿忘,勿助长',未尝致纤毫之力,此其存之之道。"② 可见,程颢所理解的诚敬,与孟子所谓的"必有事焉而勿正,心勿忘,勿助长"是相一致的。需要说明的是,虽然程颢比较强调诚敬的修养方法,但他并不主张因诚敬而矜持太过,而认为要在诚敬的同时保持心境的"和乐"。他说:"执事须是敬,又不可矜持太过。"③ 矜持太过,就可能会伤害到内心所存养的自然之道,并且会有人为的因素施加其上,从而丧失性道合一的本然状态。所以程颢讲:"敬须和乐。"④ 只有既诚敬又和乐,才能使自己的心境与性道的本然一体之状态保持契合,才能较好地存养。陈来先生就曾指出:"理想的境界是敬乐合一的境界,任何对敬的过分强调以致伤害了心境的自然平和安详都是不可取的。"⑤ 所以,程颢提出的"以诚敬存之而已,不须防检,不须穷索"的修养方法,看似简单直接,实则包含着很高的智慧与技巧。不过在程颢看来,只要能够真正以诚敬的方式来存养,就会存久自明,性与天道的贯通也就可以现实地呈现在我们的人生之中,而不仅仅是种假设和幻想。

除了诚敬的方法之外,程颢还曾提出过定性说,这也是可以帮助人们实现性道贯通的一种方法。首先需要说明的是,定性与诚敬二者之间是一

---

① (宋)程颢、程颐:《二程集》,《河南程氏遗书》卷第二上,王孝鱼点校,第16—17页。
② (宋)程颢、程颐:《二程集》,《河南程氏遗书》卷第二上,王孝鱼点校,第17页。
③ (宋)程颢、程颐:《二程集》,《河南程氏遗书》卷第三,王孝鱼点校,第61页。
④ (宋)程颢、程颐:《二程集》,《河南程氏遗书》卷第二上,王孝鱼点校,第31页。此条语录未注明是程颢所言,但根据程颢、程颐各自思想的特点可以推断为程颢之言。《宋元学案》《二程哲学体系》等著作也将此条语录归属于程颢。(清)黄宗羲原著,全祖望补修:《宋元学案》卷十三《明道学案上》,陈金生、梁运华点校,第557页;庞万里:《二程哲学体系》,第360页。
⑤ 陈来:《宋明理学》(第二版),华东师范大学出版社2004年版,第67页。

致的，只不过表述的角度有所不同而已。诚敬更多的是从存养的角度来讲，而定性则是从如何正确看待物我、内外以及心性的本然状态等角度来讲的。程颢的定性思想载于他同张载的一封往来书信中，该信也被称为"定性书"，在后世有很大的影响。张载在其修养实践中可能是遇到了一些困惑，所谓"定性未能不动，犹累于外物"①，故写信求解问询于程颢。程颢在回信中详细阐发了他关于定性的理解。他这样讲："所谓定者，动亦定，静亦定，无将迎，无内外。苟以外物为外，牵己而从之，是以己性为有内外也。且以性为随物于外，则当其在外时，何者为在内？是有意于绝外诱，而不知性之无内外也。既以内外为二本，则又乌可遽语定哉？夫天地之常，以其心普万物而无心；圣人之常，以其情顺万事而无情。故君子之学，莫若廓然而大公，物来而顺应。……苟规规于外诱之除，将见灭于东而生于西也。非惟日之不足，顾其端无穷，不可得而除也。"② 在程颢看来，要想解决定性的问题，必须首先明白人性的本然状态是怎样的。通常人们认为，人性是内在于人的，而人之外的其他事物都是在人性之外的。但在程颢的理解中，人性并不局限于一己之小我，而是与天道同体，所以人性是包含内外、贯通上下的，所以他说"性之无内外"。程颢对人性的这种理解，实际上蕴含着他对人之生命本质的一种独特把握。他从天地生物的大生命视野出发来理解人的生命，从而得出人与天地万物一体同流的结论。只要将人的生命提升至宇宙大生命的境界，那么人与人之间、人与万物之间的界限和隔阂都将被打破，而物我、内外之别自然也就不复存在了。对人性有了这样的认识之后，我们对于定性也将会有新的看法。既然性无内外，那就无所谓将迎万物，也就不须以外诱为外而有意灭除之，只要顺应万物之常情恰当地对待即可。所谓定性，也并不意味着使性处于静而不动的状态，而是要当动则动，当静则静，这样的话，无论动静就皆是定性。要想达到动静皆定的定性境界，就要破除物我的界限，避免人的自私用智，做到"廓然而大公，物来而顺应"即可，这样就能像天地和圣人那样，心普万物而无心，情顺万物而无情。这几句话说起来简单，但要真

---

① （宋）程颢、程颐：《二程集》，《河南程氏文集》卷第二《答横渠张子厚先生书》，王孝鱼点校，第460页。
② （宋）程颢、程颐：《二程集》，《河南程氏文集》卷第二《答横渠张子厚先生书》，王孝鱼点校，第460页。

正实现定性却并不容易。除了首先认识到"性无内外"、物我一体这一理论前提之外,人还要努力突破因自私用智而造成的人情之蔽。关于人情之蔽,程颢这样讲:"人之情各有所蔽,故不能适道,大率患在于自私而用智。自私则不能以有为为应迹,用智则不能以明觉为自然。……圣人之喜,以物之当喜;圣人之怒,以物之当怒。是圣人之喜怒,不系于心而系于物也。是则圣人岂不应于物哉?乌得以从外者为非,而更求在内者为是也?今以自私用智之喜怒,而视圣人喜怒之正为如何哉?"[①] 人往往因情欲所蔽,不能洞察性道真义,尤其因自私而用智,愈加不能做到自然地顺应万物,也就不能像圣人那样喜怒皆正。想要现实地破除自私用智的人情之蔽,并不是件容易的事情,程颢认为我们可以以"制人情之怒"为入手处来做工夫。他说:"夫人之情,易发而难制者,惟怒为甚。第能于怒时遽忘其怒,而观理之是非,亦可见外诱之不足恶,而于道亦思过半矣。"[②] 人之怒往往因外物而起,若能于怒时忘其怒而观理之是非,就能认识到外诱非外亦不足恶,这样就能避免情之蔽而达到情之正。

程颢的定性说,主要指出了人性与外物一体非二,因此只要避免人情之蔽,廓然大公地顺应万物就可达到定性。而真正的定性境界也正是人与物、性与天道一体贯通的境界。可以看出,程颢《定性书》中"性无内外"的观点,与其《识仁篇》中提出的"仁者,浑然与物同体"的思想是一致的。[③] 它们都强调了生命世界的一体同流,突显了人与天地万物之间的浑然无隔,并蕴含着性与天道之间的本然贯通之内涵。可以说在根本精神上,《定性书》和《识仁篇》是一脉相承、并无二致的。不过从具体的表达上看,《识仁篇》的语言显得更为纯粹和圆熟,而《定性书》的语言则稍嫌驳杂,借用了一些佛道之学的常用表达语。语言本是表达思想的工具,得意则可"忘言",不过我们从同一个思想家的语言演变中,也能隐约感受到其思想自身渐入佳境的演变轨迹。不管怎样,程颢在《定性书》中所提出的定性工夫与境界,都体现了他一贯的性道贯通的思想。

---

① (宋)程颢、程颐:《二程集》,《河南程氏文集》卷第二《答横渠张子厚先生书》,王孝鱼点校,第460—461页。

② (宋)程颢、程颐:《二程集》,《河南程氏文集》卷第二《答横渠张子厚先生书》,王孝鱼点校,第461页。

③ 参见冯友兰《中国哲学史新编》(下),人民出版社1999年版。

程颢为学，强调以"识仁为先"，他关于性与天道的思考也正是在其仁之生命视域中展开的。因此，他所理解的性和天道，都与生命有着内在而密切的关联，也呈现出了较为鲜明的"生生"特征。生命自身的完整性和包容性，以及生命世界的浑然一体性，使程颢确立起了一本论的性道观。在这一性道观中，天、道、理、心、性、命都是一致的，都是对生命的存在本质和存在状态的一种表述。因此，他十分推崇孟子所言的"尽其心者知其性也，知性则知天矣"[1] 和《易传》中的"穷理尽性以至于命"，并且认为"'穷理尽性以至于命'，一物也"[2]。可见在程颢看来，心、性、天，理、性、命都是一物，尽心、知性、知天和穷理、尽性、以至于命也都只是一事。所以，性与天道在他的理解中是本然一体、相互贯通的，并且都贯通于生命一体之仁中。这应当就是程颢对儒家"性道微言""默而识之"的体贴结果。

---

[1] （宋）程颢、程颐：《二程集》，《河南程氏遗书》卷第十四，王孝鱼点校，第141页。
[2] （宋）程颢、程颐：《二程集》，《河南程氏遗书》卷第十一，王孝鱼点校，第121页。

第四章　程颐：理视域下的性与天道之思

　　程颐与程颢一样，成长于北宋中期，并且都在少年时代就树立起了为学求道的志向。面对儒学式微、佛道之学盛行的思想局面，程颐与程颢及其他北宋儒者一起，从各自的理论视野和人文关怀出发，努力探索儒家的"性道微言"。程颐与程颢是成长生活于同一个家庭的兄弟，因此程颐之学在很大程度上受到了程颢的影响，尤其在基本的为学宗旨和共同倡导的核心理念方面都与程颢保持了较多的一致性。不过，作为同样具有理论创造力的儒者，程颐并没有完全被其兄长的思想笼罩和掩盖，而是在为学求道的过程中逐步培育并塑造了自己独有的思想风格。程颢仅享五十四岁之中寿便早逝，程颐则于其后的二十余年中又继续从事授徒讲学活动，一方面扩大了二程之学在当时社会中的影响，另一方面也使程颐自己的思想在不断的思考和改进中日趋邃密和成熟。全祖望在《伊川学案》中就曾这样指出："大程子早卒，向微小程子，则洛学之统且中衰矣！龟山先生尝曰：'小程子大而未化，然发明有过于其兄者。'信哉！"① 除此之外，程氏兄弟二人性情上的不同和理论倾向上的差异，也使他们的思想悄然有别，各有特点。对此，后世学者也有较多共识。比如，朱熹就曾说："明道语宏大，伊川语亲切。"② 又说："明道说话，一看便好，转看转好；伊川说话，初看未甚好，久看方好。"③ 还有："明道言语尽宽平；伊川言语初难看，

---

　① （清）黄宗羲原著，全祖望补修：《宋元学案》卷十五《伊川学案上》，陈金生、梁运华点校，第588页。
　② （宋）黎靖德编：《朱子语类》，王星贤点校，第2358页。
　③ （宋）黎靖德编：《朱子语类》，王星贤点校，第2358页。

细读有滋味。"① 除却朱熹个人的理论倾向等因素,他对二程之学各自特点的描述还是比较到位的。不同的语言风格背后承载的是不同的思想内涵,这就需要我们更进一步地去研究和体会。对于程颐之学,我们也要从他的问题意识和独特视域出发,寻找和感受他的为学宗旨和他思想的内在灵魂,从而能够较为真切地把握他对儒家性道问题的独到见解。

程颐的一生,都在孜孜不倦地为学求道。自十四五岁与程颢一起从学于周敦颐开始,他就展开了对儒家性道之学的不断探索。在其多年的授徒讲学活动中,程颐留下了大量的讲学语录,这些语录涵盖了其思想的大部分内容。与此同时,他也有一些解经的著作,最有代表性的就是他的《程氏易传》。这些都为我们研究程颐的思想提供了方便。与前面一样,我们将主要使用已注明了作者归属的思想资料,主要包括《遗书》和《外书》中注明为程颐言论的语录,以及程颐的相关文集和解经著作。对于少量未注明作者的重要资料的使用,我们将以审慎的态度加以考辨,并做出相应的说明和注释。

第一节 理视域的形成

程颐对性与天道问题的思考,在基本方向上与程颢是大体一致的,但其思考的方式和视角却有自己的特点。我们知道,在天道观方面,程颢在其仁之视域下体贴出了天理范畴,而程颐对天理也有许多阐发,但其阐发的方式和侧重点却与程颢有所不同。在人性的体认方面,程颐与程颢也有着较为显著的差别。究其原因,或许是由他们二人不同的理论进路和思维方式决定的。与程颢比较注重孔孟的仁学思想相比,程颐对《易传》中形上形下的道器之辨有着更多的思考,而且他理解的角度也与程颢有所区别。相较之下,程颐注重将形上之道和形下之器区分开来,而且也更加突显形上之道的绝对地位。这种对道器之辨的理解方式,贯穿了程颐的整个思想体系,也成为程颐性道思想的一个重要特点。从思想内涵上说,程颐将性与天道都理解为形而上之理,认为理贯通了天道性命,并且普遍存在于天地万物之中。在社会人生的层面,他认为世间之恶皆源自人的私欲,

---

① (宋)黎靖德编:《朱子语类》,王星贤点校,第2359页。

只有以至善的天理来对治人之私欲，才能提升生命境界，从而成贤成圣完善人生。儒家之言性与天道，本于一种对生命存在本质和存在状态的深入探索和终极关怀，但是这种探索和关怀的方式在每个儒者那里又各有不同。可以说，程颐基于自己对道器之辨的悉心考索和对社会人生的深切关怀，逐步形成了以形而上之理为基本视域来把握性与天道的为学特点。这也是儒家关于性与天道问题发展过程中的一个重要趋向。下面，我们就对程颐理视域的形成进行一番考察和分析。

一 形上形下的道器之辨

中国古代对于道范畴的思考早已有之，各个学派几乎都有自己关于道的一番理解，但是真正的道器之辨是在《易传》中提出的。《周易》是一部极有特色的儒家经典，它借助一套独特的符号文字系统阐发了古代中国人对宇宙人生的总体理解，是一部有象、有数、有理的综合体系。正是这种集象、数、理于一体的独特表达方式，使人们更易于从《周易》中获得对天地万象的认知和感悟，获得对有形之现象和无形之道体的双重把握。因为易象是对天地万物之现象的一种象化反映，易数是对天地万物的生化程序和组合模式的数化模拟，而易理则是对天地万物背后的无形之道的一种反思和概括。《易传》中的道器之辨正是从《周易》这一特殊体系中生发出来的，所谓："形而上者谓之道，形而下者谓之器。"[1] 程颐对易学有着浓厚的兴趣，也有着较为深入的研究，甚至可以说他是以易学作为理论进路展开对性与天道的思考的。形上形下的道器之辨正是他比较重视的，也成为他把握性与天道问题的一种重要方式。

形上形下的道器二分是程颐对道器之辨的主要理解。《易传》提出了"形而上者谓之道，形而下者谓之器"这一命题，其中的"形"应是形象、形状或有形之意；"形而上"应是超越形象、有形之上的或隐藏于其背后的无形之存在，可称为道；"形而下"应是有形有象的具体存在，可称为器。事实上，关于道的一些特征，早在道家老子那里就有许多相关的描述，比如他说道是"视之不见""听之不闻""搏之不得"的[2]，表达的

---

[1] 唐明邦主编：《周易评注》，第222页。
[2] （三国魏）王弼：《王弼集校释》，《老子道德经注》，楼宇烈校释，第31页。

也是一种关于道的无形无象之特征。但是将道与器对举而言，且以形而上、形而下作为其明确区分的，则是首先在《易传》这里被表达出来的。虽然这一命题通常理解起来并无太多的歧义，但是如何看待形上之道和形下之器的关系，大家却有理解上的微妙差异。比如，程颢就在肯定了形上之道和形下之器的差异后，又明确指出器亦道、道亦器，认为道器之间是相即不离的关系。也就是说，在程颢看来，并不存在完全脱离形下之器的道，也不存在完全脱离形上之道的器，道与器一定是相即共存、相与一体的。更重要的是，程颢倾向于用较为圆融的道器一体的方式来把握事物的存在。而程颐的理解就有一些倾向上的不同。程颐也认为道与器是一体的，不可分别独立地存在。比如他说："至微者理也，至著者象也。体用一源，显微无间。"① 还说："离了阴阳更无道。"② 但与此同时，他更加注重的是道与器之间的区别，也更加突显道的至高地位及其对器的主导作用。他说："气是形而下者，道是形而上者。形而上者则是密也。"③ 很显然，他将气与道做了明确区分之后，更为看重的是形而上之道。我们从中可以感受到，程颐倾向于用一种道器二分的方式来把握事物的存在，并且更加重视形上之道对事物存在的决定作用。因此，虽然"形而上者谓之道，形而下者谓之器"是一个看似内涵明确的命题，但是由于理解上的微妙差异，却可以产生不同的把握事物的方式。

重视形上形下的道器二分，以及对形上之道的强调，实际上反映了程颐探索和思考万有存在的一些特点。在普通人看来，整个世界是由众多有形有象的具体事物构成的，比如日月星辰、山川大地、草木瓦石、飞禽走兽，还有我们人类自身，等等。这些有形有象、有声有气、有血有肉的各类存在，通常看来是可见可闻、可触可感、可以被人们认识和把握的。但是，如果进一步反思的话，我们就会发现这些基于耳目感官的经验层面的认识是经不起太多推敲的，因为具体事物都是有限的，都有其生灭流转之现象的不断变换。所以佛教才会提出"缘起性空"的说法，来否定万有存在的真实性。儒家当然也认识到了具体事物的这种有限性和变化性，但却

---

① （宋）程颢、程颐：《二程集》，《周易程氏传》，《易传序》，王孝鱼点校，第689页。
② （宋）程颢、程颐：《二程集》，《河南程氏遗书》卷第十五，王孝鱼点校，第162页。
③ （宋）程颢、程颐：《二程集》，《河南程氏遗书》卷第十五，王孝鱼点校，第162页。

并不因此否认事物存在的真实性，而是为其存在寻找了一个坚强有力的根基，那就是道。正如《易传》指出的，具体事物只是"形而下之器"，与其同时存在的还有一个"形而上之道"，器固然是有限且不断变化的，道却是无限而恒常的。道赋予了万有存在以另一种意义，那就是，于有限之中可见无限，于变化之中可见恒常，在看似虚幻的现象背后蕴藏着最大的真实。或许正是基于此种认识，程颐才对道器之辨格外重视，也对形上之道有着更多的推崇。有了这样的视野，就会以一种自然平常的态度去看待天地万物，体会天地万物的真实存在。

在形上形下的道器之辨前提下，程颐对"一阴一阳之谓道"这一命题有了新的理解，并且也初步呈现出了以所以然之理来诠释道的趋向。《易传》的《系辞上》中有这样一句话："一阴一阳之谓道。继之者善也，成之者性也。"① 对于这句话，我们可以借助它之后的那句"仁者见之谓之仁，知者见之谓之知"② 来形容人们对它的理解。由于立场、视角及理论倾向等方面的不同，学者们对这句话的理解也是仁者见仁、智者见智的。但是大致说来，这句话是对天道性命的一种描述，是从阴阳之道和万物成性这一角度对天道生物的一种阐释。如果说"形而上者谓之道，形而下者谓之器"是对道与器的一种理论上的静态描述，那么"一阴一阳之谓道"及"继善成性"则是对道的生化流行之实然状态的一种动态阐释。也就是说，"一阴一阳之谓道"是落实在天地生物这一实然层面上来言道的，所以就涉及阴阳，涉及继善与成性。如果从字面上来理解的话，"一阴一阳之谓道"的意思是阴阳二气就是道。但是程颐在其道器之辨的思维方式下，对这句话做了别样的理解。他说："离了阴阳更无道，所以阴阳者是道也。阴阳，气也。"③ 他首先认为阴阳与道是不可分割的关系，但同时又从阴阳是气这一角度指出，阴阳与道不能直接等同，道只是所以阴阳者。他还曾更加明确地指出："'一阴一阳之谓道'，道非阴阳也，所以一阴一阳道也，如一阖一辟谓之变。"④ 这里他就不再强调道与阴阳的一体性，而是更加侧重了道与阴阳的不同，所谓"道非阴阳也"，并再次揭示出道是

---

① 唐明邦主编：《周易评注》，第201页。
② 唐明邦主编：《周易评注》，第201页。
③ （宋）程颢、程颐：《二程集》，《河南程氏遗书》卷第十五，王孝鱼点校，第162页。
④ （宋）程颢、程颐：《二程集》，《河南程氏遗书》卷第三，王孝鱼点校，第67页。

"所以一阴一阳"者。对于所以阴阳者是道，程颐还有更进一步的说明，他说："'一阴一阳之谓道'，此理固深，说则无可说。所以阴阳者道，既曰气，则便是二。言开阖，已是感，既二则便有感。所以开阖者道，开阖便是阴阳。"① 在他看来，天地生物必然要有气，气便有二，那就是阴阳，阴阳二气只有通过动静开阖等相互之间的感应作用才能化生万物，因此阴阳就是开阖之感应，而道就是所以开阖者。因此，道是所以阴阳者。换句话说，道是阴阳二气开阖感应的内在根据，没有道，阴阳就不能开阖，也就不能成为自身，所以说道是所以阴阳者。至此，程颐将他所理解的形上形下的道器之辨充分运用到了对"一阴一阳之谓道"的理解中。

接下来我们要注意的是，程颐一直所说的"所以阴阳者道"，其中的"所以"又指向什么呢？程颐曾说："圣人之道，更无精粗，从洒扫应对至精义入神，通贯只一理。虽洒扫应对，只看所以然者如何。"② 他认为圣人之道只是一理，而这理就是事物之所以然者。道普遍存在于万事万物之中，我们通常看到的是事物表面的现象，而道就是隐藏于事物之中的所以然之理。他说："洒扫应对是其然，必有所以然。"③ 又说："物理须是要穷。若言天地之所以高深，鬼神之所以幽显。若只言天只是高，地只是深，只是已辞，更有甚？"④ 无论是洒扫应对的日常事务，还是天地鬼神的高深幽显等现象，我们都要穷其所以然之理，这就是道之所在。可以看出，程颐在讲"所以"或"所以然"时，描述的实际上是他所理解的理。理就是事物之所以然，也就是事物之道。"所以阴阳者道"，也就是说道不是阴阳，而是阴阳之理。从根本处说，理与道的涵义是一致的，但是当程颐用理的"所以然"之内涵来诠释道时，就隐约有一种以理释道的倾向了。或者也可以这样说，程颐在诠释"形而上者谓之道"和"一阴一阳之谓道"的道之内涵中，逐步体贴酝酿出了理这一范畴及其"所以然"的内涵。

从以上的分析可以看出，形上形下的道器二分法构成了程颐思考问题的基本方式，而他对形上之道的注重也反映了他理解世界的一种理论倾

---

① （宋）程颢、程颐：《二程集》，《河南程氏遗书》卷第十五，王孝鱼点校，第160页。
② （宋）程颢、程颐：《二程集》，《河南程氏遗书》卷第十五，王孝鱼点校，第152页。
③ （宋）程颢、程颐：《二程集》，《河南程氏遗书》卷第十五，王孝鱼点校，第148页。
④ （宋）程颢、程颐：《二程集》，《河南程氏遗书》卷第十五，王孝鱼点校，第157页。

向。在这种思维方式和理论倾向的基础上，程颐对道的理解与传统理解有所不同，他将形而上之道理解为一种"所以然"之理，并将认识宇宙人生之理作为人的为学要务。就是在这样一种道器之辨和对道的独特理解中，程颐的理视域初步酝酿并浮现出来，成为他思考和把握性与天道问题的理论基础。需要指出的是，道器之辨的思维方式几乎贯穿了程颐的整个理论体系，如果对此有较多的自觉和认识，或许会有助于我们更好地把握程颐性道之学的理论特质。

二 天理人欲的道心人心之辨

在对天地万物的基本考察和体悟中，程颐以形上形下的道器之辨作为其主要的思维方式。与此相类似，在对人自身的考察中，他也有着相应的把握方式，那就是天理人欲的道心人心之辨。程颐对于人的生命存在，有着一种深切的忧患意识。在他看来，人作为万物之灵，本应依循天赋的至正之性命来成就自身，人的生命也应以一种至善的方式而存在。但是在现实生活中，人却由于气禀等原因，为私欲所障蔽，不能使至善之本性彰显出来，而这正是人之存在所遇到的最大问题。程颐对于社会人生的关怀和他的忧患意识，也多是由此而起。他曾说："天下之害，无不由末之胜也。峻宇雕墙，本于宫室；酒池肉林，本于饮食；淫酷残忍，本于刑罚；穷兵黩武，本于征讨。凡人欲之过者，皆本于奉养，其流之远，则为害矣。先王制其本者，天理也；后人流于末者，人欲也。损之义，损人欲以复天理而已。"[①] 认识到人之私欲对于社会人生的严重危害，可以说坚定了他损人欲以复天理的为学理念。而天理人欲意识的明确和自觉，则源自他对《尚书》中有关道心与人心问题的思考。

《尚书》的《大禹谟》中有这样几句话："人心惟危，道心惟微，惟精惟一，允执厥中。"[②] 这里提出了人心道心之说，但是却没有将它们与天理人欲相联系。天理人欲之说最初出现在《礼记》的《乐记》中，内容是这样的："人生而静，天之性也。感于物而动，性之欲也。物至知知，然

[①] （宋）程颢、程颐：《二程集》，《周易程氏传》卷第三《损》，王孝鱼点校，第907页。
[②] （汉）孔安国传、（唐）孔颖达正义：《尚书正义》，黄怀信整理，上海古籍出版社2007年版，第132页。

后好恶形焉。好恶无节于内,知诱于外,不能反躬,天理灭矣。夫物之感人无穷,而人之好恶无节,则是物至而人化物也。人化物也者,灭天理而穷人欲者也。"① 这里的意思是说,人生本静,由于外物所感而生人之好恶,好恶无节便人欲滋生而天理渐灭。《尚书》中人心道心之说和《乐记》中的天理人欲之说,在宋代儒者那里受到了较为普遍的重视,而且二者还被联系起来互相诠释。程颢就曾这样讲:"'人心惟危',人欲也。'道心惟微',天理也。'惟精惟一',所以至之。'允执厥中',所以行之。"② 他将人心解释为人欲,将道心解释为天理,就这样将人心道心之说和天理人欲之说联系了起来。程颐也继承了程颢的这一说法,还做了更加深入的阐发。他说:"'人心',私欲也;'道心',正心也。'危'言不安,'微'言精微。惟其如此,所以要精一。'惟精惟一'者,专要精一之也。精之一之,始能'允执厥中'。中是极至处。"③ 他还曾这样讲:"人心私欲,故危殆。道心天理,故精微。灭私欲则天理明矣。"④ 将人心理解为人之私欲,道心理解为天理,主张灭私欲而明天理。需要指出的是,程颐这里所讲的私欲并不是指人的所有欲望,而是那些过分的不当的欲望。人的生命是肉体与精神的统一,而欲望则伴随着人的生命一起出现。诚如张岱年先生所言:"欲,在人生中占有很重要的位置,因而也形成一个重大的人生哲学问题。在生活中,如何满足欲,常成为急待解决的问题;在哲学中,问题则变成对于欲应持如何态度,即,欲究竟应当满足与否?或应当满足至如何程度?"⑤ 在程颐看来,人有一些基本的欲求是正当的,也是应该满足的,但对基本欲求的过度追求就会演变成私欲,私欲对于人的生命而言是有极大危害的。所以他说:"峻宇雕墙,本于宫室;酒池肉林,本于饮食;淫酷残忍,本于刑罚;穷兵黩武,本于征讨。凡人欲之过者,皆本于奉养,其流之远,则为害矣。"⑥ 原本宫室、饮食、刑罚、征讨等都是正当的需求和行为,但是一旦过度便滋生许多流弊,危害甚大。他还举过

---

① 王文锦译解:《礼记译解》,中华书局2001年版,第529页。
② (宋)程颢、程颐:《二程集》,《河南程氏遗书》卷第十一,王孝鱼点校,第126页。
③ (宋)程颢、程颐:《二程集》,《河南程氏遗书》卷第十九,王孝鱼点校,第256页。
④ (宋)程颢、程颐:《二程集》,《河南程氏遗书》卷第二十四,王孝鱼点校,第312页。
⑤ 张岱年:《中国哲学大纲》,第445页。
⑥ (宋)程颢、程颐:《二程集》,《周易程氏传》卷第三《损》,王孝鱼点校,第907页。

这样一个例子："且譬如倚子,人坐此便安,是利也。如求安不已,又要褥子,以求温暖,无所不为,然后夺之于君,夺之于父,此是趋利之弊也。"① 程颐正是看到了过度追求人欲所可能带来的极大弊端,所以才提出要灭私欲而明天理的。他这里所谓的天理,实际上就是人的本然之心,也就是道心、良心。他曾说:"'人心惟危,道心惟微。'心,道之所在;微,道之体也。心与道,浑然一也。对放其良心者言之,则谓之道心;放其良心则危矣。"② 心乃道之所在,但人心道心之别也只是在一念须臾之间,从私欲则为人心,顺天理则为道心。这也正如孟子所言的"求放心",本心、良心不曾丧失时心便是道心,本心、良心丢失或被遗忘时心就是人心了。天理人欲的道心人心之辨,构成了程颐思考人生问题的重要出发点。在他看来,天理的泯灭和私欲的盛行使人的生命偏离了正常的发展轨道,也是善被遮蔽、恶由以生的根源所在,而这无疑是对人生之完善的最大阻碍。基于对人的生命的深切关怀,程颐认为去私欲复天理是人生的唯一正途。他说:"不是天理,便是私欲。"③ "无人欲即皆天理。"④ 人若能于自己身上实现私欲净尽、天理流行,那就是程颐所希望的至善之人生了。总的说来,在天理人欲的道心人心之辨下,天理观念成为程颐思考和解决人生问题的一把钥匙,也为他进一步思考性道问题奠定了重要的理论基础。

程颐对于天理人欲的道心人心之辨,反映出的是他对人之生命的真切关怀。天地造化如洪流,人与万物共生其间,但人的生命之存在与其他生命相比却具有更多的复杂性。正如荀子所言:"人有气、有生、有知,亦且有义,故最为天下贵也。"⑤ 人的生命的这种复杂性也意味着人的存在具有无限丰富的可能和意义。人有肉体躯壳的存在,便有生存的本能和欲望;人有感应知觉的存在,便有感应内外的感觉、情感和认知;人还有天赋性命的存在,所以就有了义命和德性。在儒家看来,人之所以为人处,或者说人存在的本质和意义,在于人的德性而不在于其他。因为只有有德性的生命才能使人在有限中达到无限,在世俗生活中实现崇高和超越,才

---

① (宋)程颢、程颐:《二程集》,《河南程氏遗书》卷第十八,王孝鱼点校,第215—216页。
② (宋)程颢、程颐:《二程集》,《河南程氏遗书》卷第二十一下,王孝鱼点校,第276页。
③ (宋)程颢、程颐:《二程集》,《河南程氏遗书》卷第十五,王孝鱼点校,第144页。
④ (宋)程颢、程颐:《二程集》,《河南程氏遗书》卷第十五,王孝鱼点校,第144页。
⑤ (清)王先谦:《荀子集解》,沈啸寰、王星贤点校,第194页。

能使人成为自身而有别于其他存在。可以说，在儒家这里，德性是使人的生命得以提升并趋向完善的重要途径。程颐的道心人心之辨，可以说是对孔孟儒家提倡德性生命这一思想传统的继承，更是对人之生命的一种深切关怀。在他看来，由于私欲和外诱等原因，人的生命很容易陷入一种由各种欲望构成的本能境地中，在各种欲望的支配下，人的德性会被逐渐遮蔽和泯灭，从而沦为一物。程颐曾说："甚矣欲之害人也。人之为不善，欲诱之也。诱之而弗知，则至于天理灭而不知反。故目则欲色，耳则欲声，以至鼻则欲香，口则欲味，体则欲安，此皆有以使之也。"① 还说："好胜者灭理，肆欲者乱常。"② 程颐对人之私欲的反思和批判，对天理的肯定和推崇，实际上是在弘扬生命的德性存在，是要在人的生命复杂性中寻求出一个道德理性的原则来，以辅正和顺畅我们的人生。

实际上，程颐关于天理人欲的道心人心之辨，蕴含着他形上形下的道器之辨原则。在道器之辨中，他倾向于将形上之道与形下之器区别开来，并且更为推崇形上之道的地位和作用。他的这一理论倾向也贯穿到了他对道心人心的辨析中。人只有一心，我们可以将其超越的一面视为道心，将其现实的一面视为人心，但对于道心人心我们既可以强调它们的浑然一体性，也可以强调它们的相互区别，而程颐无疑是更加注重道心人心之区别的。他说："人心，人欲；道心，天理。"③ 人欲和天理是此消彼长的关系，多一分人欲就少一分天理，因此人心与道心在程颐那里是截然有别的。在区分二者的前提下，程颐更加推崇的是道心，也就是天理。如果将道心和人心置于道器之辨中考察的话，那么道心就是形而上之道，人心就是形而下之器，道心高于人心，也对人心有着决定作用。我们可以说，天理人欲的道心人心之辨，是形上形下的道器之辨原则在人生领域中的一种反映和贯彻。在前面的论述中我们讲过，程颐以"所以然"之理来诠释道，那么在人生的领域，道心就是人之所以为人之处，也就是人的"所以然"之理，即天理。实际上，程颐是以一种超越的形而上之道的标准，为人的生命存在立下了一个所以然之理的道德原则，想要以这种道德原则来规范和

---

① （宋）程颢、程颐：《二程集》，《河南程氏遗书》卷第二十五，王孝鱼点校，第319页。
② （宋）程颢、程颐：《二程集》，《河南程氏遗书》卷第二十五，王孝鱼点校，第319页。
③ （宋）程颢、程颐：《二程集》，《河南程氏外书》卷第二，王孝鱼点校，第364页。

提升我们的生命。所以，天理人欲的道心人心之辨具有一种较为显著的道德理想主义色彩。以道心来化约生命，从积极的意义上说，是要将生命引入一个更为纯粹也更加完善的存在之道中去，但它也在一定程度上削弱了生命自身原本具有的无限丰富性和多样可能性，因此略有一种单一化生命之失。不管怎样，突显道心天理在人的生命中的至高地位，正是程颐的理论特质之所在，也是他的学术生命之"通孔"，因此值得我们仔细体会蕴含于其中的他的理论思考与人文关怀。

形上形下的道器之辨和天理人欲的道心人心之辨，奠定了程颐道器二分的思维模式和存天理灭私欲的人生关怀，也共同塑造了他以理为根基的理论视域。在他对宇宙人生的体悟中，所有的存在都能以理观之，正如他所说："天下物皆可以理照，有物必有则，一物须有一理。"[1] 正是在这种理视域中，程颐展开了他对性与天道的思考。所谓程颐的理视域，就是以探索宇宙人生之所以然的态度和方式，去观照世间万事万物。所以，程颐对性与天道的思考和把握，我们可以看作对性与天道所以然的一种体贴和探索。程颐在其理视域下对儒家"性道微言"所做的阐释，也必将丰富和深化人们关于性与天道问题的认识和思考。

第二节 天道之思：理视域下的天道

在对性与天道关系的理解上，程颐认为二者从根本上说是一致的，即性与天道一也。在他看来，道只有一个，所谓的天道、地道、人道都只是这一个道，它们之间并无本质上的分别。他曾说："道未始有天人之别，但在天则为天道，在地则为地道，在人则为人道。"[2] 又说："安有知人道而不知天道者乎？道一也，岂人道自是人道，天道自是天道？《中庸》言：'尽己之性，则能尽人之性；能尽人之性，则能尽物之性；能尽物之性，则可以赞天地之化育。'此言可见矣。……天地人只一道也。才通其一，则余皆通。"[3] 道是贯通天地人而言的，从根本上说也是唯一的。在程颐的

---

[1] （宋）程颢、程颐：《二程集》，《河南程氏遗书》卷第十八，王孝鱼点校，第193页。
[2] （宋）程颢、程颐：《二程集》，《河南程氏遗书》卷第二十二，王孝鱼点校，第282页。
[3] （宋）程颢、程颐：《二程集》，《河南程氏遗书》卷第十八，王孝鱼点校，第182—183页。

理解中，所谓的贯通天人之道实际上就是理。他这样指出："《书》言天叙，天秩。天有是理，圣人循而行之，所谓道也。"① 天叙、天秩就是天之理，循理而行就是道。他又说："理也，性也，命也，三者未尝有异。穷理则尽性，尽性则知天命矣。天命犹天道也，以其用而言之则谓之命，命者造化之谓也。"② 也就是说，理、性、命、道都是一致的，未尝有异。从上述论述中可以看出，性与天道在程颐看来是通而为一的，它们从根本上说都只是理。以理来贯通性与天道，可以说是程颐之言性与天道的最大特点。虽然以理观之，性与天道是一体不分的，但是从研究者的角度，或者从程颐所言的理之分殊的角度来说，我们还是可以将性与天道做出分别考察的。事实上，在分殊而言的性与天道问题中，程颐也都提出了一些颇具创造性的观点，值得我们深入探析。因此，我们就从分殊的角度出发，对程颐在其理视域中所言的性与天道进行分别考察。

程颐的天道观，源自他对天地万物的生成过程及存在状态的深入思考。他对天地的大化流行和化育万物的过程自然也有着自己的一番认识，但他更加注重的是对天地万物存在之理的探索。他不仅从总体上认为天道就是理，而且还注重从万事万物自身中去体会和认识具体的物理，因此他的天道观既有一种以一理而概括之的简洁性，也有一种包罗天地万象于其中的丰富性和具体性。需要指出的是，程颐对理的理解，固然在很大程度上受到了程颢的影响，并在许多方面都与其兄有相通之处，但是基于他道器之辨的独特思维方式，他对理之内涵的具体阐释表现出了自己的特点，从而与程颢有所区别。下面我们就以天道观为核心，具体分析一下程颐如何以理来诠释天道，对理进行了怎样的新的诠释，又是如何理解和对待天地万物之理的。

一 "理便是天道"

天道是人们对于天地万物之本原以及万有存在之性质和状态的一种理解。相对于人道而言，天道又指超出人的意志之外的一种客观力量和存在。如何认识和把握天道，一直是中国古人心目中的一个重要问题。虽然

---

① （宋）程颢、程颐：《二程集》，《河南程氏遗书》卷第二十一下，王孝鱼点校，第274页。
② （宋）程颢、程颐：《二程集》，《河南程氏遗书》卷第二十一下，王孝鱼点校，第274页。

随着时代的发展和人们认识的不断深化，天道有一种日益被人的主观意识所内化的理解趋势，但是其较为显著的客观性和不可控制的神秘性依然使人们对它保持一种敬畏感，同时也促使和激发人们去探索它的真义和秘密。基于不同的立场和视野，人们对天道的理解也各有不同。比如，道家更加强调天道的自然性而否认它具有任何的人格色彩，所以老子说："天地不仁，以万物为刍狗。"① 佛教对于天道乃至所有存在都持一种怀疑和反思的态度，认为万有之存在只是因缘和合的无自性的虚妄。两汉儒者对于天道，保持了一种宗教化的理解，突显了天道的神秘性和主宰义。而传统的儒家则对天道大多进行了一种德性化的理解。时至北宋，儒释道文化进入了全面汇流的发展阶段，人们理解天道的视野也就更加开阔，并且逐渐培育出了一种理性化的理解趋势。程颐就是在这样的思想氛围中，提出了他"理便是天道"②的观点。伴随着程颐对理之内涵的深化和丰富，他对天道的理解也呈现出新的面貌。

在何谓天道这一问题上，程颐认为天道的本质就是理。当弟子问"天道如何"这一问题时，程颐回答说："只是理，理便是天道也。且如说皇天震怒，终不是有人在上震怒？只是理如此。"③ 在这里，程颐明确否定了人格神意义上的天，认为天道只是理。对于发生在天人之间及天地万物之间的一些神秘现象，他认为那些也只是合了感应之理。他这样说："天地之间，只有一个感与应而已，更有甚事？"④ 至于感应的发生，也是因为有了感应之理的存在。他说："匹夫至诚感天地，固有此理。如邹衍之说太甚，只是盛夏感而寒栗则有之，理外之事则无，如变夏为冬降霜雪，则无此理。"⑤ 对于感应之说，他还曾举这样的例子："梦说之事，是傅说之感高宗，高宗感傅说。高宗只思得圣贤之人，须是圣贤之人，方始应其感。若傅说非圣贤，自不相感。如今人卜筮，蓍在手，事在未来，吉凶在书策，其卒三者必合矣。使书策之言不合于理，则自不验。"⑥ 可见，在他看

---

① （三国魏）王弼：《王弼集校释》，《老子道德经注》，楼宇烈校释，第13页。
② （宋）程颢、程颐：《二程集》，《河南程氏遗书》卷第二十二上，王孝鱼点校，第290页。
③ （宋）程颢、程颐：《二程集》，《河南程氏遗书》卷第二十二上，王孝鱼点校，第290页。
④ （宋）程颢、程颐：《二程集》，《河南程氏遗书》卷第十五，王孝鱼点校，第152页。
⑤ （宋）程颢、程颐：《二程集》，《河南程氏遗书》卷第十五，王孝鱼点校，第161页。
⑥ （宋）程颢、程颐：《二程集》，《河南程氏遗书》卷第十五，王孝鱼点校，第161页。

来，无论是做梦的感应还是卜筮的应验，都是先有其理在，所以才能成立。程颐以理观天道的特点由此也可见一斑。他认为，虽然天地大化奥妙无穷，但其中也都有其常理存在，他曾说："天地之化，虽廓然无穷，然而阴阳之度、日月寒暑昼夜之变，莫不有常，此道之所以为中庸。"① 天地生化万物，廓然无穷，其间更有阴阳交感、日月寒暑昼夜之变化，但它们的运行变化不是杂乱无章毫无规则可言的，而是均有其理决定其间。正是因为天地万象均依理而行，所以才有天道运行的井然有序和各类事物的和谐共存。不过，天道之理往往有超出常人认识之处，而且更不是凭借主观臆测可以把握的。程颐曾这样说："莫之为而为，莫之致而致，便是天理。司马迁以私意妄窥天道，而论伯夷曰：'天道无亲，常与善人。若伯夷者，可谓善人非邪？'天道甚大，安可以一人之故，妄意窥测？如曰颜何为而夭？跖何为而寿？皆指一人计较天理，非知天也。"② 这里实际上指出了天道的自为性，它是"莫之为而为，莫之致而致"，它就是天理。我们不可单凭某一个人或某一件事情来计较和评判天理，这样的话就是以私意妄窥天理天道了。在程颐的理解中，天道没有了人格神意义上的神秘色彩，天道运行过程中所呈现出的各种现象均可解之以理，因此我们可以说其天道观是一种天理天道观或曰理的天道观。以理来诠释天道，意味着对天道进行了一种理性化的理解，即将天道万象纳入我们的理性认识中来，从而使天道愈加成为一种可以被体认和把握的存在。

程颐在将天道理解为理的基础上，又进一步拓展了理的内涵，从而使人们对天道的认识更加深化。首先，天道本体是天地万物的化生本原和存在依据，在作为万物之源和存在之据的意义上，作为天道的理具有宇宙本体的性质。程颐曾说："冲漠无朕，万象森然已具，未应不是先，已应不是后。如百尺之木，自根本至枝叶，皆是一贯，不可道上面一段事，无形无兆，却待人旋安排引入来，教人涂辙。既是涂辙，却只是一个涂辙。"③ 作为宇宙本体，虽于"冲漠无朕"之时，也已经万理具备，万理只是一理，是天地万物的存在依据。正如朱熹的解释："未有事物

---

① （宋）程颢、程颐：《二程集》，《河南程氏遗书》卷第十五，王孝鱼点校，第149页。
② （宋）程颢、程颐：《二程集》，《河南程氏遗书》卷第十八，王孝鱼点校，第215页。
③ （宋）程颢、程颐：《二程集》，《河南程氏遗书》卷第十五，王孝鱼点校，第153页。

之时，此理已具，少间应处只是此理。所谓涂辙，即是所由之路。"① 也就是说，相较于天地万物而言，作为本体的理具有一种先在性和相对的独立性。程颐曾说："'天下雷行，物与无妄'，先天后天皆合于天理者也。"② 先天后天皆合于天理，说明了天理的普遍性。需要我们注意的是，程颐所理解的宇宙本体之理还有一个重要的特点，那就是此理是"所以然"之意，是天地生物存在的所以然。程颐这样讲："物我一理，才明彼即晓此，合内外之道也。语其大，至天地之高厚；语其小，至一物之所以然，学者皆当理会。"③ 前面也讲过，程颐所理解的理，其主要内涵就是"所以然"，因此当他以理来诠释天道时，更加注重的也就是天道的所以然。作为宇宙本体的理，实际上也就是指万有存在的所以然之据。这是程颐以理为本体的重要内涵之一。其次，理具有实然无妄性。虽然程颐将理解释为"所以然"，但是它却并不是虚幻的，而是真实无妄的。《遗书》有这样一段记载："又语及太虚，曰：'亦无太虚。'遂指虚曰：'皆是理，安得谓之虚？天下无实于理者。'"④ 程颐在这里对太虚观念的理解未必到位，但却表明了他所言之理的至实无虚性。他非常强调理的这种实然性，曾说："人不能若此者，只为不见实理。实理者，实见得是，实见得非。"⑤ 在程颐看来，理不仅是实然的，而且是至真无妄的，由此他反对佛教以理为障的说法，他说："释氏有此说，谓既明此理，而又执持是理，故为障。此错看了理字也。天下只有一个理，既明此理，夫复何障？"⑥ 在他看来，理就是对世界的正确认识，而不是我们认识世界的障碍，因此释氏以理为障是错看了理字。程颐对理的真实无妄性的强调，也使其天道观与佛教等其他学说区别开来。最后，程颐认为理是彼此成对存在着的，从其根源上说，理则无不善也。在程颐看来，天地万物皆有理，万事万物往往是彼此成对而存在，因此事物之理亦是成对地存在着。他这样说："'道二，仁与不仁而已'，自

---

① （宋）黎靖德编：《朱子语类》，王星贤点校，第2437页。
② （宋）程颢、程颐：《二程集》，《河南程氏遗书》卷第二十四，王孝鱼点校，第311页。
③ （宋）程颢、程颐：《二程集》，《河南程氏遗书》卷第十八，王孝鱼点校，第193页。
④ （宋）程颢、程颐：《二程集》，《河南程氏遗书》卷第三，王孝鱼点校，第66页。
⑤ （宋）程颢、程颐：《二程集》，《河南程氏遗书》卷第十五，王孝鱼点校，第147页。
⑥ （宋）程颢、程颐：《二程集》，《河南程氏遗书》卷第十八，王孝鱼点校，第196页。

然理如此。道无无对，有阴则有阳，有善则有恶，有是则有非，无一亦无三。故《易》曰：'三人行则损一人，一人行则得其友，只是二也。'"① 阴阳、善恶、是非皆是道，它们皆成对地存在着，程颐认为这也是"自然理如此"。与此同时他又说："天下之理，原其所自，未有不善。"② 还说："凡言善恶，皆先善而后恶；言吉凶，皆先吉而后凶；言是非，皆先是而后非。"③ 可以看出，虽然程颐承认阴阳、善恶、是非、吉凶之理的相对存在，但是他又认为从其根源上说，理未有不善，即理本来都是善的。他又指出，我们在谈论善恶、吉凶、是非之时，总是将善、吉、是放在前面，而将恶、凶、非放在后面，这也可反映出理之善的先在性。从这一点可以看出，程颐对理的理解带有一种价值判断的倾向，倾向于善而偏离恶。因此，我们说程颐对于天道的理解在遵循其自然情状的前提下，更有一种善的价值倾向蕴含其中，这也构成了其天道观的重要特点。通过对理的内涵及其特性的进一步拓展和延伸，程颐对于他所谓的"理就是天道"这一命题的理解也得到了深化。

理是天道之本，是天地生物和万物存在的所以然，但天道的大化流行却是由理与气共同作用而成的，因此关于气的理解和理气关系的看法也是程颐天道观的重要内容。在论述"一阴一阳之谓道"时程颐曾说："阴阳，气也。气是形而下者，道是形而上者。"④ 形而下的阴阳之气与形而上的道相互配合，才能化生万物，此二者共同构成了天地生物的必要条件。相较于理来说，程颐对气谈得不是很多，不过他也有过一些相应的描述。他认为，万物生化资于气，而气本有一个原初状态，这就是"真元之气"。他说："真元之气，气之所由生，不与外气相杂，但以外气涵养而已。若鱼在水，鱼之性命非是水为之，但必以水涵养，鱼乃得生尔。"⑤ 真元之气是气之源泉，也是生物的重要元素。程颐同时还认为真元之气外尚有"外气"存在，外气是用来涵养真元之气的。对于气的一些具体性质，程颐也有论述，他认为天地之气是生生不穷的，不断有

---

① （宋）程颢、程颐：《二程集》，《河南程氏遗书》卷第十五，王孝鱼点校，第153页。
② （宋）程颢、程颐：《二程集》，《河南程氏遗书》卷第二十二上，王孝鱼点校，第292页。
③ （宋）程颢、程颐：《二程集》，《河南程氏遗书》卷第二十二上，王孝鱼点校，第292页。
④ （宋）程颢、程颐：《二程集》，《河南程氏遗书》卷第十五，王孝鱼点校，第162页。
⑤ （宋）程颢、程颐：《二程集》，《河南程氏遗书》卷第十五，王孝鱼点校，第165—166页。

新的气产生出来，以化生新的事物。在这一方面，他反对张载所谓的气散而复归太虚的说法，认为："凡物之散，其气遂尽，无复归本原之理。天地间如洪炉，虽生物销铄亦尽，况既散之气，岂有复在？天地造化又焉用此既散之气？其造化者，自是生气。至如海水潮，日出则水涸，是潮退也，其涸者已无也，月出则潮水生也，非却是将已涸之水为潮，此是气之终始。开阖便是易，'一阖一辟谓之变'。"① 又说："若谓既返之气复将为方伸之气，必资于此，则殊与天地之化不相似。天地之化，自然生生不穷，更何复资于既毙之形，既返之气，以为造化？"② 也就是说，程颐认为天地造化自然源源不断地生出气来，而不需要用物散之后的既返之气。不过从程颐对气的描述中，我们亦可感觉到他对气的论述带有较多的假设和想象成分，还没有达到更为成熟的地步，因此多用比喻来说明。虽然如此，我们也可看出他在努力用一种合乎理性的方式来解释天道的运行，而没有假托其他的方式。在具体的天地万物的构成中，程颐认为都有气的成分。他曾这样说："霜与露不同。霜，金气，星月之气。露亦星月之气。看感得甚气即为露，甚气即为霜。如言露结为霜，非也。"③ 又说："雹是阴阳相搏之气，乃是沴气。"④ 对于万物具体的生化和繁衍方式，程颐也做了一番推断，认为有气化而生和种生两种。他说："有全是气化而生者，若腐草为萤是也。既是气化，到合化时自化。有气化生之后而种生者。且如人身上著新衣服，过几日，便有虮虱生其间，此气化也。气既化后，更不化，便以种生去。此理甚明。"⑤ 虽然他自己认为是"此理甚明"，但由于当时科学发展水平的限制，他的这种推断大多属于"直观的观察和猜想"⑥。虽然如此，他以经验观察来做推断的精神还是值得肯定的。以上就是程颐关于气自身及气在万物构成中的作用的一些相关论述。从中可以看出，虽然程颐对气的认识尚处于不太成熟的阶段，但他对此所做的一些猜想和判断还是有一定价值的，尤

---

① （宋）程颢、程颐：《二程集》，《河南程氏遗书》卷第十五，王孝鱼点校，第163页。
② （宋）程颢、程颐：《二程集》，《河南程氏遗书》卷第十五，王孝鱼点校，第148页。
③ （宋）程颢、程颐：《二程集》，《河南程氏遗书》卷第十八，王孝鱼点校，第238页。
④ （宋）程颢、程颐：《二程集》，《河南程氏遗书》卷第十八，王孝鱼点校，第238页。
⑤ （宋）程颢、程颐：《二程集》，《河南程氏遗书》卷第十八，王孝鱼点校，第199页。
⑥ 庞万里：《二程哲学体系》，第108页。

其对后来的朱熹有着一定程度的影响。对于理与气的关系，程颐也有着较为明确的看法，认为理气既不可分，而理又处于主导的地位。他说："离了阴阳更无道。"① 表明气与理是不可分割的。同时又说："气是形而下者，道是形而上者。形而上者则是密也。"② 这句话又突显了形而上之道的地位。天道的运行和事物的存在都是既有理又有气，并由理气共同构成，但在这二者之中，程颐认为理有着更为重要的地位和作用。他常说："凡眼前无非是物，物物皆有理。"③ 又说："理外之事则无"④，"皆有此理，苟无此理，却推不行。"⑤ 在他看来，理对于事物的存在具有决定性的作用，因为理是万物之所以然，使万物成为其自身，而气只是构成万物存在的必要材质。总之，在程颐的理解中，理与气是天地生物和万物存在不可或缺的两个组成部分，其中理居于较为主要和主导的地位，这也是他的天道观的一个重要特点。

从上面的分析可以看出，程颐的天道观是以理为核心的。理是天道的本体，是天道运行和万物存在的所以然，是真实无妄而又原本至善的。理的这些特点都构成了程颐天道观的丰富内涵，因为"理就是天道"。对于构成天道的另一个重要因素——气，程颐也做出了自己的理解，提出了他关于气化的一些看法。在理气关系上，程颐坚持了形上形下道器之辨的原则，既承认理气不可分，又认为理决定并主导着气，理在事物的存在中具有更为重要的作用。这些就是程颐的理之天道观的主要内容，从中也可看出其天道观的理性化发展趋势，而这也正是其天道观的特质所在。

二 "理一分殊"与"格物穷理"

程颐用理来诠释和界定天道，而天道既有其大化流行的宏观层面，也有涉及具体万物之存在状态的微观层面，如何将总体而言的天道之理贯彻到具体的一事一物中去，也是程颐需要解决的重要问题。他既认为"万物

---

① （宋）程颢、程颐：《二程集》，《河南程氏遗书》卷第十五，王孝鱼点校，第162页。
② （宋）程颢、程颐：《二程集》，《河南程氏遗书》卷第十五，王孝鱼点校，第162页。
③ （宋）程颢、程颐：《二程集》，《河南程氏遗书》卷第十九，王孝鱼点校，第247页。
④ （宋）程颢、程颐：《二程集》，《河南程氏遗书》卷第十五，王孝鱼点校，第161页。
⑤ （宋）程颢、程颐：《二程集》，《河南程氏遗书》卷第十五，王孝鱼点校，第167页。

皆是一理"①，又认为"凡一物上有一理"，"一物须有一理"②，那么他就既要说明万理如何归为一理，又要说明一理如何呈现为万理。为此，程颐提出了"理一分殊"说，并将这一理论运用到解释万事万物之理中去。对于人来说，如何去认识和把握天道也是十分重要的事情。不同的天道观会要求人们以不同的方式去认识和把握，比如邵雍可能就更加强调用数学和观物的方式去把握天道，张载则会更加注重通过体悟太虚气化来认识天道。程颐认为天道就是理，那么把握天道实际上就是去认识理，关于如何认识理，他提出了"格物穷理"之说。他指出，人们通过格物穷理的方式就能渐达天道之理，不仅能把握具体事物之理，而且最终能认识到万理皆是一理，整个天道亦只是一个理。"理一分殊"与"格物穷理"说是程颐对其理观念的进一步延伸，也是其理视域下天道观中的应有之义，因此值得我们关注。接下来，我们就对程颐的"理一分殊"说和"格物穷理"说展开具体的分析。

程颐的"理一分殊"说最早出现在他与杨时的一封书信中，而在流传下来的讲学语录中并没有出现过，这可能是因为他对这一学说提及得不多，但这并不意味着他平日的思想中没有蕴含这一理念。事实上，"理一分殊"是程颐思想中十分重要的一个命题，也是构成其思想体系不可或缺的一项内容，后来尤其受到了朱熹的重视和发展，成为理学中的一个重要命题，因此也值得我们重视。程颐在回答杨时论《西铭》的书信中这样讲："《西铭》明理一而分殊，墨氏则二本而无分。老幼及人，理一也。爱无差等，本二也。分殊之蔽，私胜而失仁；无分之罪，兼爱而无义。分立而推理一，以止私胜之流，仁之方也。无别而迷兼爱，至于无父之极，义之贼也。子比而同之，过矣。且谓言体而不及用。彼欲使人推而行之，本为用也，反谓不及，不亦异乎？"③ 关于程颐以"理一分殊"来诠释张载《西铭》的具体分析，前面已经有过论述，这里不再重复，在此我们想要关注的是"理一分殊"在更为普遍的意义上所具有的内涵和意义。或者说，我们将从程颐自己的理论体系出发，对"理一分殊"这一命题进行更

---

① （宋）程颢、程颐：《二程集》，《河南程氏遗书》卷第十五，王孝鱼点校，第157页。
② （宋）程颢、程颐：《二程集》，《河南程氏遗书》卷第十八，王孝鱼点校，第188、193页。
③ （宋）程颢、程颐：《二程集》，《河南程氏文集》卷第九《答杨时论西铭书》，王孝鱼点校，第609页。

进一步的分析。

在程颐对天道的理解中,天道本体之理是唯一的,然其化生出的万事万物却各有不同。他在批评庄子的齐物论时曾说:"庄子之意欲齐物理耶?物理从来齐,何待庄子而后齐?若齐物形,物形从来不齐,如何齐得?"① 又说:"庄子齐物。夫物本齐,安俟汝齐?凡物如此多般,若要齐时,别去甚处下脚手?不过得推一个理一也。物未尝不齐,只是你自家不齐,不干物不齐也。"② 可见在程颐看来,万物之形是从来都不齐的,而且也不须齐,而万物之理从根本上说本来就是齐的,因为万物之理本只是同一个天理。所以我们说,"理一分殊"的重点不在于说明万物之形是如何万殊而不同的,只在于说明在秉承同一个天理的前提下万物又如何具有了各自的分殊之理。对于万物之理从根本上说只是同一个理,我们似乎不必多说,因为这是程颐天道观的一个前提,他提出了"理就是天道"之后,就多次强调"万物皆是一理"③,"万理归于一理"④。天理是化生万物的终极本体,也是万事万物存在的终极根据,因此它遍在于所有的事物之中,从这个意义上来说,万事万物都禀受了同一个天理。但是从具体事物自身来说,天理在万物之中的呈现又有了万殊之差异,表现为具体的一事一物之理,正所谓"一物须有一理"⑤。唯一的天理在万事万物中表现为具体而殊的物理,这就是"理一分殊"的基本涵义。但是要想真正说明和把握唯一之天理如何表现为分殊之物理却不是那么容易的,正如李侗所说:"吾儒之学,所以异于异端者,理一而分殊也。理不患其不一,所难者分殊耳。"⑥ 其实在程颐的《答杨时论西铭书》中,他只是初步提出了"理一分殊"的说法,并未像后来的朱熹那样展开十分详细的论证,因此我们只能从他有限的论述及其一贯的思想中去窥探程颐对于"分殊"问题的看法。他说:"老幼及人,理

---

① (宋)程颢、程颐:《二程集》,《河南程氏遗书》卷第二十二上,王孝鱼点校,第289页。
② (宋)程颢、程颐:《二程集》,《河南程氏遗书》卷第十九,王孝鱼点校,第264页。
③ (宋)程颢、程颐:《二程集》,《河南程氏遗书》卷第十五,王孝鱼点校,第157页。
④ (宋)程颢、程颐:《二程集》,《河南程氏遗书》卷第十八,王孝鱼点校,第195页。
⑤ (宋)程颢、程颐:《二程集》,《河南程氏遗书》卷第十八,王孝鱼点校,第193页。
⑥ (清)黄宗羲原著,全祖望补修:《宋元学案》卷三十九《豫章学案》,陈金生、梁运华点校,第1291页。

一也。爱无差等，本二也。分殊之蔽，私胜而失仁；无分之罪，兼爱而无义。"① 抛却他对"分殊"之蔽的批评，我们可以看出，"分殊"从积极的意义上说是对"爱无差等"学说之流弊的一种对治。也就是说，坚持理的"分殊"性，可以避免"爱无差等"的兼爱无义之弊端。这实际上说明，在德性人生的层面上，"分殊"是一种有差等的爱，是一种义的呈现，即仁爱之理在具体行为中所表现出的有差异的分殊之"义"。仁爱之理作为德性本原，必然要在具体的道德行为中表现出不同的呈现方式，比如孝悌、忠信、友爱等，否则仁爱之理就无从展现，因此"分殊"之义对于仁爱之理来说是一种必需和必要，也是必然。用程颐自己的话来说，就是言体而及用，理一是体，分殊就是用，体必须展现为用，也只能通过用来展现自身。正是在"理一分殊"的体用意义上，程颐指出了杨时的误区："且谓言体而不及用。彼欲使人推而行之，本为用也，反谓不及，不亦异乎？"② 也就是说，程颐认为张载的《西铭》正是在推而行之的用之层面来言同胞之爱、兄弟之情的，因此正是仁爱之理的"分殊"表现。杨时在接受了程颐的指点后，也体悟到了"理一分殊"之义，他总结说："夫惟理一而分殊，故圣人称物，远近亲疏各当其分，所以施之，其心一焉，所谓平施也。"③ 因此我们说，程颐对于理的"分殊"，首先是在体用的意义上加以说明的。超出《西铭》篇，在更广泛的意义上来看理的"分殊"，我们可以这样来理解，理是天道之体，万物就是理体之用，理一之体通过用的方式表现为"分殊"之万理。因此在程颐那里，唯一之天理是通过体用的方式落实为"分殊"之万理的。如果我们继续考察程颐关于万物之具体构成的思想，我们就会发现，体用实际上是通过理气关系具体表现出来的。事物的生成，在禀受了天理的同时，也必须要有气来构成其存在形质，而构成万物的具体之形气是各有不同的，因此天理落实到万物的形气之中就有了不同的展现方式，这就出现了各有差异的具体之物理。所以我们说，程颐所言的理之分殊，

---

① （宋）程颢、程颐：《二程集》，《河南程氏文集》卷第九《答杨时论西铭书》，王孝鱼点校，第609页。
② （宋）程颢、程颐：《二程集》，《河南程氏文集》卷第九《答杨时论西铭书》，王孝鱼点校，第609。
③ （宋）程颢、程颐：《二程集》，《河南程氏粹言》卷第一，王孝鱼点校，第1203页。

是借助于构成具体事物的理气元素，通过本体之理的体用流行得到实现的。程颐对于分殊的具体物理十分关注，他对天地间的许多现象都有着浓厚的兴趣，比如他曾对风霜雨露、日月星辰、金木水火、阴阳鬼神等各类现象都有过观察和探索。总的来说，程颐的"理一分殊"说，既重视万物万理皆是一理，也重视分殊的具体物理，是理一与分殊的统一。更重要的是，程颐通过"理一分殊"说，表达了在其理之天道观的前提下，对天地万象之具体存在状态的认识和理解，这也进一步深化并丰富了他的天道观。

既然天道就是理，本体之理又通过"理一分殊"的方式展现为万物之理，那么如何认识和把握理就是一件重要的事情，为此程颐提出了"格物穷理"说。"格物"一语出自《大学》，是《大学》的"八条目"之一，在宋代儒学中受到了较多的重视。《遗书》曾有记载："或问：'进修之术何先？'曰：'莫先于正心诚意。诚意在致知，"致知在格物"。格，至也，如"祖考来格"之格。凡一物上有一理，须是穷致其理。穷理亦多端：或读书，讲明义理；或论古今人物，别其是非；或应接事物而处其当，皆穷理也。'或问：'格物须物物格之，还只格一物而万理皆知？'曰：'怎生便会该通？若只格一物便通众理，虽颜子亦不敢如此道。须是今日格一件，明日又格一件，积习既多，然后脱然自有贯通处。'"[①] 这段对答集中反映了程颐的"格物穷理"说。他将为学进修的重点归结为"格物"，又将"格物"的涵义解释为"穷理"，就这样形成了"格物穷理"的说法。穷理，就是要在具体事物上认识和探索事物之理，这样才能真正达到认识事物的目的。程颐认为，穷理的范围是很广泛的，因为万事万物均有其理，他曾说："凡眼前无非是物，物物皆有理。如火之所以热，水之所以寒，至于君臣父子间皆是理。"[②] 正是要通过广泛地穷事物之理，才能真正理解和把握事物的存在。世界上存在着许多不同的事物，因此人们首先要在许多不同的事物上分别去格物穷理，正所谓要"今日格一件，明日格一件"。但人生有限而物理无穷，因此人不可能格尽天下之物，穷尽万物之理，而且程颐认为也没有必要这样去做，因为万理从根本上说只是一理。

---

① （宋）程颢、程颐：《二程集》，《河南程氏遗书》卷第十八，王孝鱼点校，第188页。
② （宋）程颢、程颐：《二程集》，《河南程氏遗书》卷第十九，王孝鱼点校，第247页。

所以他说："积习既多，脱然自有贯通处。"又说："人要明理，若止一物上明之，亦未济事，须是集众理，然后脱然自有悟处。"① 人们在格物穷理的过程中，不仅可以认识和把握具体的事物之理，当达到脱然有悟的境界之后，还能体会到万理本是一理，万物所禀受的本是同一个天理，这样就达到了对天道本体之理的最终把握。所以他说："穷至于物理，则渐久后天下之物皆能穷，只是一理。"② 格物穷理的方法大致就是如此，但人与人之间是有差异的，因此不同的人在格物穷理的过程中会有不同的表现，遇到不同的问题，对此程颐也有相应的关注。他曾说："但立诚意去格物，其迟速却在人明暗也。明者格物速，暗者格物迟。"③ 这里实际上指出了人由于才智的不同，其格物的速度也有所不同。程颐又说："穷理如一事上穷不得，且别穷一事，或先其易者，或先其难者，各随人深浅，如千蹊万径，皆可适国，但得一道入得便可。所以能穷者，只为万物皆是一理，至如一物一事，虽小，皆有是理。"④ 这段话又进一步指出了穷理的具体方式和方法。可以说，程颐通过他的"格物穷理"说，为人们指出了一条非常具体且十分可行的把握天道和认识事物的途径，也丰富了儒家把握天道的方式。程颐的"格物穷理"说，实际上是通过重新诠释《大学》中"格物致知"的原始内涵，并将其纳入自己思想体系中的一个理论结果，可以说实现了儒家传统观念的一次较为成功的转型。

"理一分殊"说和"格物穷理"说，实际上都是程颐的理的视域下天道观的一种理论延伸和自然结果，它们也构成了其天道观的重要组成部分，丰富和拓展了天道观的内涵和范围。从"理就是天道""物物皆有理"，到"理一分殊""格物穷理"，程颐构建起了一个由理所范围的天道，天道运行和天地万物皆可以理观之，并可通过穷理的方式来认识和把握。程颐这种理视域下的天道观，反映了他试图以一种形而上之道的方式来把握万有存在的为学宗旨，有别于中国思想传统中的气化天道观。他将这种形而上之道命名为理，诠释为"所以然"，表达了他对生命世界及万有存在的探究态度，以及赋予存在本身以价值和意义的独特关怀。理视域

---

① （宋）程颢、程颐：《二程集》，《河南程氏遗书》卷第十七，王孝鱼点校，第175页。
② （宋）程颢、程颐：《二程集》，《河南程氏遗书》卷第十五，王孝鱼点校，第144页。
③ （宋）程颢、程颐：《二程集》，《河南程氏遗书》卷第二十二上，王孝鱼点校，第277页。
④ （宋）程颢、程颐：《二程集》，《河南程氏遗书》卷第十五，王孝鱼点校，第157页。

下的天道观开启了儒家天道观的又一个全新维度，也拓展了人们理解天道的视野，为人们呈现了一个因理而存在的天理流行的理世界。程颐对于天道的这种理解，不仅丰富了儒家之言天道的内涵和方式，也对后世产生了极大的影响，因此值得我们重视。

第三节 性之思："性即是理"

在程颐看来，性与天道本来就是一致的，它们都能以理观之，天道是理，性亦是理，只是表达的角度有所区别而已。他这样指出："道与性一也。"① 又说："在天为命，在人为性，论其所主为心，其实只是一个道。"② 同样一个道，之所以有不同的名辞和称谓，是因为"圣人因事以制名，故不同若此"③。如果说天道侧重于从宇宙本原和天地化育的角度对道进行描述，那么性就更倾向于从具体的事物和人的存在本质出发对道进行界定。程颐对于性的理解有两个层面，借用传统的概念说就是"天命之性"和"生之谓性"。他曾这样说："'生之谓性'，与'天命之谓性'，同乎？性字不可一概论。'生之谓性'，止训所禀受也。'天命之谓性'，此言性之理也。"④ "天命之谓性"是性之理层面的性，而"生之谓性"是禀受层面的性。程颐认为"天命之性"是性之本，也是真正意义上的性，而"生之谓性"则是由气禀而成之性，不可谓真正的性，所以也可称之为才。因此，程颐所理解的性，实际上是由性与才两个层面共同构成的。关于性与才的关系，程颐从道心人心之辨的原则出发，更加推崇天命之性，对气禀之才则更加注重引导之功。程颐对人性的这种理解和处理，反映了他对人之生命的一种自我定位和独特关怀。他将"天命之性"确立为人的存在本质，并以理来规定性，实际上是将人的存在提升到了一个超越的境界。他对人之生命的这种关怀维度，也体现在了他对人的心、性、情及其相互关系的理解方面。他通过阐明人的心、性、情的内涵和所处状态，也进一步加深了对人自身的认识。正如在理的视野中把握天道一样，他对性的理

---

① （宋）程颢、程颐：《二程集》，《河南程氏遗书》卷第二十五，王孝鱼点校，第318页。
② （宋）程颢、程颐：《二程集》，《河南程氏遗书》卷第十八，王孝鱼点校，第204页。
③ （宋）程颢、程颐：《二程集》，《河南程氏遗书》卷第二十五，王孝鱼点校，第318页。
④ （宋）程颢、程颐：《二程集》，《河南程氏遗书》卷第二十四，王孝鱼点校，第313页。

解也是在其理视域中展开的。通过以理释性的方式，程颐为我们呈现了一个依据理而获得存在本质的人生境界，和一个因为理而贯通着的性与天道。

程颐关于性的思考是具体而细致的，对于性的相关论述也层次分明、观点明确，可以说其性论所涵盖的内容是十分丰富的。他不仅揭示了性的多重内涵，阐释了与性相关的一些重要范畴，而且也提出了一些人性论中的新问题，极大地丰富了儒家的人性论。下面我们就对他的性论思想展开分析，并努力探索和把握蕴含其中的程颐之学的思想特质和为学精神。

一 "性即是理"与"才禀于气"

形上形下的道器之辨构成了程颐理论思考的基本思维方式，这一思维方式也贯穿到了他对性的理解中去。在道器之辨中，程颐认为既存在一个形而上的道世界，也存在一个形而下的器世界，整个宇宙人生就是道与器的统一。与此相应，在对人性的理解中，程颐也坚持了这种道器二分的方法，认为既存在一个形而上的道层面的性，也存在一个形而下的器层面的性，前者就是他所谓的"天命之谓性"，后者就是"生之谓性"。其实，对于性的这种双重理解模式，在张载的思想中就已经出现了，那就是他提出的"天地之性"和"气质之性"。虽然从理论模式上来说，程颐对于性的双重划分与张载有着较多的相似之处，但是由于他们对性与天道的认识在根本处有所不同，其理论出发点和整个理论体系也有着较大的差异，因此他们关于性的理解在根本意涵上也是互有区别的。程颐在他道器之辨的思维方式下，对于性所做出的双重划分，更多的是从理和气两个层面分别展开的。从理的层面讲，性就是真正意义上的性，但从气的层面讲，性实际上是才，这就是程颐对于性的两个层面所做出的具体界定。他的这一界定也为解释性的善恶问题提供了较大的方便，善恶的来源也更加明确化了。他这样说："性无不善，而有不善者才也。性即是理，理则自尧、舜至于涂人，一也。才禀于气，气有清浊。禀其清者为贤，禀其浊者为愚。"① "性即是理"和"才禀于气"，是程颐性论的两个核心命题，下面我们就对它们展开具体的分析。

---

① （宋）程颢、程颐：《二程集》，《河南程氏遗书》卷第十八，王孝鱼点校，第204页。

"性即是理"是程颐性论的第一个层次，也是其性论最为核心的部分。程颐对于性的认识并不是凭空独创的，而是在继承儒家人性论的基础上逐步形成的，尤其是继承了《中庸》的"天命之谓性"和孟子的"性善论"思想。《中庸》的"天命之谓性"界定了性的根源，孟子的"性善论"则规定了性的本质内涵，这两点都被程颐继承。他这样说："禀于天曰性。"① 又说："性出于天。"② 将天视为性之根源，这是对"天命之谓性"的一种继承。他又说："孟子言性之善，是性之本。"③ 还说："孟子之言善者，乃极本穷源之性。"④ 从极本穷源和性之本的意义上讲性之善，是对孟子性善论思想的继承。正是在继承"天命之谓性"和性善论的基础上，程颐提出了他的"性即理"说。他说："'天命之谓性'，此言性之理也。"⑤ 在这里程颐以"性之理"来诠释"天命之谓性"，也就是说他认为天命之性是从理的层面所言之性。他又说："性即理也，所谓理，性是也。天下之理，原其所自，未有不善。"⑥ 他明确提出了"性即理"之说，认为性就是理，而所谓的理也就是性，并且也同时说明了性是"未有不善"的。我们知道，理是程颐对道范畴的一种提炼和概括，理既是宇宙的本体，也是万物存在的根据，正是在这个意义上，可以说万物之性和人性从根本上来说就是理。或者说，所谓性，就是指事物的本质，即事物之所以成为自身的根据，而在程颐的理解中，理所表达的正是这样一种"所以然"的涵义，所以他提出了"性即理"这一观点。理作为宇宙的本体和万物存在的根据，它也是万有存在的价值根基，因此是至善的。人从天那里获得了"天命之性"，实际上就是宇宙本体之理落实在人身上而成的人性，因此从理的层面而言，人性也是善的，所以他说"性无不善"⑦。"性即理"之性，除了"无不善"这一特点外，还有其他一些特点值得我们注意。首先，"性即理"之性是人人皆有的，而且是每个人都一样的。程颐曾说："性即是理，

---

① （宋）程颢、程颐：《二程集》，《河南程氏遗书》卷第十八，王孝鱼点校，第208页。
② （宋）程颢、程颐：《二程集》，《河南程氏遗书》卷第十九，王孝鱼点校，第252页。
③ （宋）程颢、程颐：《二程集》，《河南程氏遗书》卷第二十二上，王孝鱼点校，第291页。
④ （宋）程颢、程颐：《二程集》，《河南程氏遗书》卷第三，王孝鱼点校，第63页。
⑤ （宋）程颢、程颐：《二程集》，《河南程氏遗书》卷第二十四，王孝鱼点校，第313页。
⑥ （宋）程颢、程颐：《二程集》，《河南程氏遗书》卷第二十二上，王孝鱼点校，第292页。
⑦ （宋）程颢、程颐：《二程集》，《河南程氏遗书》卷第十八，王孝鱼点校，第204页。

理则自尧、舜至于涂人，一也。"① 无论是圣贤如尧舜，还是普通人，他们都拥有着同样的人性，这就是"性即是理"之性。之所以人人都有同样的人性，是因为人们是从同一个天理那里禀获自身之性的。程颐曾用了一个比喻来说明这一问题，他说："人之于性，犹器之受光于日，日本不动之物。"② 人之性犹如从太阳那里获得光亮，太阳是唯一的，其所发射出来的光也必然是一样的，所以人之性也是一样的。正是因为人人都具有同样的本然之善性，所以就能说人人皆可成圣贤了。程颐就曾这样指出："人之自小者，亦可哀也已。人之性一也，而世之人皆曰吾何能为圣人，是不自信也。其亦不察乎！"③ 其次，"性即理"之性是极本穷源之性，且是超越的"自在"之性。以理来规定性，本身就蕴含着性的本原义和超越义。从本原义上说，"性即理"是在性之本的意义上来说性的。关于这一点，程颐曾有过多次的说明，比如他说："且如言人性善，性之本也"④，又说："孟子所言，便正言性之本。"⑤ 从超越义上说，"性即理"之性又揭示了性超越于具体人物的自在之特征。程颐曾说："且如性，何须待有物方指为性？性自在也。"⑥ 性的这种自在性使其更能呈现出一种超越的形而上的特点，这也正是理的重要特征。最后，"性即理"之性具有贯通物我和内外的特点。以理来规定性，理是遍在于人和万物之中的，因此性是贯通物我和内外的。程颐说："物我一理，才明彼即晓此，合内外之道也。"⑦ 因为性贯通物我和内外，所以物我和内外在性的意义上说是一体的，因此程颐说："性不可以内外言。"⑧ 性不可以内外言，也就意味着天下物都是性分中物，正如他指出的："天下更无性外之物。"⑨ 贯通物我和内外，将人物之性都纳入同一个天命所赋的性之理中，这展现了"性即理"之性的贯通特点。总的来说，程颐提出了"性即是理"这一命题，以理来规定性的

---

① （宋）程颢、程颐：《二程集》，《河南程氏遗书》卷第十八，王孝鱼点校，第 204 页。
② （宋）程颢、程颐：《二程集》，《河南程氏遗书》卷第三，王孝鱼点校，第 67 页。
③ （宋）程颢、程颐：《二程集》，《河南程氏遗书》卷第二十五，王孝鱼点校，第 318 页。
④ （宋）程颢、程颐：《二程集》，《河南程氏遗书》卷第十八，王孝鱼点校，第 207 页。
⑤ （宋）程颢、程颐：《二程集》，《河南程氏遗书》卷第十九，王孝鱼点校，第 252 页。
⑥ （宋）程颢、程颐：《二程集》，《河南程氏遗书》卷第十八，王孝鱼点校，第 185 页。
⑦ （宋）程颢、程颐：《二程集》，《河南程氏遗书》卷第十八，王孝鱼点校，第 193 页。
⑧ （宋）程颢、程颐：《二程集》，《河南程氏遗书》卷第三，王孝鱼点校，第 64 页。
⑨ （宋）程颢、程颐：《二程集》，《河南程氏遗书》卷第十八，王孝鱼点校，第 204 页。

内涵，同时也揭示了在这一层面上性所具有的至善性、普遍性、同一性、超越性和贯通性等特征。可以说，"性即是理"这一观点，既为我们展现了一个理解人性的崭新视角，也丰富了我们关于人性内涵的认识，因此是一个非常有价值的性论命题。

如果说"性即是理"是从理的层面对性所进行的一种界定，那么"才禀于气"就是从气的层面对性所进行的一种描述。现实生活中的人性既包括理的层面，也包括气的层面，二者缺一不可，前者是纯粹至善的"天命之性"，后者则是构成人物之形质的禀受之性。对于程颐来说，只有"天命之性"或曰"性即理"之性才可称之为性，而禀受之性只能称为才。他曾说："须理会得性与才所以分处。"① 性与才的根本区别就在于，性即是理，而才则出于气。对于才根源于气这一观点，程颐有过许多的说明。比如，他说："才禀于气。"② 又说："才出于气。"③ 需要注意的是，程颐这里所谓的才与我们通常理解的才是有一些区别的。当弟子问"如何是才"时，程颐这样回答："如材植是也。譬如木，曲直者性也；可以为轮辕，可以为梁栋，可以为榱桷者才也。今人说有才，乃是言才之美者也。才乃人之资质，循性修之，虽至恶可胜而为善。"④ 也就是说，程颐所谓的才指的是人之资质，而非单指通常所谓的才之美者。作为人之资质的才，乃禀于气而有，如果说可以称之为性的话，也是指一种气禀之性或曰禀受之性。程颐认为，人们关于人性的认识之所以会有许多的争论，就是因为没有将"性即理"之性和禀受之性区别开来，许多历史上的人性论所言的实际上都只是禀受之性。比如，对于孔子的"性相近"之说，程颐就这样来理解："孔子言性相近，谓其禀受处不相远也。"⑤ 又说："孔子言性相近，若论其本，岂可言相近？只论其所禀也。"⑥ 还有："'性相近也'，此言所禀之性，不是言性之本。"⑦

---

① （宋）程颢、程颐：《二程集》，《河南程氏遗书》卷第十八，王孝鱼点校，第207页。
② （宋）程颢、程颐：《二程集》，《河南程氏遗书》卷第十八，王孝鱼点校，第204页。
③ （宋）程颢、程颐：《二程集》，《河南程氏遗书》卷第十九，王孝鱼点校，第252页。
④ （宋）程颢、程颐：《二程集》，《河南程氏遗书》卷第二十二上，王孝鱼点校，第292页。
⑤ （宋）程颢、程颐：《二程集》，《河南程氏遗书》卷第二十二上，王孝鱼点校，第291页。
⑥ （宋）程颢、程颐：《二程集》，《河南程氏遗书》卷第十八，王孝鱼点校，第207页。
⑦ （宋）程颢、程颐：《二程集》，《河南程氏遗书》卷第十九，王孝鱼点校，第252页。

对于告子的"生之谓性"说，程颐也是这样理解的。他说："不以告子'生之谓性'为不然者，此亦性也，彼命受生之后谓之性尔。"① 又说："生之谓性，论其所禀也"，"如俗言性急性缓之类，性安有缓急？此言性者，生之谓性也"。② 还说："性字不可一概论。'生之谓性'，止训所禀受也。"③ "性相近"和"生之谓性"说都从禀受处言性，实际上像扬雄、韩愈等一些秦汉以后的儒者也是从这一层面来论性的。程颐这样指出："杨雄、韩愈说性，正说著才也。"④ 程颐将气禀之性定义为才，不仅促成了他对人性所做出的双重区分，也为他解释性的善恶问题提供了方便。因为才出于气，而气是有清浊厚薄之别的，这也就决定了作为气禀之性的才的善恶属性。程颐说："气清则才善，气浊则才恶。禀得至清之气生者为圣人，禀得至浊之气生者为愚人。"⑤ 又说："气禀有清浊，故其材质有厚薄"⑥，"性出于天，才出于气，气清则才清，气浊则才浊"。⑦ 还说："气有善不善，性则无不善也。人之所以不知善者，气昏而塞之耳。孟子所以养气者，养之至则清明纯全，而昏塞之患去矣。"⑧ 因为气的清浊造成了才的善恶，所以才出现了现实人性中的善与恶。既然恶是发生在气禀层面上的，因此通过养气的工夫就可以使浊气变得清明，从而使人性复归纯然至善，之所以能够复归至善是因为"性即理"之性本是善的。程颐从气的层面提出了气禀之性，并将之命名为才，使其与"性即理"之性区别开来，并为现实人性的善恶问题做出了较为明确的解释，这些都使程颐的人性论显得层次清晰且内涵明确。以气禀之性为才，也使程颐对历史上的各种人性学说有了更加明确的定位，一定程度上也厘清了儒家人性学说中的各种不同看法。这些可能也正是"才禀于气"这一命题的积极意义之所在。

---

① （宋）程颢、程颐：《二程集》，《河南程氏遗书》卷第三，王孝鱼点校，第63页。
② （宋）程颢、程颐：《二程集》，《河南程氏遗书》卷第十八，王孝鱼点校，第207页。
③ （宋）程颢、程颐：《二程集》，《河南程氏遗书》卷第二十四，王孝鱼点校，第313页。
④ （宋）程颢、程颐：《二程集》，《河南程氏遗书》卷第十九，王孝鱼点校，第252页。
⑤ （宋）程颢、程颐：《二程集》，《河南程氏遗书》卷第二十二上，王孝鱼点校，第291—292页。
⑥ （宋）程颢、程颐：《二程集》，《河南程氏遗书》卷第二十四，王孝鱼点校，第312页。
⑦ （宋）程颢、程颐：《二程集》，《河南程氏遗书》卷第十九，王孝鱼点校，第252页。
⑧ （宋）程颢、程颐：《二程集》，《河南程氏遗书》卷第二十一下，王孝鱼点校，第274页。

"性即理"之性与气禀之性分别构成了程颐人性论的两个层次，它们之间并不是各自独立、互不相干的，而是有着十分密切的联系。人性对于人而言，是既现实又超越的，它反映了人的存在本质和存在状态。因此对于人来说，关注人性就是关注生命自身，认识人性就是认识自我。从这个意义上来说，不同的人性论往往反映了人们对生命自我的不同认识和不同关怀。程颐将人性分为理与气两个层面，实际上表达了他对人性的超越面和现实面的双重关注。在他看来，这两个层面之间既有联系，又有区别，既不可互相取代，也不是完全均衡的关系。首先，程颐认为，作为理之超越层面的性和气之现实层面的才，二者共同构成了人性，缺一不可。因此，他才既推崇孟子的性善之说，又要"不以告子'生之谓性'为不然"①。如果抛开了理之层面的本然至善之性，那么性的超越义就将不复存在，也就不能成为人之所以为人的表征。同样，如果没有了气之层面的禀受之性，那么性就失去了落实之处和栖身之所，就只是一个挂空的抽象存在。因此，讨论性就需要既言理又言气，这样才能完备。其次，程颐认为，在性的这两个层面中，"性即理"之性处于主导地位，是性之本，也是人性的核心所在。他曾说："'天下言性，则故而已'者，言性当推其元本，推其元本，无伤其性也。"② 言性当推其元本，"性即理"之性正是从性之元本处而言的。所以他评价孟子的性善论时说："若乃孟子之言善者，乃极本穷源之性。"③ 并且认为："孟子言人性善是也。虽荀、杨亦不知性。孟子所以独出诸儒者，以能明性也。"④ 还尤其批评了荀子的性恶说："荀子极偏驳，只一句'性恶'，大本已失。"⑤ 程颐如此推崇"性即理"之性，是因为只有确立了性之大本，才能为人的生命提供内在而充足的德性动力和价值资源。"天命之谓性"，性是天赋予人的一种先天而超越的存在本质，它普遍而内在地存在于每个人与生俱来的生命之中，是人之存在的价值根基和德性之源。每个人都可凭借天命之性获得完满自足的德性资源，从而挺立起自己的生命主体，成为一个自觉、自律、自足的可以自我

---

① （宋）程颢、程颐：《二程集》，《河南程氏遗书》卷第三，王孝鱼点校，第63页。
② （宋）程颢、程颐：《二程集》，《河南程氏遗书》卷第二十四，王孝鱼点校，第313页。
③ （宋）程颢、程颐：《二程集》，《河南程氏遗书》卷第三，王孝鱼点校，第63页。
④ （宋）程颢、程颐：《二程集》，《河南程氏遗书》卷第十八，王孝鱼点校，第204页。
⑤ （宋）程颢、程颐：《二程集》，《河南程氏遗书》卷第十九，王孝鱼点校，第262页。

决定的人。这就是超越的"性即理"之性对人而言的最大价值，因此是人性之本，在人性中居于核心地位。最后，我们来看从气之层面而言的气禀之性在人性中的地位和作用。虽然气禀之性不是人性之本，但它却承载着现实人性的所有因素，也是现实人性去恶趋善的关键所在。程颐认为，性无有不善，善或不善根源于气。由于禀受之气的混浊和壅塞，所以会出现恶的人性。人要通过养气的方式变化气的浊塞状态，达到清明，从而复归人性之善。也就是说，对于现实的人性而言，人们要将注意力集中在气禀之性上，才能达到改善人性的目的。总的来说，从程颐对于"性即理"之性和气禀之才关系的理解中，我们可以看出其人性论的特点和基本倾向。此外，"性即理"之性和气禀之性的关系，也在一定程度上遵循了程颐所一贯坚持的道心人心之辨原则。

从上面的分析可以看出，程颐从理和气两个层面出发，对人性进行了双重解读。在理的层面上，他提出了"性即是理"的观点，将性界定为人之存在的所以然；在气的层面上，他提出了"才禀于气"，将人受生以后的禀受之性命名为"才"，从而与本然之性区别开来。虽然将性理解为两个层面，但是他对于"性即理"之性的推崇也是显而易见的，这反映了程颐对于人之生命存在的独特关怀。可以说，"性即是理"是程颐人性论的核心，他将性与理这两个范畴契然无间地融为一体，其间既蕴含着他对人性所进行的深入思考，也展现了他以理来观照一切的独特视域。总而言之，程颐的人性论是在其道器之辨的思维方式下，在理与气的双重层面上建构起来的，他对人性的具体理解既展现了他的思想特质，也反映了他深切的人性关怀。程颐的人性论对于儒家的人性论传统来说既是一种丰富，也是一种开拓，并对后世儒家的人性论产生了较大的影响。

二　性情与涵养

人们对于性与天道之性的思考，从根本上说是对人与万物存在自身的一种关注，尤其是对人的存在本质和存在状态的关注，而这种关注长期以来都集中在对人性问题的探讨上。随着时代的发展和人们自我认识的深入，人生命中的其他一些与性相关的因素也逐渐受到了重视，并日益成为人们思考和探索的对象，比如人的本能和欲望，人感受和认识世界的能力，人的内心状态，人的各类情绪和情感，等等。从较为宽泛的意义上说，它们都是人的存在状态的表现,也都应当属于言性的范围。其中,心、情与性的关系要更为密切一些,因此人们也经常将它们联系起来一起思考。从这个角度来说,儒家之言性的范围是在不断扩大的,而且其言性的内容也日益深入和细化。程颐对于人的存在的关注,就不仅包含了对人性的探讨,而且也涉及了心、情等相关范畴。他不仅分别考察了性、心、情诸范畴的具体内涵,还对它们之间的关系也做了较为细致的分析。对于人的性、心、情的总体把握,使程颐对人的具体存在有了更加全面的理解。在程颐那里,为学的目的不仅仅在于了解人自身的存在状态,还在于如何更好地实现较为完善的合理的人生,因此他提出了以敬为核心的涵养论。认识了人的性、心、情以及它们之间的关系,并能以恰当的方式加以涵养,这样才是更加完备的性之思,也才能对我们的现实人生有指导意义。下面,我们就集中讨论一下程颐在这些方面的一些重要论述。

对于性、心、情三者,程颐有这样一个大致的界定,他说:"道与性一也。……性之本谓之命,性之自然者谓之天,自性之有形者谓之心,自性之有动者谓之情,凡此数者皆一也。"① 在他看来,性即道,而心和情是性的不同展现。具体而言,心是性之有形者,是超越之性在人身上的现实承载和存贮处,情则是性的发用流行处。我们首先来看程颐关于心的理解。在中国传统哲学中,心是一个较为复杂和笼统的概念,因此它的内涵也比较多样。在程颐对心的理解中,除了他对心的主要界定之外,有时也会呈现一些其他的特征。比如当有弟子问"心有限量否"时,他就回答说:"论心之形,则安得无限量?"② 这里就呈现了心的有形有限量的特征。但是在程颐对心的主要理解中,心与性是一致的,可以说是异名而同谓的。他说:"孟子曰:'尽其心,知其性。'心即性也。在天为命,在人为性,论其所主为心,其实只是一个道。"③ 又说:"在天为命,在义为理,在人为性,主于身为心,其实一也。"④ 可见,心与性、命、理、道都是一致的,只是从不同的角度来讲而已。从这个意义上说,心是性的另一种称谓。但是我们也要看到,程颐在强调心与性都统一于道的同时,还多次说

---

① (宋)程颢、程颐:《二程集》,《河南程氏遗书》卷第二十五,王孝鱼点校,第318页。
② (宋)程颢、程颐:《二程集》,《河南程氏遗书》卷第十八,王孝鱼点校,第204页。
③ (宋)程颢、程颐:《二程集》,《河南程氏遗书》卷第十八,王孝鱼点校,第204页。
④ (宋)程颢、程颐:《二程集》,《河南程氏遗书》卷第十八,王孝鱼点校,第204页。

明了心主于身这一特点。也就是说，与性出自天的超越性相比，心是落实在人身上而言的，具有一种现实性特点。程颐对心的这一特点非常重视，并且也十分注意将心与其他容易混淆的范畴相区别。《遗书》中记载了程颐与邵伯温关于这一问题的一段对话，内容是这样的："伯温又问：'孟子言心、性、天，只是一理否？'曰：'然。自理言之谓之天，自禀受言之谓之心，自存诸人言之谓之性。'又问：'凡运用处是心否？'曰：'是意也。'"① 我们再次看到，程颐将心与性、天、理等范畴相提并论，并指出了心"存诸人"这一现实性特点，而且也注意将心与意区别开来。不管怎样，在程颐的理解中，心与性既保持了在根本内涵上的一致性，也有具体呈现方式上的区别。接下来，我们分析一下程颐对于情的理解。如果说心与性在内涵上保持了高度的一致性，只是言说的角度有所不同，那么情与性之间的关系就是另外一种情况了。如果说性是体，情就是性体之发用，或者说是性之动。他这样说："在天为命，在义为理，在人为性，主于身为心，其实一也。心本善，发于思虑，则有善有不善。若既发，则可谓之情，不可谓之心。譬如水，只谓之水，至于流而为派，或行于东，或行于西，却谓之流也。"② 情是性之既发的状态，情之于性，犹流之于水，是性体的一种发用和流行。性体之发用，是一个感于外而发于中，并呈现为喜怒哀乐之情的过程。对于性与情的这种关系，程颐还有更为细致的阐述。《遗书》记载："问：'喜怒出于性否？'曰：'固是。才有生识，便有性，有性便有情。无性安得情？'又问：'喜怒出于外，如何？'曰：'非出于外，感于外而发于中也。'问：'性之有喜怒，犹水之有波否？'曰：'然。湛然平静如镜者，水之性也。及遇沙石，或地势不平，便有湍激；或风行其上，便为波涛汹涌。……然无水安得波浪，无性安得情也？'"③ 性有感于外而发为情，如水遇沙石或风行水上出现波浪一样，因此性是情之体，情是性之用，二者相依而存在。情是性的外在展现，它对于我们每个人而言都是极为重要的，因为它以喜怒哀乐的方式最为直接地表达了我们的生命感受。通过分析可以看出，在程颐的理论体系中，心与性是内涵基本一

---

① （宋）程颢、程颐：《二程集》，《河南程氏遗书》卷第二十二上，王孝鱼点校，第296—297页。
② （宋）程颢、程颐：《二程集》，《河南程氏遗书》卷第十八，王孝鱼点校，第204页。
③ （宋）程颢、程颐：《二程集》，《河南程氏遗书》卷第十八，王孝鱼点校，第204页。

致的道体范畴，情则是它们的发用和展现，因此一定程度上可以说，性、心、情三者的关系，实际上可以化约为性与情的关系。可以说，性情关系构成了人性结构的一个重要维度，它使超越的人性与我们现实的生命感受密切联系起来了。总的来说，对于性、心、情的内涵及其相互关系的思考，丰富了程颐关于人自身的认识，也使他的人性论变得更加细致和深化了。

在程颐所理解的性情关系中，情是性体的发用，关于性体的未发和已发状态，他还有过一些论述值得我们关注，这就是他所提出的未发已发问题。程颐说："'喜怒哀乐之未发谓之中。'中也者，言寂然不动者也。故曰'天下之大本'。'发而皆中节谓之和。'和也者，言感而遂通者也，故曰'天下之达道'。"① 喜怒哀乐是人之情，未发之时可谓之中，发而中节可谓之和，中是天下之大本，处于寂然不动的状态，和是天下之达道，是感而遂通的状态。中和说是对性体发用为情这一过程之前后状态的一种描述，十分精微地呈现了道体在人身上的不同状态。未发已发问题既涉及性情关系，也涉及对性情的涵养，因此受到了程颐及其弟子的关注，他们对这一问题进行过一些深入的探讨。程颐曾分别与吕大临和苏季明两位弟子探讨过这个问题。在与吕大临的讨论中，程颐认为不可将中直接等同于性，他说："'中即性也'，此语极未安。中也者，所以状性之体段。……中止可言体，而不可与性同德。"② 又说："不偏之谓中。道无不中，故以中形道。"③ 也就是说，在程颐看来，未发时所谓的中是一形容词，用来形容性的状态，因此中不可等同于性。所以当苏季明问"中之道与喜怒哀乐未发谓之中，同否"④ 时，他说："非也。喜怒哀乐未发是言在中之义。"⑤ "中之道"指的是道体层面的性，而"在中之义"是说性体处于中的状态，因此二者是不同的。这两段讨论都表明了程颐对于未发之性体的一种

---

① （宋）程颢、程颐：《二程集》，《河南程氏遗书》卷第二十五，王孝鱼点校，第319页。
② （宋）程颢、程颐：《二程集》，《河南程氏文集》卷第九《与吕大临论中书》，王孝鱼点校，第606页。
③ （宋）程颢、程颐：《二程集》，《河南程氏文集》卷第九《与吕大临论中书》，王孝鱼点校，第606页。
④ （宋）程颢、程颐：《二程集》，《河南程氏遗书》卷第十八，王孝鱼点校，第200页。
⑤ （宋）程颢、程颐：《二程集》，《河南程氏遗书》卷第十八，王孝鱼点校，第200页。

看法，那就是在喜怒哀乐未发之时性处在一个中的状态之中。在这一看法的基础上，他们又进一步讨论了于未发之前该当如何的问题。程颐强调不可于未发之前求中，他认为："既思于喜怒哀乐未发之前求之，又却是思也。既思即是已发。才发便谓之和，不可谓之中也。"① 在程颐看来，未发与已发的区别甚微，只要有思于求中，便是已发了，就只能谓之和，而不可谓之中。苏季明又问："学者于喜怒哀乐发时固当勉强裁抑，于未发之前当如何用功？"② 程颐回答说："于喜怒哀乐未发之前，更怎生求？只平日涵养便是。涵养久，则喜怒哀乐发自中节。"③ 他认为于喜怒哀乐未发之前不必求什么，也没有什么可求，只要加强平日里的涵养即可，涵养久了，喜怒哀乐之发就自然中节。以上就是程颐关于未发已发问题的一些看法。这一问题被程颐师徒提了出来并展开讨论，后来受到了朱熹的重视，又做出了许多的阐发。可以说，程颐关于未发已发问题的初步探讨，将性情及其涵养问题引入了一个日趋精微的方向上去。

既然程颐认为，于喜怒哀乐未发之前只需要注意平日的涵养即可，那么具体的涵养方法就显得非常重要了，为此他提出了"涵养须用敬"④ 的涵养说。《遗书》记载有："或曰：'先生于喜怒哀乐未发之前下动字，下静字？'曰：'谓之静则可，然静中须有物始得，这里便是难处。学者莫若先理会得敬，能敬则自知此矣。'或曰：'敬何以用功？'曰：'莫若主一。'"⑤ 程颐在这里提出了敬的涵养方法，并以"主一"作为敬的内容。在他看来，敬是涵养性情的最佳方式，也是最切要的方式。他曾说："切要之道，无如'敬以直内'。"⑥ "直内"应当就是对内在心性的一种涵养，而敬就是达到"直内"的重要途径。敬有一种主观的意识和努力蕴含其中，不同于自然无为的虚静。因此当有人问"敬还用意否"时，程颐回答说："其始安得不用意？若能不用意，却是都无事了。"⑦ 当问

---

① （宋）程颢、程颐：《二程集》，《河南程氏遗书》卷第十八，王孝鱼点校，第 200 页。
② （宋）程颢、程颐：《二程集》，《河南程氏遗书》卷第十八，王孝鱼点校，第 200—201 页。
③ （宋）程颢、程颐：《二程集》，《河南程氏遗书》卷第十八，王孝鱼点校，第 201 页。
④ （宋）程颢、程颐：《二程集》，《河南程氏遗书》卷第十八，王孝鱼点校，第 188 页。
⑤ （宋）程颢、程颐：《二程集》，《河南程氏遗书》卷第十八，王孝鱼点校，第 201—202 页。
⑥ （宋）程颢、程颐：《二程集》，《河南程氏遗书》卷第十五，王孝鱼点校，第 152 页。
⑦ （宋）程颢、程颐：《二程集》，《河南程氏遗书》卷第十八，王孝鱼点校，第 189 页。

"敬莫是静否"时，他说："才说静，便入于释氏之说也。不用静字，只用敬字。才说著静字，便是忘也。孟子曰：'必有事焉而勿正，心勿忘，勿助长也。'必有事焉，便是心勿忘；勿正，便是勿助长。"① 因此，敬不同于静，敬要求勿忘，包含着一种主观的意识和努力。敬的关键作用在于要让人心有所主，心有所主便不会被外物所扰，由此程颐以"主一"作为敬的主要内容。他说："所谓敬者，主一之谓敬。所谓一者，无适之谓一。且欲涵泳主一之义，一则无二三矣。言敬，无如圣人之言。《易》所谓'敬以直内，义以方外'，须是直内，乃是主一之义。"② 他还曾用一个比喻来说明心有所主就不会被外物所乱的道理："人心不能不交感万物，亦难为使之不思虑。若欲免此，唯是心有主。如何为主？敬而已矣。有主则虚，虚谓邪不能入。无主则实，实谓物来夺之。今夫瓶罂，有水实内，则虽江海之浸，无所能入，安得不虚？无水于内，则停注之水，不可胜注，安得不实？大凡人心，不可二用，用于一事，则他事更不能入者，事为之主也。事为之主，尚无思虑纷扰之患，若主于敬，又焉有此患乎？"③ 人心就像瓶子，瓶子装满了水，则江海之水亦不能浸入，人心若主之以敬，便就不会有思虑纷扰之患。程颐经常强调这个道理，他曾说："昔吕与叔尝问为思虑纷扰，某答以但为心无主，若主于敬，则自然不纷扰。譬如以一壶水投于水中，壶中既实，虽江湖之水，不能入矣。"④ 虽然道理简单，但是要想真正做到主于敬、主于一，还不是件十分容易的事情。对此，程颐也给出了他的建议："闲邪则固一矣，然主一不消言闲邪。有以一为难见，不可下工夫。如何一者，无他，只是整齐严肃，则心便一，一则自是无非僻之奸。此意但涵养久之，则天理自然明。"⑤ 程颐给出的方法是，在日常生活中要保持整齐严肃的仪态举止，自然就不会有邪念滋生，如此这样地长久涵养下去，就能达到心性澄明、天理复现的境界了。在现实生活中，程颐也是以这样的方式进行修养实践的，可以说是自己学说的忠实践行者。总之，程颐认为

---

① （宋）程颢、程颐：《二程集》，《河南程氏遗书》卷第十八，王孝鱼点校，第189页。
② （宋）程颢、程颐：《二程集》，《河南程氏遗书》卷第十五，王孝鱼点校，第169页。
③ （宋）程颢、程颐：《二程集》，《河南程氏遗书》卷第十五，王孝鱼点校，第168—169页。
④ （宋）程颢、程颐：《二程集》，《河南程氏遗书》卷第十八，王孝鱼点校，第191页。
⑤ （宋）程颢、程颐：《二程集》，《河南程氏遗书》卷第十五，王孝鱼点校，第150页。

以敬来涵养性情,就能使性情各得其正,使喜怒哀乐发而皆中其节,因此"涵养须用敬"也成了他一贯强调的修养之方。

通过对性、心、情等范畴及其关系的深入思考,以及对性情涵养方式的探索,程颐性之思的内容变得更加丰富起来。对性问题的全面考察使他对人的生命存在有了更充分的认识,对整个宇宙人生也有了一个更为完整的理解。在程颐的思想体系中,性与天道都能以理观之,并因理而贯通为一体,所以他说:"穷理尽性至命,只是一事。才穷理便尽性,才尽性便至命。"[1] 程颐正是从理的视野出发,去思考天道与性命,并将它们融贯为一,从而构建起了一个他心目中的私欲净尽、天理流行的至善世界。程颐以理来言性与天道,我们从中既可看到他独特的思维方式,也可感受到他致力于完善人之生命的深切关怀。正是在他独有的思维方式和人文关怀下,程颐使儒家关于性与天道问题的思考变得更加深入细致,也更加洁净精微。

---

[1] (宋)程颢、程颐:《二程集》,《河南程氏遗书》卷第十八,王孝鱼点校,第193页。

第五章　程颢、程颐性道思想的比较和评价

　　程颢、程颐生当北宋，虽时值儒学式微、佛道之学流行之际，然而他们与当时诸儒一起，不惧艰难并自觉地担负起了复兴儒学的重任。程颐曾这样描述他们的为学之志："圣学不传久矣。吾生百世之后，志将明斯道，兴斯文于既绝，力小任重，而不惧其难者。"① 又说："道既不明，世罕信者。不信则不求，不求则何得？斯道之所以久不明也。自予兄弟倡学之初，众方惊异。"② 程颢、程颐兄弟二人正是基于这种强烈的接续儒家之道的责任感，笃信并倡导儒学于当时之世，致力于儒学的崛起。他们一方面潜心于儒家经典，思考并探索儒家的"性道微言"；另一方面又努力消化和超越佛道之学，重新树立儒学的基本精神和为学宗旨。面对同时代众儒者十分活跃的造道活动，他们既能积极地参与讨论、互致建议，从中收获经验和启发，又能超越其上，从容地拣别诸儒之学的高下与优劣。正是在这些因素的共同影响下，程颢、程颐逐步走上了他们自己的为学求道之路。同样的时代、同样的为学环境，又是一起成长起来的同胞兄弟，程颢和程颐在思想上必然有许多相同和相通之处，如果我们对此多有用心的话，或许能够更好地把握二程之学的总体气质和为学精神，也能更好地认识儒家性道之学在他们那里所发生的转变。程颢、程颐之学在大体上的相同和相通之处值得我们去分析和讨论，但他们之间的思想差异及差异背后所蕴含着的不同体道方式和为学关怀，

---

①　(宋) 程颢、程颐：《二程集》，《河南程氏文集》卷第十一《祭刘质夫文》，王孝鱼点校，第643页。
②　(宋) 程颢、程颐：《二程集》，《河南程氏文集》卷第十一《祭朱公掞文》，王孝鱼点校，第644页。

也同样值得我们去关注和思考。程颢、程颐从他们各自的问题意识和理论视角出发，去感受并探索宇宙人生的所有秘密和存在状态，从而建构起了他们自己关于性与天道的理解模式，同时也形成了他们各自的理论体系和理论特质。对于二程的性道之学，我们只有既把握了他们的相同和相互交融之处，又能明了他们各自的思想特质，才能达到较为全面而又细致的理解。因此，对程颢、程颐的性道思想进行一番同与异的比较还是十分必要的。与此同时，如何较为正确地评价程颢、程颐的性道思想也是我们研究工作的应有之义。对二程的性道思想进行一番较为恰当而确切的评价，实际上是一件比较复杂也比较具有挑战性的工作。因为我们既要评价二程的性道之学从积极层面而言所具有的价值和贡献，以及它们在儒学发展中所处的地位，还要努力跳出他们的思想，看到其学所可能存在的局限性和可能导致的问题。虽然如此，我们依然会基于对二程性道之学的理解，尽己所能地对他们的思想做出基本的评价。

第一节 程颢、程颐性道思想的同与异

从前面关于程颢、程颐性道思想的个案研究可以发现，他们对于性与天道问题的思考实际上是同中有异、异中有同的关系。关于二程思想之同，历代学者有着基本的共识。程颐自己就首先说："我之道盖与明道同。"① 人们通常也把程颢、程颐之学共称为程学或洛学。在许多论著中，程颢、程颐往往被一同提及，其思想也经常被视为一体。究其思想所同的原因应有很多，毕竟两人是同胞兄弟，相互之间的切磋交流之密切程度要倍于通常之学者。尤其是程颢在世之时，他作为兄长，其才学和德识均在社会上有较大的影响，程颐应当也受其影响颇深，甚至可以说程颐早期的思想有许多地方是与程颢相同的。牟宗三先生就曾指出："伊川岁数虽与明道相差不远（只差一岁），然明道究属兄长，固当以明道为主。衡人之情，主要灵魂亦当在明道，伊川总当徐行后长者方是弟道。……伊川独立

---

① （宋）程颢、程颐：《二程集》，《河南程氏遗书》附录《伊川先生年谱》，王孝鱼点校，第346页。

发皇之时当在其为侍讲以后。"① 唐君毅先生也曾列举数例，得出了"伊川显承明道，未尝有违，而更加发挥之义也"② 的结论，并且认为程颢、程颐兄弟之学是前后之相承而非对立之二论。③ 这些都表明，程颢、程颐之学确有其相同、相通和相续之处。如果我们从更为宏观的层面上考察的话，就会发现二程之学有着更多的一致性，比如他们有着共同的道统意识和求道志向，有着基本一致的为学方向和为学宗旨，等等。这些也都是我们研究二程性道思想的相同之处时需要关注到的。如果说关注二程思想之同，能够让我们更好地把握他们思想之间的相通与相续之处，能够更好地感受他们思想的基本精神和总体气质，乃至体会到儒学在他们那里所发生的整体转向和变迁趋势，那么关注二程思想之异则会把我们的研究引入更加深入和精微的境界。探讨程颢、程颐各自的理论视域所蕴含着的独特内涵和独有关怀，以及在其视域下所生发和成长起来的各自有别的性道内容，都会使我们更加贴近和深入二程的思维世界，从而更为真切地把握他们的思想特质。鉴于以上种种，我们自然就有了探索程颢、程颐性道思想之异同的兴趣和必要。下面就切入这一主题展开讨论。

一 程颢、程颐性道思想之同

程颢与程颐自少年时期就"锐然欲学圣人"，"慨然有求道之志"。面对儒学当时的发展局面，他们有着共同的忧患意识，认为圣人之道湮没已久，圣人之学也久已不传，因此他们都萌发出了一种强烈的道统意识，要为往圣继绝学。为了重新复兴儒学，他们一方面从孔孟儒学的源头出发探索儒家的根本精神之所在，把握儒学的核心问题，并努力思考意欲有所创造；另一方面又效仿孟子排斥异端，对佛道之学进行批判和超越。他们基于一种对宇宙人生的总体关怀，确立起了各自的理论出发点和理论视域，并在此基础上共同推进了儒家的性道之学。虽然程颢的仁视域和程颐的理视域有所不同，各有侧重，但是二者之间却有着相互

---

① 牟宗三：《心体与性体》（中），第5页。
② 唐君毅著、霍韬晦编选/导读：《中国哲学原论·原教篇》，中国社会科学出版社2006年版，第106页。
③ 参见唐君毅著、霍韬晦编选/导读《中国哲学原论·原教篇》，中国社会科学出版社2006年版。

交融的部分，其交融之处也是他们思想的共通之处。这里我们就将通过分析程颢、程颐性道思想的相同和相通之处，以便更好地把握他们兄弟之学的整体风貌。

程颢、程颐在基本相似的为学求道过程中，逐步形成了共同的儒家道统意识。程颢在辨析佛道之学、排斥异端的过程中逐渐形成了自己的道统意识。他说："杨、墨之害，甚于申、韩；佛、老之害，甚于杨、墨。……佛、老其言近理，又非杨、墨之比，此所以害尤甚。"① 在《明道先生行状》中，程颐也曾这样记载程颢对于佛道之学和儒学的看法："谓孟子没而圣学不传，以兴起斯文为己任。其言曰：'道之不明，异端害之也。昔之害近而易知，今之害深而难辨。昔之惑人也，乘其迷暗；今之入人也，因其高明。……自道之不明也，邪诞妖异之说竞起，涂生民之耳目，溺天下于污浊；虽高才明智，胶于见闻，醉生梦死，不自觉也。是皆正路之蓁芜，圣门之蔽塞，辟之而后可以入道。'"② 正是在认识到佛道之学"因其高明"而造成的危害之后，程颢对于儒学的发展处境有了一种深切的忧患意识，同时也树立起了"以兴起斯文为己任"的接续儒家道统的意识。程颐与之相似，对于儒家之道和圣人之学有着一种更为明确的担当意识，他说："周公没，圣人之道不行；孟轲死，圣人之学不传。"③ 并且说："圣学不传久矣。吾生百世之后，志将明斯道，兴斯文于既绝，力小任重，而不惧其难者。"④ 正是基于这种较为强烈的儒家道统意识，程颐对于佛道之学的排斥和批评也更加坚决。他说："释氏之学，更不消对圣人之学比较，要之必不同，便可置之。今穷其说，未必能穷得他，比至穷得，自家已化而为释氏矣。今且以迹上观之。佛逃父出家，便绝人伦，只为自家独处于山林，人乡里岂容有此物？大率以所贱所轻施于人，此不惟非圣人之心，亦不可为君子之心。"⑤ 他认为

---

① （宋）程颢、程颐：《二程集》，《河南程氏遗书》卷第十三，王孝鱼点校，第138页。
② （宋）程颢、程颐：《二程集》，《河南程氏文集》卷第十一《明道先生行状》，王孝鱼点校，第638页。
③ （宋）程颢、程颐：《二程集》，《河南程氏文集》卷第十一《明道先生墓表》，王孝鱼点校，第640页。
④ （宋）程颢、程颐：《二程集》，《河南程氏文集》卷第十一《祭刘质夫文》，王孝鱼点校，第643页。
⑤ （宋）程颢、程颐：《二程集》，《河南程氏遗书》卷第十五，王孝鱼点校，第149页。

有些儒者之所以为异端所惑，根本原因在于没有于儒学处实有所得。他曾这样指出："儒者而卒归异教者，只为于己道实无所得，虽曰闻道，终不曾实有之。"① 正因为此，程颢与程颐更加注重从儒学自身寻找资源，阐发儒家的"性道微言"，以充实儒学的内涵，重振其地位和影响。基于他们自己对于儒家根本精神的把握，他们在探索儒家之道的过程中，也对同时代儒者的一些思想提出了自己的看法。比如，对于王安石之学，他们就表示了较多的不赞同，认为其学导致了社会上的兴利之风，有违儒家一贯坚持的义利之辨。对于邵雍以数为学，张载以太虚之气为天道根本的一些理论，他们也认为未为妥当，尤其是与儒家性道之学的真义有一定的距离。正是在这些共同的为学活动中，程颢与程颐一起坚守着较为纯粹的儒家立场，并形成了他们自己关于儒家之道的大体一致的看法，共同推动着儒学的发展。

在对性与天道的具体理解和诠释方面，程颢和程颐也有着相似和相通之处。首先，他们都认为，性与天道是本然合一、一体贯通的。在程颢和程颐的理解中，性与天道从根本上说是相与一体、彼此贯通的。也就是说，并不存在与天道完全隔绝的性，也不存在与性毫无关联的天道。性与天道都是宇宙人生的本体，性、天道、理、命、心等范畴都具有同样的内涵。程颢说："道即性也。"② 程颐也说："道与性一也。"③ 又说："在天为命，在人为性，论其所主为心，其实只是一个道。"④ 可以看出，程颢与程颐在性与天道的问题上，都认为性与天道在根本上是一致的。虽然说天道性命的贯通是中国天人关系的内在应有之义，但是在传统的理解中，天道与性命之间还是存在着多多少少的差异和距离，至少没有能够在义理上实现全然的贯通一体。而在程颢、程颐的理解和诠释中，天道与性命已经是打成一片、融为一体了。所以当他们与张载讨论"穷理尽性以至于命"时，都一致坚持穷理、尽性、至于命三者之间不可分割的一体性。程颢说："'穷理尽性以至于命'，三事一时并了，元无次

---

① （宋）程颢、程颐：《二程集》，《河南程氏遗书》卷第十五，王孝鱼点校，第156页。
② （宋）程颢、程颐：《二程集》，《河南程氏遗书》卷第一，王孝鱼点校，第1页。
③ （宋）程颢、程颐：《二程集》，《河南程氏遗书》卷第二十五，王孝鱼点校，第318页。
④ （宋）程颢、程颐：《二程集》，《河南程氏遗书》卷第十八，王孝鱼点校，第204页。

序。"① 程颐也说:"穷理尽性至命,只是一事。才穷理便尽性,才尽性便至命。"② 因此可以说,明确性与天道的一体贯通,是程颢、程颐之言性与天道的共同特点。也正是在这一点上,他们推进了人们对性与天道的理解。其次,在对性与天道的理解中,他们提出并共同使用了天理和理范畴。程颢自己首先体贴出了天理二字,之后程颐又对天理范畴进行了更为深入的阐释,天理也由此成为他们思想的重要范畴,二程之学也因此被称为理学。理是贯通性与天道的一个范畴,它既可描述天道,也可界定人与万物之性,因此具有极强的普遍性。在关于理的具体理解上,程颢与程颐固然有其差别,但也有很多的相同之处,毕竟他们使用的是同一个范畴。比如,他们都认为,理普遍存在于万物之中。程颢说:"万物皆有理。"③ 程颐也说:"凡一物上有一理。"④ 又如,他们都认为万物之理都是相互对立而存在的,都是无独而有偶的。程颢说:"天地万物之理,无独必有对,皆自然而然,非有安排也。"⑤ 程颐也有类似的看法:"道无无对,有阴则有阳,有善则有恶,有是则有非,无一亦无三。"⑥ 为了与佛道之学的空无之说相区别,程颢和程颐还都格外强调了理的至实无妄性。程颢说:"理者,实也,本也。"⑦ 程颐也说:"天下无实于理者。"⑧ 实际上,作为他们共同提出和使用的重要范畴,在对理的理解上存在许多相同之处也是非常自然的事情。总的来说,在对性道问题的思考上,程颢、程颐的大体思路还是比较一致的。他们都从性道合一的认识出发展开对整个宇宙人生的思考,并且都试图以理这一范畴来贯通天道性命,这实际上在一定程度上实现了儒家关于性与天道问题的理论转型。

在探讨程颢、程颐各自的性道思想时,我们认为程颢在仁之生命视域下展开了对性与天道的思考,而程颐则是在理之所以然的视域下展开其思

---

① (宋)程颢、程颐:《二程集》,《河南程氏遗书》卷第二上,王孝鱼点校,第15页。
② (宋)程颢、程颐:《二程集》,《河南程氏遗书》卷第十八,王孝鱼点校,第193页。
③ (宋)程颢、程颐:《二程集》,《河南程氏遗书》卷第十一,王孝鱼点校,第123页。
④ (宋)程颢、程颐:《二程集》,《河南程氏遗书》卷第十八,王孝鱼点校,第188页。
⑤ (宋)程颢、程颐:《二程集》,《河南程氏遗书》卷第十一,王孝鱼点校,第121页。
⑥ (宋)程颢、程颐:《二程集》,《河南程氏遗书》卷第十五,王孝鱼点校,第153页。
⑦ (宋)程颢、程颐:《二程集》,《河南程氏遗书》卷第十一,王孝鱼点校,第125页。
⑧ (宋)程颢、程颐:《二程集》,《河南程氏遗书》卷第三,王孝鱼点校,第66页。

考的。这两种视域虽然有着较为显著的差异，但它们之间也有着诸多的相互交融之处。首先，这两种视域关注的都是天道性命的本质和本然存在的状态。我们知道，儒家之言性与天道，源自一种对宇宙人生的反思，对天地万物的存在本质和存在状态的关注，因此无论从什么视角出发，其所考察的内容都是天道性命的本然存在状态。程颢从一种浑然与物同体的仁视域出发，从对天地生物过程和万有生命之存在的真切体悟出发，从生命的视角来考察性与天道。他突显了性与天道中所蕴含着的生生之仁德，并且认为这就是性与天道的本质之所在。程颐则从一种探索万有存在之所以然的理视域出发，以形上形下道器之辨的思维方式，来观照性与天道。他突显了天道性命中所包含着的超越性和至善性，并以此作为天道性命的本然存在状态。这两种视域在展现他们各自的体道方式的同时，也让我们看到了他们都以一种诚挚的态度和切己的思考关注着性与天道的存在。从这个意义上来说，程颢和程颐都真正秉承了儒家之言性与天道的根本宗旨，也都同样触摸到了性道问题的实质。两种视域下的性道之思，最终都指向了性与天道的一体贯通之境界，也都表达出了他们对于性与天道的终极关怀。其次，程颢的仁视域和程颐的理视域之间有着互相交融、互相包含的因素。虽然在我们的阐释中，仁视域更为突显的是生命的完整、丰富、真实活泼等因素，而理视域更为突显的是生命的超越、绝对、无限、所以然等因素，但是我们要说，这两种视域之间不是完全对立的关系，而是有着相互交融和相互包含之处的。事实上，我们可以在程颢、程颐各自的思想中发现这两种视域发生交融的痕迹。比如，在程颢的仁之生命视域中，他比较强调形上形下道器关系的相即一体性，但其中也包含着他对形上形下道器之别的前提性认知。他曾说："'形而上者谓之道，形而下者谓之器。'若如或者以清虚一大为天道，则乃以器言而非道也。"① 又如，程颢的仁视域在关注生命存在的完整性和多样性的同时，也关注到了生命现象的所以然之理。他曾说："死生存亡皆知所从来，胸中莹然无疑，止此理尔。"② 可见，程颢的仁视域不排斥理视域的内涵，而且还包含着其中的一些因素。对于程颐的理视域来说，情况也是如此。我们知道，"生生"是仁视域的重要内涵，

---

① （宋）程颢、程颐：《二程集》，《河南程氏遗书》卷第十一，王孝鱼点校，第118页。
② （宋）程颢、程颐：《二程集》，《河南程氏遗书》卷第二上，王孝鱼点校，第17页。

但是在程颐的思想中我们也会发现这一因素。他曾说:"生生之理,自然不息。"① 又说:"道则自然生万物。今夫春生夏长了一番,皆是道之生,后来生长,不可道却将既生之气,后来却要生长。道则自然生生不息。"② 可见,在程颐的理视域中,也包含了仁视域的因素。因此可以说,程颢和程颐性道之思的两种视域之间不是互相对立的,而是存在着相互的交融。最后,在这两种视域的支配下,程颢和程颐都主张用敬的方式来涵养心性,以达到对性与天道的贯通。在他们各自视域的支配下,他们都提出了敬的涵养方式。程颢说:"'天地设位而易行乎其中',只是敬也。敬则无间断,体物而不可遗者,诚敬而已矣,不诚则无物也。"③ 又说:"学者不必远求,近取诸身,只明人理,敬而已矣,便是约处。"④ 程颐对于敬更是提倡有加,认为敬是学者入道的重要途径。他说:"入道莫如敬,未有能致知而不在敬者。"⑤ 又说:"切要之道,无如'敬以直内'。"⑥ 还说以及:"学者须恭敬。"⑦ 可以看出,敬是程颢和程颐共同提倡的涵养方式,这也是他们性道思想中比较重要的共同之处。通过上面的分析可以看到,虽然程颢和程颐在不同的理论视域中展开对性与天道的思考,但是这两种视域并不是完全隔绝的,而是有着许多的相通之处的。从这个意义上来说,程颢与程颐性道之思的关系不仅是同中有所异,而且是异中有所同。

以上我们仅从几个方面出发考察了程颢、程颐性道之思的相同和相通之处,而实际上这是一个较为开放的命题,它还能够容纳更多的内容和答案。也就是说,他们的性道思想之间必然存在着许多相同之处,不是仅仅列举几个条目可以概括穷尽的。毕竟,程颢和程颐之间的关系太过密切,他们的有些思想甚至是直接混为一体的。从这个意义上来说,我们甚至可以将他们的思想视为一个整体,而没有必要去专门研究其相同之处。因此这里所谓的二程性道思想之同,不是在其思想之同的前提下提出来的,而

---

① (宋)程颢、程颐:《二程集》,《河南程氏遗书》卷第十五,王孝鱼点校,第167页。
② (宋)程颢、程颐:《二程集》,《河南程氏遗书》卷第十五,王孝鱼点校,第149页。
③ (宋)程颢、程颐:《二程集》,《河南程氏遗书》卷第十一,王孝鱼点校,第118页。
④ (宋)程颢、程颐:《二程集》,《河南程氏遗书》卷第二上,王孝鱼点校,第20页。
⑤ (宋)程颢、程颐:《二程集》,《河南程氏遗书》卷第三,王孝鱼点校,第66页。
⑥ (宋)程颢、程颐:《二程集》,《河南程氏遗书》卷第十五,王孝鱼点校,第152页。
⑦ (宋)程颢、程颐:《二程集》,《河南程氏遗书》卷第十八,王孝鱼点校,第191页。

是在其思想的差异背景下展开的。所以，我们仅从以上几个方面出发简单考察了程颢、程颐性道思想的相同之处。从中我们可以看出，二程作为共同致力于儒学复兴的儒者，由于他们接续的是同样的问题，面临的是同样的处境，虽然他们的思想各有风格也各成体系，但是依然有着不可避免的自然而然的相同之处。如果从儒学自身的发展来说，或许他们思想的相同之处恰恰反映了北宋儒学的内在要求和发展趋势。因此我们说，程颢、程颐性道思想所呈现出来的彼此相同之处，或许既是一种机缘巧合的兄弟缘分，又是一种儒学发展的必然态势。

二 程颢、程颐性道思想之异

程颢与程颐虽然近为兄弟，但两人在许多方面依然表现出了较为显著的差异。首先他们性情不同，程颢为人温和平易，程颐则严毅有加。他们的弟子在描述程颢的气象时曾说："明道先生坐如泥塑人，接人则浑是一团和气。"① 对程颐则有这样的描述："伊川直是谨严，坐间无问尊卑长幼，莫不肃然。"② 因为这种性格的原因，人们在日常的交往中会更加亲近程颢。有这样一段记载："二程随侍太中知汉州，宿一僧寺。明道入门而右，从者皆随之，先生入门而左，独行至法堂上相会。先生自谓'此是某不及家兄处'。盖明道和易，人皆亲近，先生严重，人不敢近也。"③ 程颢、程颐的性情之别也由此可见。性情的差异与思想的差异之间未必有直接而本质的联系，但性格因素却会在一定程度上影响到其思想的表达和思想的总体气质，程颢与程颐就是如此。牟宗三先生曾说："明道心态具体活泼，富幽默，无呆气。故二先生语中凡语句轻松、透脱、有高致、无傍依、直抒胸臆、称理而谈，而又有冲虚浑含之意味者，大体皆明道语也。"④ 除却牟先生个人比较推崇程颢这一主观因素外，其评价还是比较有道理的。事实上，程颢、程颐二人在性情、行为、语言风格乃至思维方式和思想体系等各方面的不同，是当时及后来学者众所周知的。程颢和程颐思想上的差

---

① （宋）程颢、程颐：《二程集》，《河南程氏外书》卷第十二，王孝鱼点校，第426页。
② （宋）程颢、程颐：《二程集》，《河南程氏外书》卷第十二，王孝鱼点校，第442页。
③ （清）黄宗羲原著，全祖望补修：《宋元学案》卷十六《伊川学案下》，陈金生、梁运华点校，第644页。
④ 牟宗三：《心体与性体》（中），第5页。

异在后世学者那里受到了较大的关注,甚至被认为是开创了不同的学派。程颢、程颐思想上的差异显然有很多,而我们这里更为关注的是他们在思考性与天道问题时有哪些不同的表现。因此,我们将以程颢、程颐之言性与天道为核心,以他们各自的理论视域为框架,展开对其思想差异的研究。

程颢与程颐性道思想的差异,首先表现为仁视域和理视域的差异。性与天道是儒家一直以来不断思考和探索的问题,其中既包含着他们对于整个世界的认识,也寄托着他们对于宇宙人生的关怀。然而面对同一个问题,不同的人会有不同的思考和解决方式,因为他们的视角不同、思维方式不同、进入问题的切入点不同,最后所形成的整个思想体系也会有所不同。程颢与程颐性道思想的差异,很重要的原因在于,他们是在不同的理论视域下展开思考的。程颢对于性与天道的思考,是从一种仁的生命视域出发的。他经常强调,为学当以识仁为先,也就是说要首先体会仁是什么。在他看来,仁就是要浑然与物同体,要以天地万物为一体,这实际上是一种超越有限的大生命的境界。在这种天地万物相与一体的仁之境界中,生命因素得到了突显,也占据了核心地位。以仁的视域来观天道,天道就是一个生生不息的大化流行的生物过程,整个世界也呈现出一种无限真实而又充满生机的状态。以仁的视域来观人与万物,人与万物就是天道大化流行的一分子,既禀受着天道所赋予的"天命之性",也拥有着天道流行所带来的"生之谓性",其或善或恶,却都是天地所生之物,是天地生物之大德的展现。在仁的视域中,万有生命是以一种完整的、丰富的、真实的而又彼此贯通的本然状态呈现自身的,生命是一种于有限中蕴含无限、于现实中蕴含超越的彻上彻下的复杂存在。在这样一种仁之生命视域中,形而上之道与形而下之器是相即一体的关系,性与天道也是浑然为一、本然贯通的。这就是程颢在其仁视域下对性与天道所持的一种基本理解。与此仁视域有所不同,程颐是在一种理视域下思考性与天道的。理视域首先讲求的是形上形下的道器之别,即要明确形上之道与形下之器的界限和区分。在区别道与器的前提下,程颐更为推崇形而上之道的至上地位,认为道主宰并决定着形而下之器。程颐以理之所以然来规定道的内涵,从而将理提升到了形而上之道的层面,具有了超越、绝对、至善等特征。在这样一种理视域下,程颐展开了对性与天道的理解。在程颐的理解中，整个世界不仅包括我们的感官所能感知到的有形有象的现象界，还同时包含着一个现象背后的超越具体形象的理世界，并且理世界是现象界的存在本质和存在根据，主宰并决定着现象界的存在状态。在这样一种对世界的把握方式中，我们可以感受程颐在思考问题时的一种理论倾向，即要指引人们不要拘泥于现象本身，而要看到现象背后所隐藏着的超越之理，因为那才是更真实、更永恒的存在。以这样一种倾向来观天道，程颐更加重视去探索天地生物之理和天地万物存在的所以然。以此来观人与万物之性，他将性区分为"性即理"之性和气禀之才，并且更加强调了"性即理"之性的主导地位。在社会人生的领域，他注重天理人欲的道心人心之辨，主张人们要存天理而灭私欲，这也是其理视域的一种表现。程颐认为，性与天道皆能以理观之，并且也正是在"只是一理"的意义上，性与天道是通贯为一的。这就是程颐理视域下的性与天道之思。通过对照程颢、程颐各自不同的理论视域，我们会发现，由于视域的不同引发了对于性与天道整体观感和理解的不同，并且也展现出了程颢与程颐各自不同的性道关怀。程颢的仁视域倾向于用一种道器相即的整体的方式来把握性与天道，并且在其理解中倾注了许多生命的因素；而程颐的理视域则倾向于用一种道器之别的二分的方式来把握性与天道，其中蕴含了探究事物存在之所以然的理性因素。程颢的仁视域所展现出来的是对生命自身的完整、丰富、真实、活泼等特征的深切关怀，包含着一种对生命存在之本然状态的高度理解与尊重。而程颐的理视域，则有一种鼓励人们突破一己之私欲、超越世俗之羁绊、追求纯然至善的合理人生的殷切期待，从中我们所看到的是对于生命存在之纯粹性和至善性的德性追求。总而言之，程颢的仁视域和程颐的理视域分别向我们展现了他们对于性与天道的不同理解，也反映了他们对于生命存在的不同关怀。这两种视域的差异，让我们看到了儒家之言性与天道所潜藏着的无限可能性和内在丰富性，也极大地深化了我们关于性与天道的认识。

在程颢的仁视域和程颐的理视域支配下，他们对于一些重要范畴的理解也表现出了相应的差异。首先，他们在对理范畴的具体诠释上有所不同。最为重要的区别在于：理是有善有恶的，抑或理是至善无恶的。在程颢的理解中，道亦器，器亦道，形上形下混为一体，因此万物与天地万物之理也是浑然一体的，那么物有善有恶，理也就有善有恶了。他曾这样说：" 万物莫不有对，一阴一阳，一善一恶，阳长则阴消，善增则恶减。斯理也，推之其远乎？"① 又说："事有善有恶，皆天理也。天理中物，须有美恶，盖物之不齐，物之情也。"② 还说："天下善恶皆天理，谓之恶者非本恶，但或过或不及便如此。"③ 万物莫不有对，事物有善有恶，然而善恶皆是天理中物。在程颢的生命视域中，天道流行化生万物，天地本来就包容覆载了所有的一切，未尝有心去拣别善恶，而是将善恶之物均纳入大化流行之中，因此善恶皆是天理。但在程颐的理视域中，形而上之道与形而下之器是截然有别的，因此构成万物的理与气之间也是不能混淆的。在他看来，理是超越的所以然，是至善无恶的，而恶则源自于气。他曾说："天下之理，原其所自，未有不善。"④ 又说："气有善有不善。"⑤ 可以看出，程颐将理视为善，不认为恶也是理，这与程颢的看法有所不同。

其次，程颢与程颐关于性的理解也有较大差异。在程颢道器一体的仁之生命视域中，他认为性即气，气即性，所谓性就是"生之谓性"，并且认为："善固性也，然恶亦不可不谓之性也。"⑥ 程颢认为善恶皆性，与其所谓善恶皆天理的观念是一致的，其理由应当也是一致的。也就是说，在他看来，物有善恶，理有善恶，性有善恶，这些都是自然而然的，都是性与天道的本然状态，因此我们都应认可并接受之。程颢也曾指出，"生之谓性""人生而静"以上或有所存，但却是不容说的，因为"才说性时，便已不是性也"⑦。所以，他只在现实生命的层面上来讲性，即"生之谓性"，因为这是生命自身所呈现出来的唯一之性。程颐的看法就与程颢有很大不同。他也认为可以讲"生之谓性"，但同时又指出"生之谓性"是气禀之性，而气禀之性只能称作才，不能视之为性之本。为此，他提出了"性即理"之性，并将其与"生之谓性"相区别，认为前者属于超越的理之层面，是性之本，后者属于现实的气之层面，是性之禀受处，可称为才。对性做了这样的区

---

① （宋）程颢、程颐：《二程集》，《河南程氏遗书》卷第十一，王孝鱼点校，第123页。
② （宋）程颢、程颐：《二程集》，《河南程氏遗书》卷第二上，王孝鱼点校，第17页。
③ （宋）程颢、程颐：《二程集》，《河南程氏遗书》卷第二上，王孝鱼点校，第14页。
④ （宋）程颢、程颐：《二程集》，《河南程氏遗书》卷第二十二上，王孝鱼点校，第292页。
⑤ （宋）程颢、程颐：《二程集》，《河南程氏遗书》卷第二十一下，王孝鱼点校，第274页。
⑥ （宋）程颢、程颐：《二程集》，《河南程氏遗书》卷第一，王孝鱼点校，第10页。
⑦ （宋）程颢、程颐：《二程集》，《河南程氏遗书》卷第一，王孝鱼点校，第10页。

分之后，有关性的善恶问题就比较容易说明了。程颐认为，"性即理"之性是至善的，这正是孟子所言的性善之说，而气禀之才则有善有不善，这样一来，性的善恶问题就非常明白了。用程颐的话来说，就是："才则有善与不善，性则无不善。"① 程颐对性做出理气两个层面的划分，实际上源自他道器二分的思维方式，而这也正是其理视域的一个重要特点。可以看出，程颢与程颐关于性的理解，无论是在对性的总体把握，还是在对性的善恶判定上，都有着极为显著的差异。

最后，还有一个差异值得我们注意，那就是程颢、程颐对于仁范畴的不同解读。我们知道，仁是儒家最为重要的核心范畴之一，尤其在孔孟儒学中得到了突显和重视，甚至可以说也是他们言说性与天道的内在应有之义。但是在程颢和程颐的性道思想中，关于仁的理解却有着较大的差异。在程颢关于性与天道的思考中，仁观念无疑起到了十分关键的作用。甚至可以说，程颢正是在深入体贴仁之内涵的基础上逐步展开其性道之思的。而且，程颢还将仁的内涵进行了提升和深化，他尤其指出："学者须先识仁。仁者，浑然与物同体。"② 他以"浑然与物同体"来描述仁，将仁的内涵提升到了物我一体、性道合一的高度上去，极大地深化了仁的意蕴。与此同时，他还说："医书言手足痿痹为不仁，此言最善名状。仁者，以天地万物为一体，莫非己也。认得为己，何所不至？若不有诸己，自不与己相干。如手足不仁，气已不贯，皆不属己。"③ 程颢以"手足痿痹为不仁"来反证仁的"以天地万物为一体"的内涵，其中实际上蕴含着万有生命一体相贯之意，他也由此将生命因素引入仁的内涵中去。可以说，程颢对儒家的仁观念进行了一番创造性的解读，并将其转化为自己思考性道问题的基本视野，从而使仁在其思想体系中占据了极为重要的位置。相较而言，程颐对于仁观念的诠释就与其兄有着较多的不同。程颐诠释仁的主要特点在于，他以"公"这一观念来描述仁。他首先以理来诠释仁，曾说："仁，理也。"④ 但是他认为要对仁做进一步确切的解释就比较困难了，因此他又找到了"公"这个范畴来描述仁。他说："仁道难名，惟公近之，

---

① （宋）程颢、程颐：《二程集》，《河南程氏遗书》卷第十九，王孝鱼点校，第252页。
② （宋）程颢、程颐：《二程集》，《河南程氏遗书》卷第二上，王孝鱼点校，第16页。
③ （宋）程颢、程颐：《二程集》，《河南程氏遗书》卷第二上，王孝鱼点校，第15页。
④ （宋）程颢、程颐：《二程集》，《河南程氏外书》卷第六，王孝鱼点校，第391页。

非以公便为仁。"① 他认为,只有"公"与仁还较为接近,所以可以用它来描述仁。程颐没有对"公"进行更多的解释,我们仅从字面上来理解的话,公可能指谓一种天地万物的共同性,或对天地万物一视同仁的态度,其中似乎也暗含着以一个统一的标准来对待万事万物的涵义。如果结合程颐自己的思想体系来说的话,"公"的涵义可能更倾向于是以同一个天理来观照万事万物的态度。程颐又说:"仁之道,要之只消道一公字。公只是仁之理,不可将公便唤做仁。"② 还说:"天心所以至仁者,惟公尔。人能至公,便是仁。"③ 可以看出,程颐尽可能地以"公"来描述仁,但同时又强调"公是仁之理",而不能完全涵盖仁。他以"公"来释仁,让我们更多地感受到了仁所具有的普遍性、公共性、平等性等内涵,以及仁所具有的超越之理的层面。不管怎样,这和程颢对仁的诠释还是有很大不同的。从对仁观念的不同诠释中我们也可看出,程颢、程颐两人的思想之间确实存在着差异之处。

程颢、程颐从他们各自的理论视域出发,对性与天道展开了思考和探索,为我们呈现了性道问题的不同侧面。其实,如果我们将他们与北宋诸儒放在一起进行考察的话就会发现,每个人对于性道问题的看法都有自己的特点,彼此之间互不相同。每个人都只能通过自己的感官和心灵去感受和理解世界,从而建构起属于自己的关于世界的看法。应当说每位儒者对性道问题的思考都是各具特点的,程颢、程颐之间也是如此。只是相较于其他儒者而言,他们思想之间的相似之处会有很多,但是在这种表面的相似背后实际上蕴藏着性格迥异的思想实质。程颢仁视域和程颐理视域之间的差异,使我们看到了从多种角度解读儒家性道之学的可能性,也使我们认识到了北宋儒学即使在兄弟之学中依然呈现了多样化的发展态势。事实上,程颢与程颐思想之间同异并存的特点,不仅使他们的思想具有了一种较为强大的整体上的生命力,又使其具备了一种多样化的发展空间,这或许也是二程之学能够长久流传并日益丰富的重要原因。

---

① (宋)程颢、程颐:《二程集》,《河南程氏遗书》卷第三,王孝鱼点校,第63页。
② (宋)程颢、程颐:《二程集》,《河南程氏遗书》卷第十五,王孝鱼点校,第153页。
③ (宋)程颢、程颐:《二程集》,《河南程氏外书》卷第十二,王孝鱼点校,第439页。

第二节　程颢、程颐性道思想的总体评价

程颢、程颐兄弟二人与王安石、邵雍、周敦颐、张载等众儒者共生于北宋中期，一同担负起了复兴儒学的重任。他们为学各有进路，造道也各有差异，但都为接续儒学的"性道微言"而竭尽全力。程颢、程颐自少年时代萌发了慨然求道的志向以后，就勤勉探索于儒家经典与孔孟学说，孜孜以求于"性道微言"之思，最终体道成德，成一家之言。从儒学发展史的角度看，程颢、程颐之学恰处于儒学由汉唐经学向宋明新儒学的转型之际，他们的理论思考和学说体系应当说起到了比较关键的作用。也正是从二程之学开始，儒学逐渐走出了佛道之学的笼罩，步入了一个全新的发展阶段。从整个北宋儒学的发展状况来看，二程之学也无疑是其中的后起之秀和中坚力量，将那一时期的儒学发展推向了一个新的高度。至于二程之学究竟在何种意义与何种程度上推进了儒学的发展，以及二程之学是否也暗含着自身所不可避免的局限，就需要我们对其进行一番较为细致的评价工作了。此外，如何看待二程之学的性质、二程之学与北宋诸儒之学的总体关系及二程之学所可能涉及的宋代儒学的分系问题等，这些也都需要我们在进行了较为深入的分析之后做出合适的判断。对于任何学说进行较为准确的评价和定位，都需要以较为充分的研究为前提，而充分的研究又永远是一项无止境的工作，然而这实际上构成了学术研究的一个悖论。因此，我们只能在有限的研究前提下，做出有限的评价和判断，但是希望这些评价和判断能够尽可能地合乎思想的真实。

下面，我们就将从两个方面出发对程颢、程颐的性道思想做出总体评价。首先是对二程之学所蕴含着创新性价值、积极意义及可能存在的思想局限进行评价，其次是对二程之学的性质、地位及学派属性等问题进行界定。

一　程颢、程颐性道思想的价值、意义及局限

程颢与程颐在其各自的问题意识和理论视域中，通过不懈的思考和努力，开创出了他们自己的为学方向，建构起了一套颇具新意的性道思想体系。他们的性道思想首先源自对儒家"五经"的阅读和诠释，尤其是对

《周易》这部经典的悉心钻研；其次源自他们对先秦孔孟儒学的根本精神的挖掘和思考，以及对汉唐儒学的反思与超越；最后还源自他们对佛道之学的批判意识。当然，最重要的因素依然是他们自己的勤勉与努力，是他们终其一生的持续思考和理论创造。程颢从识仁出发，逐步培育出了自己的生命视域，并以此为基调来重整儒家性道之学，提出了一系列的新观点和创新性想法。程颐以形上形下的道器之辨为理论进路，以所以然之理作为其理论思考的基础，并以理来贯通性与天道，创建了一个层次分明的、价值取向明确的宇宙人生观。程颢、程颐的理论思考对于儒家的性道问题而言，无疑是一种创新和转换，也是一种有力的促进和推动，因此对于儒学的发展而言具有积极的价值和重要的意义。程颢与程颐各自的理论成就，对于儒学的传统乃至他们自己来说，都是一种镕旧铸新的创造，但是他们在进行创造的同时，或许还有一些不可避免的理论局限潜藏其中，而这些局限或许会在以后的发展中引发某些问题，这似乎也需要我们仔细地去辨别。价值、意义与局限，将是我们评价二程性道思想的主要内容。

程颢、程颐之言性与天道，对于儒家性道问题的发展而言具有积极的价值和重要的意义。我们知道，儒家基于对宇宙人生和生命存在的深切关怀提出了性与天道的问题，但是在孔子那里，性与天道问题虽然已经处于酝酿待发之中，却呈现出了"不可得而闻"的浑沦特征。孟子继起，以人的仁、义、礼、智之"四端"来阐发性善之说，突显了性与天道中的性之维度，并初步提出了"尽心知性知天"的观点，将性与天道通贯为一，开启了性道问题的基本发展方向。然而，孟子之后，儒家的性道问题却沿着另外的方向延伸出去，首先是荀子的性恶之说和自然之天论，然后是汉儒宗教视野下的天人感应论，最后演变为魏晋之后佛道之学盛行而儒学无所作为的局面。可以看出，儒家的性道之学在孟子之后的发展，呈现出了一种偏离儒学创立初衷的趋势，即没有沿着孔孟儒学以挺立德性主体为核心精神的道路继续前进，而是偏离到了其他的领域之中。正因为此，程颐才会发出这样的感叹："周公没，圣人之道不行；孟轲死，圣人之学不传。"[①]而这也几乎是宋儒的普遍看法。正是在这样一种局面下，二程与北宋诸儒

---

① （宋）程颢、程颐：《二程集》，《河南程氏文集》卷第十一《明道先生墓表》，王孝鱼点校，第640页。

一起，开始了他们的为学造道活动。二程的性道之思也是在这种情形下展开的。

至于程颢、程颐的性道思想所具有的积极价值和重要意义，我们可以从以下几个方面来理解。

首先，他们寻求并复活了孔孟之言性与天道的根本精神，正是在这一根本精神的基础上继续前进的。他们之所以要寻求孔孟性道之学的根本精神，是因为佛道之学的盛行及其广泛影响已经使儒学逐渐模糊并迷失了自己的追求，即不知道儒学的根本宗旨为何物，以及儒学想要表达的是怎样一种宇宙人生之关怀。也就是说，只有首先从本原上树立儒学之本，才能有效有力地抗衡其他学说。正如程颢所言："正路之蓁芜，圣门之蔽塞，辟之而后可以入道。"① 程颐也说："儒者之所以必有窒碍者，何也？只为不致知。知至至之，则自无事可夺。今夫有人处于异乡，元无安处，则言某处安，某处不安，须就安处。若己有家，人言他人家为安，己必不肯就彼。故儒者而卒归异教者，只为于己道实无所得，虽曰闻道，终不曾实有之。"② 与佛教的"缘起性空"，以世事为幻，主张出家离世追求彼岸世界的看法不同，儒家的基本认识和追求在于，首先肯定宇宙人生的真实无妄性，其次在现实的、有限的世界里寻求超越与无限，通过充分挺立自身德性主体的方式来实现生命的价值与意义。正是认识到了儒学的这一根本精神，程颢和程颐才一再强调儒学的实学性、天道和人性的真实无妄性，并在此基础上既明察物理人伦，又追求穷神知化。用程颐评价程颢的话来说就是："明于庶物，察于人伦。知尽性至命，必本于孝悌；穷神知化，由通于礼乐。"③ 程颢、程颐就是在重新寻求儒家为学宗旨的基础上，复活了儒学的根本精神，力求在日用伦常之中寻求价值与超越，穷理尽性而至命，极高明而道中庸。这可以说是程颢、程颐性道思想的首要价值和贡献。

其次，程颢、程颐突破了儒家传统的思维方式，在道器之辨的思维方

---

① （宋）程颢、程颐：《二程集》，《河南程氏文集》卷第十一《明道先生行状》，王孝鱼点校，第638页。
② （宋）程颢、程颐：《二程集》，《河南程氏遗书》卷第十五，王孝鱼点校，第156页。
③ （宋）程颢、程颐：《二程集》，《河南程氏文集》卷第十一《明道先生行状》，王孝鱼点校，第638页。

式中促进了儒家性道思想的转型。程颢与程颐同时关注到了《易传》中所提出的道器之辨,并从中获得启发,形成了他们各自的思维方式。《易传》讲:"形而上者谓之道,形而下者谓之器。"① 形上形下的道器之辨,实际上反映了一种把握世界的思维方式。虽然同样从中受到启发,但程颢和程颐的理解却表现出了不同的趋势。程颢在道器之别的前提下,更加强调了道器的相即一体性,程颐则更加突显了道器之间的差异性。他们就是从对道器之辨的各自理解出发,来考察性与天道的。程颢将他所理解的道器之辨与其识仁思想相结合,更加强调整个宇宙人生的浑然一体性,强调万有生命的彼此联系和感通,并由此论证了性与天道的一致与贯通。程颐则在道器之别的前提下,以理来观天地万物,从而在理的基础上实现了性与天道的贯通。虽然在具体倾向上有所不同,但是程颢、程颐都以道器之辨作为他们理解性与天道的思维方式,这一点对于儒家的性道之学而言是一种极大的方法论上的有力推动。

再次,程颢、程颐在对性道问题的具体理解上,也实现了多方面的创新和突破。二程之言性与天道,都将性与天道定位在了万有存在之终极本体的地位上。性道问题的根本宗旨,即在于关注和探索生命自身的存在秘密,而这种关注与探索最终必然指向生命的存在之源、存在本质和存在状态。将性与天道界定为万有存在的终极本体,就意味着为生命自身寻求到了存在之源和存在本质,也使生命自身获得了存在的价值和意义,从而成为有本有源、价值自足的存在。因此,以终极本体来界定性与天道,是程颢、程颐在极本穷源的意义上对性与天道问题的一种推进。与此同时,程颢、程颐还从各自的理论视域出发,分别完成了对性与天道之本然贯通的理论论证。在他们的性道思想中,性道合一的理念得到了明确和强化,这一点从他们对于"尽心知性知天"和"穷理尽性以至于命"这两个命题的解读中即可得到验证。他们的这一看法对于儒家传统的性道追求而言,既是一种明确,也是一种强化,并对后世儒者的性道观产生了较大的影响。从这一点上说,他们明确并强化了儒家性道思想的本有之义,也揭示了性道之学的发展趋势。更为重要的是,程颢和程颐分别从各自的理论视域出发来言性与天道,开创了儒家"性道微言"的新局面,也展示了性道之学

---

① 唐明邦主编:《周易评注》,第222页。

所蕴藏着的巨大潜力和无比广阔的发展空间。同样是关注性与天道，但程颢和程颐却各自走出了一条既彼此相通又互相有别的发展道路。程颢从关注生命的一体性、丰富性和真实性出发，诠释了性与天道的生命内涵，而程颐则从强调生命的超越性、纯粹性和至善性出发，诠释了性与天道所具有的形上之理的内涵。我们要指出的是，这两种诠释方式不是对立的，而是既有差异又互相交融的。更为关键的是，这两种方式为我们呈现了儒家"性道微言"的全新面貌和丰富内涵，还一定程度上提示了后世学者，性道之学所可能蕴含着的更多层面和更大空间。毕竟，生命本身是多样元素的集合体，存在本身更有许多未知的秘密有待我们去探索和发现，因此性道之学原本就是一个开放的命题。

最后，我们要说，程颢、程颐的性道思想对于儒学发展史和宋明儒学史而言，均具有重要的价值和意义。对于儒学的发展而言，程颢、程颐之学既较为成功地完成了儒学的转型，又真正实现了儒学在现实意义上的复兴。儒学的转型意味着，儒学由一种以训诂注释为主的经学模式转向一种以微言大义为主的义理模式，义理模式为儒学相对自由的发展开辟了道路。也就是说，人们可以从自己的问题意识和理论视野出发，对经典进行多样化的诠释，而不必拘泥于经学模式下的章解句释，有一种"六经注我"的自由创造的学术风格。程颢、程颐的性道思想正是这种为学模式的成功典范，并且也在相当程度上促进了义理儒学逐渐步入成熟。与此同时，儒学复兴运动自中唐时期便已展开，但直到二程之学，才实现了真正的复兴。其中，程颢、程颐对性道思想所进行的较为深入和细致的阐释应当具有十分关键的作用。从整个宋明新儒学的发展来看，程颢、程颐之学也具有比较重要的价值和意义。一方面，他们成功接续了儒学发展所留传下来的丰富资源，消化并超越了佛道之学，并及时捕捉到了同时期儒学发展的多种经验、发展趋势等综合信息，最终形成了自己的思想体系；另一方面，二程之学也为之后数百年间儒学的发展奠定了基础，开启了路径，对后世产生了较大的影响。可以说，程颢、程颐之学在宋明新儒学中扮演了极为重要的继往开来者的角色，这也是其学之价值与意义的一种展现。总而言之，程颢、程颐之言性与天道，堪称有"为去圣继绝学"之功，用宋儒胡安国之言来概括的话，就是："孔、孟之道不传久矣，自颐兄弟始发明之，而后其道可学而至也。"①

程颢、程颐之言性与天道，自儒学而言可谓致广大而尽精微，各成一家之言，或者说堪称大家之言，然既是一家之言，又归于儒家道统，就难免会有些一孔之偏向与学派之局限。从后世学者的相关评论中看，人们对于程颢和程颐之学的态度是有所不同的，对于程颢人们多表钦慕之情，而对程颐则稍有微词。因此，我们就首先来分析一下程颐之学所可能存在的局限。全祖望曾这样指出："大程子之学，先儒谓其近于颜子，盖天生之完器。然哉！然哉！故世有疑小程子之言若伤我者，而独无所加于大程子。"② 与程颢之学相比，程颐之学让人有"若伤我者"之疑，这就给我们提示了程颐之学所可能存在的局限。《宋元学案》中曾有这样一段记载："刘刚中问：'程伊川粹然大儒，何故使苏东坡竟疑其奸？'朱子答曰：'伊川绳趋矩步，子瞻脱岸破崖。气盛心粗，知德者鲜矣，夫子所以致叹夫由也。'"③ 程颐之学在当时就曾引起了苏轼的怀疑与不满，虽然朱熹为之辩解曰"知德者鲜矣"，但是从中我们亦可隐隐感受到，程颐之学或有"以德伤我"的某种局限。其实，如果我们从程颐的思想体系出发来寻求原因的话就会发现，大力弘扬德性确系其学的必然结果。在程颐的理视域中，形上形下的道器之别构成了他最基础的思维方式，加之他对形上之道的推崇，就形成了他在思考宇宙人生时更为偏重超越的层面，而较为忽略现实层面。由此，在道心人心之辨中，他提出了道心即天理，人心即私欲，明天理而灭私欲的主张。落实在现实生活中，他就追求并遵循一种德性至上的行为方式，并且亲自践履这一理念。若从程颐自己的真切关怀出发，或从积极的层面观之，我们可能会体会到他所抱有的那种鼓励人们超拔世俗的私欲局限、达成纯粹至善之人生的殷切期待。程颐自己的切身体会即可说明这一点。《遗书》有记载说："有人劳正叔先生曰：'先生谨于礼四五十年，应甚劳苦。'先生曰：'吾日履安地，何劳何苦？佗人日践危

---

① （宋）程颢、程颐：《二程集》，《河南程氏遗书》附录，王孝鱼点校，第349页。
② （清）黄宗羲原著，全祖望补修：《宋元学案》卷十三《明道学案上》，陈金生、梁运华点校，第537页。
③ （清）黄宗羲原著，全祖望补修：《宋元学案》卷十六《伊川学案下》，陈金生、梁运华点校，第650页。

地，此乃劳苦也。'"① 可见，在程颐看来，履德为安而不觉苦。但若从他人角度视之，就会觉得劳苦或替他感到劳苦，这实际上就揭示了程颐之学的一个局限。也就是说，由于他过多地推崇了生命的超越性和德性因素，而这与普通人的现实生命之间有一定的距离，因此会让普通人有劳苦之感，甚至会让性情不羁之人如苏轼产生怀疑与责难。程颐推崇生命的超越性固然有其道理，但是却因过度推崇德性而抽离了生命的真实性与丰富性，因此有只见其一不及其余之嫌。其实，程颐之学的这一特点在其创始之初，只是开示了一个最初的发展趋向，其局限性并不十分显著，但后来这一特点经朱熹继承并发扬成为程朱之学的一个显著特征之后，其流弊就逐渐显现出来了。过分的德性要求演变成了生命自由发展的严重束缚，最终激起了陆王心学的全面对抗。在此，我们又一次感受到了"差之毫厘，谬以千里"的古老训诫。儒学的情怀固然推崇德性，但也时时提醒人们要遵循无过无不及的中庸之道。从程颐之学的这一局限中，我们可能会对孔子的感慨更有体会，他说："中庸之为德也，其至矣乎！民鲜久矣。"② 又说："天下国家可均也，爵禄可辞也，白刃可蹈也，中庸不可能也。"③ 中庸之难概可见矣。

如果说程颐的局限在于一家之学的一孔之偏向的话，那么我们接下来要谈的二程之学的局限则属于不同学派间的道统之局限。我们知道，程颢与程颐一贯坚守比较纯粹的儒家立场，对于佛道等其他学派则持一种排斥异端的态度。其实，程颢、程颐所处的时代，已是儒释道三家文化彼此交融、共存并生的时代，任何一种严格的排斥其他学派的做法都是不可能的。因此，较为明智的做法或许就是以一种较为宽容的态度，在坚守自家学派的前提下，对其他学派从容取舍。但程颢、程颐的尴尬与局限或许也正在于此，即无论他们怎么做，都无法避免矛盾的发生，究其根源就在于他们必须要固守一种严格的儒家道统观念。我们来看一下由此原因所引发出来的二程之学的矛盾。先来看程颢之学。程颢在态度上是明确排斥佛教的，而且也从理论上多处反驳佛教，比如他说，"佛、老之害，甚于杨、

---

① （宋）程颢、程颐：《二程集》，《河南程氏遗书》卷第一，王孝鱼点校，第8页。
② 杨伯峻译注：《论语译注》，第64页。
③ （宋）朱熹：《四书章句集注》，《中庸章句》，第21页。

墨","释氏无实","释氏说道,譬之以管窥天,只务直上去,惟见一偏,不见四旁,故皆不能处事","释氏本怖死生,为利岂是公道?惟务上达而无下学,然则其上达处,岂有是也?元不相连属,但有间断,非道也"。① 这些言论应足以表明程颢排斥佛教的态度。但是后世依然有人对他的做法表示怀疑,比如南宋的叶适就曾这样说:"程氏答张氏论定性,……皆老、佛语也。程、张攻斥老、佛至深,然尽用其学而不知。"② 抛却叶适对程颢之学的误解不谈,他之所以有此疑难也并非全无道理。哪怕程颢仅仅只是在方式方法上对佛道之学有所借鉴,也难以与他排斥佛道之学的态度相协调,因此就有这小小的尴尬,而引致叶适的质疑。再来看程颐之学。与程颢相比,程颐排斥佛教的态度更为坚决一些。他曾说:"学佛者多要忘是非,是非安可忘得?"③ 又说:"佛以其所贱者教天下,是误天下也。"④ 他还反对学者去学习佛学。他说:"今穷其说,未必能穷得他,比至穷得,自家已化而为释氏矣。"⑤《朱子语类》有记载说:"明道曾看释老书,伊川则庄列亦不曾看。"⑥ 程颐对于佛道之学的态度之坚决与固执亦可见一斑。但是对于程颐的这种做法,即使是一贯理解和支持他的朱熹也表示了不同的意见:"后来须著看。不看,无缘知他道理。"⑦《宋元学案》也曾载录了叶宪祖的类似看法:"伊川一切屏除,虽庄、列亦不看。其实儒、释之根本悬殊,下种既异,即偶资其灌溉,终不能变桃为李,亦不必有意深绝也。孔子于老子,亦叹其犹龙,何曾染得孔子?"⑧ 其言也算是公道客观了。可以看出,程颢、程颐之所以在这一问题上引致后人的疑难,都源自他们对待佛道之学的排斥态度上。也正因为这种排斥态度,使得他们虽然对佛道之学的一些批评还算中肯,但依然不能避免在许多地方对佛道之

---

① (宋)程颢、程颐:《二程集》,《河南程氏遗书》卷第十三,王孝鱼点校,第138—139页。
② (清)黄宗羲原著,全祖望补修:《宋元学案》卷十四《明道学案下》,陈金生、梁运华点校,第578页。
③ (宋)程颢、程颐:《二程集》,《河南程氏遗书》卷第十九,王孝鱼点校,第263页。
④ (宋)程颢、程颐:《二程集》,《河南程氏遗书》卷第十五,王孝鱼点校,第145页。
⑤ (宋)程颢、程颐:《二程集》,《河南程氏遗书》卷第十五,王孝鱼点校,第149页。
⑥ (宋)黎靖德编:《朱子语类》,王星贤点校,第2359页。
⑦ (宋)黎靖德编:《朱子语类》,王星贤点校,第2359页。
⑧ (清)黄宗羲原著,全祖望补修:《宋元学案》卷十六《伊川学案下》,陈金生、梁运华点校,第651页。

学有所误解，而导致批判无力。归根结底，程颢、程颐的此种局限源自他们过于纯粹的儒家道统意识，因为持守道统而不得不排斥其他。虽然在他们所处的时代和学术氛围中，道统意识是他们难以超越和突破而且也不愿超越和突破的一道屏障，但是如果因为固守道统意识而伤害到思想自身所本应具备的协调性、包容性和自由性，乃至引发后世学者对此一直怀有一种惴惴不安的过度敏感和战战兢兢不敢越界的紧张感时，固守道统意识的不合理性就充分暴露出来了。反之，如果对于所谓的异端邪说给予一定的包容，甚至去从容地取舍，那么或许就不会使自己的思想处于不协调和尴尬的境地，而且还能达到一种不伤其一且得其两美的结果。这对于儒学自身的发展来说，或许更能彰显出其成熟和包容的气度。由此我们说，程颢、程颐在对待佛道之学方面所表现出来的局限性，实际上是一种固守儒家道统意识的局限，或者说是一种学派门户之争的局限。

从以上所分析的二程之学的局限来看，或为一家之言的局限，或为一派之学的局限，从某种程度上说都有一种既成于此亦限于此的特点。因此我们说，或许这些局限也未必是局限，只不过从我们今天的立场而言，指出这些局限，能让我们有一种以前人为鉴的收获和启示罢了。

虽然我们既评价了程颢、程颐性道思想的积极价值和重要意义，也指出了他们思想的局限，但是价值、意义和局限在其中各自占据的比重是不一样的，可以说积极层面的价值和意义要远远超出其局限，用一个词来概括的话就是"瑕不掩瑜"。不管程颢、程颐的性道之思将把儒学的发展引向何方，也不管他们的思考存在着多少不足与局限，历史的发展证明，作为北宋时期两名重要的儒者，他们都在推进儒家性道之学的发展方面起到了举足轻重的作用。

二 程颢、程颐性道思想的性质与定位

我们围绕着性与天道这一问题对程颢、程颐的思想进行了探源、分析、比较和评价，而实际上他们的思想是一个包罗万象的综合性学说体系。就二程的整体思想来说，人们对其性质的界定大致有这样几种：儒学、道学、新儒学、理学，等等。这几种界定不是彼此对立的，而是互有交集的关系，或宽泛或狭窄，它们都在一定程度上反映了二程思想的性质。通常来说，人们是将程颢与程颐的思想视为一个整体来界定其性质

的，这样做也未尝不可，但却一定程度上抹杀了他们思想之间的区别。这里主要研究的是他们的性道思想，因此我们更为关注的是，在以性道思想为核心的意义上，该如何看待和界定程颢与程颐思想的具体性质。在综合二程性道思想的层面上，是否可以给出一个性质上的界定，在分而言之的层面上，是否又可以给出一个更为细致的界定。与这一问题相联系的是，如何对程颢与程颐的性道思想进行定位。这里所说的定位，是从一个较为狭义的意义上来说的，是与宋明儒学的分系问题相关联的一种定位。宋明儒学的分系问题很早就出现了，传统上最为简略的分法是，将其大致分为程朱理学与陆王心学，程颢与程颐之学被一起归入程朱理学中去。但是随着研究的深入，尤其是在当代学者的一些相关研究中，关于程颢、程颐思想的分系问题出现了一些分歧。适当地关注这一问题，或许会加深对二程思想特质的理解，因此这里也将不揣谫陋，对这一问题予以一定的关注。

关于程颢、程颐性道之学的性质，人们有一些大致相同但又有所区别的界定，主要包括儒学、道学、新儒学和理学等界定。这几种界定各有所倾向，也各有其合理之处，下面我们就尝试着分析一下。从整个中国哲学的学派划分上来说，程颢、程颐之学显然属于儒家，不属于道家、墨家、法家、名家、佛家等其他派别，因此从大的方面来说，将其思想的性质界定为儒学是没有问题的。程颢、程颐自己也是以儒家自居，站在儒家的立场上反对佛道之学的。与儒学的性质相比，道学可谓两宋时期更为纯正的儒学，或者说是儒学中的儒学了。程颢、程颐也正是在道学这个意义上，对成分已经较为复杂的儒者群体进行了划分，而更加自觉地从属到了以孔孟儒学为核心的道学传统中去。关于儒学与道学的区别，我们或许能从二程自己的言论中看出一些端倪。《遗书》中提到"儒"字的地方甚多，且多与其他字连用而出现，比如儒者、儒术、儒学、儒臣、儒冠、儒行、先儒、汉儒、真儒、通儒、俗儒、老师宿儒、拘士曲儒、尊儒重道，等等。其中"儒学"仅出现过一次："今之学者，歧而为三：能文者谓之文士，谈经者泥为讲师，惟知道者乃儒学也。"① 这里的"儒学"是与文士、讲师并列而言的，因此可能并不表示儒家思想，而是表示儒学之士的意思。不过，这里也指出了，"惟知道者"才能称得上是"儒学"。但从更多的

---

① （宋）程颢、程颐：《二程集》，《河南程氏遗书》卷第六，王孝鱼点校，第95页。

含有"儒"字的名词中，我们会发现它们多表示各种各样的儒者，比如先儒、汉儒、真儒、通儒、俗儒、宿儒等，其所指代的范围是十分广泛的。从二程关于不同儒者的一些评论中也可看出，由于成员的复杂化，有些所谓的儒者距离真正的孔孟儒学是有很大距离的。比如他们说，"汉儒言灾异，皆牵合不足信"①，"先儒以六为老阴，八为少阴，固不是"②，"儒者其卒必入异教，其志非愿也，其势自然如此"③。可见，在二程的理解中，儒者是对佛道之外的众多学者的一种宽泛称谓。从他们对儒者的描述中，我们也可以推断，儒学在当时也应是一个比较宽泛的思想界定。我们再来看二程对于道学的态度。程颐曾说："自予兄弟倡明道学，世方惊疑。"④又说："今君复往，使予踽踽于世，忧道学之寡助。"⑤ 从程颐自己的言论中，我们可以看出，他不仅将其学界定为道学，而且对道学有着一种强烈的担当感和忧患意识。因此我们说，相比于儒学而言，道学或许能更准确地界定二程性道思想的性质。陈来先生也曾指出："二程死后，道学成了二程所倡导的学问的名称。""宋代道学之名，专指伊洛传统。"⑥ 所以，我们认为用道学来界定二程之学的性质还是比较合适的。

至于新儒学，是冯友兰先生早年提出的对于宋明儒学的一种命名，主要区别于先秦儒学。从我们当代的学术研究立场出发来考虑的话，用新儒学来界定二程之学也未尝不可，它有助于我们更好地把握儒学在历史上的分期，不过所谓"新"只具有相对的意义，而且在反映思想内涵和思想特质方面显得有些薄弱。今天又有了当代新儒学、新新儒学之类的提法，这也在一定程度上让我们看到了新儒学这一称谓所具有的某种局限性。相比之下，道学的称谓似乎要更加贴近二程之学的内在精神，也更能反映其学的性质。冯友兰先生在其后来的著作《中国哲学史新编》中就使用了道学这一称谓。他通过一些文字资料的引证得出了结

---

① （宋）程颢、程颐：《二程集》，《河南程氏遗书》卷第十五，王孝鱼点校，第159页。
② （宋）程颢、程颐：《二程集》，《河南程氏遗书》卷第十九，王孝鱼点校，第250页。
③ （宋）程颢、程颐：《二程集》，《河南程氏遗书》卷第十五，王孝鱼点校，第155页。
④ （宋）程颢、程颐：《二程集》，《河南程氏文集》卷第十一《祭李端伯文》，王孝鱼点校，第643页。
⑤ （宋）程颢、程颐：《二程集》，《河南程氏文集》卷第十一《祭朱公掞文》，王孝鱼点校，第644页。
⑥ 陈来：《宋明理学》（第二版），第7、8页。

论，认为在两宋时期："不仅在学术界，而且在政界，不仅私人，而且在官方，都使用道学这个名称。"① 又说："还是用道学这个名称比较合适。这也就是'名从主人'。"②

除了道学这一称谓之外，对二程思想的界定还有理学一词。冯友兰先生也这样指出："自从清朝以来，道学和理学这两个名称，是互相通用的。现在还可以互相通用。研究哲学史的人可以各从其便，不必强求统一。"③ 事实也确实如此，在研究者中有一些人用道学这一名称，也有一些人用理学这一名称。其实，道学与理学在界定二程之学的性质上，其准确度已经非常接近，通用起来问题应当不大。不过比较起来，从狭义上而言的理学，其范围要更加窄一些，似乎对于界定程颐和朱熹之学的性质要更为合适，而用来界定程颢之学的话，可能就稍嫌不妥。虽然程颢说天理二字是他自家体贴出来，而且他对天理和理范畴也进行过许多阐释，但他所理解的理和程颐、朱熹所言之理却有许多不同。比如，他认为善恶皆天理，而程颐却认为理是至善无恶的，由此也引发了对于性之善恶的不同理解。程颢之所以与程颐有这样显著的理解差异，是因为他是在生命一体之仁的前提下来把握理的，或者说是在仁之生命视域下来观照理的。因此，与其说程颢之学是理学，不如说它是仁学。黄宗羲曾说："明道之学，以识仁为主。"④ 黄百家也说："而要识先生之所以为真儒，千四百年后之一人者何在。盖由其学本于识仁；识仁，斯可以定性。"⑤ 因此，如果我们综二程之学而言之，那么或许还是道学的界定和称谓更加合适一些，毕竟二程之学均为继儒家道统之正学，而且也更符合程颐的"予兄弟倡明道学"的说法。如果将二程之学分而言之的话，那么可能以仁学来描述程颢之学，以理学来界定程颐之学会更加恰切一些。或者我们直接沿用先儒的说法，称其为明道之学、伊川之学，

---

① 冯友兰：《中国哲学史新编》（下），第29页。
② 冯友兰：《中国哲学史新编》（下），第30页。
③ 冯友兰：《中国哲学史新编》（下），第30页。
④ （清）黄宗羲原著，全祖望补修：《宋元学案》卷十三《明道学案上》，陈金生、梁运华点校，第542页。
⑤ （清）黄宗羲原著，全祖望补修：《宋元学案》卷十四《明道学案下》，陈金生、梁运华点校，第580页。

或者大程子之学、小程子之学，这样虽然简单了些，但却将其人与其学融为一体，也不失为一种好的命名。通过分析可以看出，对二程的性道思想进行合适的性质界定，并给予合适的称谓，并不是件简单而容易的事情，因为可以界定的视角和依据不是唯一的。或许可以依循冯友兰先生的建议，在这个问题上各从其便就好，而不必强求统一。

程颢、程颐性道思想的定位，这里主要是指二程之学在宋明儒学中属于何种学派的问题。任何学说在长期的发展过程中，都会出现不同的发展趋势，然后形成不同的流派，而人们通常也会把某个思想家的思想归入某个学说的某种流派中去。宋明时期是儒学发展的重要阶段，期间也形成了众多的学派。如何对这一时期思想家的思想进行学派划分，不同的学者有着不同的看法。至于程颢、程颐的思想应当属于具体的哪种学派，学者们也有不同的意见。我们先来看看主要有哪些观点。

前面我们提到过，传统上最为简略的划分方法是，将宋明时期的儒学主要分为两大学派，一是程朱理学派，一是陆王心学派。实际上这是道学意义上的划分，而不是儒学意义上的划分，因为这种划分方法排除了道学系统之外的其他一些儒者的思想。在这种两系说中，人们关于程颢、程颐思想的定位也有不同的意见。其一是传统的看法，即将程颢、程颐视为一体，共同划入程朱学派。其二就是冯友兰先生所提出的，认为程颢和程颐的思想有所不同，程颢开启了陆王学派，而程颐开启了朱熹一派。他这样说："道学后来发展为'程朱''陆王'两大派。这个'程'，传统的说法以为统指二程，其实二程的哲学思想是不同的。朱熹继承、发展了程颐的哲学思想，而程颢的哲学思想，则为'陆王'所继承、发展。"[①] 两系说之外，还有三系说，三系说也有两种。其一认为，宋明儒学可分为张载气学、程朱理学和陆王心学。张岱年先生就曾这样指出："张载以气为本，程朱以理为本，陆九渊、王守仁以心为本，乃是理学中三种不同的本体论学说。"[②] 由此他得出结论说："气本论、理本论、心本论，是宋明理学中三个基本派别。"[③] 在这一看法中，程颢和程颐也是被视为一体，共同归入

---

① 冯友兰：《中国哲学史新编》（下），第103页。
② 张岱年：《张岱年文集》（第六卷）《宋明理学评价问题》，清华大学出版社1995年版，第291页。
③ 张岱年：《张岱年文集》（第六卷）《宋明理学评价问题》，第291页。

程朱学派之中。其二是牟宗三先生的三系说,他认为周敦颐、张载、程颢、胡宏和刘宗周是一系,陆王是一系,程颐和朱熹是一系。他具体是这样讲的:"吾今将一般人对于朱子前之笼统混视予以剔剥,视明道为圆教之模型,视伊川为系统之转向,视五峰与最后之刘蕺山为承接濂溪、横渠、明道而回归于《论》《孟》上所应有之恰当开展之一系,视伊川、朱子为落于《大学》上以《大学》为定本之一系(此是歧出之一系),视陆、王为纯自孟子学而开出之一系。如是,当共有三系。"①在这种三系说中,程颢与程颐的思想差异被突显了出来,两人被划入不同的派系中去。此外,还有传统上按地域进行划分学派的四系说,以及近年来学界出现的新四系说,但是有关四系的具体分法也是各有不同。传统上按照地域划分出来的四系是濂学、洛学、关学和闽学,四系的创始人分别是周敦颐、二程、张载和朱熹。其中,二程作为洛学共同的创始人,自然被一起纳入洛学一系。近年来学者提出的新四系说也各有不同。陈来先生是这样认为的:"按照现代学术界的通常做法,我们可以把宋明理学体系区分为四派:气学(张载为代表)、数学(邵雍为代表)、'理学'(程颐、朱熹为代表)、心学(陆九渊、王守仁为代表)。气学——数学——'理学'——心学,历史地、逻辑地展现了宋明理学的逐步深入的发展过程。"②在这种四系说中,程颢、程颐也是被一起归入了理学一系。此外,向世陵先生也提出了他关于宋明儒学的理、气、性、心的四系划分法。他这样指出:"四系说如果要做一简单的概括,按通行的方法便可以有三种相关的表述:从整体学术看,是道学(程朱理学)、气学、性学和心学;从本体论架构看,是理本论、气本论、性本论和心本论;而从典型命题来看,则可以说是性即理、气即理(性)、理即性和心即理(性)。"③

通过上述关于宋明儒学分系问题的简单介绍,我们发现,随着时代的推移和研究的日益深入,人们对于这一问题的看法也越来越多样化,其中自然也包含着对程颢、程颐思想定位的多样化理解。似乎可以这么说,宋明儒学的分系确实是一个比较复杂的问题,而不同的分系方式既源自不同

---

① 牟宗三:《心体与性体》(中),第356页。
② 陈来:《宋明理学》(第二版),第10页。
③ 向世陵:《理气性心之间——宋明理学的分系与四系》,人民出版社第2008年版,第415—416页。

的划分标准，更源自宋明儒者各自思想的殊异性。对于任何一名具有理论创造性的大儒来说，他们的思想都必然极具个性，而非其他思想可以完全涵盖，但同时思想的分系又多是以这些大儒的具体思想为标准划分出来的，或许这就是困难所在。比如说"北宋五子"的思想，周敦颐不同于邵雍，邵雍也不同于张载，张载不同于二程，二程之间又彼此不同，因此如果要在他们中间划分出派系来恐怕就很不容易。当然，若从宋明儒学的整体来说的话，也存在一些儒者的思想之间能够相互契合、学脉相近的情形，比如程颐与朱熹，陆九渊与王守仁，但若以此来划分整个宋明儒学的话，其他儒者的思想就会显得无所适从。因此，或许持一种更为开放和多元的视野来看待这个问题，效果会更好一些。也就是说，我们或许应当把更多的注意力放在体会和考察每位思想家的思想个性方面，去发掘其思想的独特性和独特贡献，去努力呈现其思想的真实面貌，这样可能会更有益于我们的研究。当然，开放和多元的视野也同样应当认可人们关于这一问题的多元化的分系研究。至于程颢和程颐的思想定位，我们认为：首先，他们二人的思想是彼此不同的；其次，他们与同时期的王安石、周敦颐、邵雍和张载的思想也有较大区别；最后，如果要将其与后来儒者的思想相联系而进行学派划分时，务必要怀抱一种相当谨慎的态度。

无论对程颢、程颐的性道思想做出怎样的性质界定和学派定位，我们所期望的都是能在更深的层次上理解和把握它们。程颢、程颐之为学各有特点，或规模阔广，或文理密察，但都源自其真实的生命感悟，也都浸透着他们对于宇宙人生的深切关怀。他们从不同的角度出发，阐释了对于性与天道的不同理解，接续了儒家的"性道微言"，使儒学通过他们的性道之思重新获得了生命力，也真正实现了复兴。因此，虽然程颢、程颐之学气质各异，但都获得了其众多弟子与后世学者的一致钦慕与赞誉。二程的弟子刘立之曾这样评价程颢："自孟轲没，圣学失传，学者穿凿妄作，不知入德。先生杰然自立于千载之后，芟辟榛芜，开示本原，圣人之庭户晓然可入，学士大夫始知所向。"[①] 程颐的弟子张绎也曾这样评价程颐："在昔诸儒，各行其志；或得于数，或观于礼；学者趣之，世济其美。独吾先

---

① （宋）程颢、程颐：《二程集》，《河南程氏遗书》附录，王孝鱼点校，第329页。

生，淡乎无味；得味之真，死其乃已。"① 程颢与程颐也正是凭借他们对于儒家"性道微言"的深刻体悟和卓越的理论创造，独出北宋诸儒之表，开拓出了儒家性道之学的新境界。

---

① （宋）程颢、程颐：《二程集》，《河南程氏遗书》附录，王孝鱼点校，第347页。

余 论

儒家之言性与天道，在经历了孔子初创阶段的"不可得而闻"，孟子、《中庸》开拓时期的深化及荀子的歧出与汉唐儒学的演变之后，又历经佛道之学的挑战与洗礼，直至北宋诸儒处才又得以接续，尤其在程颢、程颐的深思远探中真正复活，发扬并昌明起来，改变了"性道微言之绝久矣"①的局面。然而，北宋时期群贤毕至、大儒云集，其于性道之学处有所得者亦非少数。黄百家尝言："周、程、张、邵五子并时而生，又皆知交相好，聚奎之占，可谓奇验。"② 并时而生且又知交相好的周敦颐、邵雍、张载、程颢与程颐，他们在性道之学中都各有所得，而且也在当时的学界产生了或大或小的影响。与此同时，王安石也以其性命之学闻名于世，且以他为首的新学一派在当时的社会上更是有着极大的影响。可以说，在北宋这种较为活跃的造道活动中，程颢和程颐只是其中的两名参与者而已。但是从后世儒学的发展来看，二程之学却成为宋明儒学的主流，其地位与影响也超出其他北宋诸儒之学，可以说极具生命力和发展潜力，其中的原因值得我们思考。程颢、程颐性道思想的形成及其经验成就，或许也能让今天的我们收获一些启发。

程颢、程颐的性道之学之所以具有较强的生命力，首先源自他们对宇宙人生之根本问题的深入思考和准确把握，源自他们对孔孟儒学之根本精神的复归以及对儒学发展新方向的创造性开拓。性与天道问题表达了儒家对于宇宙人生的终极关怀和对生命存在的根本反思。如何理解天地万物的

---

① （清）黄宗羲原著，全祖望补修：《宋元学案》卷十一《濂溪学案上》，陈金生、梁运华点校，第482页。

② （清）黄宗羲原著，全祖望补修：《宋元学案》卷九《百源学案上》，陈金生、梁运华点校，第367页。

终极本原和化生过程，如何把握和界定我们的生命本质，以及应当以怎样的态度和方式来对待整个宇宙人生，这或许是儒家之言性与天道的根本出发点。只有为天地万物的存在寻找到终极本原，为我们的生命寻找到价值根基和安顿之所，才能实现真正美好的宇宙人生。程颢和程颐正是准确把握了性道问题的这一根本关怀，并对此进行了一番深入的探索，才最终创建起了颇具生命力的性道之学。程颢与程颐分别从仁视域和理视域出发，观照性与天道，既为天地万物寻找到了终极本原，也为生命的存在指定了安顿之所，并从各自的理论出发分别实现了对性与天道之本然贯通关系的理论论证。因此我们说，在准确把握和深入思考宇宙人生之根本问题的基础上提出自己的观点并加以论证，应是程颢、程颐性道思想具有生命力的根本原因。

从儒学复兴的意义上来说，程颢、程颐真正做到了"返本开新"，使性道之学能够既有其源又有其流，从而真正推动了儒学的复兴。程颢与程颐同当时的其他儒者一样，认为儒学自孔孟而后就失去了真正意义上的发展，因此要想重新复兴儒学，就必须复归孔孟，从他们那里寻找儒学的真精神。孔子重仁，孟子谈性善，从中我们可以看出儒学自创立之始就包含着的一些基本的价值取向，即关注人，关注人的主体性，尤其注重人的德性存在。与此同时，儒家所提出的性与天道问题又将人的存在与天道联系起来，从而使人的生命拥有了一个更强大的性道本原和更广阔的生存背景。程颢、程颐正是捕捉到了孔孟儒学中所蕴含着的这些关键因素，所以他们才尽可能地以此为中心展开思考。一定程度上可以这样说，程颢、程颐的性道思想在根本处是最为接近孔孟儒家的思想灵魂的。他们以仁来提升人的生命境界，以理来界定人的存在本质，将性与天道贯通为一，最大程度上展现了对人的存在的关怀。对比其他儒者，程颢、程颐应当是在复归孔孟这一"返本"工作上做得最好的。

我们再来分析一下其他儒者是如何对待和处理"返本"这一问题的。首先，王安石由于对佛道百家之学抱有较多的包容态度和浓厚兴趣，因此他的思想中含有较多其他学派的因素，而这在一定程度上使他在对儒家精神的把握上有所偏差。与此同时，王安石所主导的变法运动，以理财为主要目标，与儒家一贯注重的"义利之辨"也是有所背离的。从这些方面来说，王安石对孔孟儒学的继承是有限的，尤其在许多关键的地方与儒家的根本精神有一定距离。其次，我们来看邵雍。虽然程颢曾说邵雍是"道学之有所得者"①，但是邵雍之学以数为核心，其整个思想体系都是在数的规则下发展起来的。其学包罗万象，上至天文，下至地理，中括人事变迁，构建的是一个极往穷来的空中楼阁式的宇宙图景。虽然其观天地万物颇有心得，对人的存在也表现出了相当的关注，但是他的视角和关怀却与孔孟儒学之间有着旨趣上的较大差异。因此我们说，邵雍在象数学上确实有着较大的贡献，但其学之于儒学的复兴而言，却贡献较少。更关键的是，儒学的发展不可能以象数学为其主流，至少它在表现形式上就与儒学所追求的庸言庸行和日用伦常不相协调，这也注定了邵雍之学在儒学发展史中的短暂生命力。最后，我们来看周敦颐和张载。与王安石和邵雍相比，周敦颐和张载对于儒家根本精神的继承还是比较多的。比如周敦颐提出的"志伊尹之所志，学颜子之所学"②，"寻孔颜乐处"等主张，张载提出的"为天地立心，为生民立道，为去圣继绝学，为万世开太平"③的主张，都是对孔孟儒学根本精神的一种发掘和弘扬。但是在对性道问题的具体阐释中，周敦颐的"无极而太极"说，与综合《易传》《中庸》而成的诚之说，虽然在相当程度上开启了性道之学的新局面，但是对于孔子之仁和孟子之性善等思想还没有完全融贯，因此尚未达至成熟之境。而张载的太虚说在抗衡佛道之学方面固然甚有其功，但是正如二程所言："立清虚一大为万物之源，恐未安。"④以太虚为万物之源，而太虚又毕竟具有较浓厚的气化意味，这就在深入阐释天道的同时，削弱了儒家所更为关注的超越之德性的因素，因此也稍嫌不妥。实际上，二程对张载太虚之说的批评，正反映了他们对儒家性道之学的根本精神的不同把握。与周敦颐的太极说和张载的太虚说相比，二程从仁和理处来阐释性与天道，一定程度上来说，可能是最接近孔孟儒学之根本精神的。因此我们说，北宋其他诸儒在开创新理论的方面的确是各有所长，也极具创新意识，但在充分挖掘和接续孔孟儒学之本原的方面却稍有偏差，不及程颢、程颐在这方面尽心之深。所以说，程颢、程颐在复归孔孟儒学的"返本"方面，是胜出其他儒者的。

---

① （宋）程颢、程颐：《二程集》，《河南程氏遗书》卷第二上，王孝鱼点校，第32页。
② （宋）周敦颐：《周敦颐集》卷二《通书》，陈克明点校，第23页。
③ （宋）张载：《张载集》，《拾遗》，章锡琛点校，第376页。
④ （宋）程颢、程颐：《二程集》，《河南程氏遗书》卷第二上，王孝鱼点校，第21页。

实际上，二程不仅在"返本"方面的工夫做得比较充分，在"开新"方面也表现得相当出色。首先，他们重视形上形下的道器之辨，形成了他们各有特色的本体论思维方式，并在此思维方式的指导下去思考性道问题。这是他们在思维方式上的开新。其次，他们各自酝酿并形成了仁视域和理视域，分别从这两种视域出发来考察性与天道，赋予了性道问题以全新的面貌。这是理论视域上的开新。最后，他们在对性与天道的具体诠释上，既兼具了宏大而一贯与深入而精微的特点，又各具创造之新意，或赋予一些旧命题新义，或提出自己的新命题，这些都使性道问题的内涵得到了极大的提升和丰富。这是在理论内涵上的开新。此外，程颢、程颐之学也在超越汉唐儒学模式的基础上，完成了儒学由训诂之学向义理之学的转型，由天人感应之学向性道合一之学的转变，从而开辟了儒学发展的新路径。既能在"返本"处准确把握儒家之言性与天道和孔孟儒学的根本精神，又能够积极地开拓性道之学的新局面，程颢、程颐的性道思想称得上是镕旧铸新、源流兼具，这或许就是其学能够继往开来、发扬光大的主要原因。

除却思想自身的因素，程颢、程颐长期的授徒讲学活动、程颐的长寿和二程弟子对其学说的传承与发扬，也是二程性道思想能够成为宋明儒学之主流的重要原因。程颢、程颐很重视授徒讲学，这不仅能使他们的思想日趋成熟，而且也为他们思想的传播提供了方便。程颢在二十五岁时，就收了他的第一个弟子刘立之，程颐在二十四岁时，也收了第一个弟子吕希哲。① 之后，在他们长期的讲学活动中，又先后收了许多弟子。在授徒方面，程颢与程颐各有其长。程颢之长在于他温和随意的性情，使弟子们乐于接近。他曾对程颐说："异日能使人尊严师道者，吾弟也。若接引后学，随人材而成就之，则予不得让焉。"② 因此，程颢在世时，就有许多弟子追随左右。程颐虽然严厉了一些，但由于他比较高寿，在程颢去世后的二十余年中程门弟子及部分张载弟子大多从学于他，因此程颐一生中也收了众多的弟子。由于王安石、邵雍、周敦颐、张载和程颢都早于程颐而去世，因此程颐在晚年时期成为当时学界的重要人物，一方面他有足够的时间完

---

① 参见卢连章《程颢程颐评传》，南京大学出版社2001年版。
② （宋）程颢、程颐：《二程集》，《河南程氏遗书》附录，王孝鱼点校，第346页。

善他的思想体系；另一方面他也使二程之学的影响遍及朝野，这些都有助于增进二程之学的生命力和影响力。正如全祖望所言："大程子早卒，向微小程子，则洛学之统且中衰矣！"①

程颐去世后，程门弟子成为传播二程之学的重要力量。全祖望曾这样指出："洛学之入秦也以三吕，其入楚也以上蔡司教荆南，其入蜀也谢湜、马涓，其入浙也以永嘉周、刘、许、鲍数君，而其入吴也以王信伯。"② 从这一描述中我们就可看出，二程之学正是通过其众多弟子传播到了不同的地方，扩大了其学的影响。尤其值得关注的是，二程的弟子杨时对于其学的传播与弘扬之功。杨时是程门的四大弟子之一，深受程颢喜欢。《龟山语录》中曾有这样的记载："明道在颍昌，先生寻医，调官京师，因往颍昌从学。明道甚喜，每言曰：'杨君最会得容易。'及归，送之出门，谓坐客曰：'吾道南矣。'"③ 杨时正是将二程之学传入南方福建之人。正如徐远和先生所指出的，杨时是"洛学的自觉传播者"和"新学的激烈批判者"。④ 在洛学的传播方面，杨时把二程的思想编辑为《程氏粹言》，在宋室南渡以后，更是大力弘扬二程之学。与此同时，他还对王安石的新学一派进行了较为猛烈的批判。二程就曾说："杨时于新学极精，今日一有所问，能尽知其短而持之。"⑤ 杨时在批判新学方面极为用力，并把北宋灭亡的原因亦归诸王安石变法及其新学。王安石的新学一度是北宋及两宋之际影响最大的学派，杨时对新学的批判直接为二程之学的发展铺平了道路。杨时也邀得耆寿，晚年时在朝野上下亦有颇高威望，二程之学也因他而更得广传。南宋大儒朱熹便是杨时的三传弟子。虽然朱熹之学包罗百代，但他于北宋诸儒之学中却以程学为宗，因此一定程度上可以说他是二程之学的后继者。由于朱熹之学的集大成之地位，二程之学的地位也随之被稳固下来，并与朱熹之学一起被称为程朱理学，最终成为宋明儒学的主流。

---

① （清）黄宗羲原著，全祖望补修：《宋元学案》卷十五《伊川学案上》，陈金生、梁运华点校，第588页。
② （清）黄宗羲原著，全祖望补修：《宋元学案》卷二十九《震泽学案》，陈金生、梁运华点校，第1047页。
③ （宋）程颢、程颐：《二程集》，《河南程氏外书》卷第十二，王孝鱼点校，第428—429页。
④ 徐远和：《洛学源流》，齐鲁书社1987年版，第215、208页。
⑤ （宋）程颢、程颐：《二程集》，《河南程氏遗书》卷第二上，王孝鱼点校，第28页。

与二程之学的广泛传播相比,北宋其他儒者之学在这一方面就显得有些薄弱了。王安石之新学最初发展之势要远盛于二程之学,但由于后继者未能进一步深入阐释,又历经其他学者的一致批判,在南宋时期就渐渐衰落了。邵雍之学属于象数学,在象数学派中一直得以流传,但由于象数学并非儒学正宗,因此虽然传承未断,但其影响始终不及二程之学。周敦颐曾是二程少年时代的老师,但师生缘分较浅,加之二程之学乃自得者居多,所以几乎没有传承周敦颐的主要思想。周敦颐生前影响并不大,后来在朱熹的推崇下,才将其尊为理学开宗人物。虽然朱熹对周敦颐之学也多有继承,但终究不及二程之学,因此单就周敦颐之学而言,其传承及影响力都要远弱于二程之学。张载之学也称关学,关学也曾弟子众多,但张载去世之后,许多关学弟子转入二程门下,跟随二程学习,因此关学就逐渐地洛学化了。虽然也有固守张载关学的弟子,但终因继承者进一步阐释之力有限,其弘扬也就受到了限制。宋室南渡以后,关学的影响更加微小,其学派也几乎不复存在,与二程之学在南宋的广泛传播形成了鲜明的对照。全祖望就曾有这样的感叹:"关学之盛,不下洛学,而再传何其寥寥也? 亦由完颜之乱,儒术并为之中绝乎?"① 由此可见,在种种原因的作用之下,张载之学的生命力与影响力是难以与二程之学相比肩的。因此我们或许可以这样说,正是因为王安石、邵雍、周敦颐和张载之学的相对衰弱,促成了二程之学在后世的广泛继承与传播。

综合上面各种因素,我们认为二程之学之所以能独出北宋诸儒之表,成为宋明儒学的主流,是由多种因素共同造成的。正如庞万里先生指出的:"程学取得领导地位的重要原因在于程学重视讲学传授弟子,以至程学门人众多,有一批有影响有造诣的大弟子。二程兄弟的亲密合作,程颢去世后程颐继续进行二人共创的事业,以及程颐的高寿,无疑对于二程学派初创后的巩固与继续发展起了重要的作用。"②

程颢、程颐生当佛道之学依然盛行、儒学亟待复兴之际,他们以深入精微的性道之思开启了儒学发展的新局面,有力地推动了儒学的复兴。他

---

① (清)黄宗羲原著,全祖望补修:《宋元学案》卷三十一《吕范诸儒学案》,陈金生、梁运华点校,第1094页。

② 庞万里:《二程哲学体系》,第333页。

们的理论思考和学术探索，对处于文化转型期的我们而言也同样具有启发意义。今天的我们处在一个中西文化交融并会、价值观念异常多样化的时代，包括儒学在内的中国传统文化应当说也处在一个亟待"复兴"的较为关键的转型期。

从前面的分析可以看出，程颢、程颐之学之所以能够取得成功，首先源自他们对儒学所进行的一番"返本开新"的工作。通过"返本"，他们把握了孔孟儒学的根本关怀和基本精神，也认识了儒学在孔孟之后的发展中所遭遇到的问题，从而基本奠定了他们的为学方向和问题意识。通过"开新"，他们将儒家精神与当时的时代特点相结合，在新的思维方式和理论视域中重新阐释了儒家的"性道微言"。正是由于准确把握了问题的症结、运用了恰当的思维方式、进行了深入精微的理论思考和创造，才成就了程颢、程颐颇具生命力和发展潜力的新性道思想。他们的这种为学方法启发我们，在挖掘和弘扬包括儒学在内的中国传统文化时，我们或许也应当进行一番认真的"返本开新"的工作。当然，我们遇到的情况较之北宋要更为复杂。中国的传统文化在延续了数千年之后遭遇了最为严重的断裂，西方文化的强势进入、世界文化的日益交融、社会形态的转换和生活方式的急剧变化，这些似乎都使传统文化逐渐失去了赖以生存的土壤。但是我们之所以没有放弃包括儒学在内的儒学和传统文化中的中国传统文化，之所以还在坚持研究和弘扬工作，是因为我们相信其中有一些根本的宇宙人生关怀和基本的精神价值追求是具有永恒价值的，我们依然可以从中获得营养，来滋润和培育我们的社会和人生，塑造和安顿我们的精神生命。而当下需要做的，就是将这些具有永恒价值的传统文化中的精髓内容挖掘和阐释出来，结合我们的时代，结合当下的生存实际，使其重新发挥功用。因此，我们也需要"返本"，需要从传统文化中获得继续前进的资源力。但是这种"返本"并不意味着对传统文化的全面复归，而是必然要求我们进行一番剥落剔除的工作，正如程颢、程颐在复兴儒学的过程中毅然决然地要超越汉唐、度越诸子百家一样，我们也需要超越许多传统文化的局限、摒弃其中的一些陈腐与不合理，才能在当前时代在一定意义上"复兴"传统。同样，我们也需要"开新"，而且必须"开新"，只有这样才能真正地接续传统、开拓未来。即使从我们今天的视角来看，程颢、程颐对于儒家性道之学的开拓与创新依然显得既深邃精微又个性十足，称得上是真正的"造道"活动。实际上，他们所处的整个北宋时代都颇具开拓创新的气息，比如王安石敢于冒天下之大不韪而毅然践行周公法度；周敦颐不避讳儒道学派之别而发出"无极而太极"之语；邵雍能够构建出空前绝后的严密的数学体系；张载更是勇于造道，提出了太虚这一全新的范畴；二程则以体贴天理著称于世。可见，在一个文化转型的时期，虽然人们提出的是"复兴"的口号，但真正实践的却都是创新之举。因此，要想真正地使传统文化重获生机与活力，就必须有真正意义上的创新，更何况我们身处一个价值多元化和人人追求个性的时代，创新更是一种趋势和必然。可以想见的是，今天所谓的"开新"工作，注定会是一个仁者见仁、智者见智的多元局面，甚至会夹杂着许多的盲目性和不确定性，因为我们尚不知道什么才是正确的努力方向和真正有生命力的理论探索，更不知道我们会面临和遭逢怎样的际遇。程颢、程颐的学术探索对我们而言是个较为成功的例子，或许从他们那里尽可能地吸取经验、避免教训，会是比较恰当的做法。因此，像他们那样认真地做好返本开新的工作，或许就是我们唯一能够努力的方向。即使不能像他们那样获得成功，但是大家共同的努力与创造，也必然会使我们的传统文化展现出多样的可能性和多元化的发展，这也未必不是一个理想的结果。

除了"返本开新"这一启示之外，我们还需要注意一个问题，那就是应当如何对待外来文化。我们知道，程颢、程颐所处的时代，佛道之学尤其是佛教禅学颇为盛行，在相当程度上抑制了儒学的发展。因此程颢、程颐就以排斥异端的态度对待佛道之学，以重新确立儒学的地位。但是他们的思想实际上也未能完全摒弃来自佛道之学的影响，因此可以说这是二程之学的一个局限。这就提示我们，对待外来文化不能采取一种简单的抵制和排斥的态度。如果以一种开放和包容的心态去理解和接纳其他文化，或许更能助益于传统文化的发展，正所谓"他山之石，可以攻玉"。一方面，通过了解以西方文化为代表的外来文化，可以对中国传统文化的特质有更好的认识和把握；另一方面，也可以从外来文化中借鉴有用的资源，丰富我们的传统文化研究。因此，我们不需要像孟子排斥杨、墨，宋儒排斥佛老一样，将外来文化视为异端，而要以开放包容的心态去从容取舍，这或许会是比较恰当的做法。此外，程颢、程颐之学之所以能够成为宋明儒学的主流，也离不开众多弟子的传播，这一点也启发我们，在进行学术研究的同时，也应加强对传统文化的传播工作。由于当今人们的生活方式已经日益现代化和西方化，而与传统社会有着较大的差距，传统文化已经不能以一种自然无为的方式去影响人们的生活，因此，我们要有一种主动宣扬传统文化的意识，使人们首先在观念上有所理解和接受。如果忽视这一点的话，传统文化也可能会陷入一种后继无人、学统中衰的艰难境地。实际上，程颢、程颐之学能够给予我们的启示还有很多，值得我们去仔细挖掘和体会。

程颢、程颐的性道之思无疑是甚有功于儒学的，与此同时也使他们自己的人生受益颇多。牟宗三先生曾说，中国的哲学是生命的学问。具体到程颢、程颐而言，就意味着他们的学问与生命之间是相与一体的，学问自生命处生发出来，同时又反过来浸润着生命。这一点我们从程颢、程颐的各自性情与气象变化中即可感受得到。程颢曾被誉为"天生之完器"，气象之绝佳颇受世人赞誉。程颐就曾这样评价其兄："先生资禀既异，而充养有道：纯粹如精金，温润如良玉；宽而有制，和而不流；忠诚贯于金石，孝弟通于神明。视其色，其接物也，如春阳之温；听其言，其入人也，如时雨之润。胸怀洞然，彻视无间；测其蕴，则浩乎若沧溟之无际；极其德，美言盖不足以形容。"① 程颢正是在其天生而具的良好气禀基础上，又以其学充养之，所以能有如此绝佳之气象。程颐对于自己曾有这样的评价："吾受气甚薄，三十而浸盛，四十五十而后完。今生七十二年矣，校其筋骨，于盛年无损也。"② 实际上，程颐晚年时，不仅如他所言筋骨于盛年无损，性情气质也日臻完善。我们知道程颐属于生性刻板严厉之人，但通过他终其一生的不懈涵养，晚年时期气象已大有变化。朱熹在《伊川先生年谱》中就评价说："晚年接学者，乃更平易，盖其学已到至处。"③ 对于程颢与程颐二人的不同性情与气象，朱熹曾这样说："今之想象大程夫子者，当识其明快中和处；小程夫子者，当识其初年之严毅，晚年又济以宽平处。"④ 这段话告诉我们，不仅要识得程颢的明快中和之气象，还要

---

① （宋）程颢、程颐：《二程集》，《河南程氏文集》卷第十一《明道先生行状》，王孝鱼点校，第637页。
② （宋）程颢、程颐：《二程集》，《河南程氏遗书》卷第二十一上，王孝鱼点校，第269页。
③ （宋）程颢、程颐：《二程集》，《河南程氏遗书》附录，王孝鱼点校，第346页。
④ （宋）黎靖德编：《朱子语类》，王星贤点校，第2361页。

用心体会程颐以学养德、涵养性情所达到的气象之变化。因此我们说，在程颢、程颐那里，学问与生命是一体的，学问是可以滋养生命的。这既是中国哲学的一大特点，也是其魅力之所在。所以，作为研究其学问的我们，就不仅要读二程之书，思二程之学，领略二程感人至深之气象，更要从中得到智慧和快乐，使自己的生命也有所受用，境界有所提升。正如朱熹接下来所言："岂徒想象而已哉？必还以验之吾身者如何也。若言论风旨，则诵其诗，读其书，字字而订之，句句而议之，非惟求以得其所言之深旨，将并与其风范气象得之矣。"① 就让我们在探索二程所言之深旨和领略二程卓越的风范气象中结束本书吧。

---

① （宋）黎靖德编：《朱子语类》，王星贤点校，第 2361 页。

主要参考文献

一 古代典籍

（汉）王充：《论衡》，上海人民出版社1974年版。

（汉）孔安国传、（唐）孔颖达正义：《尚书正义》，黄怀信整理，上海古籍出版社2007年版。

（三国魏）嵇康：《嵇康集校注》，戴明扬校注，中华书局2014年版。

（三国魏）王弼：《王弼集校释》，楼宇烈校释，中华书局1980年版。

（宋）程颢、程颐：《二程集》，王孝鱼点校，中华书局2004年版。

（宋）胡宏：《胡宏集》，吴仁华点校，中华书局1987年版。

（宋）黎靖德编：《朱子语类》，王星贤点校，中华书局1986年版。

（宋）李焘：《续资治通鉴长编》，上海师范大学古籍整理研究所、华东师范大学古籍整理研究所点校，中华书局2004年版。

（宋）陆九渊：《陆九渊集》，钟哲点校，中华书局1980年版。

（宋）吕大临：《蓝田吕氏遗著辑校》，陈俊民辑校，中华书局1993年版。

（宋）邵伯温：《邵氏闻见录》，李剑雄、刘德权点校，中华书局1983年版。

（宋）邵博：《邵氏闻见后录》，刘德权、李剑雄点校，中华书局1983年版。

（宋）邵雍：《邵雍集》，郭彧整理，中华书局2010年版。

（宋）苏轼：《苏轼全集》，傅成、穆俦标点，上海古籍出版社2000年版。

（宋）王安石：《临川先生文集》，中华书局1959年版。

（宋）王安石：《王安石老子注辑本》，容肇祖辑，中华书局1979年版。

（宋）王安石：《王文公文集》，唐武标校，上海人民出版社1974年版。

（宋）张载：《张载集》，章锡琛点校，中华书局1978年版。

（宋）周敦颐：《周敦颐集》，陈克明点校，中华书局2009年版。
（宋）朱熹：《四书章句集注》，中华书局1983年版。
（元）脱脱等：《宋史》，中华书局1977年版。
（明）王夫之：《船山全书》，岳麓书社2011年版。
（明）王守仁：《王阳明全集》，吴光、钱明、董平、姚延福编校，上海古籍出版社1992年版。
（清）郭庆藩：《庄子集释》，王孝鱼点校，中华书局2004年版。
（清）黄宗羲：《明儒学案》，沈芝盈点校，中华书局2008年版。
（清）黄宗羲原著，全祖望补修：《宋元学案》，陈金生、梁运华点校，中华书局1986年版。
（清）李道平：《周易集解纂疏》，潘雨廷点校，中华书局1994年版。
（清）苏舆：《春秋繁露义证》，钟哲点校，中华书局2015年版。
（清）王先谦：《荀子集解》，沈啸寰、王星贤点校，中华书局2013年版。
（清）王先慎：《韩非子集解》，钟哲点校，中华书局2013年版。
唐明邦主编：《周易评注》，中华书局1995年版。
汪荣宝：《法言义疏》，陈仲夫点校，中华书局1987年版。
王文锦译解：《礼记译解》，中华书局2001年版。
徐震堮：《世说新语校笺》，中华书局1984年版。
杨伯峻译注：《论语译注》，中华书局1980年版。
杨伯峻译注：《孟子译注》，中华书局1960年版。
周振甫译注：《诗经译注》，中华书局2002年版。

二 现代著作

蔡方鹿：《程颢程颐与中国文化》，贵州人民出版社1996年版。
蔡方鹿：《宋明理学心性论》，巴蜀书社1997年版。
陈俊民：《张载哲学思想及关学学派》，人民出版社1986年版。
陈来：《诠释与重建——王船山的哲学精神》，北京大学出版社2004年版。
陈来：《宋明理学》（第二版），华东师范大学出版社2004年版。
陈来：《有无之境——王阳明哲学的精神》，人民出版社1991年版。
陈来：《中国近世思想史研究》，商务印书馆2003年版。
陈来：《朱子哲学研究》，华东师范大学出版社2000年版。

陈来主编：《早期道学话语的形成与演变》，安徽教育出版社 2007 年版。
陈少峰：《宋明理学与道家哲学》，上海文化出版社 2001 年版。
陈钟凡：《两宋思想述评》，东方出版社 1996 年版。
程鹰：《伊洛学派及其教育思想》，教育科学出版社 1993 年版。
崔大华：《儒学引论》，人民出版社 2001 年版。
戴景贤：《北宋周张二程思想之分析》，台北：大学出版委员会 1979 年版。
邓广铭：《邓广铭全集》，河北教育出版社 2005 年版。
邓玉祥：《二程教育思想》，台北：广文书局 1973 年版。
丁静：《二程教化思想研究》，南京大学出版社 2018 年版。
丁为祥：《虚气相即——张载哲学体系及其定位》，人民出版社 2000 年版。
冯达文、郭齐勇：《新编中国哲学史》，人民出版社 2004 年版。
冯友兰：《中国哲学简史》，北京大学出版社 1996 年版。
冯友兰：《中国哲学史》，华东师范大学出版社 2000 年版。
冯友兰：《中国哲学史新编》（上），人民出版社 1998 年版。
冯友兰：《中国哲学史新编》（中），人民出版社 1998 年版。
冯友兰：《中国哲学史新编》（下），人民出版社 1999 年版。
傅小凡：《宋明道学新论——本体论建构与主体性转向》，社会科学文献出版社 2005 年版。
高怀民：《宋元明易学史》，广西师范大学出版社 2007 年版。
葛兆光：《中国思想史》，复旦大学出版社 2001 年版。
关长龙：《两宋道学命运的历史考察》，学林出版社 2001 年版。
管道中：《二程研究》，中华书局 1937 年版。
郭晓东：《识仁与定性——工夫论视域下的程明道哲学研究》，复旦大学出版社 2006 年版。
河南省哲学学会编：《洛学与传统文化》，求实出版社 1989 年版。
洪修平：《中国佛教与儒道思想》，宗教文化出版社 2004 年版。
侯外庐、邱汉生、张岂之主编：《宋明理学史》，人民出版社 1997 年版。
黄锦君：《二程语录语法研究》，四川大学出版社 2005 年版。
姜国柱：《张载的哲学思想》，辽宁人民出版社 1982 年版。
姜海军：《程颐易学思想研究——思想史视野下的经学诠释》，北京师范大学出版社 2010 年版。

姜海军：《二程经学思想研究》，北京师范大学出版社 2016 年版。
孔令宏：《宋代理学与道家、道教》，中华书局 2006 年版。
赖永海：《中国佛教文化论》，中国人民大学出版社 2007 年版。
赖永海：《中国佛教与哲学》，宗教文化出版社 2004 年版。
劳思光：《新编中国哲学史》，广西师范大学出版社 2005 年版。
李承贵：《儒士视域中的佛教——宋代儒士佛教观研究》，宗教文化出版社 2007 年版。
李日章：《程颢·程颐》，台北：东大图书公司 1986 年版。
李祥俊：《道通于一——北宋哲学思潮研究》，北京师范大学出版社 2006 年版。
李祥俊：《王安石学术思想研究》，北京师范大学出版社 2000 年版。
刘成国：《荆公新学研究》，上海古籍出版社 2006 年版。
刘象彬：《二程理学基本范畴研究》，河南大学出版社 1987 年版。
刘宗贤：《陆王心学研究》，山东人民出版社 1997 年版。
卢广森、卢连章主编：《洛学及其中州后学》，河南大学出版社 1999 年版。
卢国龙：《宋儒微言——多元政治哲学的批判与重建》，华夏出版社 2001 年版。
卢连章：《程颢程颐评传》，南京大学出版社 2001 年版。
卢连章：《二程学谱》，中州古籍出版社 1988 年版。
吕思勉：《理学纲要》，东方出版社 1996 年版。
蒙培元：《理学的演变——从朱熹到王夫之戴震》，福建人民出版社 1984 年版。
蒙培元：《理学范畴系统》，人民出版社 1989 年版。
牟宗三：《宋明儒学的问题与发展》，华东师范大学出版社 2004 年版。
牟宗三：《心体与性体》，上海古籍出版社 1999 年版。
牟宗三：《中国哲学的特质》，上海古籍出版社 1997 年版。
牟宗三：《中国哲学十九讲》，上海古籍出版社 1997 年版。
潘富恩：《程颢 程颐评传——倡明道学 观理识仁》，广西教育出版社 1996 年版。
潘富恩、徐余庆：《程颢程颐理学思想研究》，复旦大学出版社 1988 年版。
庞万里：《二程哲学体系》，北京航空航天大学出版社 1992 年版。

漆侠：《宋学的发展和演变》，河北人民出版社2002年版。

钱穆：《宋明理学概述》，九州出版社2010年版。

任继愈主编：《中国道教史》，中国社会科学出版社2001年版。

石训等：《中国宋代哲学》，河南人民出版社1992年版。

唐纪宇：《程颐〈周易程氏传〉研究》，人民出版社2016年版。

唐君毅著、霍韬晦编选/导读：《中国哲学原论·导论篇》，中国社会科学出版社2005年版。

唐君毅著、霍韬晦编选/导读：《中国哲学原论·原教篇》，中国社会科学出版社2006年版。

王绪琴：《气本与理本——张载与程颐易学本体论的建构及其问题》，中国社会科学出版社2017年版。

温伟耀：《成圣之道：北宋二程修养工夫论之研究》，河南大学出版社2004年版。

向世陵：《理气性心之间——宋明理学的分系与四系》，人民出版社2008年版。

徐梵澄：《陆王学述——一系精神哲学》，上海远东出版社1994年版。

徐复观：《中国思想史论集》，上海书店出版社2004年版。

徐洪兴：《旷世大儒——二程》，河北人民出版社2000年版。

徐洪兴：《思想的转型——理学发生过程研究》，上海人民出版社1996年版。

徐远和：《洛学源流》，齐鲁书社1987年版。

杨国荣：《心学之思——王阳明哲学的阐释》，生活·读书·新知三联书店1997年版。

杨立华：《气本与神化：张载哲学述论》，北京大学出版社2008年版。

杨柱才：《道学宗主——周敦颐哲学思想研究》，人民出版社2004年版。

姚名达：《程伊川年谱》，知识产权出版社2013年版。

余敦康：《内圣外王的贯通——北宋易学的现代阐释》，学林出版社1997年版。

余英时：《朱熹的历史世界：宋代士大夫政治文化的研究》，生活·读书·新知三联书店2004年版。

袁济喜：《两汉精神世界》，中国人民大学出版社1994年版。

张岱年:《张岱年文集》,清华大学出版社 1995 年版。
张岱年:《中国哲学大纲》,中国社会科学出版社 1982 年版。
张德麟:《程明道思想研究》,台北:学生书局 1986 年版。
张德麟:《程伊川心性学之研究》,新北:花木兰文化出版社 2009 年版。
张君劢:《新儒家思想史》,中国人民大学出版社 2006 年版。
张立文:《宋明理学研究》,人民出版社 2002 年版。
张祥浩,魏福明著:《王安石评传》,南京大学出版社 2011 年版。
张学智编:《贺麟选集》,吉林人民出版社 2005 年版。
赵金昭主编:《二程洛学与实学研究》,学苑出版社 2005 年版。
赵振:《二程语录研究》,人民出版社 2015 年版。
郑臣:《内圣外王之道:实践哲学视域内的二程》,上海人民出版社 2015 年版。
周桂钿:《秦汉思想史》,河北人民出版社 2000 年版。
[荷] 许理和:《佛教征服中国:佛教在中国中古早期的传播与适应》,李四龙、裴勇等译,江苏人民出版社 2017 年版。
[美] 包弼德:《斯文:唐宋思想的转型》,刘宁译,江苏人民出版社 2001 年版。
[美] 本杰明·史华兹:《古代中国的思想世界》,程钢译,江苏人民出版社 2004 年版。
[美] 田浩:《功利主义儒家:陈亮对朱熹的挑战》,姜长苏译,江苏人民出版社 2012 年版。
[美] 田浩:《朱熹的思维世界》,陕西师范大学出版社 2002 年版。
[美] 田浩编:《宋代思想史论》,杨立华、吴艳红等译,社会科学文献出版社 2003 年版。
[日] 市川安司:《程伊川哲学の研究》,东京大学出版会 1964 年版。
[日] 宇野哲人:《二程子之哲学》,东京大同馆书店 1920 年版。
[英] 葛瑞汉:《中国的两位哲学家:二程兄弟的新儒学》,程德祥等译,大象出版社 2000 年版。

三 研究论文

蔡世昌:《北宋道学的"中和"说——以程颐与其弟子"中和"之辨为中

心》,《中国哲学史》2004 年第 1 期。

成中英、杨柱才:《二程本体哲学的根源与架构》,《南昌大学学报》(人文社会科学版) 2003 年第 1 期。

东方朔:《"天只是以生为道"——明道对生命世界的领悟》,《中国哲学史》2003 年第 4 期。

耿亮之:《王安石易学与其新学及洛学》,《周易研究》1997 年第 4 期。

郭晓东:《"生之谓性"与"天命之谓性"——程明道"性"论研究》,《复旦学报》(社会科学版) 2004 年第 1 期。

何江南:《对程颐和苏轼争论的哲学分析》,《四川大学学报》(哲学社会科学版) 2000 年第 2 期。

何静:《论程颐的天理论和道家的关系》,《宁波大学学报》(人文科学版) 2001 年第 2 期。

李承贵:《二程的佛教观及其思想史意义》,《南京大学学报》(哲学·人文科学·社会科学版) 2005 年第 3 期。

李存山:《"先识造化"与"先识仁"——从关学与洛学的异同看中国传统哲学的特质及其转型》,《人文杂志》1989 年第 5 期。

李晓春:《从天理与善恶关系的角度看程颢与程颐天理的异同》,《兰州大学学报》(社会科学版) 2004 年第 4 期。

李晓春:《试论理气相分对程颐的性二元论的影响》,《甘肃理论学刊》2004 年第 3 期。

刘宗贤:《程颢"识仁"思想及其与陆王心学的关系》,《文史哲》1994 年第 1 期。

卢连章:《二程理学与佛学思想》,《中州学刊》2004 年第 1 期。

强昱:《程颐论仁》,《孔子研究》2007 年第 2 期。

屠承先:《程颢、程颐本体功夫思想之比较》,《浙江大学学报》(人文社会科学版) 2000 年第 5 期。

屠承先:《张载的本体功夫思想及其影响》,《浙江大学学报》(人文社会科学版) 1999 年第 5 期。

王书华:《二程对荆公新学的批判》,《孔子研究》2004 年第 5 期。

王新春:《仁与天理通而为一视域下的程颢易学》,《周易研究》2006 年第 6 期。

武才娃：《二程洛学与实学国际学术研讨会综述》，《孔子研究》2002年第6期。

谢寒枫：《程颢哲学研究》，中国社会科学院研究生院博士学位论文2002年。

许珠武：《明觉与思维——论二程认识路线的分殊》，《中州学刊》2001年第5期。

张二平：《程颢的定性说及其与道家之关系》，《重庆工学院学报》（社会科学版）2007年第2期。

张恒寿：《也谈二程思想的异同》，《中州学刊》1988年第5期。

郑万耕：《程朱理学的体用一源说》，《孔子研究》2002年第4期。

后　　记

　　大体说来，我是个生性懒散之人，又时时抱着浮生偷闲的心思以度日，这就使得人生中的许多事情拖延迟滞，不能及时完结。幸运的是，一路走来，一直有诸多师友在身边不断给予关怀和帮助，方使得人生诸事终归有所着落。这本书的出版亦是如此。

　　本书是在我的博士学位论文基础上修改完善而成的，这不由得使我回想起在南京大学读书的那几年美好时光，人生若梦，一晃已经十年有余了。那时，我在南京大学鼓楼校区的哲学系跟随恩师李承贵教授读书和学习。李老师博学多识，待人又亲切随和，常常在谈笑风生之际就教会了我们许多。今日想来，那真是一段如沐春风的求学经历，当时却只道是寻常。正是在李老师的精心指导下，我选取了程颢和程颐作为研究对象，并以他们对"性与天道"问题的思考作为主要研究内容。作为学生，我还算惯于读书，也能在读书的过程中追慕古圣先贤，身心也都有所受用，但却拙于学术构思和写作，从而使整个研究进程充满了艰辛和曲折。幸而有李老师的不断鼓励和悉心指导，还有当时南京大学哲学系的赖永海老师、徐小跃老师、洪修平老师、孙亦平老师、徐新老师、王月清老师等也给予了诸多帮助和建议，研究才得以顺利进行下去，至今我依然记得这些老师们各自卓绝的风姿和神韵，并心怀无限的感恩。还需要特别感谢的是我在山东大学读书时的硕士导师王新春教授，正是王老师带领我初步领略了宋明理学的魅力，也正是在他的教诲和引导下我才具备了最基本的学术研究能力，这些年来都难以忘怀他给过我的诸多关心和帮助。正是在这诸多师友的关怀和帮助之下，我在2009年的夏天完成了博士学位论文，并顺利通过了答辩。

　　博士毕业之后，我人生中比较单纯而快乐的学生生涯就算结束了，之后就一下子进入了庞杂而琐碎的工作和日常生活之中，博士学位论文也因我的懒散而一直被安静地束之高阁，一度沾满尘灰。虽然在毕业后的这些年里，自己也没有停止读书和思考，但大多都止步于零星和琐碎的状态，始终没有像创作博士学位论文那样，再展开一场认真、深入、持久而系统的学术研究了，想来颇为惭愧。然而，懒散愚钝如我，人生却也有颇多幸运，在李承贵老师和其他诸多师友的不断关怀和指点下，在中国社会科学出版社郝玉明女士的大力帮助和敦促下，我终于又拾起了博士学位论文，并结合自己近几年的思考对其进行了修改和完善，准备将其出版成书。温故而知新，在将博士学位论文修改和完善成书的过程中，我似乎又生发出了一些新的思考，也隐约有了一种再展开一场深入而持久研究的热情和动力。

虽然已经鼓足了勇气，但在本书即将出版之际，内心依然充满忐忑，我深知自己的学力有限，也深知书中定有许多不当乃至错漏之处，若能得到学界专家学者的批评和指正，必然不胜感激！倘若拙著能使读到它的人偶有所得，我也算是心有所慰了。

最后，再次感谢这些年来教诲过、关怀过、陪伴过我的所有师友和家人！

张理峰

2021年5月于济南